Sin filtro

Sin filtro

La historia secreta de Instagram

SARAH FRIER

Traducción de
Ana Isabel Domínguez Palomo
y María del Mar Rodríguez Barrena

conecta

Papel certificado por el Forest Stewardship Council®

MIXTO
Papel procedente de
fuentes responsables
FSC® C117695
FSC
www.fsc.org

Título original: *No Filter*
Primera edición: septiembre de 2020

© 2020, Sarah Frier
Publicado por acuerdo con el editor original, Simon & Schuster, Inc.
Todos los derechos reservados.
© 2020, Penguin Random House Grupo Editorial, S. A. U.
Travessera de Gràcia, 47-49. 08021 Barcelona
© 2020, Ana Isabel Domínguez Palomo y María del Mar Rodríguez Barrena, por la traducción

Printed in Spain – Impreso en España

ISBN: 978-84-17992-20-0
Depósito legal: B-8.081-2020

Compuesto en M. I. Maquetación, S. L.

Impreso en Reinbook Serveis Gràfics, S. L.
Polinyà (Barcelona)

CN92200

Penguin
Random House
Grupo Editorial

Para Matt

El reducido equipo de Instagram en las oficinas centrales de Facebook en 2015. Fotografía de John Barnett.

Índice

Nota de la autora

Este libro pretende mostrarte con detalle las entrañas de Instagram. No habría sido posible sin los cientos de personas —exempleados y trabajadores en activo, directivos, gente que desarrolló su carrera profesional alrededor de esta aplicación, así como competidores— que me ofrecieron su tiempo y me contaron recuerdos que nunca habían compartido con un periodista. Los dos fundadores de Instagram hablaron conmigo, juntos y por separado, a lo largo de varios años. Facebook Inc. me concedió más de veinte entrevistas con su personal y sus directivos, también con la persona al frente de Instagram, incluso después de que los fundadores dejaran la empresa.

Pese a la tensión entre los fundadores y su comprador, y pese a la ingente cantidad de historias críticas que yo había publicado sobre Facebook como periodista de Bloomberg News, todo el mundo estaba de acuerdo en que este libro debía ser lo más exacto posible. Cuando las potenciales fuentes se pusieron en contacto con los fundadores o con la empresa para saber si les parecía bien que hablasen conmigo, por lo general les dijeron que sí, aunque tanto los fundadores como la empresa sabían que no tendrían control alguno sobre el contenido final del libro. Esa decisión los honra.

Aun así, la mayoría de las fuentes de este libro no contaban con el permiso explícito ni con el conocimiento de la empresa. Al hablar conmigo, se exponían a violar los estrictos contratos de confidencialidad que firmaron cuando la compañía los contrató. De hecho, todas las personas que visitan las oficinas centrales de Facebook y que no son periodistas tienen que firmar un contrato de confidencialidad cuando pasan por el control de seguridad del edificio antes de poder hablar con cualquier trabajador. Por este motivo, la mayoría de las entrevistas, los documentos y otros materiales son anónimos.

Este contexto es importante para comprender por qué he escrito el libro tal como lo he hecho: como un relato contado por un narrador omnisciente que engarza todos esos testimonios. No atribuyo las declaraciones a fin de proteger a mis fuentes. Allí donde amplío la información a partir de noticias publicadas, recojo la fuente en las notas que hay al final del libro. Tomé la decisión de citar entrevistas grabadas solo cuando nombro a alguien ajeno a la empresa, como un famoso o un influencer, cuya perspectiva enriquece nuestra comprensión acerca de cómo la aplicación afecta al mundo.

Desde que empecé este proyecto, pedí y esperé que me concedieran una entrevista con Mark Zuckerberg. Yo aducía que el director ejecutivo de Facebook, a quien había entrevistado varias veces a lo largo de los años y a quien vi testificar ante el Congreso de Estados Unidos durante diez horas en 2018, se ha convertido en un villano en el imaginario colectivo. Un libro como este, le dije a un relaciones públicas, es una oportunidad para examinar los momentos trascendentales de la historia de Facebook sobre los que hemos escrito y para profundizar en aquello que no comprendimos bien cuando sucedió.

Había que hacer muchas preguntas difíciles, pero podía empezar por una sencilla. ¿Por qué quiso Zuckerberg comprar Instagram? No buscaba la explicación que ofreció en su blog, sino su historia personal. ¿Qué pasos se dieron y qué sucedió para que se decidiera, un jueves de abril de 2012, a coger el teléfono para iniciar el proceso de adquisición de la empresa lo antes posible? Y no solo la compró, sino que se comprometió a que siguiera siendo independiente.

Un mes antes de la fecha de entrega de este manuscrito, recibí un correo electrónico del departamento de relaciones públicas de Facebook con una respuesta a esa pregunta, atribuible a Zuckerberg: «Es fácil. Era un gran servicio y queríamos ayudar a que siguiera creciendo».

Es lo único que dijo al respecto. Para ofrecer aquí la historia completa, he tenido que confiar en lo que otros recuerdan que Zuckerberg declaró en momentos clave o en lo que pensaba, basándome en lo que dijo a las personas de su entorno. He pedido confirmación de esos testimonios a Facebook, aunque en general la empresa decidió no hacer comentarios al respecto.

El lector no debería presuponer que las personas que hablan en este libro me han proporcionado los diálogos literales. En la mayoría de los casos, cada persona me ha contado lo que se dijo en una conversación concreta según lo recordaba. Pero a veces otros se acuerdan mejor de los detalles. He escrito los diálogos tal cual me los contaron en las entrevistas, en un intento por mostrar el recorrido de Instagram tal como lo vivieron sus participantes. Pero mis fuentes, incluso aquellas que recuerdan sus palabras y pensamientos, es posible que a veces simplifiquen demasiado, o que lleguen a interpretaciones erróneas, o que contradigan lo que afirman otras voces de este libro, porque la historia de Instagram tiene lugar a lo largo de diez años. Este libro es mi mejor intento de proporcionar la verdadera historia de Instagram, sin más filtro que el mío propio.

Introducción
El influencer por excelencia

En São Paulo, Brasil, hay una galería al aire libre de arte callejero llamada Beco do Batman, o callejón de Batman. Su nombre precedió con mucho a la creación de uno de sus murales más famosos, que representa, en cinco metros de pintura desconchada, a Pelé, la leyenda del fútbol brasileño, abrazando al Caballero Oscuro. Sabemos que es Pelé porque lleva la camiseta con el número 10 y su nombre; está de espaldas, con la mejilla pegada a la máscara de Batman, podría estar dándole un beso o contándole un secreto, mientras que Batman le coge por la base de la espalda.

Un sábado de marzo, una chica se coloca delante del mural y queda más o menos a la altura del número de la camiseta de Pelé. Su estilo informal no es fruto del azar. Lleva gafas de sol, zapatillas deportivas rojas y una camiseta blanca ancha. Su amigo le hace fotos sonriendo y luego otras con una expresión distante y pensativa. Pasan al siguiente mural, y al siguiente, y esperan con paciencia su turno para los murales más populares. Hay mucha gente haciendo lo mismo, incluidas tres futuras mamás con minitops, acompañadas por amigos para documentar el tamaño de su barriga delante de una surrealista orquídea color violeta. Cerca, una niña rubia, con unos pantalones cortos de lentejuelas azules y rojas, pintalabios rojo y una camiseta en la que pone EL MONSTRUITO DE PAPÁ, sostiene un bate de béisbol mientras posa delante de un mural de un ave de aspecto peligroso; su madre le dice que levante más el bate, que lo sostenga con más fiereza, para parecerse más a Harley Quinn, el personaje de los cómics de *Escuadrón suicida*. La niña obedece.

Por el callejón, los vendedores ambulantes hacen su agosto con la multitud vendiendo cerveza y abalorios. Un hombre toca la guitarra y canta en portugués con la esperanza de conseguir seguidores. En la guitarra lleva pegado un papel enorme con el nombre que usa en las redes sociales, así como el logo de la única aplicación que importa aquí: Instagram.

Con el éxito de Instagram, Beco do Batman se ha convertido en uno de los destinos turísticos más populares de São Paulo. A través de Airbnb, varios proveedores ofrecen servicios de «paparazi personal» en el callejón, durante dos horas, por 40 dólares por persona, para hacer fotos de alta calidad que la gente publicará luego en Instagram; este servicio se ha convertido en uno de los más populares de Airbnb entre los viajeros en todas las ciudades del mundo.

Para los fotógrafos aficionados, en cambio, el único coste es el estrés por lograr la perfección. Una mujer persigue a dos niños pequeños que se pelean por una botella de Coca-Cola para que su hermana pueda ponerse a la cola y posar delante de las plumas verdes y azules de un pavo real. La adolescente que acaba de posar con el pavo se enfada con su acompañante por malgastar su turno haciéndole unas fotos desde un ángulo poco favorecedor. Pero nadie fotografía a los fotógrafos; en Instagram, las imágenes retocadas se convierten en realidad, lo que hace que cada vez más visitantes acudan a este lugar.

Fui al callejón por recomendación de un hombre llamado Gabriel, junto al que me senté en un restaurante de sushi durante mi primera noche en Brasil. Mi portugués era tan malo que se ofreció para hacer de intérprete con los camareros. Le expliqué que estaba viajando para comprender mejor Instagram y su impacto en la cultura en todo el mundo. Mientras hablábamos, y conforme el cocinero iba sacando platillos de sashimi y nigiri, Gabriel hacía fotos a cada plato, para publicarlas en su historia de Instagram, y al mismo tiempo se lamentaba de que sus amigos estaban tan obsesionados con compartir su vida que no tenía claro que estuvieran viviéndola de verdad.

Cada mes, más de 1.000 millones de personas usamos Instagram. Hacemos fotos y vídeos de nuestra comida, de nuestra cara, de nuestros paisajes preferidos, de nuestra familia y de nuestros intereses, y luego los compartimos con la esperanza de que reflejen algo acerca de quiénes somos o de quién queremos ser. Interaccionamos con estas publicaciones y con los demás con el fin de crear relaciones más profundas, redes profesionales más sólidas o una marca personal. Así funciona la vida moderna. Pocas veces tenemos la oportunidad de pensar en cómo hemos llegado hasta aquí y qué significa eso.

Pero deberíamos. Instagram fue una de las primeras aplicaciones en explotar a fondo la relación con nuestro móvil, animándonos a experimentar la vida a través de la cámara a cambio de una recompensa: la aceptación digital. La historia de Instagram es una lección abrumadora sobre el impacto brutal que tienen las decisiones que se toman dentro de una empresa de redes sociales —a qué usuarios hay que prestarles atención, qué productos se van a desarrollar o cómo medir el éxito— en nuestra forma de vida y acerca de quiénes reciben las recompensas en nuestra economía.

Mi objetivo es llevarte entre bastidores con sus cofundadores, Kevin Systrom y Mike Krieger, cuando estudiaban qué hacer con el poder que ejerce su producto sobre nuestra atención. Cada decisión que tomaron tuvo un efecto mariposa espectacular. Al vender su empresa a Facebook, por ejemplo, aseguraban la longevidad de Instagram y al mismo tiempo ayudaban a que el gigante de las redes sociales se hiciera más poderoso y formidable frente a sus competidores. Después de la venta, la cultura utilitarista de crecimiento desmedido de Facebook fue una decepción para los fundadores de Instagram, y se resistieron a adoptarla concentrándose en construir un producto bien hecho, donde lo popular lo conforma la propia narrativa de Instagram acerca de sus principales usuarios. El plan funcionó tan bien que el éxito de Instagram acabó amenazando a Facebook y a su director ejecutivo, Mark Zuckerberg.

Nuestra historia no terminará como la de los fundadores de Instagram, con su agria salida de la empresa en 2018. Instagram está tan ligado a nuestro día a día que la historia del negocio no puede disociarse de su impacto en nuestra vida. Instagram se ha convertido en una herramienta con la que medir la relevancia cultural, ya sea en un colegio, en una comunidad con un interés común o en el mundo en general. Una parte sustancial de la población mundial busca reconocimiento y aceptación en el ámbito digital, y muchas de esas personas lo consiguen gracias a los *like*, los comentarios, los seguidores y los acuerdos con marcas. Dentro y fuera de Facebook, la historia de Instagram trata, en última instancia, de la intersección del capitalismo y el ego, de hasta dónde está dispuesta a llegar la gente para proteger lo que ha construido y aparentar que tiene éxito.

La aplicación se ha convertido en una máquina de hacer famosos como nunca antes se había visto. Más de 200 millones de usuarios de Instagram tienen más de 50.000 seguidores, el nivel necesario para poder vivir de publicar en representación de las marcas, según Dovetale, empresa dedicada al análisis de influencers. Menos de una centésima parte de los usuarios de Instagram tiene más de un millón de seguidores. En la masiva escala de Instagram, ese 0,00603 por ciento equivale a más de 6 millones de instacelebrities, y la mayoría de ellos han alcanzado la fama gracias a la propia aplicación. Para que te hagas una idea, piensa que hay millones de personas y de marcas que tienen más seguidores en Instagram que suscriptores tiene el *New York Times.* El marketing a través de estas personas, que básicamente gestionan empresas unipersonales que se dedican a crear tendencias, contar historias o recibir visitas, se ha convertido en un negocio multimillonario.

Toda esta actividad se ha filtrado a nuestra sociedad y nos afecta usemos Instagram o no. Las empresas que buscan nuestra atención, desde hoteles y restaurantes, hasta marcas comerciales, cambian el diseño de sus espacios y la publicidad de sus productos, adaptando sus estrategias a esta nueva forma tan visual que tenemos de comunicarnos, para que así sean merecedoras de estar en Instagram. Si analizamos cómo se diseñan los espacios comerciales, los productos e incluso las casas, nos damos cuenta del impacto de Instagram, de una forma que no se puede apreciar del todo con Facebook o Twitter.

Por ejemplo, el espacio de trabajo donde estoy escribiendo este libro, en San Francisco, tiene la biblioteca ordenada no por título o autor, sino por el color de las cubiertas: la decisión tiene sentido cuando se prioriza la estética de Instagram por encima de la facilidad para encontrar un libro. Una cadena de hamburgueserías de Manhattan llamada Black Tap empezó a vender unos batidos con porciones de tarta encima, y durante meses la gente estuvo haciendo colas larguísimas para probarlos. Aunque los comensales rara vez se terminaban los megapostres, se sentían obligados a fotografiarlos. En Japón hay una palabra para este movimiento de «diseño instagrameable»: *insta-bae* (インスタ映え). Cuanto más *insta-bae* sea algo, ya se trate de un conjunto de ropa o de un sándwich, más potencial tiene de lograr éxito social y comercial.

Hablé con un universitario en Londres que me explicó que tener muchos seguidores en Instagram implica que tienes más probabilidades de que te escojan para ocupar un puesto de dirección en el campus. Hablé con una chica en Los Ángeles que es demasiado joven para beber legalmente pero a quien los relaciones públicas de las discotecas invitan a los eventos exclusivos porque tiene muchos seguidores en Instagram. Hablé con un padre indonesio cuya hija estudia en Japón y que todos los veranos se lleva a casa maletas llenas de bienes de consumo japoneses para venderlos en su ciudad después de anunciar los productos en Instagram. Hablé con una pareja brasileña que creó una empresa de pastelería en su apartamento y que consiguió cientos de miles de seguidores por unos dónuts que tenían la forma de las letras de «I love you».

Instagram ha alimentado carreras e incluso imperios de famosos. Kris Jenner, representante de la familia Kardashian-Jenner, famosa por un programa de telerrealidad, dice que Instagram ha transformado el trabajo que hay detrás del programa *Las Kardashian* y lo ha convertido en un ciclo ininterrumpido de contenido y promoción. Se despierta entre las cuatro y media y las cinco de la mañana en su mansión de Hidden Hills, California, y mira Instagram antes de hacer cualquier otra cosa. «Literalmente, puedo entrar en Instagram y ver cómo están mi familia, mis nietos y mi negocio», explicó. «Compruebo cómo están mis hijos inmediatamente. ¿Qué están haciendo todos? ¿Están despiertos? ¿Están publicando imágenes para el negocio según lo programado? ¿Se lo están pasando bien?»

La agenda de Instagram está en el despacho de Kris, pero también recibe un recordatorio todos los días por la noche y por la mañana. Sus hijos y ella representan entre todos a decenas de marcas, que incluyen Adidas, Calvin Klein y Stuart Weitzman, pero también están lanzando líneas propias de maquillaje y belleza. Las cinco hermanas de la familia, Kim Kardashian West, Kylie Jenner, Kendall Jenner, Khloé Kardashian y Kourtney Kardashian, tienen un alcance conjunto de más de 500 millones de usuarios.

El día que hablamos, Kris iba de camino a una fiesta instagrameable cuya temática era el color rosa para lanzar al mercado una línea de cuidado facial de su hija Kylie. Recuerda la primera vez que Kylie le preguntó si estaba bien empezar con un negocio de pintalabios, solo a través de su cuenta de Instagram, sin productos físicos en las tiendas. «Le dije: "Vas a empezar con tres colores de pintalabios y tienen que ser colores que te gusten muchísimo. Así que, o es lo más y lo peta, o es un desastre y te toca llevar esos tres colores el resto de tu vida"», recuerda Kris.

Estaban juntas en el despacho de Kris en 2015 cuando Kylie publicó el enlace a la página web. En cuestión de segundos, el producto se agotó. «Creía que algo había salido mal», recuerda Kris. «¿Se ha roto? ¿Se ha caído la web? ¿Qué ha pasado?»

No fue un golpe de suerte. Era un indicativo de que su hija tenía la capacidad de decirle cualquier cosa a la gente y esta obedecería. A lo largo de los siguientes meses, cada vez que Kylie anunciaba en su Instagram que iban a salir productos nuevos, había más de 100.000 personas esperando en su página web a que aparecieran. Cuatro años más tarde, cuando Kylie tenía veintiuno, la revista *Forbes* la sacó en portada y la consagró como la multimillonaria «hecha a sí misma» más joven de la historia. En la actualidad, todos los gurús de la belleza de Instagram parece que tienen su propia línea de productos.

En nuestra sociedad, 1.000 millones es una cifra especial. Es un hito que significa, sobre todo en los negocios, que has alcanzado un estatus único e intocable, que has llegado a un nivel que inspira asombro y que mereces salir en las noticias. En 2018, cuando la revista *Forbes* publicó un artículo en el que se estimaba que la fortuna de Jenner rozaba ese límite, ya que tenía unos 900 millones, Josh Ostrovsky, dueño de una cuenta de humor popular y controvertida de Instagram, @thefatjewish, les dijo a sus seguidores que donaran a una campaña de micromecenazgo con el fin de recaudar 100 millones para Kylie. «No quiero vivir en un mundo en el que Kylie Jenner no tiene 1.000 millones de dólares», escribió en su publicación, provocando una cascada de comentarios virales irónicos.

Después de que Facebook la comprara, en un acuerdo que sorprendió a la industria, Instagram se convirtió en la primera aplicación móvil con un valor de 1.000 millones de dólares. El éxito de Instagram era improbable, como sucede con todas las startups. Cuando se presentó en 2010, la aplicación no empezó como una competición de popularidad o como un sitio donde crearse una marca personal. Gustó porque era un lugar en el que ver la vida de los demás y cómo la experimentaban a través de la cámara del móvil.

Según el tecnólogo Chris Messina, usuario número 19 e inventor de «hashtag», la introducción de las perspectivas visuales de otras personas en Instagram fue una novedad alucinante, tal vez equivalente al fenómeno psicológico que los astronautas experimentan al ver la Tierra por primera vez desde el espacio exterior. En Instagram podías sumergirte en la vida de un pastor de renos en Noruega o de una cestera en Sudáfrica. Y podías compartir y reflexionar sobre tu propia vida de un modo que también parecía profundo.

«Te ofrece una visión de la humanidad y cambia tu perspectiva de todo y de su importancia», explicó Messina. «Instagram es un espejo de nosotros y nos permite contribuir con nuestra propia experiencia a comprender el mundo.»

A medida que Instagram crecía, sus fundadores intentaron conservar esa sensación de descubrimiento. Se convirtieron en creadores de tendencias estéticas para una generación y fueron los responsables de que naciese en nosotros esa veneración por experiencias visuales arrebatadoras que podemos compartir con amigos y desconocidos a cambio de un *like* y de seguidores. Invirtieron mucho en una estrategia editorial para mostrar cómo querían que se usara Instagram: como un lugar que albergase perspectivas y creatividades diferentes. Desecharon algunas de las tácticas más invasivas de Facebook, como el exceso de notificaciones o de mensajes de correo electrónico. Se resistieron a añadir herramientas que habrían ayudado a fomentar la economía de los influencers. No puedes añadir un enlace a una entrada, por ejemplo, ni compartir la entrada de otra persona, como en Facebook.

Y hasta hace poco no cambiaron las medidas que nos permitían compararnos entre nosotros e intentar alcanzar mejores cotas de relevancia. En la aplicación, Instagram muestra a sus usuarios tres sencillos indicadores para saber cómo les va: el número de «seguidores», el número de «siguiendo» y los *«like»* de las fotografías. Estas cifras bastaban para que la experiencia fuera emocionante, incluso adictiva. Con cada *like* y con cada seguidor, un usuario de Instagram conseguía un poquito de satisfacción, lo que se traduce en el envío de dopamina a los sistemas de recompensa del cerebro. Con el tiempo, la gente averiguó cómo ser buena en Instagram, lo que inauguró un nuevo estatus social e incluso una potencial propaganda.

Y dado que los filtros al principio mejoraban las fotografías de mala calidad hechas con el móvil, Instagram comenzó como un lugar en el que mejorar la vida de las personas. Los usuarios aceptaron, de entrada, que todo lo que veían estaba editado para que se viera mejor. La realidad no importaba tanto como las aspiraciones y la creatividad. La comunidad de Instagram incluso creó el hashtag #nofilter («sin filtro») para que la gente supiera cuándo publicaban algo verdadero y natural.

La cuenta con más seguidores en Instagram, 322 millones, es @instagram, la que controla la propia empresa. Es lo apropiado, ya que Instagram ostenta la mayor influencia sobre el mundo que ha moldeado. En 2018, llegó a 1.000 millones de usuarios mensuales, su segundo hito con esta cifra. Poco después, los fundadores dejaron su puesto. Tal como Systrom y Krieger descubrieron, aunque llegues a lo más alto del éxito empresarial, no siempre obtienes lo que quieres.

1

Proyecto Codename

«Me gustaría decir que soy lo bastante peligroso
para saber cómo programar y lo bastante sociable para
vender nuestra empresa. Y creo que esa es una combinación letal
en un emprendedor.»[1]

KEVIN SYSTROM, cofundador de Instagram

Kevin Systrom no tenía la intención de abandonar sus estudios, pero quería conocer a Mark Zuckerberg.

Systrom, que mide uno noventa y tiene el pelo castaño oscuro, ojos pequeños y cara rectangular, conoció al fundador de esta startup local a través de unos amigos de la Universidad de Stanford a principios de 2005, mientras bebían cerveza en vasos de plástico rojos en una fiesta en San Francisco. Zuckerberg se estaba convirtiendo en el niño prodigio de la tecnología por su trabajo en TheFacebook.com, una red social que había puesto en marcha con unos amigos el año anterior en la Universidad de Harvard y que luego amplió a los campus universitarios de todo el país. Los estudiantes usaban la web para escribir actualizaciones breves sobre lo que estaban haciendo antes de publicarlas en su «muro» de Facebook. Era una página muy sencilla, con un fondo blanco y bordes azules, no como la red social Myspace, con sus diseños estridentes y sus fuentes personalizables. Estaba creciendo tan deprisa que Zuckerberg decidió aparcar sus estudios universitarios.

En el Zao Noodle Bar, en University Avenue, a kilómetro y medio del campus de Stanford, Zuckerberg intentó convencer a Systrom para que tomara la misma decisión. Los dos acababan de cumplir la edad mínima para beber alcohol, pero Zuckerberg, que mide veinticinco centímetros menos que Systrom, tiene el pelo rubio y rizado, la piel muy blanca y siempre vestía chanclas Adidas, vaqueros holgados y sudadera con capucha, parecía mucho más joven. Quería añadir fotos a la experiencia de Facebook, más allá de la imagen de perfil, y quería que Systrom desarrollara la herramienta.

A Systrom, que consideraba a Zuckerberg inteligentísimo, le gustó que lo reclutara. Él no se consideraba un programador brillante. En Stanford se sentía como una persona normal entre prodigios de todo el mundo, y apenas consiguió un notable en su primera y única asignatura de informática. Aun así, encajaba en la categoría general de lo que Zuckerberg buscaba. Le gustaba la fotografía y uno de sus proyectos secundarios era un sitio web llamado Photobox, que permitía cargar archivos de imágenes pesados y luego compartirlos o imprimirlos, sobre todo después de las fiestas de su círculo estudiantil, Sigma Nu.

Photobox bastó para interesar a Zuckerberg, que a esas alturas no era precisamente selectivo. Reclutar colaboradores siempre es lo más difícil a la hora de levantar una startup, y TheFacebook.com estaba creciendo tan deprisa que necesitaba gente. Ese mismo año, se vio a Zuckerberg en la facultad de Informática de Stanford con un póster de su empresa, con el que esperaba atraer a programadores de la misma manera que los clubes universitarios conseguían miembros. Había perfeccionado el discurso, y le explicó a Systrom que estaba ofreciendo una oportunidad única en la vida para estar en la zona cero de lo que sería algo bestial. Facebook a continuación se abriría a los estudiantes de instituto y, como objetivo final, al resto del mundo. La empresa conseguiría más dinero de inversores capitalistas y podría llegar a ser más importante que Yahoo!, Intel o Hewlett-Packard.

Y luego, cuando el restaurante pasó la tarjeta de crédito de Zuckerberg, se la rechazaron. Le echó la culpa al presidente de la empresa, Sean Parker.

Unos días más tarde, Systrom salió a pasear por las colinas que rodean el campus con Fern Mandelbaum, la tutora asignada de su programa de emprendimiento, una graduada en Administración de Empresas en Stanford en 1978 y especialista en inversiones. A Mandelbaum le preocupaba que Systrom malgastara su potencial si lo abandonaba todo por la fantasía de otra persona. «No te metas en eso de Facebook», le dijo ella. «Es una moda pasajera. No va a llegar a ninguna parte.»

Systrom le dio la razón. De todas formas, no había ido a Silicon Valley para hacerse rico con una startup. Su objetivo era obtener una educación de primera y graduarse en la Universidad de Stanford. Le dio las gracias a Zuckerberg por su tiempo y luego planeó otra aventura: estudiar en el extranjero, en Florencia, Italia. Se mantendrían en contacto.

Florencia emocionó a Systrom como TheFacebook.com no logró hacerlo. No estaba seguro de querer trabajar en el sector de la tecnología. Cuando había solicitado entrar en Stanford, creía que se graduaría en alguna ingeniería o en historia del arte. Se imaginó viajando por el mundo, restaurando antiguas catedrales o cuadros. Le encantaba la ciencia que había detrás del arte y la facilidad con la que una innovación —como el descubrimiento de la perspectiva lineal del arquitecto Filippo Brunelleschi— podía cambiar por completo la manera de comunicarse de la gente. Los cuadros de la mayor parte de la historia del arte occidental eran planos y caricaturescos, y luego, a partir del siglo xv, la perspectiva les dio profundidad, añadiéndoles realismo y emoción.

A Systrom le gustaba pensar en cómo se hacían las cosas, decodificaba los sistemas y los detalles importantes para producir algo de calidad. En Florencia desarrolló una miniobsesión por las artes italianas y aprendió a hacer vino, a moldear y coser cuero para confeccionar zapatos, y técnicas para preparar un capuchino estupendo.

Incluso durante su feliz infancia, Systrom atacaba sus pasatiempos buscando la perfección con ese mismo fervor académico. Nació en diciembre de 1983 y creció, junto a su hermana Kate, en una casa

de dos plantas con un largo camino de entrada flanqueado de árboles en Holliston, Massachusetts, a una hora al oeste de Boston. Su
madre, Diane, una mujer muy dinámica, era vicepresidenta de marketing en la cercana Monster.com, y después lo fue en Zipcar, e introdujo a sus hijos en el uso de internet cuando la conexión se hacía
solo a través de la línea telefónica. Su padre, Doug, era directivo
de recursos humanos en el conglomerado empresarial propietario de
las tiendas de saldo Marshalls y HomeGoods. Systrom era un niño
curioso y activo al que le encantaba ir a la biblioteca y jugar en el
ordenador a un juego de rol futurista lleno de demonios, *Doom II*.
Su introducción a la programación informática consistió en crear
sus propios niveles en el juego.

Systrom iba de una pasión intensa a otra, en fases de las que
todos los que lo rodeaban habían oído hablar, a veces de forma li-
teral. Durante su fase de DJ en el internado de Middlesex, compró
dos platos y sacó una antena por la ventana de su habitación para
tener su propia emisora de radio, donde pinchaba música electrónica, que era lo más en aquella época. De adolescente se colaba en
los clubes para mayores de veintiún años con la intención de observar a sus ídolos en acción, aunque se regía demasiado por las reglas
como para beber.[2]

La gente o se enamoraba de Systrom a simple vista o lo tachaba
de pretencioso con ínfulas y delirios de grandeza. Se le daba bien
escuchar a los demás, pero también estaba dispuesto a enseñar a la
gente la forma correcta de hacer las cosas, lo que provocaba, debido
a las obsesiones tan variadas que tenía, ora fascinación, ora fastidio.
Era la clase de persona que dice que no se le da bien algo en lo que
es un hacha o que no es lo bastante bueno para hacer algo en lo
que sí es muy bueno; rozaba esa fina línea que separa la afinidad de
la falsa modestia. Por ejemplo, para encajar en Silicon Valley, solía
hablar de sus aptitudes frikis en el instituto, de su amor por los videojuegos y de los proyectos de programación, pero rara vez mencionaba que también había sido el capitán del equipo de lacrosse[3]
o que era el encargado de publicitar las fiestas de su círculo en la
universidad. Sus compañeros lo consideraban un innovador por usar
vídeos virales con el fin de atraer a miles de asistentes. Su primera

producción de este tipo la hizo en 2004; se llamaba *Moonsplash* y los miembros del círculo estudiantil salían con disfraces fuera de tono bailando al son de «Drop It Like It's Hot» de Snoop Dogg. Systrom siempre hacía de DJ en las fiestas.

La fotografía era uno de sus intereses más antiguos. En un trabajo del instituto, escribió acerca de por qué le gustaba usar ese formato: «Para mostrar mi visión del mundo a los demás» y «Para inspirar a otros a mirar el mundo con otros ojos».[4] Antes de su viaje a Florencia, el epicentro del Renacimiento del que tanto aprendió, ahorró para comprarse, después de mucho investigar, la cámara de mejor calidad que se pudo permitir y los mejores objetivos. Pensaba usarlos en su clase de fotografía.

Su profesor en Florencia, un hombre llamado Charlie, no parecía impresionado. «No has venido para crear perfección»,[5] le dijo. «Dame eso.»

Systrom pensó que el profesor iba a cambiar los ajustes de la cámara, pero lo que hizo fue llevársela a su despacho y regresar con una más pequeña, una Holga, que solo hacía fotografías borrosas en blanco y negro, de formato cuadrado. Era de plástico, como de juguete. Charlie le dijo a Systrom que no podría usar su cámara cara durante los siguientes tres meses, porque una herramienta de mejor calidad no crearía necesariamente mejor arte. «Tienes que aprender a amar la imperfección», le dijo.

Systrom se pasó el invierno de su primer año de universidad, 2005, haciendo fotos de aquí para allá en cafeterías, intentando apreciar una belleza borrosa y desenfocada. La idea de una foto cuadrada transformada en arte a través de la edición se le metió en la cabeza. Aunque más importante fue la lección de que el hecho de que algo sea técnicamente más complejo no implica que sea mejor.

Mientras tanto, ya estaba haciendo planes para el verano. Systrom debía hacer prácticas en una startup[6] como parte del programa Stanford Mayfield Fellows en el que lo habían aceptado por los pelos. Como todos los estudiantes de Stanford, tenía un asiento en primera fila para ver la resurrección de la industria de internet. La primera generación de la red trataba de mover información y hacer negocios en línea, fomentando una burbuja especulativa alrededor de las puntocoms a finales de los años noventa que estalló en 2001. Esta nueva generación, que los inversores separaban de los fracasos con el término «Web 2.0», intentaba que los sitios web fueran más interactivos e interesantes a partir de la información que creaban sus usuarios, como las reseñas de restaurantes y los blogs.

La mayor parte de estas tecnologías nuevas se desarrollaban en Palo Alto, donde empresas como Zazzle o FilmLoop tenían la sede en el centro, lo más cerca posible de Stanford con vistas a la contratación, levantando el decaído sector inmobiliario.[7] Ahí era donde eligieron ir sus compañeros del programa. Pero Palo Alto era un sitio muy aburrido para pasar el verano.

Systrom leyó en el *New York Times* que se había puesto de moda el contenido de audio en línea, y vio que mencionaban a una empresa llamada Odeo, que había hecho un hueco al mercado de los pódcast en internet. Allí era donde quería ir, decidió. Envió un correo electrónico al director ejecutivo, Evan Williams, que ya llevaba un par de años trabajando en la startup, cuya sede se encontraba a unos cuarenta y cinco minutos en coche hacia el norte, en San Francisco. William ya era famoso en el mundillo tecnológico por haber vendido Blogger, una web de blogs, a Google. Systrom consiguió el puesto. Todos los días iba en tren a la ciudad, que era mucho más emocionante, con sus bares especializados en whisky y sus locales con música en directo.

Jack Dorsey, un ingeniero recién contratado en Odeo, pensaba que el chico en prácticas de veintidós años al que tenía que hacerle de niñera todo el verano le caería mal. Suponía que un exclusivo programa de prácticas y un internado de élite de la Costa Este eran sitios estériles y encajonados, y que una persona que se había formado allí carecería de creatividad.

Dorsey, un chico de veintinueve años que había dejado los estudios en la Universidad de Nueva York y que tenía un tatuaje anarquista y un piercing en la nariz, se consideraba más bien un artista. A veces soñaba, por ejemplo, con convertirse en modisto.[8] Era ingeniero, pero solo lo veía como un medio para conseguir un fin: crear con código algo de la nada. También tenía que pagar el alquiler. No era la clase de persona que sabe gestionar a alguien en prácticas. Para sorpresa de Dorsey, Systrom y él se hicieron amigos enseguida. Había pocos trabajadores en el loft de Brannan Street,[9] la mayoría veganos, de modo que Systrom y él intimaron durante los paseos para comprarse el sándwich del almuerzo en un restaurante de la zona. Dio la casualidad de que ambos tenían unos gustos musicales muy particulares y a los dos les gustaba el café de buena calidad, así como la fotografía. No había muchos ingenieros en Silicon Valley con los que Dorsey pudiera hablar de esas cosas, así que cuando Systrom le pidió ayuda con la programación informática, él, autodidacta, se sintió halagado.

Por supuesto, Systrom tenía sus manías. Una vez que se soltó con el lenguaje de programación JavaScript, era muy exigente en cuanto a perfeccionar la sintaxis y el estilo para que quedara bonito a la vista. Esto para Dorsey no tenía ningún sentido, y era casi un sacrilegio en la cultura hacker de Silicon Valley, que veneraba que se hicieran las cosas con rapidez. Daba igual si no sellabas las líneas de texto con el equivalente digital a la cinta americana siempre y cuando funcionase. A nadie le importaba que el código tuviera una estructura bonita, salvo a Systrom.

Este disertaba largo y tendido acerca de sus otros intereses intelectuales, que Dorsey jamás había tenido la oportunidad de desarrollar. De todas formas, Dorsey veía un poquito de él en ese chico en prácticas que parecía tener la cultura suficiente para formarse opiniones propias y que no intentaba ser un engranaje más de la maquinaria ni hacerse rico, como solía ser en aquellos que tenían una formación empresarial. Dorsey se preguntaba qué sería de Systrom una vez que se relajara un poco. Aunque más adelante descubrió que, después de sacarse el título, pensaba trabajar en Google. En marketing de productos. «Cómo no», pensó. Al fin y al cabo, sí era el típico tío de Stanford.

Durante su último año en Stanford,[10] además de trabajar en Odeo y Google, Systrom se sacaba un dinero extra preparando cafés en el

Caffé del Doge, en University Avenue, Palo Alto. Un día, Zuckerberg entró y se quedó pasmado al ver al estudiante al que había intentado reclutar trabajando en una cafetería. Incluso en aquel entonces el director seguía sin llevar bien el rechazo. Pidió su café, incómodo, y se fue.

TheFacebook.com, que ya se llamaba Facebook, acabó teniendo su servicio de fotos en octubre de 2005, sin la ayuda de Systrom. El invento que se añadió, dos meses más tarde, de etiquetar a amigos en las fotos demostró ser incluso más beneficioso para la empresa. La gente que ni siquiera usaba Facebook de repente recibía mensajes de correo electrónico en los que se les alertaba de que aparecían fotos suyas en la web y se sentía tentada de hacer clic para verlas. Se convirtió en una de las manipulaciones más importantes de Facebook para conseguir más usuarios de la red social, pese al puntito siniestro.

Systrom lamentó un poco esa oportunidad perdida. Más de 5 millones de personas usaban Facebook a esas alturas, y se dio cuenta de que se había equivocado en su trayectoria. Intentó volver atrás y se puso en contacto con uno de los empleados de producto de Zuckerberg. Pero esa persona dejó de contestar sus mensajes de correo electrónico, así que supuso que no les interesaba.

El equipo de Odeo iba a lanzar una nueva actualización de producto, llamada Twttr, pronunciada «tuiter», con Dorsey como director ejecutivo. Systrom seguía manteniéndose en contacto y usaba el sitio con frecuencia para apoyar a sus amigos y antiguos compañeros, o para escribir acerca de lo que cocinaba, bebía o veía, aunque el sitio solo admitía texto. Uno de los chicos de Odeo le dijo que, con el tiempo, los famosos y las marcas de todo el mundo lo usarían para comunicarse. «Están locos»,[11] pensó Systrom. «Nadie va a usar esto.» No se imaginaba para qué podía servir. Fuera como fuese, no intentaron que volviera.

Poca gente tiene la oportunidad de entrar en una empresa icónica cuando está comenzando. Systrom había desperdiciado las dos oportunidades que se le habían presentado por hacer algo mucho menos arriesgado. Para él, después de licenciarse en Stanford en gestión de empresas e ingeniería, ir a Google era básicamente como hacer un posgrado. Tendría un sueldo base de 60.000 dólares,[12] una minucia al lado de la millonada que le habría proporcionado Facebook, pero sería como hacer un curso intensivo sobre la lógica de Silicon Valley.

Fundada en 1998, Google empezó a cotizar en bolsa en 2004, lo que atrajo a suficientes millonarios a Silicon Valley como para sacarlo del bache de la burbuja de las puntocoms. Cuando Systrom se unió a la empresa en 2006, tenía casi 10.000 trabajadores. Google, mucho más funcional y consolidada que la diminuta Odeo, estaba dirigida en su mayoría por antiguos estudiantes de Stanford que tomaban decisiones basándose en los datos. Esa fue la filosofía que hizo que la líder en páginas de inicio Marissa Mayer, que más tarde se convertiría en directora ejecutiva de Yahoo!, probara 41 tonalidades de azul para averiguar con qué color los enlaces de la empresa conseguirían el mayor número de clics. Una tonalidad azul un poco violácea[13] ganó a otras algo más verdosas, y eso ayudó a aumentar los beneficios en 200 millones anuales. Ciertos cambios que parecían insignificantes podían suponer una diferencia enorme cuando se aplicaban a millones de personas.

La empresa de investigación hizo miles de pruebas como esta, conocidas como pruebas A/B, que mostraban experiencias diferentes con el producto según distintos segmentos de usuarios. En Google se suponía que cada problema tenía una respuesta correcta, a la que se podía llegar a través del análisis cuantitativo. A Systrom los métodos de la empresa le recordaban a los niños prodigio de su clase de informática que intentaban hacer algo complicadísimo para impresionar a los demás. En esos casos era muy sencillo acabar resolviendo el problema inapropiado. Si en Google estudiaran fotografía, por ejemplo, se habrían decantado por crear la mejor cámara en vez de por hacer la foto más impactante. Su profesor Charlie se habría llevado las manos a la cabeza.

Era más emocionante, en opinión de Systrom, cuando los trabajadores de Google se apartaban de los métodos establecidos y usaban la intuición. Trabajó redactando contenido de marketing para Gmail, donde el departamento intentaba averiguar cómo hacer que la experiencia del usuario fuera más rápida. La solución fue creativa: en cuanto una persona entrara en Gmail.com y empezara a escribir su nombre de usuario, Google comenzaría a descargar los datos en su bandeja de entrada mientras la persona en cuestión introducía la contraseña. Una vez que hubiera iniciado sesión, ya tendría mensajes listos para leer, lo que mejoraba la experiencia sin necesidad de una conexión a internet más rápida.

A Google no le interesaba que Systrom creara productos, ya que no tenía un grado en informática. Se aburría tanto escribiendo contenidos de marketing que acabó enseñándole a un compañero más joven cómo hacer un buen café con las cafeteras de la empresa. Al final, se trasladó al equipo de fusiones y adquisiciones de Google, donde vio cómo el gigante tecnológico cortejaba y compraba empresas más pequeñas. Preparaba presentaciones en PowerPoint para analizar objetivos y oportunidades de mercado. Solo hubo un problemilla: en 2008, la economía de Estados Unidos entró en crisis por culpa de las hipotecas impagadas. Google interrumpió las adquisiciones.

—¿Qué debería hacer? —le preguntó Systrom a uno de sus compañeros.

—Deberías empezar a jugar al golf —respondió el colega.

«Soy demasiado joven para jugar al golf», se dijo Systrom. Había llegado el momento de pasar página.

Con veinticinco años, Systrom era consciente de la evidente orientación de Facebook hacia el crecimiento, de lo inacabado que estaba Twitter y lo organizado y académico que era Google. Había conocido a sus líderes y había comprendido qué los motivaba, lo que les quitaba todo el misterio. Desde fuera, parecía que Silicon Valley lo dirigían unos genios. Desde dentro, quedaba claro que todos eran vulnerables, como él mismo, y que improvisaban sobre la marcha. Systrom no era un friki, ni un hacker ni un analista cuantitativo. Pero tal vez no estuviera menos cualificado para ser emprendedor.

Como seguía siendo muy reticente a asumir riesgos y a empezar algo sin el respaldo de un sueldo, aceptó un trabajo como director de producto en una pequeña startup llamada Nextstop que creó un sitio web en el que la gente podía compartir sus consejos sobre viajes. Mientras tanto, las noches y los fines de semana que pasaba en las cafeterías intentaba desarrollar una nueva habilidad: hacer aplicaciones móviles.

Las cafeterías de San Francisco en 2009 estaban llenas de personas como Systrom, que jugueteaban en su tiempo libre, convencidos de que los móviles serían la siguiente gallina de los huevos de oro del mundo tecnológico, una oportunidad mucho mayor que Web 2.0. Después de que Apple presentara el iPhone en 2007, los smartphones empezaron a cambiar la forma en la que la gente se conectaba a internet. La red ya no solo se usaba para tareas concretas, como comprobar el buzón de correo electrónico o buscar en Google: era algo que podía formar parte de la vida cotidiana, ya que la gente lo llevaba en el bolsillo.

Los desarrolladores podían ofrecer una cantidad ingente de programas nuevos que acompañaban a la gente allá adonde fuera. Las grandes webs de servicios como Facebook[14] y Pandora fueron de las aplicaciones más populares en 2009, pero también fue el caso de herramientas puramente efectistas, como Bikini Blast, que ofrecía imágenes subidas de tono como fondo de pantalla, e iFart, una aplicación que reproducía diversos ruidos de ventosidades en función del botón que se pulsara. La carrera de las aplicaciones estaba abierta a todo el mundo, y la encabezaban, en su mayoría, hombres de veintipocos años que, desde San Francisco, lanzaban ideas al público para ver qué triunfaba.

Systrom creyó que podía suplir sus carencias técnicas —no sabía hacer aplicaciones, solo sitios web para móviles— con sus conocimientos multidisciplinares, que esperaba que lo ayudaran a idear cosas más divertidas e interesantes para las personas normales. Estaba aprendiendo a crear aplicaciones con la práctica, de la misma manera que había aprendido a pinchar discos, a dibujar una hoja en la espuma de un café con leche o a ser mejor fotógrafo. Hizo unas cuantas herramientas dispares, como un servicio llamado Dishd para que la gente calificara los platos, no los restaurantes. Un amigo de Stanford, Gregor Hochmuth, le ayudó creando una herramienta con la que analizar la carta de los restaurantes, de modo que un usuario pudiera buscar un ingrediente, por ejemplo «atún», y encontrar todos los restaurantes donde lo servían.

Ese mismo año, Systrom creó algo llamado Burbn, por el whisky de Kentucky que tanto le gustaba. El sitio web móvil era perfecto para la vida urbanita de Systrom. La gente podía decir dónde estaba o dónde pensaba ir y sus amigos podían presentarse en el mismo sitio. Cuantas más veces saliera un usuario, más premios virtuales conseguía. El esquema cromático del fondo estaba compuesto por una mezcla fea de marrón y rojo, como una botella de bourbon con lacre rojo. Para añadir una foto a la publicación tenías que mandarla con un mensaje de correo electrónico. No había otra manera de hacerlo. De todas formas, la idea fue lo bastante buena para competir en la carrera de aplicaciones de Silicon Valley.

En enero de 2010, decidido a hacerse un hueco y a justificar su salida de Nextstop, Systrom fue a una fiesta para una startup llamada Hunch en Madrone Art Bart, en el barrio de Panhandle de San Francisco. Estaría lleno de inversores de riesgo,[15] sobre todo gracias a los directivos de la ya exitosa Hunch: Caterina Fake, cofundadora de Flickr, un sitio web para almacenar y compartir fotos que se había vendido a Yahoo! por 35 millones de dólares en 2005, y Chris Dixon, que había vendido una empresa de seguridad que cofundó en 2006.[16]

Durante los cócteles, Systrom conoció a dos importantes vicepresidentes con la cartera abultada: Marc Andreessen, cofundador de Netscape, que dirigía Andreessen Horowitz, una de las empresas de inversión de riesgo más potentes de Silicon Valley, y Steve Anderson, que dirigía una empresa de inversión nueva mucho más discreta llamada Baseline Ventures.

A Anderson le gustó la idea de que Systrom, con su paso por Stanford y Google y su aplomo, no tuviera aún inversores para su idea. También le gustó ser el primero en darse cuenta de algo. Le pidió prestado el móvil a Systrom y se mandó un correo electrónico: «Hacer seguimiento».

A partir de ese momento se reunieron cada dos semanas en Grove, en Chestnut Street, donde hablaban del potencial de Burbn delante de un capuchino. El programa de Systrom solo tenía unas decenas de usuarios, amigos y amigos de sus amigos. Dijo que necesitaba unos 50.000 dólares para empezar a convertirla en una empresa de verdad. A Anderson le interesaba la oportunidad, pero puso una objeción.

«El mayor riesgo es tu condición de fundador único», le dijo Anderson. «No suelo invertir cuando hay un solo fundador.» Le explicó que, sin nadie más en lo más alto, cuando se equivocara nadie se lo diría, y no sacaría el máximo provecho a sus ideas para mejorarlas.

Systrom le dijo que estaba de acuerdo y que reservaría un 10 por ciento de las acciones en el contrato para un cofundador futuro. Y así fue como vio la luz la empresa que acabaría siendo Instagram.

Hochmuth, el colega de Systrom con el que tanteaba aplicaciones, era la persona con la que más lógica tenía crear una empresa. Sin embargo, él era feliz en Google. «¿Por qué no hablas con Mickey?», le sugirió Hochmuth.

Mike Krieger era otro estudiante de Stanford, dos años más joven, a quien Systrom conocía del programa Mayfield desde hacía unos años, desde un encuentro de Mayfield para establecer contactos profesionales, donde Krieger leyó la chapa de Odeo que llevaba Systrom y estuvo haciéndole preguntas sobre la empresa. Después de aquello, Krieger desapareció un tiempo para hacer un máster en «sistemas simbólicos», el famoso programa de Stanford para comprender la psicología de cómo los humanos interaccionan con los ordenadores. Escribió su trabajo de fin de máster acerca de la Wikipedia, que había conseguido contar con una comunidad de voluntarios que actualizaban y editaban su enciclopedia en línea. En 2010 estaba trabajando en Meebo, un servicio de mensajería instantánea.

A Systrom le caía muy bien Krieger. Era un ingeniero con mucha más experiencia que él, además de ser agradable, sensato y tener siempre una sonrisa a punto. Krieger tenía el pelo castaño, largo y lacio, la cara ovalada y siempre bien afeitada, y gafas rectangulares. Systrom y Krieger acostumbraban a quedar de vez en cuando los fines de semana en una cafetería de San Francisco llamada Coffee

Bar, donde intercambiaban ideas sobre sus proyectos y también consejos. Krieger fue uno de los primeros en probar Burbn, y le gustó porque incluía contenidos visuales, no solo actualizaciones de estado.

Krieger, al igual que Systrom, no tenía ni idea de que acabaría en el mundo de las startups. Creció en Brasil, con alguna que otra temporada en Portugal y en Argentina, dado que su padre trabajaba para la destilería Seagram. También le gustaba la música y sabía tocar una guitarra de doce cuerdas. Había tonteado con el diseño web en el instituto, pero nunca había conocido a un emprendedor en tecnología. Después de llegar a Estados Unidos en 2004 para estudiar en Stanford, no tardó en darse cuenta de que podría encajar en la industria.

El plan de Krieger era empezar en Meebo, una empresa mediana, luego pasar a una más pequeña que conllevara más desafíos y con el tiempo, cuando tuviera los conocimientos necesarios, crear su propia empresa. Mientras tanto tonteaba con el desarrollo de aplicaciones para iPhone en las cafeterías. La primera que creó, con la ayuda de un amigo diseñador con mucho talento, se llamaba Crime Desk SF. Superponía los datos de crímenes de San Francisco, extraídos de informes públicos, con una herramienta para la cámara con la que ver el mundo real y lo que había sucedido en los alrededores. Invirtieron mucho tiempo en hacer que fuera bonita. Por desgracia, nadie quería usarla.

Krieger le dijo a Systrom que estaba dispuesto a ayudar si necesitaba que le echaran una mano con Burbn. Después de la inversión de Anderson, Systrom le contó que su intención era convertirlo en una empresa real, con responsabilidades económicas reales, y le preguntó si quería ser uno de los cofundadores oficiales.

«Me interesa», contestó Krieger. Le pareció algo evidente: trabajaría en San Francisco en vez de tener que desplazarse todos los días a Meebo, en Silicon Valley; ayudaría a mejorar el novedoso ámbito de las aplicaciones móviles, y lo haría con un tío que le caía bien.

Krieger solía tener pálpitos cuando tomaba decisiones importantes, pero siempre intentaba buscar la mejor estrategia para que los demás lo apoyasen. En este caso, sabía que sus padres, que estaban en São Paulo, se preocuparían si tomaba una decisión tan impulsiva con respecto a su futuro laboral, más teniendo un permiso de residencia para inmigrantes. De modo que les presentó la idea poco a poco.

«Por cierto, estoy pensando que a lo mejor sería interesante unirme a una startup», les dijo en portugués un día, planteándolo de forma que pareciera algo que haría en el futuro, cuando se le presentara la oportunidad perfecta.

Unos días más tarde, los llamó de nuevo.

«¡He conocido a un tío muy interesante!» Les explicó quién era Systrom y en qué estaba trabajando.

A finales de esa semana los llamó para decirles que, después de haber estado investigando mucho, había decidido ser cofundador de la empresa de Systrom, Burbn. Sus padres, que pensaban que su hijo se había tomado su tiempo para llegar a esa decisión, lo apoyaron.

Lo siguiente que tenían que hacer era convencer al Gobierno de Estados Unidos. En enero de 2010, Krieger contrató a un abogado especializado en inmigración, sobre todo en visados para brasileños (aunque la mayoría de sus clientes previos eran peluqueros). Pidió que su visado de trabajo pasara a depender de Burbn. Los funcionarios que revisaron su caso vieron que Burbn generaba ingresos, pero tenían dudas... ¿Había un plan de negocio?

Por supuesto que no. Su financiación les permitiría hacer lo mismo que Facebook: intentar que su producto se convirtiera en parte de la vida diaria de sus usuarios antes de intentar sacarles dinero. Sin embargo, Systrom y Krieger no podían decir eso. Dijeron a los funcionarios que planeaban, llegado el momento, ganar dinero con una especie de sistema de cupones para bares, restaurantes y tiendas en los que la gente les decía a sus amigos que estaban allí. Explicaron que entre sus competidores se encontraban Foursquare y Gowalla. También les proporcionaron una gráfica que predecía que al cabo de tres años tendrían un millón de usuarios. Se rieron por lo improbable del caso.

Mientras esperaban a saber si era legal que trabajasen juntos en Burbn, Krieger y Systrom pusieron a prueba su colaboración, sin más. Por la noche, en fin de semana, quedaban en Farley's, una cafetería de Potrero Hill en la que se exhibía el trabajo de artistas de la zona. Programaron jueguecitos que nunca verían la luz, incluido uno basado en el dilema del prisionero, una teoría política que explica por qué las personas racionales podrían no cooperar en situaciones en las que deberían hacerlo.

Fue divertido, pero no era Burbn. Pasaron meses y Krieger comprendió que Systrom se estaba gastando su dinero, retrasando el desarrollo, sin saber cuándo acabaría la espera. Krieger se pasaba horas leyendo la ley de inmigración y obsesionado con las historias terroríficas que publicaban en los foros de internet.

—Kev, a lo mejor deberías buscarte otro cofundador —le sugirió.

—No, quiero trabajar contigo —respondió Systrom—. Ya nos las arreglaremos.

Systrom había visto suficientes relaciones tóxicas entre cofundadores de startups como para saber lo raro que era encontrar a alguien en quien pudiera confiar. Los fundadores de Twitter, por ejemplo, siempre estaban intentando quitarle poder al otro. De hecho, Dorsey ya no era director ejecutivo de la empresa. Los trabajadores se quejaron de que había asumido el mérito de todas las ideas y del éxito de Twitter mientras evitaba hacer su trabajo. Dorsey se tomaba descansos para ir a clases de yoga bikram o de costura. «Puedes ser modisto o el director ejecutivo de Twitter», le dijo Ev Williams, según el libro de Nick Bilton *La verdadera historia de Twitter*,[17] «pero no puedes ser ambas cosas a la vez». En 2008, Williams trabajó con la junta de Twitter para hacerse con el control y echar a Dorsey.

La historia de Facebook fue incluso más dramática. El cofundador Eduardo Saverin, que empezó a sentirse desplazado en la toma de decisiones de la empresa cuando el equipo se trasladó a Palo Alto en 2005, congeló la cuenta bancaria de Facebook,[18] detalle que tal vez fuera el verdadero motivo de que rechazaran la tarjeta de crédito de Zuckerberg durante su primer almuerzo con Systrom. Los abogados de Zuckerberg orquestaron una complicada transacción financiera para diluir el porcentaje que poseía Saverin, lo que provocó una demanda y una dramática adaptación hollywoodiense de la historia, la película *La red social*, que se estrenó en 2010.

Los fundadores míticos de Silicon Valley eran agresivos, ambiciosos, controladores y fríos. Krieger sabía escuchar, era un compañero atento, trabajaba mucho y, después de todas las pruebas que habían hecho juntos, también era un buen amigo. Systrom no pensaba arriesgarse a tener por compañero a otra persona.

Mientras tanto, Systrom buscaba más inversores para su proyecto. Consiguió convencer a Andreessen Horowitz para que invirtiera 250.000 dólares, a través de su contacto Ronny Conway, un socio de la empresa al que conocía de Google. Cuando Anderson, de Baseline Ventures, se enteró de la cifra, quiso poner la misma cantidad para estar en igualdad de condiciones, así que también aumentó su inversión inicial hasta los 250.000 dólares. De repente, Systrom tenía medio millón para empezar a funcionar.

Anderson intentó suscitar el interés de otras personas por Burbn enviando mensajes de correo electrónico a decenas de colegas en otras empresas, pero todos aquellos a los que no había engatusado Systrom en persona pasaron de él. Había otras aplicaciones basadas en la ubicación más populares, como Foursquare y Gowalla, y las fotos no eran una característica tan decisiva para enganchar a la gente, argumentaron los vicepresidentes. Burbn tenía características sociales, pero Facebook ya dominaba en ese terreno, no tenía sentido apostar en su contra. Las actualizaciones de estado, sobre lo que hacías o adónde ibas, ya eran algo típico en Twitter.

De modo que Systrom se puso en contacto con su antiguo mentor, Dorsey, y le dijo que estaba creando una empresa. Los dos se reunieron cerca de las oficinas de Square, la última aventura empresarial de Dorsey. Este estaba creando un dispositivo que se podía conectar al ordenador o al móvil y que, a través de internet, permitiría hacer compras con la tarjeta de crédito en cualquier parte. El piercing de la nariz había desaparecido. Dorsey vestía mucho más formal, con camisas de Dior impolutas y una chaqueta negra, tal vez como reacción a la desconfianza de la junta de Twitter.

Dorsey planteó muchas de las preguntas que ya le habían hecho los otros vicepresidentes, acerca de por qué iba a usar alguien Burbn en vez de Foursquare. «Por supuesto que la ha llamado "bourbon"», pensó Dorsey al recordar los gustos caros de Systrom. «Por supuesto que ha usado un lenguaje de programación muy moderno.» Systrom, que seguía aprendiendo a crear aplicaciones para iPhone, le vendió la idea de que una aplicación creada con HTML5 tendría ventajas en el mercado, algo de lo que Dorsey no estaba seguro. Pero, en este caso, la relación personal se impuso a la lógica inversora. La verdad, pensó Dorsey, daba igual lo que Systrom estuviera haciendo. No había modelos ni hitos que dictaran qué sería un éxito y qué no en el mundo de los móviles. Y Systrom había acudido a él en el momento justo.

A nadie se le había ocurrido pedirle dinero a Dorsey para crear una startup. Si invertía en Burbn, sería su primer «apadrinamiento empresarial», que es como se denominaba a la inversión en una startup por parte de una persona rica en Silicon Valley. Sería algo estupendo que hacer con su flamante fortuna procedente de Twitter, al mismo tiempo que apoyaba a Systrom, a quien tenía por una persona con un gusto exquisito. Systrom sacaría adelante Burbn, acabara como acabase.

Dorsey lo apoyó con 25.000 dólares, pero sus ánimos acabaron siendo mucho más valiosos.

El Gobierno por fin aprobó el visado de trabajo de Krieger en abril de 2010, casi tres meses después de solicitarlo. Durante su primera semana en la empresa nueva, Systrom lo invitó a desayunar y le confesó algo: no estaba seguro de que Burbn fuera el producto adecuado.

Systrom le explicó que la idea funcionaba bien con sus amigos jóvenes urbanitas, que iban a conciertos y restaurantes. Los premios que daba Burbn para recompensar la sociabilidad eran divertidos porque hacían que la experiencia fuera adictiva y competitiva. Pero si no eras un joven urbanita, sino un padre, por ejemplo, o alguien sin dinero para salir a tomar algo, no necesitarías la aplicación. Dorsey, sin ir más lejos, solo se conectaba cuando Systrom le pedía que comprobase algo. Systrom pensó en lo aterrador que debió de ser para el equipo de Odeo el cambio que supuso pasarse a Twitter,[19] pero era evidente que fue la decisión correcta. ¿Qué era su Twitter?

A Krieger lo pilló por sorpresa. Había asumido un riesgo aún mayor que dejar un trabajo seguro al irse a trabajar para Systrom en Burbn. Si empezaban una nueva empresa y se quedaban sin dinero mientras trabajaban en ella, tendría que empezar a mover otra vez lo del visado o regresar a Brasil. Antes de darle la patada, repuso Krieger, tal vez deberían intentar mejorarla. Así que lo hicieron desarrollando una aplicación para iPhone.

Los cofundadores dejaron las reuniones en las cafeterías de la zona por un espacio en un coworking desvencijado llamado Dogpatch Labs, en el paseo marítimo cercano al campo de béisbol de San Francisco, donde se emplazaban otras pequeñas startups, como Threadsy, TaskRabbit y Automattic, la creadora de WordPress.

Era un lugar extraño, con corrientes de aire y una cacofonía muy molesta debido a los graznidos de las gaviotas y los gritos de los leones marinos, pero sobre todo al ruido de otros jóvenes sumidos en el proceso creativo, aunque muchas veces improductivo, envalentonados por el Red Bull y el alcohol. Del techo colgaba un timón enorme a modo de detalle marino, que no dejaba de ser un peligro, ya que podría desprenderse durante un terremoto. El agua que los rodeaba estaba fría. Pocos turistas se atrevían a alquilar los kayaks que había fuera. Pero los viernes por la tarde, cuando los ingenieros se reunían para la *happy hour*, alguien acababa borracho y se lanzaba a la bahía de San Francisco.

Krieger y Systrom tecleaban, intentando pasar de sus compañeros, mientras se preguntaban por qué a todo el mundo le preocupaba menos que a ellos quedarse sin dinero. Los fundadores de Burbn aprovechaban los eventos sociales de otra manera. El administrador del edificio les dijo que, si alguna vez había algún catering, podían quedarse con lo que sobrara a partir de la una y media del mediodía.

Si les entraba hambre antes de esa hora, se compraban el sándwich que estuviera de oferta por 3,40 dólares en el bar de al lado.

Tenían que ahorrar dinero porque no sabían cuánto tardarían en conseguir que Burbn fuera un éxito, o si lo sería. Un par de meses después, una reunión con Conway, de Andreessen, que era hijo de Ron Conway, el afamado padrino inversor de Silicon Valley, echó por tierra sus esperanzas todavía más.

«A ver, ¿qué decís que hacéis?», preguntó Conway. Systrom intentó explicar, otra vez, lo que era Burbn: «¡Es una forma divertida de saber qué están haciendo tus amigos y unirte a ellos en el mundo real! ¡Puede servirte de inspiración para tu próxima salida!». Sin embargo, quedó claro que a Conway la idea no le hacía mucha gracia, pese a participar en la inversión de su empresa. Para él, Systrom parecía estar recitando todas las palabras claves de Silicon Valley: ¿Móvil? Sí. ¿Redes sociales? Sí. ¿Basado en la ubicación? Sí.

Seguramente Conway era la enésima persona que se quedaba perpleja al oír hablar de la aplicación, pensó Systrom. «No tiene interés ni fe en lo que hacemos, pese a su inversión.» Systrom sabía que su aplicación era entretenida, pero ¿era útil? ¿Solucionaba un problema común a la mayoría de las personas? La pregunta fue clave, mandó a Systrom y a Krieger de vuelta a la casilla de salida.

Los fundadores se apoderaron de una pizarra en una de las salas de reuniones de Dogpatch Labs e hicieron una lluvia de ideas que serviría como fundamento de toda su filosofía de liderazgo: preguntar en primer lugar qué problema querían solucionar y luego intentar resolverlo de la manera más sencilla posible.

Krieger y Systrom empezaron haciendo una lista de las tres cosas que más les gustaban a los usuarios de Burbn. Una era Planes, la característica que permitía a la gente decir adónde iba para que sus amigos se pudieran unir a ellos. Otra eran las fotos. La tercera era una herramienta para ganar premios virtuales sin importancia por su actividad, que era básicamente un truco para que la gente volviera a usar la aplicación.

No todo el mundo necesitaba planes o premios. Systrom rodeó «fotos» con un círculo. Las imágenes, pensaron, eran universales y útiles para todos, no solo para los urbanitas.

«Todo gira alrededor de las fotos», dijo Kevin. Su iPhone 3G hacía unas fotos espantosas, pero era el comienzo de la tecnología. «Creo que habrá un punto de inflexión a partir del cual la gente ya no llevará una cámara de fotos al uso, sino su teléfono en el bolsillo.»[20]

Cualquiera con un smartphone podría ser un fotógrafo aficionado si le apetecía.

Así que, si las fotos eran la característica principal de la aplicación que iban a desarrollar, ¿cuáles eran las oportunidades? En la pizarra, Systrom y Krieger anotaron los tres problemas principales que debían solucionar. Uno, las imágenes tardaban una eternidad en cargarse en las redes móviles 3G. Dos, la gente solía avergonzarse cuando compartía fotos de mala calidad hechas con el móvil, dado que las cámaras de los teléfonos no tenían nada que hacer al lado de las cámaras digitales. Tres, tener que subir fotos a tantos sitios distintos era un fastidio. ¿Y si creaban una red social con una opción para compartir las fotos en Foursquare, Facebook, Twitter y Tumblr a la vez? Formar parte del equipo de los nuevos gigantes de las redes sociales sería más fácil que competir con ellos. En vez de tener que construir una red de cero, la aplicación podría aprovechar las comunidades ya establecidas.

«De acuerdo», dijo Systrom. «Vamos a concentrarnos en las fotos y en solucionar estos tres problemas.» Desarrollarían la aplicación solo para iPhone, que a Krieger se le daba mejor. Lo que Systrom le dijo a Dorsey al afirmar que el lenguaje de programación HTML5 tan de moda sería un elemento diferenciador en el mercado acabó no siendo verdad. Primero tendrían que hacer que la aplicación fuera útil y luego, si tenían la suerte de hacerse populares, ya añadirían la versión para Android.

Su primer prototipo se llamó Scotch, para seguir con la temática del bourbon. Permitía a los usuarios cambiar de una foto a otra deslizando el dedo en horizontal por la pantalla y pulsar sobre ellas para darles un *like*, similar a un Tinder anterior a su tiempo. La usaron unos días antes de volver a la idea de Burbn, ya que dudaban de su instinto. Y luego probaron un nuevo concepto que permitiría a los usuarios ver las fotos en vertical, mostrando en primer lugar la publicación más reciente, como en Twitter.

Todas las fotos tendrían la menor cantidad de píxeles posible, de modo que se cargaran con rapidez, lo que ayudaría a solucionar el problema uno: solo 306 píxeles de ancho, el mínimo requerido para mostrar una foto en un iPhone con un borde de siete píxeles a cada lado. Las fotos serían cuadradas, lo que impondría a los usuarios el mismo corsé creativo que el profesor de Systrom le impuso en Florencia. Era parecido al límite de 140 caracteres de Twitter. Eso ayudaría a solucionar el problema número dos, aunque no del todo.

Había dos tipos de redes sociales: las que eran como Facebook, donde se creaban amistades, o como Twitter, donde la gente no tenía por qué conocer a las personas a quienes seguía. Creyeron que esto último sería lo mejor en el caso de las fotos, porque así los usuarios podrían seguir a otros en función de sus intereses, no solo de su amistad.

Mostrar «Seguidores» y «Siguiendo» en la parte superior de la aplicación, tal como hacía Twitter, le daba el puntito competitivo necesario para que la gente volviera a usar la aplicación simplemente para comprobar cómo les iba. También se le podía dar un *like* a algo, en forma de corazón, parecido al pulgar hacia arriba de Facebook. Darle al *like* era mucho más fácil en esta nueva aplicación, porque solo había que tocar dos veces una foto en vez de buscar un botoncito. Y a diferencia de Twitter y de Facebook, no era necesario soltar ocurrencias ingeniosas. Solo había que publicar una foto de lo que veían a su alrededor.

Si Systrom y Krieger querían copiar por completo el concepto de Twitter, sin duda debían añadir un botón para compartir, a fin de que el contenido se hiciera viral, como un retuit. Sin embargo, los fundadores no lo tenían claro. Si lo que la gente compartía en la aplicación eran fotos, ¿tendría sentido que compartieran el arte de otras personas y sus experiencias con su nombre? Tal vez. Pero, en aras de la sencillez, decidieron no pensar en ello hasta después del lanzamiento.

Escogieron un logotipo, una versión de una cámara Polaroid blanca. Pero ¿cómo llamarla? Seguir con los nombres de bebidas alcohólicas quitándoles vocales era demasiado simple. Algo como «Whsky» no transmitiría de entrada para qué servía la aplicación. De modo que también aparcaron esa discusión y acabaron llamándola Codename («nombre en clave»).

Poco después, Systrom y su novia, Nicole Schuetz, que más tarde se convertiría en su esposa y a quien había conocido en Stanford, hicieron una escapada a un pueblecito de Baja California Sur, en México, llamado Todos Santos, con pintorescas playas de arena blanca y calles empedradas. Durante uno de sus paseos por la playa, ella le advirtió de que seguramente no usaría su nueva aplicación. Las fotos con su smartphone no salían muy bien, al menos no tanto como las que hacía su amigo Hochmuth.

—Sabes qué hace Hochmuth con las fotos, ¿verdad?[21] —le preguntó Systrom.

—Simplemente hace fotos buenas —contestó ella.

—No, no, usa aplicaciones para ponerles filtros —le explicó él.

Las cámaras de los móviles hacían fotos borrosas con una iluminación mala. Era como si todo aquel que comprara un smartphone recibiera el equivalente digital de la camarita de plástico que él usó en Florencia. Las aplicaciones de filtros permitían a los usuarios tener un enfoque parecido al del profesor de Systrom, ya que alteraban las fotos después de hacerlas para que parecieran más artísticas. No era necesario ser un buen fotógrafo. Hipstamatic, con la que podías hacer que las fotos quedaran sobresaturadas, borrosas o con una pátina antigua,[22] acabaría siendo en 2010 la aplicación del año según Apple. Camera+, otra aplicación de edición de imágenes, era también de las más populares.

—Bueno, pues vosotros también deberíais incluir filtros —concluyó Schuetz.

Systrom llegó a la conclusión de que ella tenía razón. Si la gente iba a pasar sus fotos por filtros, bien podrían hacerlo directamente en la aplicación, y se acabó la competencia.

De vuelta en el hotel, hizo una búsqueda en internet sobre cómo programar los filtros. Estuvo tonteando con Photoshop para crear el estilo que quería: sombras intensas y mucho contraste, así como bordes difuminados para dar a las imágenes un efecto de estampa. Después, sentado en el jardín con una cerveza al lado y el portátil delante, se puso a escribir para hacerlo realidad.

Le puso el nombre de X-Pro II, un guiño al proceso de revelado analógico llamado «proceso cruzado», en el que los fotógrafos usaban a propósito un producto químico pensado para otro tipo de película.

Poco después, probó su trabajo con una foto de un perro de pelo claro que vio delante de un puesto de tacos. El perro mira a Schuetz, cuya sandalia aparece en una esquina de la foto. Y esa fue, el 16 de julio de 2010, la primera foto publicada en la aplicación que se convertiría en Instagram.

Krieger y Systrom no tenían ni idea de si su nueva aplicación gustaría más que Burbn. En realidad, no tenía nada novedoso. No eran los primeros en pensar en filtros para fotos ni en redes sociales de intereses comunes. Sin embargo, los fundadores valoraban la emoción y la sencillez por encima de la innovación tecnológica. Al hacer que el producto fuera minimalista —solo consistía en publicar y en darle al «me gusta» en las fotos—, pasarían mucho menos tiempo desarrollándolo y podrían probarlo con el público antes de gastar más dinero. Fijaron una fecha límite de ocho semanas para el lanzamiento de Codename, menos tiempo que el que había tardado Krieger en conseguir el visado.

Mientras la estaban desarrollando, recibieron un correo electrónico sin previo aviso de Cole Rise, un diseñador de la zona al que le habían llegado noticias sobre el proyecto en el que trabajaban y que quería ser uno de los que lo probara.

Rise era el candidato perfecto. Trabajaba en una startup de vídeo y también era fotógrafo. El tema subyacente en sus fotografías, que exponía de vez en cuando en galerías locales, no seguía la tendencia del mercado de imágenes nítidas, perfectas y de alta resolución.

Manipulaba digitalmente sus fotos para que tuvieran más luz o añadía textura o efectos para dotarlas de un halo nostálgico. Apreciaba las cámaras antiguas, como las Polaroid, y acababa de comprarse una Hasselblad, una variante de la cámara usada en el primer alunizaje. La cámara solo hacía fotos cuadradas.

Cuando tuvo la conformidad de Systrom y Krieger para que probara la aplicación, Rise se llevó el móvil a una excursión por el monte Tamalpais, al norte de la ciudad. Probó uno de los filtros de Systrom, llamado Earlybird, y se quedó pasmado al ver la calidad, ya que pensó que se parecía a lo que él hacía con su arte. Propuso a los fundadores que quedaran para tomar algo.

Se reunieron en Smuggler's Cove, un bar de copas de San Francisco decorado como un barco hundido que servía unos cócteles flameados espectaculares. Systrom y Krieger le hicieron un montón de preguntas sobre su experiencia con la aplicación, y Rise se dio cuenta de que los fundadores no eran conscientes de todo su potencial.

«Va a ser un bombazo», les dijo Rise. En el sector tecnológico, los líderes rara vez tenían experiencia previa en la industria en la que estaban irrumpiendo. A Jeff Bezos, de Amazon, nunca le habían interesado los libros, y Elon Musk, de Tesla, nunca había estado en una fábrica de automóviles, en cambio era evidente que los filtros de Instagram los había hecho un fotógrafo. El Earlybird era el mejor que Rise había visto, les dijo, de muchísima mejor calidad que cualquier cosa ofrecida por Hipstamatic.

Después de varias copas, los fundadores le preguntaron a Rise si le gustaría crear algunos filtros propios, como un trabajo por encargo. Él accedió, creía que ahorraría mucho tiempo si contaba con una aplicación que editara automáticamente sus fotos tal como él quería editarlas. Había desarrollado un complicado sistema después de llevar años coleccionando texturas de cosas que tenía a su alrededor. Las superponía en los archivos gracias a Adobe Photoshop y a continuación añadía capas de cambios de color y curvas.

Rise probó cada una de sus ideas con veinte fotos de su galería de imágenes, de amaneceres, atardeceres…, con diferentes colores y a horas distintas. Acabó con cuatro filtros, que llamó Amaro,

Hudson, Sutro y Spectra. No pensó en las consecuencias a largo plazo de entregar su arte a una empresa, de ponerlo a disposición de las masas. Pese al optimismo con el que veía la aplicación de sus nuevos amigos, sabía que la mayoría de las startups acababan hundidas.

Ni a Rise ni a los fundadores se les pasó por la cabeza que pudiera haber un aspecto negativo en el hecho de que los filtros, usados en masa, darían a los instagrameros carta blanca para que presentaran su realidad más interesante y hermosa de lo que realmente era. Eso fue justo lo que consiguió que el producto se hiciera popular. Las publicaciones de Instagram serían arte, y el arte era una forma de hablar de la vida. La aplicación ofrecería a la gente una forma de expresarse, pero también de escapismo.

Una noche, ya tarde, iluminado por la pantalla de su portátil en Dogpatch Labs, Systrom programaba en un rincón mientras intentaba no distraerse con la presentación de una nueva empresa que estaba teniendo lugar. Un hombre llamado Travis Kalanick se hallaba delante de un público formado en su mayoría por hombres para explicar que su empresa, UberCab, disponía de una herramienta que supuestamente ayudaba a las personas a solicitar coches de lujo con el móvil. Se lanzaría oficialmente en San Francisco al año siguiente.

Uno de los invitados a la presentación era Chris Sacca, de Lowercase Capital, uno de los primeros inversores de Twitter, que también había puesto dinero en UberCab. Sacca consideraba que se le daba bien juzgar a la gente y había tomado la decisión de invertir en la empresa de Kalanick después de invitarlo a pasar unas cuantas horas en su jacuzzi, en la casa que tenía en el lago Tahoe. Reconoció a Systrom en su rincón. Habían coincidido en Google una temporada, antes de que Sacca se marchara para fundar Lowercase Capital. Si Systrom estaba allí, de noche, programando, tenía que estar trabajando en algo nuevo, pensó Sacca.

Después de acercarse a Systrom, este propuso que fueran al Compass Cafe y que viera su producto; era una cafetería cercana regentada por expresidiarios que intentaban reinsertarse en la sociedad. Allí, Systrom le enseñó la última versión de Codename.

«¿Tanto van a dar de sí las fotos?», preguntó Sacca. En capital de riesgo, los inversores asumían más riesgos porque esperaban muchos beneficios a cambio de su dinero. Sacca había invertido en Photobucket, que se vendió a News Corp, de Fox Interactive Media, por 330 millones de dólares, y había visto cómo Flickr se vendía a Yahoo! por 35 millones. Si era otro intento de superar a Twitter, ya había visto muchos antes y todos habían fracasado.

Systrom no hizo predicciones. En cambio, se sirvió de su formación empresarial en Stanford e intentó vender exclusividad.

—Solo he pensado en tres padrinos inversores —le dijo—. Jack Dorsey, Adam D'Angelo y tú.

Adam D'Angelo era el fundador de Quora y antes había sido el director de tecnología de Facebook. Systrom lo conoció cuando era estudiante en Stanford.

La adulación funcionó.

—Es brutal —dijo Sacca. Luego le preguntó por algunas características que creía que le faltaban.

—Cuando lleguemos a los diez millones de usuarios, a los cincuenta, tal vez podamos implementar algo así, pero ahora estamos centrados en que sea lo más sencillo posible —contestó Systrom.

Sacca se quedó de piedra. ¿Millones de usuarios? Systrom tenía menos de cien probadores beta. Sacca recibía muchísimas peticiones de emprendedores que cantaban las alabanzas de sus productos en presentaciones estupendas, pero allí estaba Systrom diciéndole con una tranquilidad pasmosa que el éxito era inevitable y preguntándole si quería participar. Y lo hizo.

Después de Burbn, Systrom y Krieger querían un nombre que fuera fácil de pronunciar y… de escribir. También querían transmitir la idea de una comunicación rápida. Usaron el mismo truco que Gmail: las fotos empezarían a cargarse mientras los usuarios seguían decidiendo qué filtro usar. Ya estaban cogidos muchos nombres relacionados con las fotos, de modo que se les ocurrió Instagram, fusión de *instant* y *telegram.*

Enseguida se dieron cuenta de que su decisión de compartir las imágenes en Facebook y en Twitter tendría un efecto secundario muy potente. Cada vez que los usuarios escogieran compartir una de sus fotos en otra red social, los usuarios de dichas redes la verían y tal vez buscaran qué era Instagram y descargaran la aplicación.

Los fundadores eligieron a los primeros usuarios con cuidado, buscaban gente que hiciera buenas fotos, sobre todo diseñadores con muchos seguidores en Twitter. Esos primeros usuarios ayudarían a darle el toque artístico adecuado y crearían contenido de calidad que otros verían y que básicamente fue la primera campaña de influencers de Instagram, años antes de que se impusiera dicho concepto.

Dorsey se convirtió en su mejor comercial. Al principio se quedó boquiabierto al descubrir que su dinero iba a destinarse a una aplicación totalmente distinta a Burbn. Normalmente, los fundadores solo cambiaban a otro producto como un último intento para evitar cerrar. Sin embargo, a Dorsey le encantó Instagram, mucho más que Burbn.

Con la primera foto que colgó, un partido de béisbol visto desde el palco de un inversor tecnológico en el estadio de los Giant, Dorsey se maravilló al descubrir que el filtro hacía que el campo resultara mucho más verde de forma automática. Acababa de comprarse su primer coche y quería usarlo, de modo que los fines de semana conducía una media hora en dirección sur hasta el Ritz-Carlton en Half Moon Bay para sentarse a leer el periódico junto a un brasero de exterior. Hacía muchas fotos para Instagram por el camino.

Una vez que se enganchó a Instagram, el producto se hizo tan evidente y tan útil que deseó haberlo diseñado para Twitter antes. Le preguntó a Systrom si estaría dispuesto a que Twitter comprase la empresa y a Systrom le entusiasmó la idea.

Sin embargo, Dorsey había hablado antes de tiempo. Cuando se puso en contacto con Williams por correo electrónico para hablarle del tema, el rechazo llegó cargado del rencor que Williams profesaba a su persona; el director ejecutivo aún seguía intentando establecerse como líder de Twitter. No recibió de buen grado la estrategia de Dorsey.

«Ya lo hemos considerado», fue la respuesta de Williams. Era cierto. Systrom ya se había puesto en contacto con Williams y había intentado reunirse con él. Twitter no sabía que estaba buscando un comprador, pero aun así el equipo de fusiones y adquisiciones había investigado y había calculado que podrían comprar Instagram por unos 20 millones. Sin embargo, a Williams no le emocionaba el producto. Creía que Instagram estaría plagado de publicaciones frívolas, que era para personas que hacían fotos artísticas de sus cafés, como las que publicaba Dorsey en sus escapadas a Half Moon Bay. El objetivo de Instagram no era hacerse eco de las noticias, y tampoco era digno de las conversaciones trascendentales que tenían lugar en Twitter. «No creemos que vaya a llegar a ninguna parte.»

Después de eso, Dorsey tuvo una motivación más para promocionar Instagram: quería demostrar que Williams se equivocaba. Todo lo que publicaba en Instagram lo compartía de inmediato en Twitter y llegó a reunir 1,6 millones de seguidores.[23] Dijo públicamente que era su aplicación preferida de su iPhone y le hicieron caso.

Cuando Instagram se presentó al público el 6 de octubre de 2010, se hizo viral de inmediato gracias a que lo compartieron personas como Dorsey. Llegó a ser la aplicación de fotos número uno en la Apple Store.

Instagram solo contaba con un servidor informático que procesaba toda la actividad en remoto, un centro de datos en Los Ángeles, de modo que Systrom estaba al borde de un ataque de nervios preguntándose si todo se iba a desmoronar y si la gente pensaría que Krieger y él eran idiotas.

Krieger se limitaba a asentir con la cabeza y a sonreír, sin sucumbir al pánico de Systrom, sobre todo porque era improductivo. Con ese súbito aumento de usuarios tenían que pensar deprisa cómo mantener Instagram en línea.

Systrom llamó a D'Angelo, el que fuera director de tecnología de Facebook y padrino inversor de Instagram, en busca de consejo. Fue la primera de muchas llamadas aquel día. Con cada hora que pasaba, Instagram parecía crecer más deprisa. D'Angelo acabó ayudando a transferir la empresa a un servidor alquilado de Amazon Web Services en vez de comprar uno propio.

El primer día, 25.000 personas usaron Instagram. En la primera semana, pasaron a ser 100.000, y Systrom vivió una experiencia surrealista: vio a un desconocido ojear la aplicación en un autobús de San Francisco. Krieger y él crearon una hoja de cálculo de Excel que se actualizaba en tiempo real con cada nuevo usuario.

El éxito de un lanzamiento rara vez asegura la supervivencia de una aplicación. La gente se descarga aplicaciones nuevas, se emociona y luego olvida volver a abrirlas. Sin embargo, Instagram siguió causando sensación. Durante las Navidades, Krieger y Systrom se dieron un descanso de las preocupaciones por la infraestructura y se sentaron delante del ordenador, cerveza belga en mano, y presenciaron cómo la cifra de la hoja de cálculo alcanzaba el millón. Seis semanas después ya tenían 2 millones.

Más adelante los medios hablarían del origen de Instagram, y atribuyeron su éxito a que había llegado en el momento justo. Nació en Silicon Valley, en mitad de la revolución móvil, cuando había millones de usuarios de smartphones nuevos preguntándose para qué querían una cámara en el bolsillo. Eso era cierto. Sin embargo, Systrom y Krieger también tomaron muchas decisiones ilógicas para que Instagram se diferenciara de las demás.

En vez de seguir desarrollando la aplicación que habían prometido a los inversores en un primer momento, los cofundadores la dejaron de lado y probaron una idea más potente. Buscaban centrarse solo en una cosa, y ser los mejores en eso: las imágenes. En ese sentido, su historia se parece a la de Odeo, cuando Dorsey y Williams cambiaron de rumbo para centrarse en Twitter.

En vez de intentar que todo el mundo usara su aplicación, invitaron solo a personas que creían que harían correr la voz entre sus seguidores en otras plataformas, sobre todo a diseñadores y creativos. Vendieron exclusividad a los inversores, aunque muchos de ellos se mostraron escépticos. Eran como una marca de lujo que creaba tendencia y buen gusto en torno a su producto.

Y en vez de inventar algo novedoso y atrevido, como querían muchos potenciales inversores de Silicon Valley, mejoraron lo que ya habían visto en otras aplicaciones. Crearon una herramienta mucho más sencilla y rápida de usar que todas las demás, que robaba menos tiempo al usuario mientras vivía las experiencias que Instagram quería que capturase. Y tenían que hacerlo con el móvil, porque Instagram no tenía web, lo que convertía dichas experiencias en inmediatas e íntimas para otras personas.

La sencillez de Instagram ayudó a que se afianzara antes que Facebook en su momento, cuando Zuckerberg reaccionó a la estridencia de Myspace con un diseño minimalista. Cuando Instagram se lanzó al mercado, Facebook ya estaba lleno de funciones —noticias recientes, eventos, grupos e incluso crédito virtual para comprar regalos de cumpleaños—, y también estaba plagado de escándalos relacionados con la privacidad. En Facebook, publicar una foto con un móvil era un engorro. Todas las fotos tenían que cargarse en Facebook Album, una herramienta diseñada para los usuarios con cámaras digitales. Cada vez que alguien añadía una foto con el móvil, se metía de forma automática en un álbum llamado «Fotos subidas con el móvil». Eso era una oportunidad para Instagram.

Más allá de la mecánica del producto, los fundadores eran unos genios en aprovechar los puntos fuertes de otras personas y empresas. Se dieron cuenta de que no empezaban de cero. La industria tecnológica ya tenía ganadores; si Instagram lograba que la gente viera a los gigantes de la tecnología con buenos ojos, conseguirían un buen empujón. Instagram era la joya de la corona de la Apple Store y más adelante aparecería en los lanzamientos de iPhone. Se convirtió en una de las primeras startups en florecer en la nube de Amazon. Era la forma más sencilla de compartir fotos en Twitter.

La ventaja de esta estrategia colaborativa era que, un día, Instagram también sería un gigante. Sin embargo, los fundadores se las verían con compromisos dolorosos por el camino.

En diciembre de 2010, dos meses después del lanzamiento de Instagram, Systrom estaba en su casa de Holliston, Massachusetts, para pasar la Navidad. Dennis Crowley, director ejecutivo de Foursquare, había crecido en Medway, justo en la ciudad de al lado, con la que compartía el mismo paisaje lleno de árboles y arroyos, y Systrom se puso en contacto con él por si podían verse. Dado que ya no competían, quedaron para tomar algo en Medway Lotus, un restaurante chino que también contaba con karaoke.

A esas alturas, Systrom rechazaba a un montón de gente que quería invertir, así como a representantes de empresas grandes, como Google o Facebook, que querían darles consejo u ofrecerles ayuda, algo que Systrom percibía como un intento de moldear la aplicación en aras de su adquisición.

Le explicó a Crowley que todo empezaba a encajar. Por fin comprendía la oportunidad. Todo el mundo hacía fotos con el móvil y todo el mundo quería que se vieran mejor. Todos acabarían usando Instagram.

—Un día, Instagram será más grande que Twitter —predijo, llevado por la euforia.

—¡Imposible! —protestó Crowley—. Estás loco.

—Piénsalo —replicó Systrom—. Tuitear supone un esfuerzo. Hay mucha presión sobre lo que vas a decir. Pero publicar una foto es muy fácil.

Crowley lo pensó. Sin embargo, arguyó, muchos servicios tecnológicos aplicados a las fotos habían aparecido y desaparecido sin dejar huella. ¿Qué diferenciaba a Instagram de esas aplicaciones?

Systrom no fue capaz de darle una respuesta convincente, solo le dijo que parecía estar calando en el público. La popularidad temprana de Instagram se debía menos a la tecnología que a la psicología, a lo que le hacía sentir a la gente. Los filtros hacían que la realidad pareciera arte. Y, por tanto, al catalogarla de arte, la gente empezaría a pensar en su vida, así como en ellos mismos y en su lugar en la sociedad, de forma distinta.

Casi todas las startups de Silicon Valley, más del 90 por ciento, desaparecían. Pero ¿y si Instagram no lo hacía? Si los fundadores tenían mucha suerte, si dejaban atrás a toda la competencia, mantenían a los nuevos usuarios y algún día crecían tanto como Facebook, habrían cambiado el mundo de verdad. O, al menos, habrían cambiado la forma de ver el mundo, de la misma manera que la perspectiva lineal cambió la pintura y la arquitectura en el Renacimiento.

Systrom no tenía tanto aplomo como aparentaba. De hecho, se puso nervioso ante la idea de reunirse con Crowley, dado que Foursquare era la niña bonita de la industria. La infraestructura de Instagram seguía teniendo problemas para dar soporte a los nuevos usuarios. A Krieger y a él les costaba dormir. Había competidores potentes de sobra. Sin embargo, fingir que las cosas iban mejor de lo que estaban en realidad era una de las tareas del director ejecutivo de una startup. Todos necesitaban creer que ibas por buen camino. Su postureo tal vez fuera análogo a la presión moderna que añadiría Instagram: la presión de publicar solo las mejores fotos para hacer que la vida pareciera más perfecta de lo que era en realidad.

2

El caos del éxito

«Instagram era tan fácil de usar que nunca me pareció
un trabajo. Me decía continuamente que en cuanto dejara
de parecerme divertido, que en cuanto me pareciera trabajo,
dejaría de usarlo. Pero siguió siendo sencillo.»[1]

DAN RUBIN, @DANRUBIN, fotógrafo/diseñador de la primera
lista de usuarios sugeridos de Instagram

Mike Krieger no podía permitirse el lujo de salir sin su portátil. Lo
acompañaba a bares, restaurantes, fiestas de cumpleaños y conciertos. Gestionaba Instagram en la última fila de los cines, en parques
y hasta cuando salía de acampada. Incluso programó una alarma en
el teléfono móvil para que lo avisara cada vez que un pico de actividad provocara un fallo en los servidores. A medida que Instagram
empezaba a ganar popularidad entre los usuarios japoneses obsesionados con el diseño, la alarma lo despertaba en plena madrugada.
El tono de dicha alarma, aunque procediera del teléfono de otra
persona, le provocaba estrés al instante.

No se quejaba. Mantenerse tan ocupado era un regalo. Significaba que la aplicación empezaba a extenderse entre la gente,
que algunos de los nuevos usuarios de iPhone en cualquier parte del mundo habían visto una imagen con filtro en internet y
habían pensado: «¿Cómo puedo hacer ese tipo de fotos?», que
la gente que se descargaba la aplicación para estar a la vanguardia

de las tendencias empezaba a observar su entorno con otros ojos.

Los usuarios nuevos de Instagram estaban descubriendo que las cosas más sencillas, como las señales de tráfico, las flores de los parques o las grietas en las fachadas de los edificios eran, de repente, merecedoras de atención con el fin de generar contenido interesante. Los filtros y el formato cuadrado de la aplicación otorgaban a las fotos de Instagram un halo nostálgico, como las de una Polaroid antigua, y transformaban los momentos en recuerdos, ofreciendo a la gente la oportunidad de repasar lo que había hecho durante el día y de sentir que había sido bonito.

Esas emociones quedaban confirmadas mediante los *like*, los comentarios y los seguidores, a medida que los usuarios nuevos iban conformando nuevas redes en internet. Si Facebook se basaba en la amistad y Twitter en las opiniones, Instagram se basaba en las experiencias. Y cualquiera podía interesarse en las experiencias de los demás, sin importar la ubicación. A Krieger le gustaba hacerle fotos a su gato, a la iluminación nocturna y a postres deliciosos. Systrom publicaba varias veces al día primeros planos de la cara de sus amigos, etiquetas de botellas de bourbon y platos de comida casera.

Para los fundadores fue un momento surrealista. Por una parte, eran conscientes de haber creado algo que a la gente le gustaba. Por otra parte, era posible que Instagram solo fuera una moda pasajera. O que otras aplicaciones de edición de fotos tuvieran una estrategia mejor. O que se quedaran sin financiación. O que Krieger no oyera la alarma de su iPhone.

El caos obligó a Krieger y a Systrom a establecer prioridades —a quiénes contratar, en quiénes confiar y cómo manejar la presión de crear un servicio que daba respuesta a millones de desconocidos— a la par que construían los cimientos de su filosofía corporativa. En sus manos estaba no arruinar aquel fenómeno que tan buena acogida había recibido.

Los factores estresantes de la primera etapa fueron producto de su propia gestión. La aplicación podría haberse presentado con una infraestructura más fuerte o con unas funciones más robustas, pero los fundadores no sabían si Instagram ganaría popularidad o no. Krieger afirmó que, si hubieran pasado más tiempo creando la aplicación, habrían perdido su oportunidad. Recordaba la aplicación sobre datos de delitos que había ayudado a crear, con sus gráficos carísimos, pero sin usuarios que los apreciaran. Era mejor empezar con algo minimalista y dejar que las prioridades fueran surgiendo sobre la marcha, a medida que los usuarios se encontraban con un problema.

Después del lanzamiento, además de los fallos de los servidores, se vieron inundados con los problemas que los usuarios enviaban al soporte técnico. Si no recordaban su contraseña o querían cambiar su nombre de usuario, era imposible hacerlo desde la propia aplicación. Systrom contestaba los tuits de los usuarios y les ofrecía su dirección de correo electrónico, una estrategia que resultaba insostenible. De manera que le pidió ayuda a Joshua Riedel, que había trabajado como responsable de la comunidad virtual de Nextstop antes de que se la vendieran a Facebook. Riedel, un aspirante a escritor de aspecto desgarbado, acababa de firmar un contrato de alquiler en Portland, Oregón, pero le encantaba Instagram, así que decidió mudarse de nuevo a California.

Poco después contrataban a su primer ingeniero, Shayne Sweeney. Aunque solo tenía veinticinco años, Sweeney llevaba programando desde la adolescencia y había dejado la universidad para ayudar a crear startups digitales y, más tarde, aplicaciones para iPhone para distintos clientes. También había trabajado en Dogpatch Labs, donde, antes de que se uniera a Instagram, enseñó a Systrom el sistema operativo de Apple y cómo integrar la función de la cámara del iPhone en Instagram, para que la gente pudiera hacer fotos con la propia aplicación.

Sweeney también contaba con más experiencia en la creación de infraestructuras de aplicaciones y podía ayudar a Krieger a apagar los incendios de los servidores cuando sonara la alarma. Era agotador. En una ocasión, en una sala de conciertos le dijeron que tendrían que registrarle la bolsa donde llevaba el portátil antes de entrar. Decidió irse. Estaba tan ocupado que se tiró un mes entero sin escribir ni un solo mensaje a la chica con la que salía. Cuando se dio cuenta y se puso en contacto con ella para disculparse, la chica ya había pasado página.

En noviembre, un mes después del lanzamiento, el equipo dejó Dogpatch Labs y sus distracciones para trasladarse a una zona más pequeña y sin ventanas de las antiguas oficinas de Twitter en South Park, San Francisco, ayudado por el inversor Chris Sacca. Hicieron una visita rápida a la tienda de Apple, para lo que tuvieron que aparcar en doble fila en la turística Union Square de San Francisco, a fin de comprar sus primeros monitores de verdad, que Sweeney tuvo que cargar sobre las piernas en el asiento trasero del coche durante el incómodo trayecto de vuelta hasta la oficina. Una vez instalados, empezaron a sentirse menos como un proyecto y más como una empresa.

Con tantas cosas que hacer, los fundadores se dividieron para ocuparse de aquello que mejor se les daba. Systrom era la cara visible del proyecto y se encargaba de las relaciones con los inversores y con la prensa, al tiempo que trabajaba en la percepción y la imagen del producto. Krieger, entre bastidores, aprendía sobre la marcha a solucionar los complejos problemas de ingeniería que surgían a medida que Instagram crecía. Krieger, cuya parte de Instagram era mucho menor que la que poseía Systrom, aceptó encantado la jerarquía. Ni él quería el trabajo de Systrom ni este quería el de Krieger. Por eso funcionó.

A Systrom siempre se le había dado bien reclutar mentores a los que pedir consejo, de la misma manera que se le daba bien convencer a gente interesante para que usara Instagram. Sin embargo, a esas alturas había mucho dinero de por medio en algunas de esas relaciones y, para su consternación, también política.

A finales de 2010 ya había en el mercado más aplicaciones basadas en compartir fotos, entre las que se incluían PicPlz, Burstn y Path. PicPlz, que funcionaba en Android y no requería el formato cuadrado, también contaba con filtros, pero no ofrecía una previsualización de la foto antes de subirla. Path, fundada por un antiguo colaborador de la primera época de Facebook, era una red social para dispositivos móviles que permitía a los usuarios compartir fotos y mensajes con un número limitado de amigos. Y Burstn era como Instagram, pero tenía sitio web.

En diciembre, Andreessen Horowitz, la empresa que había invertido 250.000 dólares en Instagram, lideró una ronda de financiación de 5 millones de dólares en PicPlz. La blogosfera tecnológica ardía con el debate del supuesto conflicto de intereses. ¿Había elegido Andreessen el caballo que pensaba que podía ganar pero sin dejar de invertir en el otro?

Systrom se quedó estupefacto al leer la noticia. Pero luego recibió una llamada de un representante de la empresa que lo acusaba de haber puesto en marcha la campaña de desprestigio en la prensa. Cuando Systrom le aseguró que no había hablado con ningún periodista, le preguntaron si estaba, chismorreando, en un ciclo de conferencias sobre tecnología que se celebraba fuera del estado. Pero Systrom estaba en Taquería Cancún con Krieger, en San Francisco, comiéndose una quesadilla suiza.

Se quedó lívido. La empresa estaba invirtiendo en uno de los competidores más importantes de Instagram y encima lo acusaban de haber puesto en marcha una campaña de desprestigio en la prensa. Cortó la llamada y se lo explicó a Krieger.

Este, a quien los enfrentamientos le gustaban todavía menos que a Systrom, convino en que todo era una ridiculez. En el mundo real, ¿a quién le importaba lo que pensara Andreessen? Lo importante era conseguir que Instagram alcanzara todo su potencial, dijo. Solo ellos eran capaces de conseguirlo.

«Los demás no siempre estarán aquí cuando los necesitemos», comprendió Systrom. Solo podían confiar en ellos mismos, punto. Nadie más pensaba en lo que era mejor para Instagram.

Saber que desconfiaban de ellos fue una motivación fantástica. Porque, al final, no sería la élite de Silicon Valley quien determinase el futuro de Instagram sino la gente normal y corriente. El inversor Steve Anderson les recordó a Systrom y a Krieger cuál era su punto fuerte. «Cualquiera puede crear Instagram, la aplicación», dijo, «pero no todos pueden crear la comunidad de Instagram». Esos artistas, diseñadores y fotógrafos eran los promotores del producto, e Instagram necesitaba mantenerlos lo más emocionados posible durante el mayor tiempo posible.

Los usuarios de Twitter llevaban años organizando de forma independiente la iniciativa #tweetups para conocer en persona a quienes siguen en línea. Instagram se animó a hacer lo mismo, pero con la diferencia de que serían ellos los que organizaran el evento. Liderados por el responsable de la comunidad virtual, Riedel, organizaron lo que llamaron InstaMeet en Bloodhound, una coctelería muy masculina con mesa de billar y una lámpara de araña hecha con cuernas. Invitaron a los usuarios de Instagram de la zona a que se reunieran con el equipo y hablaran sobre lo que funcionaba y lo que no.

No sabían si iría alguien, pero supusieron que, hubiera asistentes o no, la velada terminaría en un bar con un barman decente. Sin embargo, acabó reuniéndose un grupo de unas treinta personas que ocuparon todo el espacio disponible. Algunos conocían a los fundadores porque los habían invitado a usar Instagram, y otros eran desconocidos. También asistieron algunos periodistas locales, como M. G. Siegler, de *TechCrunch*. Estaba presente Cole Rise, el creador de los filtros y, más recientemente, del nuevo logo de Instagram, una cámara de color marrón y beis con una tira arcoíris. Y Scott Hansen, el músico más conocido como Tycho, apareció acompañando a un amigo.

—Oye, tío, ¿eres Scott Hansen? —le preguntó Rise al artista.

—¡Anda, pero si tú eres Colerise! —exclamó, usando su nombre de usuario.

Rise, que había conseguido un buen número de seguidores, ya que fue uno de los primeros instagrameros, descubrió que, de repente, la gente lo reconocía. Tener un público acabaría alterando el rumbo de su vida, pero en aquel momento se sentía emocionado al ver que hacía nuevas amistades, aunque lloraba en secreto por la pérdida de su arte, porque su forma única de retocar fotos estaba al alcance de las masas. El filtro Hudson se basaba en la textura de una pizarra que tenía en la cocina y, a esas alturas, muchos de los elementos existentes en esa pizarra se compartían en todo el mundo.

Al menos Systrom le ofrecía reconocimiento público. El director ejecutivo tuvo que cambiarle el nombre al filtro Spectra porque Polaroid era el dueño del nombre comercial. Lo renombró Rise. Cole se emocionó al descubrirlo en un artículo en *TechCrunch*. Años después, lanzaría su propia aplicación de filtros.

Con esos encuentros entre usuarios, Riedel no solo usaba la retroalimentación, sino que estaba construyendo una filosofía alrededor del producto. Creía que Instagram sería más fuerte si la gente se preocupaba personalmente del tiempo que pasaba con otras personas y descubría a otros usuarios interesantes a los que seguir fuera de su grupo de amigos. En los InstaMeets, podían hablar de sus técnicas no profesionales para capturar la belleza del mundo. Podían disfrutar de la creatividad moderna. Los unía un optimismo milénico. La generación que había entrado en el mercado laboral durante la Gran Crisis, cada vez que publicaba algo en Instagram, parecía estar diciendo que valoraba más el hecho de ser interesante que un trabajo de nueve a cinco.

Pero ya había indicios de que la trayectoria de Instagram se estaba alejando de los artesanos hípsters para acercarse al público general y a empresas que no aparentaban ser lo que no eran. En enero, marcas como Pepsi[2] o Starbucks crearon sus propias cuentas, como ya habían hecho firmas relacionadas con los medios de comunicación, entre ellas *Playboy*, NPR (National Public Radio) o CNN. Que los grandes nombres se unieran a la aplicación era algo que cualquier startup celebraba, ya que suponía el primer paso para tener un modelo de negocio. Pero Systrom se aseguró de señalar que todo había ocurrido de forma natural. «No nos interesa pagar a nadie para que use el producto»,[3] declaró a *TechCrunch*.

El primer famoso en usar la aplicación fue el rapero Snoop Dogg. Publicó una foto suya con un filtro en la que aparecía vestido con un traje y sosteniendo en una mano una lata de Colt 45. Al mismo tiempo que la subía, la compartió en Twitter con sus 2,5 millones de seguidores. «Bossin up wit dat Blast», escribió. Blast era una nueva bebida afrutada y con cafeína de Colt 45, que se presentaba en latas de algo más de medio litro y que tenía un 12 por ciento de alcohol.

Era el primer caso de publicidad ambigua en Instagram. ¿Quién estaba pagando a Snoop para que promocionara la bebida? ¿O había sido su decisión? ¿Cumplía la normativa publicitaria o incumplía la prohibición de anunciar bebidas alcohólicas a menores?

Nadie lo sabía y nadie preguntó. Unos meses más tarde, la FDA (Administración de Alimentos y Medicamentos de Estados Unidos) advertía del peligro de consumir bebidas alcohólicas con cafeína, sobre todo aquellas que se presentaban con sabores que resultaban atractivos para los adolescentes, como uva y limonada. Pero tendrían que pasar años antes de que se regulara el contenido publicitario en Instagram.

Systrom y Krieger esperaban que tanto las marcas como los famosos usaran Instagram para publicar contenido entre bambalinas, de manera que sus fotos se integraran bien con el contenido típico de la aplicación: imágenes que mostraban la perspectiva de la vida de otras personas. En cualquier caso, era agradable tener a un famoso a bordo. Las estrellas se rodeaban de una comunidad de seguidores que contaban con una filosofía propia, lo mismo que estaba intentando hacer Instagram. En febrero, Systrom y Riedel asistieron a la entrega de los premios Grammy y recorrieron la alfombra roja ataviados con esmoquin, sin dejar de colgar imágenes en Instagram, con Systrom deleitándose de la oportunidad de ir elegantes.

Tal como Siegler escribió para *TechCrunch* en aquel entonces: «Primer paso: conseguir un montón de usuarios. Segundo paso: conseguir que las marcas apoyen tu servicio. Tercer paso: conseguir que los famosos usen tu servicio y lo promocionen. Cuarto paso: la masa». Según sus cálculos, Snoop colocó a Instagram en el tercer paso tan solo unos meses después de su lanzamiento.[4]

Systrom se recuperó sin problemas de la dura experiencia con Andreessen Horowitz. A principios de 2011, Instagram superaba con creces los usuarios de PicPlz, y sus mentores empresariales, Jack Dorsey y Adam D'Angelo, lo habían convencido de que solicitara financiación a otra empresa respetable.

Matt Cohler era socio de Benchmark Capital, conocida por respaldar a eBay en los años noventa e invertir en la actualidad en Twitter y en Uber. Cohler, que antes de inversor había trabajado en Facebook durante su primera etapa, pensó que Instagram era la primera aplicación que veía que parecía diseñada en exclusiva para el teléfono móvil, no para el ordenador de sobremesa. Systrom le dijo a Cohler que admiraba Facebook y que quería aprender más sobre cómo crear una empresa con un producto tan omnipresente.

Cohler accedió a invertir y se unió a Steve Anderson en la junta de Instagram. El dinero procedente de la fase A de la inversión, 7 millones de dólares reunidos gracias a Benchmark Capital, bastaría para impulsar Instagram durante muchos meses, dependiendo del número de personas a las que contrataran. «Vamos a aumentar el equipo para poder soportar la escalada y el crecimiento masivos que vaticinamos», declaró Systrom a la prensa en febrero, cuando Instagram superó los 2 millones de usuarios. «Queremos formar un equipo tecnológico de primer orden.»

Pero Instagram tenía cuatro trabajadores, Systrom, Krieger, Riedel y Sweeney, y no contrataría al quinto hasta agosto. Systrom y Krieger decían estar demasiado ocupados para encargarse del tema. En realidad, era difícil encontrar a alguien dispuesto a dejar su trabajo para entregarse en cuerpo y alma a Instagram. Oían a candidatos potenciales decir que no veían Instagram como una empresa independiente a largo plazo; que, de momento, lo mejor era compartir fotos a través de Twitter y Facebook.

Si un candidato no estaba dispuesto a trabajar largas jornadas laborales o no entendía la magnitud de la visión del proyecto, Systrom lo despachaba, lo que irritaba a los inversores, que sabían que andaba corto de personal. Sin embargo, él tenía excusas para todo.

«Solo contratamos a los mejores», le dijo a Mat Honan, bloguero de *Gizmodo*.

Eso tenía un significado nuevo en Instagram. Systrom había estado en Google, donde cualquiera con una titulación superior en el campo de la ingeniería o de la ciencia, obtenida en una universidad de renombre, tenía la puerta abierta, porque eso otorgaba al lugar ese ambiente académico de pruebas y mejoras continuas. También había presenciado la primera etapa de Twitter, que atraía a anarquistas e inadaptados, habida cuenta de la libertad de expresión del entorno y de sus principios antisistema. Los mejores candidatos para Instagram eran personas con intereses más allá de la tecnología, ya fuera arte, música o surf. A Krieger le encantaba hablar de literatura con Riedel, por ejemplo.

El reducidísimo equipo había desarrollado una gran amistad porque trabajaban codo con codo. Todos los días, alguien compraba el almuerzo para todos. No hacía falta enviarse mensajes de correo electrónico. Todos trabajaban en el mismo espacio, donde sonaban las canciones indis de Krieger a través de un pequeño altavoz. Se atiborraban de barritas de muesli de Nature Valley que pedían al por mayor y de Red Bull sin azúcar, que almacenaban en un cuartito que a veces estaba plagado de hormigas. La madre de Systrom les mandaba galletas. Cuando tenían tiempo, iban a cortarse el pelo al mismo barbero.

La empresa actualizaba la versión de la aplicación con tanta frecuencia, cada dos semanas, que Sweeney no tenía tiempo para redactar una descripción detallada para la Apple Store. De todas formas, habría sido demasiado técnica. Se le ocurrió una explicación general que después tomaron prestada muchas otras aplicaciones salidas de Silicon Valley: «Mejoras de rendimiento y solución de errores».

Las noches y los fines de semana de trabajo empezaban a dar sus frutos. Un día, Instagram superó a Facebook en popularidad. Semejante hito había que celebrarlo, de manera que Systrom regaló a cada empleado una botella de bourbon Black Maple Hill, que costaba más de 100 dólares. Sweeney, oriundo de Paradise, una zona rural de California, se burló del gusto elitista de Systrom, tan típico de la Costa Este, mandándole una foto en la que fingía mezclarlo con una lata de Mountain Dew.

Más o menos por aquella época y durante una fiesta en casa del nuevo inversor, Cohler, Systrom se encontró con Mark Zuckerberg por primera vez desde hacía años. Resultó que Instagram también estaba en el radar de Facebook. El director ejecutivo lo felicitó por el éxito de Instagram.

En el verano de 2011, Twitter contaba con 100 millones de visitas mensuales y Facebook tenía más de 800 millones. Instagram era mucho más pequeña, con 6 millones de usuarios registrados, pero había alcanzado esa cifra casi el doble de rápido gracias a su creación a partir de otras redes sociales.

El efecto se percibía sobre todo entre los famosos. Justin Bieber tenía más de 11 millones de seguidores en Twitter, así que, cuando la estrella de diecisiete años se unió a Instagram y tuiteó su primera foto con filtro, una imagen del tráfico de Los Ángeles con alto contraste, sonó la alarma de Krieger. Los servidores estaban saturados porque Bieber ganaba 50 seguidores por minuto.

«Bombazo: Justin Bieber se une a Instagram»,[5] informó la revista *Time*. Cada vez que el cantante colgaba una foto, las adolescentes saturaban de nuevo los servidores y a menudo provocaban que se colapsaran.

Scooter Braun, el mánager de Justin Bieber, ya había visto esa película. Todos los famosos generaban contenidos en las redes sociales, y Justin Bieber el que más, pero ninguno obtenía nada a cambio. Braun descubrió a Justin en 2006, cuando era un adolescente que cantaba en YouTube, pero en la etapa de crecimiento de Facebook y Twitter no era tan famoso. Braun pensó que tal vez pudiera sacarle algo a Instagram.

El representante llamó a Systrom mientras este atravesaba Davis, California, en una furgoneta llena de amigos que se dirigían al lago Tahoe. «Kevin, tengo a Justin en la otra línea», le dijo. Ambos le soltaron un ultimátum. O Justin Bieber invertía en la empresa o le pagaban por su contenido. Si no, dejaría de usar la aplicación.

Systrom ya había decidido que Instagram no pagaría a nadie por generar contenido, quería que la gente usara Instagram porque le gustaba y le parecía útil, no por motivos comerciales. Se negó a pagarle a Justin Bieber y también a aceptar su dinero como inversor.

Justin cumplió la amenaza de Braun. Pero a su novia, Selena Gomez, actriz de Disney y cantante, con la que tan pronto cortaba como volvía, le encantaba Instagram, y su relación era el tema preferido de los blogs de cotilleos. Justin no tardó en volver a usar la aplicación y siguió colapsando los servidores de Instagram, hasta el punto de que la empresa se vio obligada a dedicar en exclusiva medio servidor a la actividad de su cuenta.

El seguimiento de Justin Bieber bastó para cambiar la esencia de la comunidad de Instagram. «De repente, Instagram se convirtió en el paraíso de los emojis», comentó Rise más tarde. La entrada de los más jóvenes en Instagram instauró un nuevo código de conducta, que consistía en devolver los *like* y el seguimiento como señal de buena educación. «La comunidad de Instagram, compuesta por personas deseosas de compartir historias interesantes en momentos brevísimos, evolucionó hasta convertirse en cultura popular.»

A medida que más gente se unía a Instagram, ya fuera porque seguía a Justin Bieber o por otros motivos, Riedel aumentaba el número de InstaMeets para que los usuarios se conocieran en la vida real. En una de esas ocasiones, que tuvo lugar en verano en San Francisco, Riedel presentó a los trabajadores de Instagram a una de sus seguidoras más fieles: Jessica Zollman.

Zollman trabajaba en Formspring, un sitio de preguntas y respuestas anónimas, muy popular entre los adolescentes, que se había convertido en un estercolero donde había ciberacoso, como solía suceder allí donde se promovía el anonimato. Un adolescente pedía opinión a sus compañeros de clase y como respuesta le decían, casi siempre, que era desagradable y feo y que no merecía vivir. Zollman era la encargada de comunicarle a la policía o al FBI las amenazas de violencia o suicidio.

Instagram era su vía de escape. En el trabajo la llamaban «la reina de Instagram» y se reían de su obsesión. Sus amigos más artísticos también la ridiculizaban, porque se autodenominaba «fotógrafa» a pesar de que usaba el teléfono móvil para hacer fotos. Sin embargo y pese a todo, le encantaba Instagram, le parecía un sitio más feliz y más creativo, casi revolucionario. Estaba organizando una conferencia sobre fotografía móvil llamada «1197», por la fecha en la que se publicó la primera foto tomada con un móvil, el 11 de junio de 1997.

Ese era el tipo de persona que encajaba con el entusiasmo de Systrom. Riedel envió un correo electrónico a Zollman, después del encuentro, preguntándole si le interesaba unirse al equipo como promotora de la comunidad para conseguir que otras personas se emocionaran igual con el producto.

«¿Si te contesto "¡Oh, sí!" con fuente rosa de tamaño 120 sería demasiado?», contestó Zollman.

«Es justo lo que esperaba», le respondió Riedel.

Y así se convirtió en la empleada número cinco.

Systrom y Krieger empezaban a gestionar mejor sus limitaciones; o tal vez solo les asustara la posibilidad de estropear lo que tenían. Se negaban a pagar a famosos o marcas, no querían complicar en exceso su producto y evitaban verse involucrados en problemas con los inversores. Tenían buenas relaciones con los gigantes de la tecnología, seguían promocionando el sentimiento de comunidad a través de los InstaMeets e intentaban que Instagram estuviera a la altura del ideal de Zollman de un lugar acogedor en internet.

El problema era que, aunque Instagram podía inspirar a los usuarios con sus esfuerzos por crear una comunidad, no podía controlarlos. Instagram, como Twitter, no obligaba a sus usuarios a registrarse con su nombre verdadero. A algunos les interesaba poco captar atardeceres o su café latte para subirlos a Instagram, lo que les gustaba era acosar a los demás con comentarios o generar contenido que para Systrom y Krieger era inadmisible.

Cuando veían a alguien que se comportaba mal, accedían al panel de administración de esa cuenta y la bloqueaban sin previo aviso. Llamaban a ese proceso «poda de troles»,[6] como si Instagram fuera una planta muy bonita pero con algunas hojas amarillentas.

Además de los usuarios que acosaban a través de los comentarios, había otros que subían fotos de sus intentos de suicidio, que hacían circular imágenes de niños desnudos o de maltrato animal, y algunos que publicaban contenido con el hashtag #thinspiration (unión de *thin*, «delgadez», e *inspiration*, «inspiración»), que loaba la anorexia y la bulimia. Systrom y Krieger no querían nada de eso en Instagram y sabían que, a medida que creciera, no serían capaces de revisar todo el contenido para eliminar lo peor de forma manual. En tan solo nueve meses,[7] la aplicación albergaba más de 150 millones de fotos y los usuarios publicaban 15 fotos por segundo. Así que entre todos dieron con una idea para detectar de forma automática el peor contenido y para evitar que se publicara a fin de preservar la imagen que Instagram tenía desde sus inicios.

«¡No lo hagáis!», les advirtió Zollman. «Si empezamos a revisar los contenidos como medida preventiva, seremos legalmente responsables. Si alguien lo descubre, tendremos que revisar absolutamente todo antes de publicarlo, y eso es imposible.»

Tenía razón. Según el artículo 230 de la CDA (Ley de Decencia en las Comunicaciones),[8] los proveedores de servicios informáticos no se consideraban responsables desde el punto de vista legal de la información que ofrecían, a menos que revisaran el contenido antes de que este se publicara. La ley, aprobada en 1996, fue un intento del Congreso por regular el contenido pornográfico en internet, pero resultó crucial para proteger a las empresas de la responsabilidad legal por delitos como la difamación. Dicha ley era el motivo principal de que empresas como Facebook, YouTube o Amazon pudieran crecer de forma imparable, ya que no tenían que revisar cada minuto de los vídeos que pudieran considerarse violentos, ni las reseñas que podían desacreditar un producto ni los artículos que podían ser imitaciones.

Jessica Zollman lo sabía porque durante su etapa en Formspring había asistido con su jefe a una reunión con Del Harvey, la mujer que se encargaba de estos temas legales en Twitter. «Del Harvey» era un pseudónimo profesional que la protegía de la horda de internautas furiosos a los que controlaba. El artículo 230 fue lo único que se le quedó grabado a Zollman después de aquel encuentro.

Sin embargo, ella no quería que Instagram hiciera la vista gorda con ese tipo de contenido. Después de su paso por Formspring, sabía cuánto podía crecer una corriente negativa si no la controlaban, y que Instagram se había convertido en un refugio para ella. El número de usuarios era todavía lo bastante pequeño como para que Riedel y Zollman pudieran revisar por turnos y de forma manual el contenido perjudicial y decidir qué hacer. Pero al final acabarían abrumados por los intentos de suicidio... y por cosas peores, según predijo. Después de la llegada de Justin Bieber, también tenían usuarios jóvenes e influenciables.

Zollman, cuyo nombre de usuario era @jayzombie por su fascinación por lo macabro, era capaz de ver heridas abiertas. Pero era muy buena persona y se negaba a quedarse de brazos cruzados. Creó una respuesta automática de correo electrónico para enviar a todas las personas que publicaran contenido relacionado con el suicidio, informándoles de los números de teléfono que prestaban ayuda en todos los países donde operaba Instagram. Denunciaba amenazas violentas y otros temas a la policía siempre que las veía. Se autoproclamó enlace entre la policía y el FBI, tal como había hecho en Formspring.

Sin embargo, la implicación no siempre garantizaba un final feliz. En una ocasión, denunció los intentos de suicidio de una chica escocesa. Cuando la policía investigó el caso y le pidió más información sobre la usuaria en concreto, descubrió que no podía ofrecerles datos específicos. Instagram no usaba la localización y no estaba autorizada para entregarles los datos de su cuenta de Apple, por exigencia de los propios desarrolladores. En otra ocasión, cuando denunció la existencia de pornografía infantil a las autoridades competentes, descubrió que era ilegal que la empresa guardara las imágenes o que ella las enviara sin más por correo electrónico. Ellos fueron quienes explicaron a Krieger lo que Instagram necesitaba: un servidor separado de los demás que autodestruyera el contenido después de un plazo de tiempo concreto para así poder denunciar dicho contenido de forma segura para la empresa. Krieger se encargó de hacerlo.

Las empresas tecnológicas más grandes tenían los medios para separar el trabajo que generaba el crecimiento del número de usuarios y las tareas de eliminación de contenidos. Y normalmente no se veían obligadas a prestar atención a este tema tan pronto, porque la ley no les exigía hacerlo. Sin embargo, entender enseguida ese potencial tan feo de la plataforma ayudó a Zollman y a Riedel a pensar no solo en cómo gestionar los problemas, sino también en la importancia de promover de forma activa el tipo de contenido que querían ver en la aplicación.

Tanto en Twitter como en Facebook, sus ejecutivos apoyaban la teoría de que era más seguro desde el punto de vista legal involucrarse lo menos posible en la supervisión de los contenidos. Si había problemas, los propios usuarios podían denunciarlos o resolverlos ellos mismos. No era labor de la empresa decirles cómo debían interactuar con el producto. Riedel y Zollman no lo veían así.

Puesto que Instagram no usaba un algoritmo ni ninguna herramienta para reenviar el contenido y así compartirlo, no existía una forma natural de que se hiciera viral. Los trabajadores de Instagram tenían la oportunidad de decidir qué tipo de comportamiento querían premiar entre los usuarios, y elegían perfiles interesantes que resaltaban en el blog de la empresa. También dependían de los usuarios para que los ayudaran a mejorar el producto, y pedían voluntarios a través de la aplicación para traducir a otros idiomas y organizar InstaMeets en todo el mundo. Publicaban trucos para generar contenido de mayor calidad, con ideas para mostrar ángulos interesantes y perspectivas novedosas, como las fotos bajo el agua.

La estrategia acabó generando cada vez más seguidores, que expandieron el trabajo que hacían Zollman y Riedel, pero gratis. Los embajadores no oficiales de Instagram en otros países, inspirados por el contenido promocionado por la empresa, publicaban sus planes de hacer excursiones interesantes y fotografiar lugares pintorescos, y otros usuarios se unían a la excursión para explorar juntos sitios cercanos a su lugar de residencia que antes no habían tenido razón alguna para visitar.

Los fundadores resaltaban perfiles como el de Liz Eswein, una estudiante de la Universidad de Nueva York que tuvo que abandonar temporalmente sus estudios mientras se recuperaba de la enfermedad de Lyme durante su primer año. Después de leer un artículo en el *New York Times* sobre Instagram, Eswein se registró con el nombre de usuario @newyorkcity (eran los inicios de la aplicación y aún no lo habían pillado), y durante su recuperación se entretuvo haciendo fotos de rascacielos, de partidos de baloncesto, de puestos de pescado de Chinatown y de artistas callejeros con los que se cruzaba en sus paseos. Para ayudar a que la aplicación creciera, publicaba contenido sobre los encuentros de Instagram con otros usuarios y organizaba quedadas en parques públicos y bares para que la gente de la zona observara su ciudad a través del teléfono. A cambio, la promoción que Instagram hacía de su cuenta la ayudaba a aumentar sus seguidores a un ritmo de 10.000 a la semana.

Añadir un botón para compartir le quitaría a Instagram parte de su poder de predicar con el buen ejemplo; los usuarios se centrarían exclusivamente en hacerse virales. Sin embargo, parecían estar pidiéndolo. Twitter acababa de añadir la opción de retuitear para solucionar el hecho de que los usuarios copiaban y reenviaban de forma manual los tuits de unos y otros. Hacerlo de forma automática era genial para seguir creciendo. Además de recompensarlos con la posibilidad de hacerse virales, la opción de compartir el contenido de los demás podía aliviar la presión de la gente que consideraba que no tenía nada interesante que fotografiar.

Krieger creó un botón para compartir contenido, pero no llegó a implementarlo. Los fundadores creían que así se pisoteaban las expectativas que tenía uno al seguir a alguien. Seguías a otros usuarios porque querías ver lo que ellos veían, experimentaban y creaban, no lo que veían y hacían otras personas.

Los fundadores tuvieron que defender ese principio constantemente, y eso en un momento en el que las redes sociales eran ya un sinónimo de «viral». Y no solo se lo exigían desde Silicon Valley.

En septiembre de 2011, Instagram tenía ya 11 millones de usuarios. Los famosos de Hollywood seguían intentando invertir en la empresa y viajaban hasta la pequeña oficina de South Park con ese fin. El actor y cantante Jared Leto preguntó con voz desesperada:

«¿Me estáis diciendo que si os dejo un saco de dinero en esa puerta no lo cogeríais?».

Ashton Kutcher, el actor que protagonizó series como *Aquellos maravillosos setenta* y comedias como *Colega, ¿dónde está mi coche?*, superó en 2009 a la CNN en número de seguidores en Twitter al llegar al millón. Al igual que Justin Bieber, concluyó que estaba generando contenido rentable para esa empresa sin recibir nada a cambio. Ashton no se parecía en absoluto a los personajes tontorrones que interpretaba. Aprendió todo lo que pudo sobre la industria tecnológica y decidió usar sus habilidades como identificador de tendencias de una forma más lucrativa. Ayudado por el mánager de Madonna, Guy Oseary, examinó y clasificó todas las oportunidades y acabó invirtiendo en un montón de empresas no solo relacionadas con las redes sociales, entre las que se incluían Uber, Airbnb, Spotify y Path, rival de Instagram. «Siempre que aparecía un nuevo tipo de experiencia para el consumidor, surgían como tres empresas que se dedicaban a lo mismo», recuerda. Había varias versiones de Instagram, Pinterest y Uber. «¿Quién se llevaría el gato al agua? Después el efecto de las redes sociales arrastraría al resto.»

Para saber si Instagram era una moda pasajera o una red social firmemente establecida, Kutcher y Oseary analizaron datos que demostraban que los usuarios cada vez pasaban más tiempo en Instagram, convirtiéndola así en un hábito. «Es una competición por llamar la atención», afirmó Kutcher. «Todos aprendieron eso en Facebook y Twitter.»

Oseary y Kutcher no lo tuvieron fácil, pero al final acabaron pasando por las oficinas de South Park, con su moqueta marrón y sus pavés de vidrio ochenteros que apenas dejaban pasar la luz. En ellas se encontraron con un equipo muy ocupado, pendiente de sus monitores para intentar evitar el colapso de los servidores y sin tiempo para hablar.

Systrom les aseguró que no estaban buscando nuevos inversores, pero les explicó de buena gana por qué Instagram resultaba atractivo. Los filtros facilitaban la labor de compartir fotos porque los usuarios sentían menos presión. Un filtro de Instagram era como si en Twitter hubiera un botón para hacerte más ingenioso.

—Si ayudo a la gente a hacer que sus fotos sean más bonitas, automáticamente se convierten en un contenido más atractivo, y eso hace que la aplicación funcione —dijo.

—Entonces necesitas la opción de compartir —replicó Kutcher.

Systrom intentó explicarse.

—Tiene que ser una cadena sencilla y clara. El contenido siempre debe estar ligado a la persona que lo creó —dijo, empleando un argumento que pensaba que funcionaría con una persona a la que le pagaban por su talento.

A Kutcher, la inflexibilidad que demostró Systrom ante lo que él consideraba una buena idea no le gustó nada. Sin embargo, la empresa lo intrigaba lo bastante como para invitarlo a ir a esquiar a Utah con un amigo que tenían en común, Joshua Kushner, y otros fundadores de empresas tecnológicas. Seis hombres pasando la noche en una cabaña bien grande en mitad de la nieve.

De madrugada, Systrom entró en tromba en el dormitorio de Kutcher gritando que tenían que salir de la casa de inmediato. La habitación se llenó al instante de humo. La pared de la chimenea estaba ardiendo.

Systrom fue de dormitorio en dormitorio, a eso de las cuatro de la mañana, hasta que todos estuvieron a salvo fuera, en ropa interior pese al frío, aferrados al portátil y al teléfono móvil mientras esperaban a que llegaran los bomberos.

«Vale», pensó Kutcher. «Kevin es un buen líder.» Se hicieron amigos y Kutcher ayudaría más tarde a Instagram a ganar credibilidad en la industria del entretenimiento.

Todas las cosas que Instagram hacía bien —ganarse la atención de los famosos, crear comunidades centradas en intereses compartidos y convertirse en un complemento diario de forma natural para los usuarios de móviles— también eran prioridades para Twitter. Los destinos de ambas empresas parecían tan entrelazados que, cuando los famosos visitaban las oficinas de Instagram, preguntaban si después podían visitar las de Twitter; no eran conscientes de que se trataba de dos empresas distintas.

A finales de 2011, Jessica Verrilli, que entonces trabajaba en Twitter, afirmó que no debería ser así. Instagram había construido una red social al margen de Twitter con algunas características similares y con inversores en común. Verrilli, que había trabajado con Krieger en el programa Mayfield de la Universidad de Stanford, animó a Dorsey a ponerse de nuevo en contacto con los fundadores para hablar de la posibilidad de una adquisición. Dorsey dijo que a Systrom le había entusiasmado la idea, siempre y cuando le ofrecieran una cifra tentadora.

Las objeciones de Ev Williams no supondrían un problema en esa ocasión. Un año antes, Dick Costolo, el director de operaciones de Twitter, fue ascendido a director ejecutivo, reemplazando así a Williams, que había pasado a ser director de producto. En marzo de 2011, Dorsey ya había convencido a la junta de Twitter de que era el visionario adecuado para liderar el futuro de la empresa como presidente ejecutivo. La junta apartó a Williams de la cumbre con la ayuda de Peter Fenton, inversor de Benchmark Capital y miembro del consejo, de la misma manera que apartaron a Dorsey en 2008. Este, que seguía dirigiendo Square, volvió a Twitter como presidente ejecutivo y trabajó con Costolo para liderar la dirección de producto.

Cuando en la cúspide de una empresa hay visiones diferentes, los ejecutivos luchan con denuedo para que se reconozca su relevancia y su impacto, algo que supone un obstáculo para hacer lo que es mejor para los usuarios. Eso fue lo que interpretaron los trabajadores de Twitter sobre las disputas en su consejo de administración. Costolo quería convertirse en director ejecutivo, pero Dorsey era el fundador, de manera que rivalizaban por ser el centro de atención.

La cifra que el equipo negociador tenía en mente para Instagram era de unos 80 millones de dólares. Costolo decía que era demasiado alta para una empresa tan joven que solo ofrecía la posibilidad de compartir fotos mejores dentro de Twitter. Era improbable que compitiera con Twitter en lo relativo a las noticias y las novedades sobre figuras públicas. Algunos de los presentes supusieron que Costolo tenía otros motivos para pensar eso: si el trato se cerraba,

Dorsey se llevaría el mérito. La discusión quedó aparcada para otro momento.

Sin embargo, Instagram continuaba aumentando de valor, ya que crecía a paso firme y empezaba a llegar a las masas. Pese a las dudas de Costolo, los famosos seguían registrándose en Instagram. Kim Kardashian, Taylor Swift y Rihanna, entre muchos otros. En enero de 2012, se unió a Instagram uno de los usuarios más valiosos de Twitter: el entonces presidente de Estados Unidos, Barack Obama. Su cuenta se abrió el mismo día que se celebraban las asambleas de partidos en Iowa para la campaña presidencial.

Instagram afirmó en su blog: «Queremos que la cuenta ofrezca a la gente un sentido visual de cómo es el día a día del presidente de Estados Unidos», y pidió a los periodistas que se unieran, publicando fotos de lo que acaecía detrás de las cámaras durante la campaña electoral. Ese mismo mes, Krieger recibió una invitación de parte de Michelle Obama para asistir al discurso del estado de la Unión y exponer allí que no podría haber ayudado a fundar Instagram de no haber contado con un visado de inmigrante.

Entretanto, el equipo de Instagram por fin empezaba a crecer. Amy Cole, que había trabajado como asesora para Chrysler, consultando a los pilotos de carreras sobre la aerodinámica de sus vehículos, había acabado sus estudios de posgrado en la Escuela de Negocios de Stanford. Un amigo, después de oírla hablar maravillas de la aplicación durante una ruta por las bodegas del Valle de Napa, le dijo que podía presentarle al equipo fundador de Instagram. Amy Cole se convirtió en la primera directora de desarrollo comercial de la empresa en octubre de 2011, aunque todavía no había mucho que negociar. Ayudó a la empresa a encontrar un contrato de alquiler a largo plazo en un edificio más grande situado al otro lado de la calle, y con ventanas. Gregor Hochmuth, el amigo al que Systrom había pedido en un principio que fuera su socio fundador, llegó en diciembre a la empresa como ingeniero para desarrollar más filtros, que en aquel momento parecían la herramienta clave.

La empresa también formalizó algunas de sus iniciativas editoriales. Instagram tenía una opinión clara sobre cuál era el contenido modelo que querían mostrar: buscaban ser una ventana a una vida interesante. Bailey Richardson, que formaba parte del equipo responsable de la comunidad virtual desde febrero de 2012, creó una lista de «usuarios sugeridos» para que la gente los siguiera, de manera que no pensaran de entrada que Instagram consistía en seguir a famosos. La lista incluía fotógrafos, artesanos, chefs y deportistas de todo el mundo. Destacaba sobre todo a los que acostumbraban a participar en los InstaMeets o incluso los organizaban, como Eswein, con su cuenta @newyorkcity. Bailey Richardson también descubrió y promocionó @darcytheflyinghedghog, una cuenta gestionada por un chico japonés al que le gustaba vestir a su erizo diminuto, o @gdax, un monje tibetano que hace caligrafía.

Las herramientas técnicas para gestionar las cuentas seguían siendo muy básicas... o más bien inexistentes. Un día de aquel invierno, Scooter Braun envió una alarma a Instagram: Justin Bieber no conseguía conectarse a su cuenta. Sin embargo, Instagram no tenía un sistema de reestablecimiento de contraseñas. Le dijeron a Braun que podrían hacerlo por teléfono, pero que Justin tendría que verificar su identidad. «Vale», replicó Scooter Braun. «Enseguida os llama.»

Bailey Richardson cogió el teléfono. «Hola, soy Justin», dijo este. Como no tenían preguntas de seguridad preparadas, tuvieron que conformarse con eso como prueba de su identidad. Bailey le reseteó la contraseña mientras hablaba con él por teléfono.

A principios de 2012, un trabajador que llevaba mucho tiempo en Twitter llamado Elad Gil se hizo cargo del departamento de desarrollo comercial y del de fusiones y adquisiciones. Fue él quien sacó de nuevo a la luz la idea de adquirir Instagram. Había gente importante usando la aplicación y comenzaban a pasar «cosas» en ella, según explicó durante la presentación de su estrategia cuatrimestral. En 2009, Twitter empezó a considerarse como una fuente respetable de noticias porque alguien publicó una foto increíble de un avión aterrizando maravillosamente en el río Hudson en Nueva York. ¿Y si la siguiente foto se publicaba en Instagram? ¿Y si Instagram se convertía en la aplicación de referencia para publicar fotos? Ese panorama sería perjudicial para Twitter a menos que Instagram se uniera a la empresa, afirmó Gil.

Dorsey, que todavía era presidente ejecutivo, ya no estaba involucrado en el trabajo de marketing del día a día. Y en esa ocasión Costolo no solo se mostró receptivo a la idea de adquirir Instagram, sino que parecía dispuesto a presentar una estrategia agresiva. Se reunió con Krieger y con Systrom en el bar del hotel Four Seasons de San Francisco.

A los fundadores de Instagram la idea no les entusiasmaba demasiado porque aún estaban empezando. Sin embargo, Systrom pensaba que les convenía mostrarse educados y asistir al encuentro. Twitter tenía la clave en muchos aspectos para que Instagram siguiera creciendo. Como también sucedía con Facebook. Y con Apple. Si echaban a perder alguna de esas relaciones, podrían echar a perder el potencial de la empresa.

Costolo salió del hotel donde había tenido lugar la reunión pensando que, si era capaz de conquistarlos, podrían llegar a un acuerdo. Más o menos por aquella misma época, Dorsey estaba intentando otra estrategia diferente. Invitó a Systrom y a Krieger a una reunión informal en las oficinas de Square. Costolo y Dorsey llegaron a la misma conclusión: Twitter tenía que ir a por todas en esa ocasión. La cifra tenía que parecer desorbitada, pero el esfuerzo merecía la pena.

De manera que Gil y Ali Rowghani, el director financiero de Twitter, redactaron un contrato para la compra. Twitter estaba dispuesto a ofrecer entre el 7 y el 10 por ciento de sus acciones, que tenían un valor estimado de entre 500 y 700 millones de dólares, con cierto margen para calcular el valor final, ya que las acciones de Twitter todavía no habían salido a bolsa. El porcentaje se calculó basándose en la idea de que Instagram tenía entre el 7 y el 10 por ciento de los 130 millones de usuarios de Twitter.

En marzo, Systrom dio una charla durante una conferencia exclusiva celebrada en Arizona por el banco inversor Allen & Company. Rowghani, Costolo y Dorsey estuvieron presentes. Una noche, Rowghani y Dorsey quedaron con Systrom para tomar algo en el patio, sentados en torno a un brasero de exterior. Dorsey no estaba bebiendo nada, pero Systrom había pedido un whisky.

Nadie coincide en lo que sucedió a continuación. Fuentes de Twitter aseguran que Rowghani sacó el contrato, ya listo para que Systrom lo firmara, y que este lo rechazó diciendo que creía que no debería vender. Sin embargo, Systrom negó más tarde que le propusieran una cifra o le enseñaran papel alguno.

Con contrato o sin él, todo el mundo está de acuerdo en que Systrom no aceptó. Twitter lanzó una ofensiva sin reparar en gastos para convencer a los fundadores de que debían vender.

3

La sorpresa

«Fue él quien nos eligió, no al contrario.»[1]

DAN ROSE, antiguo vicepresidente de desarrollo de alianzas
de Facebook, sobre la decisión de Kevin Systrom

Gregor Hochmuth tardó unos segundos en contestar la llamada
telefónica porque lo pilló en plena cena en el Mission District de
San Francisco, atacando un burrito enorme con una tortita perfectamente envuelta y un relleno variopinto y abundante. Cualquier
movimiento brusco podía hacer que se saliera el guacamole o el arroz
empapado en salsa.

Quien lo llamaba era Krieger. Era raro que Hochmuth recibiera
una llamada de su jefe un domingo por la noche y tan tarde.

—¿Ha pasado algo? —le preguntó Hochmuth.

—Hola, tío —dijo Krieger—. Mañana tienes que estar temprano
en la oficina.

Hochmuth llevaba una temporada sin salir prácticamente de la
oficina. La semana anterior, el 2 de abril, se había pasado la noche
ayudando a preparar el lanzamiento de la aplicación de Instagram
para Android.

—Normalmente llego a las ocho —replicó el ingeniero, poniéndose a la defensiva.

—A las ocho está bien —dijo Krieger; tenían que hablar de algunas novedades, le dijo antes de colgar.

Hochmuth siguió comiendo mientras se preguntaba cuáles serían las novedades.

Esa misma noche pero más tarde, Tim Van Damme recorría en coche una carretera de montaña, lleno de gratitud. Por fin estaba en California para pasar una semana en San Francisco con el equipo de Instagram. Lo habían contratado en invierno, en un momento en el que estaba bastante agobiado. La empresa para la que trabajaba, emplazada en Austin, Texas, una red social para viajeros llamada Gowalla, había pasado a formar parte de Facebook tras un proceso de adquisición en diciembre, pero el acuerdo no incluía a todos los empleados. De no ser por Instagram, no habría tenido un seguro médico a tiempo para el parto de su mujer, que acababa de dar a luz a su primera hija.

Van Damme tuvo suerte, porque Systrom leyó por casualidad un mensaje privado que le envió a través de Twitter, aplaudiendo su producto y preguntándole si necesitaban algún tipo de ayuda. Resultó que sí, y desesperadamente. Systrom y Krieger estaban tan ocupados que no habían tenido tiempo de buscar un diseñador. Van Damme hizo un par de entrevistas con los fundadores, una de las cuales interrumpió Krieger en un momento dado para resetear los servidores, porque Justin Bieber, el rompecorazones de las adolescentes, acababa de hacer una nueva publicación y había provocado una sobrecarga. Van Damme pensó que el problema tenía su gracia.

El diseñador se convirtió en el noveno trabajador de Instagram. Su hija tenía dos días de vida. La mayoría de las startups fracasaban, pensó, pero por lo menos de momento tenía trabajo, rediseñaría botones y logos en una aplicación cuyos creadores se preocupaban por el estilo. Y tuvo la oportunidad de recomendar a un amigo: Instagram contrató a Philip McAllister —otro empleado de Gowalla que no había recibido la oferta de trabajo para trasladarse a Facebook—, a fin de que se encargara de la versión de la aplicación para Android.

Van Damme estuvo trabajando en su pequeña cocina, en Austin, hasta que la familia al completo pudo mudarse. Tres meses después, cuando llegaron a California, celebraron el traslado con un fin de semana en el lago Tahoe, con la esperanza de ver las últimas nieves de la temporada ese fin de semana de Pascua.

Durante el trayecto de tres horas hasta su nuevo hogar, lo llamaron por teléfono. Era su director ejecutivo.

—¿Puedes estar en la oficina mañana a las ocho en punto? —le preguntó Systrom.

—Vale —contestó Van Damme.

—Gracias —dijo Systrom—. Que pases una buena noche. —Y colgó.

Van Damme apartó los ojos de la carretera un instante para mirar, aterrado, a su mujer.

—Me van a despedir —dijo. Su instinto le hablaba—. Nadie organiza una reunión a las ocho de la mañana en Silicon Valley.

Cuando Van Damme y Hochmuth llegaron a la oficina a la mañana siguiente, les quedó claro que todos los demás habían recibido el mismo mensaje. Los trabajadores susurraban entre ellos y compartían sus teorías. Tal vez habían hackeado los servidores. O algo había salido mal con la última ronda de financiación y la empresa se había quedado sin capital y se veían en la obligación de cerrar.

Se encontraban en las oficinas nuevas de Instagram en South Park, reunidos en una sala donde se habían dispuesto las sillas en forma de semicírculo. Josh Riedel llamó por teléfono a Dan Toffey, el único trabajador que no estaba presente porque vivía en Washington D. C., y deslizó el iPhone por el suelo hasta los pies de Systrom, de manera que Dan oyera lo que los fundadores tenían que decir.

—Bueno, durante el fin de semana hemos estado hablando sobre una posible venta —anunció Systrom.

Eso no era disparatado, pensaron los trabajadores. El lanzamiento de la aplicación de Instagram para Android la semana anterior había sido todo un éxito y se habían contabilizado un millón de descargas en las primeras doce horas.

—He hablado con Mark Zuckerberg —siguió.

Todo normal de momento.

—Le hemos dicho que sí a Facebook. Nos van a comprar. Por mil millones.

Eso ya no era normal. Era increíble.

Los trabajadores jadearon, sorprendidos. Algunos se echaron a reír, no sabían cómo controlar la sorpresa, pero otros no pudieron evitar echarse a llorar. Jessica Zollman le dio un apretón a Hochmuth en el muslo. Amy Cole aferró la mano de las personas que tenía al lado. Tim Van Damme y Philip McAllister intercambiaron una mirada. Cualquiera menos Facebook, pensaron. Lo sucedido con Gowalla se repetía.

Pero eran 1.000 millones. ¡1.000 millones! Una cifra mágica que jamás se había oído en relación con la compra de una aplicación móvil. Google había comprado YouTube por 1.600 millones, sí.[2] Pero de eso hacía seis años y sucedió antes de que llegara la crisis financiera. Facebook no acostumbraba a hacer ese tipo de adquisiciones. Cuando compraban algo lo hacían por partes, manteniendo a los fundadores y la tecnología, pero sacrificando el producto. ¿Iban a sacrificar también Instagram? ¿Tendrían que buscarse un nuevo trabajo? ¿O era posible que acabaran recibiendo una millonada? Shayne Sweeney arrancaba con gestos nerviosos la etiqueta a su botella de agua vacía y metía los trocitos de papel en su interior.

Systrom les explicó qué iba a pasar desde el punto de vista logístico. Irían todos juntos a las oficinas de Facebook para reunirse con la junta directiva. Esa misma tarde los recogería un minibús. Pero apenas lo escuchaban. Su voz se había convertido en el ruido de fondo del proceso mental que tenía lugar en la cabeza de cada uno de ellos, tan indescifrable como las lecciones de la profesora de Charlie Brown.

Sin embargo, todos volvieron a la realidad de golpe cuando Systrom les explicó que la noticia se haría pública al cabo de media hora.

—Llamad a vuestra familia —les aconsejó—. Haced lo que tengáis que hacer antes de que llegue ese momento.

Riedel cogió su iPhone, que seguía a los pies de Systrom. Descubrió que el pobre Toffey no había oído nada porque él no había conectado el manos libres, de manera que fue la primera persona a la que le explicó qué estaba sucediendo.

Los demás regresaron a su escritorio…, los escritorios de Ikea que Zollman había montado hacía un mes para la nueva oficina. Pasaron junto a algunas botellas de champán aún sin abrir, con las que habían celebrado los 50 millones de inversión recaudados la semana anterior. Aquella noticia les pareció un hito y la de ese momento había sido… como si les hubieran tirado encima una tonelada de ladrillos.

—Nunca pensé que esto acabaría así —le dijo Sweeney a Hochmuth.

Las preguntas de sus familiares fueron las obvias, sobre el dinero, pero para eso no tenían respuesta. Systrom no había dicho nada al respecto. Unos minutos después, Van Damme, que todavía no lo había asimilado del todo, llegó a la conclusión de que necesitaba un cigarro. Echó a andar hacia la puerta.

—¡No salgas! —le gritó un compañero desde atrás.

Eran las 9.10, lo que significaba que la noticia llevaba diez minutos circulando. Robert Scoble, un bloguero especializado en tecnología, estaba aparcando su Prius blanco delante de la oficina.

«Menos mal que me ha avisado», pensó Van Damme mientras se apresuraba a cerrar la puerta. Que lo interrogara un tuitero famoso era lo último que necesitaba.

Poco después llegaron las furgonetas blancas de la prensa y los fotógrafos. Al no poder salir de la oficina, los trabajadores recurrieron a internet.

Reuters decía: «Mil millones de dólares es asombroso para los creadores de una aplicación que no genera ingresos significativos».[3] Zuckerberg estaba «pagando un precio disparatado por una startup de la que se hablaba mucho pero que carecía de un modelo de negocio»,[4] afirmaba la CNN, que comparaba la venta con la adquisición de Flickr por parte de Yahoo! siete años antes por 35 millones de dólares.

Algunos de los 30 millones de usuarios de Instagram tuiteaban mensajes en los que su preocupación era otra: que Facebook cerrase Instagram, que la incorporase a Últimas noticias o que impusiese su sello en la aplicación, llenándola de herramientas que arruinarían la sencillez que la caracterizaba; además de que Facebook se haría con el control de todas las imágenes publicadas, algo que no pintaba muy bien. Facebook ya era famosa por su tendencia a cambiar los términos de privacidad de sus usuarios, por recoger y compartir datos con desarrolladores de aplicaciones de maneras incomprensibles para los usuarios, e incluso por etiquetar de forma automática a las personas en las fotos usando un programa de reconocimiento facial.

Las declaraciones de Systrom y Zuckerberg tenían como objetivo tranquilizarlos a todos.

«Es importante que quede claro que Instagram no va a desaparecer», afirmó Systrom en el blog de Instagram.

«Nos hemos comprometido a que Instagram siga creciendo y desarrollándose de forma independiente», decía la publicación de Zuckerberg en Facebook. «Es la primera vez que adquirimos un producto y una empresa con tantos usuarios. No tenemos planeado hacer otras adquisiciones similares, tal vez nunca se repita.»

Lo que sucediera a continuación entraba en el terreno de lo desconocido. Tanto para Instagram como para Facebook.

Un mes antes, Twitter había intentado conquistar Instagram con una estrategia agresiva que cayó en saco roto. Peter Fenton, el socio de Benchmark Capital, agasajó a los fundadores con vino y sushi, y también desayunaron en el hotel St. Regis. El director ejecutivo, Dick Costolo, les explicó su idea: que Systrom siguiera al frente de Instagram, pero con la posibilidad de dirigir también Twitter, de manera que los ayudara a convertir su producto en un destino más visual.

La falta de entusiasmo de Systrom era palpable. Llegó una hora tarde al desayuno, algo que achacó a la lluvia, y dejó que fuera Krieger quien entretuviera a Costolo y a Ali Rowghani, el director financiero. Rowghani, que se comió su tortilla de clara de huevo antes de que llegara Systrom, vio arrogancia e hipocresía en su rostro, y acusó a Systrom de actuar como una estrella de Hollywood y de hacerles perder el tiempo.

Twitter quería finalizar el acuerdo antes de que se celebrara el South Bryce Southwest, un congreso tecnológico anual que empezaba el 9 de marzo. En ese mismo congreso, en 2009, fue donde Foursquare adquirió relevancia, y también Twitter. Sin embargo, Systrom retrasó la decisión. Durante el congreso, un grupito de empleados de Instagram repartió pegatinas con el logo de la empresa y camisetas con dinosaurios. Una noche en un bar, un grupo de personas reconoció a Systrom como el fundador de Instagram y se acercaron para decirle que admiraban su producto.

De vuelta en San Francisco, Systrom le habló a Dorsey de esa gratificante experiencia y le explicó que no podía vender en ese momento. Quería que Instagram creciera tanto y fuera tan importante que nadie pudiera comprarla. Dorsey le dijo que lo entendía. Le presentó a Roelof Botha, un socio de Sequoia Capital, que empezó a negociar para que su firma invirtiera en Instagram.

Systrom les dijo a sus amigos que Twitter nunca llegó a presentar una oferta seria. En realidad, nunca le ofrecieron algo que él se tomara con seriedad. Solo Zuckerberg entendió lo que podía tentarlo: independencia.

El camino hacia el acuerdo con Facebook empezó durante la primera semana de abril. Sequoia Capital iba a invertir 50 millones tras una tasación de 500, muy cerca de la oferta de compra de Twitter, y lo único que Systrom tenía que hacer era firmar. Pero antes le llamó Zuckerberg.

«He estado pensándomelo mucho y quiero comprar tu empresa», le dijo sin andarse por las ramas. Quería que se reunieran lo antes posible. «Te daré el doble de lo que vayas a obtener con los inversores.»

Systrom no sabía bien qué hacer. El pánico hizo que convocara a su junta.

Matt Cohler, de Benchmark Capital, le dijo que, con independencia de lo que pasara con Zuckerberg, necesitaba firmar con los inversores o su reputación en Silicon Valley quedaría por los suelos. Steve Anderson, el otro miembro de la junta, se encontraba en una reunión en Seattle. Systrom lo llamó infinidad de veces hasta que le contestó.

—Mark Zuckerberg quiere reunirse conmigo hoy —le dijo—. ¿Qué opinas?

—A ver —contestó Anderson—, acabas de conseguir dinero. Mucho dinero. Y si el actual rey de internet quiere verte…, claro, ¿por qué no? No hay motivos de peso para rechazar una reunión con él.

Anderson le había dicho muchas veces a Systrom que era un líder visionario de la talla de Zuckerberg, o tal vez incluso mayor. Con el paso del tiempo, a medida que Instagram creciera, todos llegarían a la misma conclusión, pensaba Anderson. Su opinión era que de momento no debía vender, pero no pasaba nada por ir a hacerle una reverencia al rey.

Systrom firmó con Sequoia Capital y después le devolvió la llamada a Zuckerberg.

Unas semanas más tarde, mientras Facebook se preparaba para hacer pública su oferta inicial, que sería la mayor en la historia de internet, Zuckerberg se vio obligado a pensar en la realidad a largo plazo de su negocio. Facebook se había convertido en una de las webs de servicios de internet más omnipresentes, pero sus usuarios se estaban trasladando a las plataformas móviles con gran rapidez. Facebook tenía una aplicación, pero, a diferencia de Google y Apple, no fabricaba teléfonos. Eso significaba que, a menos que se adentrara en el complicado y carísimo negocio de los dispositivos móviles, estaría limitado a construir su empresa en un territorio que, en última instancia, siempre pertenecería a otras empresas.

Eso le dejaba solo dos formas de ganar. Una, hacer que sus ingenieros transformaran Facebook en algo tan entretenido y útil que la gente invirtiera cada vez más tiempo en la aplicación móvil. Y dos, comprar, copiar o acabar con la competencia y así asegurarse de que hubiera pocas empresas que interfirieran en el tiempo que la gente le dedicaba a Facebook.

Cuando le llegó la noticia de que habían valorado la recaudación de fondos de Instagram en 500 millones de dólares, comprendió que ese competidor diminuto y entusiasmado con dinero contante y sonante podía convertirse en poco tiempo en una gran amenaza. La única alternativa era comprarla.

Zuckerberg ya había intentado algo así antes, sin éxito, en 2008, cuando el director ejecutivo de Twitter, Ev Williams, afirmó que aceptaría una oferta de 500 millones de dólares. Pero después Williams se echó atrás y ahora Twitter era un competidor importante. Zuckerberg estaba molesto por el resultado de aquellas negociaciones, pero él también había hecho eso mismo en una ocasión. En 2006, cuando Facebook tenía más o menos la misma edad que Instagram entonces, Yahoo! le ofreció 1.000 millones de dólares. En contra de la opinión de su junta directiva, rechazó la oferta, convencido de que sería capaz de hacer crecer Facebook por su cuenta. Gran parte de la seguridad que demostraba procedía de aquel momento crucial. Confirmaba que el instinto del fundador, su propio instinto, debía guiarlo por encima de todo.

Armado con sus experiencias personales, Zuckerberg pensaba que sabía cómo entrarle a Systrom, de fundador a fundador. Systrom no quería dirigir un producto de Facebook, de la misma manera que él no quiso dirigir un producto de Twitter. Quería mantener su propia empresa y seguir siendo el visionario de Instagram, pero sin los riesgos de la independencia. La red social de Facebook ya estaba ayudando a Instagram a crecer, y si Instagram se integraba en Facebook tendrían a su alcance unos recursos inimaginables que los ayudarían a seguir creciendo, pero aún más deprisa.

Ese argumento pareció ser del agrado de Systrom. Pero hubo que negociar mucho.[5] Aquella noche de jueves, en la casa nueva de Zuckerberg, en el barrio de Crescent Park de Palo Alto, Systrom empezó pidiendo 2.000 millones.[6]

Zuckerberg estaba rebajando esa cifra con Systrom cuando decidió meter a más gente en la negociación. Invitó a la directora de operaciones de Facebook, Sheryl Sandberg, y al director financiero, David Ebersman, con los que mantuvo una reunión muy seria. Ambos le dijeron que confiara en su instinto, pero que antes debían poner sobre aviso al director de fusiones y adquisiciones, Amin Zoufonoun, que al final sería el artífice de todo.

—A Mark le gustaría comprar Instagram —le explicó Sheryl Sandberg por teléfono, yendo directa al grano.

Una elección fantástica, pensó Zoufonoun. La empresa llevaba en su radar desde que se unió a Facebook procedente de Google como director de desarrollo corporativo un año antes, y recordaba a Systrom de la época que pasó en el equipo de negociaciones.

—Ya ha hablado con Kevin y la cifra que manejan es un poco alta —siguió Sheryl Sandberg. Él quería un acuerdo en el que Instagram tuviera un valor del 1 por ciento de Facebook.

Zoufonoun se quedó sin palabras. La valoración interna de Facebook previa a la oferta pública inicial planeada había arrojado un valor de 100.000 millones de dólares. Eso significaba que la compra de Instagram sería de 1.000 millones. Nadie había pagado jamás esa cantidad por una aplicación móvil.

—No pareces muy convencido —comentó Sheryl Sandberg—. Te llamaré esta noche, cuando hayas podido pensar y analizar bien la situación.

Zoufonoun lo analizó todo bien, pero seguían sin cuadrarle las cifras. Normalmente siempre había otros acuerdos similares con los que poder comparar, o una valoración pública que ayudara a calcular. Cuando Sheryl Sandberg volvió a llamarlo, Zoufonoun pidió que se lo explicara todo bien.

—Es una cifra altísima —dijo—. Me encantaría saber cómo es posible que Zuckerberg esté planteándose algo así. ¿Cómo han llegado a esa cifra?

Sheryl llamó a Zuckerberg para que participara en la conversación, pero este sugirió que lo mejor era que Zoufonoun y él se reunieran a la mañana siguiente.

Esa noche, Zoufonoun fue incapaz de pegar ojo. Acababa de mudarse con su mujer y sus dos hijos pequeños a una casa nueva en Los Altos, una ciudad cercana a Palo Alto. Nunca había negociado una compra semejante, y los nervios le estaban pasando factura. Se pasó las horas que faltaban hasta su reunión con Zuckerberg con el móvil en la mano, examinando Instagram para tratar de predecir su futuro.

Sumido en la oscuridad, descubrió que no solo era una aplicación donde la gente publicaba fotos de comida, sino también una empresa potencialmente viable. Los hashtags para organizar las publicaciones la asemejaban a Twitter, pero era todo visual, de manera que podías ver qué sucedía en un evento concreto con un solo clic. También vio que, aunque la aplicación solo tenía 25 millones de usuarios registrados, pocos comparados con los cientos de millones de Facebook, las empresas empezaban a usar Instagram para publicar fotos de sus productos y sus seguidores comentaban e interactuaban.

Instagram todavía no generaba beneficios, pero Zoufonoun supuso que, puesto que ofrecía a sus usuarios la capacidad de ver infinidad de publicaciones, igual que sucedía con Últimas noticias de Facebook, a la larga podrían desarrollar algún tipo de herramienta publicitaria. Podían usar la estructura de Facebook para crecer, de la misma manera que hizo YouTube con Google.

A la mañana siguiente, en una sala de reuniones de las oficinas centrales de Facebook, la reunión entre Zuckerberg y Zoufonoun se llevó a cabo a la hora convenida.

—¡Hola! ¿Qué tal? —lo saludó Zuckerberg—. Entiendo que tengas dudas.

—La verdad es que después de estas últimas doce horas creo que tu instinto ha dado en el clavo —contestó—. Debemos comprar esta empresa.

—Vale, ¿y ahora qué sigue? —le preguntó Zuckerberg, que no pareció sorprendido por tener razón desde el principio—. Deberíamos hacerlo rápido. ¿Cuánto crees que tardaremos en tenerlo todo listo?

Zoufonoun se levantó, echó a andar hacia la pizarra blanca de la sala de reuniones y empezó a hacer una lista con los pasos que debían seguir: reunir a los abogados; discutir los detalles del pago en acciones y en efectivo; decidir el riesgo que Facebook estaba dispuesto a asumir al acortar el plazo de las comprobaciones debidas… Era normal que las empresas dedicaran semanas o meses a la evaluación de una posible compra, como hacía cualquiera cuando inspeccionaba una casa en busca de posibles daños por termitas o en las cañerías antes de firmar el contrato de compraventa. Pero si Facebook se daba prisa, podían tenerlo todo listo en un fin de semana, sin necesidad de acudir a un banco externo.

Zuckerberg quería agilizarlo todo. Era uno de los grandes ajedrecistas de Silicon Valley y planeaba sus movimientos con meses de antelación. Si las negociaciones se demoraban demasiado, Systrom empezaría a llamar a sus amigos y mentores. Zuckerberg sabía, gracias a su amigo Cohler, que estaba en la junta de Instagram, que Systrom era amigo íntimo de Dorsey, que estaba en Twitter. Él no contaba con la ventaja de la amistad. Pero cuanto antes cerrara el trato, menos posibilidades habría de que Systrom llamara a alguien que lo aconsejara en contra de vender a Facebook, o de que recibiera una contraoferta.

Zoufonoun canceló sus vacaciones familiares de primavera.

Mientras los abogados afinaban los detalles en las oficinas centrales de Facebook, Systrom y Krieger se reunieron con Zuckerberg por primera vez. Después, ambos pasaron una hora sentados en la estación de Caltrain, en Palo Alto, hablando sobre la importancia de la decisión.

Sin Facebook, Instagram tendría que aumentar muy rápido tanto su infraestructura como su equipo si querían devolverles el dinero a los nuevos inversores. Entretanto, existía la posibilidad de que no funcionara. O de que Facebook prefiriera su propia versión de Instagram. Krieger sentía un enorme respeto por el equipo de desarrolladores de Facebook. Si se unían a ellos, contarían con las herramientas necesarias para llegar a nuevos usuarios y, con su apoyo, los servidores no les darían más problemas.

Las negociaciones siguieron ese sábado en la casa nueva de Zuckerberg,[7] escasamente amueblada y por la que había pagado 7 millones de dólares. Zuckerberg, Zoufonoun y Systrom se sentaron en el porche trasero, junto con el pastor húngaro de Zuckerberg, que parecía una fregona y se llamaba Beast. Systrom se ausentó más de una vez para atender las llamadas de su junta en el coche o dentro de la casa.

Krieger se quedó en San Francisco, pero se pasó el fin de semana afrontando las evaluaciones que Facebook estaba realizando sobre la infraestructura técnica de Instagram. Respondió preguntas por teléfono sobre la estructura de sus sistemas y sobre el tipo de software y de servicios que usaba la empresa. En ningún momento le pidieron ver el código. «Podríamos estar llevando esta empresa con Lego y ni se enterarían», pensó.

En Palo Alto no se ponían de acuerdo sobre el porcentaje de acciones y dinero en efectivo del pago final. Era difícil renunciar al dinero en efectivo teniendo en cuenta el riesgo que suponía el valor futuro de las acciones. Zuckerberg estaba tratando de convencer a Systrom de que con las acciones el precio sería mucho mayor en el futuro. Un 1 por ciento de Facebook eran 1.000 millones de dólares, sin tener en cuenta las proyecciones de crecimiento de la empresa. Pero Facebook planeaba crecer, de manera que las acciones alcanzarían la cifra inicial que propuso Systrom, o más.

Sin embargo, Zuckerberg llegó a admitir que le había sorprendido que la tasación interna de Facebook hubiera arrojado un valor de 100.000 millones de dólares. Aunque pensaba que Facebook seguiría creciendo y que era justo basar el precio de Instagram en el valor de Facebook, le preocupaba el precio de adquisición. Si tasaba Instagram en un precio tan alto, con su equipo diminuto y sin beneficios, iniciaría una burbuja en Silicon Valley[8] y aumentaría los precios de todas las empresas relacionadas susceptibles de ser compradas en el futuro. (En parte tenía razón. En 2013, la inversora Aileen Lee acuñó un término para las startups valoradas en 1.000 millones de dólares: «unicornios». En aquel momento había 37. Cuando actualizó la lista en 2015 ya eran 84. En 2019 había cientos. Sin embargo, si es una burbuja, todavía no ha estallado.)

El perro blanco y grande que parecía una fregona se pasó todo el rato intentando llamar la atención para que lo miraran, como si quisiera formar parte de la negociación.

—Chicos, ¿tenéis hambre? —preguntó Zuckerberg; ya eran las tres de la tarde y de momento solo habían bebido cerveza—. Voy a encender la barbacoa.

Fue al frigorífico y sacó un costillar de venado, o tal vez fuera jabalí, algo con huesos grandes.

—No sé qué es, pero creo que lo cacé yo —dijo. El año anterior, Zuckerberg se había propuesto comer solo carne de animales que él mismo hubiera cazado.

Zoufonoun se colocó junto a Zuckerberg mientras él asaba las costillas en la barbacoa y el humo empezaba a ascender. Beast contemplaba la escena con gran interés y, en un momento dado, empezó a gruñir. De repente, echó a correr con su pelo de fregona al viento, dispuesto a atacar a Zoufonoun.

—¡Mierda! —gritó Zoufonoun.

—¿Te ha mordido? —le preguntó Zuckerberg—. Porque si te ha hecho una herida tendríamos que denunciarlo y seguramente se lo llevarán.

Por suerte, Beast no llegó a hacerle ninguna herida y Zoufonoun ni siquiera sangró, pero después, durante las reuniones en Facebook, contaría la anécdota y bromearía afirmando que a Zuckerberg le preocupaba más su perro que su director de fusiones y adquisiciones justo cuando estaban a punto de cerrar una compra histórica.

Fuera lo que fuese aquella carne que asó Zuckerberg en la barbacoa, no fue suficiente. Systrom se marchó pasadas un par de horas porque había quedado para cenar con su novia. Zoufonoun miró a Zuckerberg con cara de estar preguntándole: «¿Por qué se va a cenar cuando estamos en mitad de esto?». Todavía les quedaban bastantes detalles peliagudos que discutir.

Después de la cena, Systrom regresó al sur para encontrarse a solas con Zoufonoun. La casa de este no tenía nada que ver con la de Zuckerberg. El salón era el garaje reconvertido, con el techo bajo, corrientes de aire por culpa de unas ventanas que no aislaban bien y un suelo de parquet setentero. Era un espacio tan oscuro que parecía una cueva, y así lo llamaban los hijos de Zoufonoun. Sentados en sendos sofás con el portátil abierto, el uno frente al otro, bebieron whisky y negociaron hasta altas horas de la madrugada.

Al repasar la historia de las inversiones que había recibido Instagram, Zoufonoun sintió un renovado respeto por Systrom. Aquel hombre que hacía pocos años había formado parte del equipo de fusiones y adquisiciones de Google haciendo presentaciones en PowerPoint, había llegado a lo más alto en tan solo dieciocho meses.

El domingo, Michael Schroepfer, el director de tecnología de Facebook, estaba en la cocina de la casa de Zuckerberg con Zoufonoun mientras Systrom paseaba de un lado a otro del patio, hablando por teléfono con su junta.

Normalmente, cuando Facebook compraba una empresa, encontraban la manera de absorber la tecnología, renombrar el producto y colocarlo en algún hueco entre las muchas cosas que era capaz de hacer su empresa. El hecho de que Instagram siguiera siendo un producto independiente echaba por tierra el proceso habitual de compra, y no sabían muy bien cómo podría funcionar.

—¿Cómo integramos algo así? —quiso saber Schroepfer.

—Schrep, vamos a comprar magia. Vamos a pagar por magia. No vamos a pagar mil millones de dólares por trece personas. Lo peor que podemos hacer es imponerles Facebook antes de tiempo. —Tras horas de discusión y varias noches en vela, Zoufonoun era un converso de Instagram—. Está floreciendo, y hay que abonarla. No es momento de podar ni de dar forma a la planta.

Zuckerberg estuvo de acuerdo. Envió un correo electrónico a la junta directiva de Facebook para informarles de lo que estaba sucediendo. Era la primera noticia que tenían del increíble acuerdo que estaban negociando, que ya estaba casi listo. Puesto que Zuckerberg contaba con el voto mayoritario, lo único que debía hacer la junta era rubricar su decisión.

Systrom encontró más resistencia en las conversaciones con su junta directiva. Anderson, en concreto, parecía confundido y se oponía a la idea. Systrom había estado buscando inversores hacía solo una semana para que la empresa pudiera crecer a largo plazo. Y un mes antes había rechazado la oferta de Twitter.

—¿A qué viene este cambio de opinión? —quiso saber, con Systrom al otro lado de la línea, sentado en el coche en el camino de entrada de la casa de Zuckerberg—. Si es por el dinero, sé que soy capaz de buscarte una inversión similar a la tasación que haya hecho Zuckerberg.

Anderson creía que Facebook estaba devaluando su precio por acción para hacer que la cifra final no pareciera una locura, y que en realidad deberían vender por 1.200 o 1.300 millones. Sin embargo, si esperaban un poco más, quitarse de encima la competencia que suponía Instagram les reportaría unos 5.000 millones.

Systrom le ofreció cuatro razones. La primera fue una repetición del argumento de Zuckerberg: Facebook cotizaría al alza en bolsa, de manera que sus acciones se irían revalorizando con el paso del tiempo. La segunda era que Zuckerberg se quitaría de encima a un rival importante; si Facebook tomaba medidas para copiar Instagram o la convertía en su objetivo, crecer sería muy difícil. La tercera era que Instagram se beneficiaría de la infraestructura técnica de Facebook, no solo de los centros de datos, sino también de la gente que ya sabía cómo hacer todas las cosas que Instagram necesitaría en el futuro.

Y la cuarta, y la más importante, era que tanto él como Krieger tendrían independencia.

—Zuckerberg me ha prometido que nos dejará dirigir Instagram como si fuéramos una empresa separada —dijo Systrom.

—¿Y te lo has creído? —replicó Anderson, escéptico; había visto a muchos compradores decir lo que fuera necesario para llegar a un acuerdo y retractarse una vez que todo estaba firmado.

—Sí —contestó Systrom—. Sí, lo creo.

Si lo tenía tan claro, Anderson no iba a interponerse en su camino. Al menos todos creían en las acciones de Facebook. Cohler, que había trabajado en Facebook, les había dicho que dirigían la empresa como si fuera una máquina. Estaba en Suecia de vacaciones, pero no paró de hablar con Zuckerberg, y luego con Systrom, y después con Zuckerberg otra vez, y así durante toda la noche.

De vuelta en Palo Alto, se acordaron todos los detalles a tiempo y Zuckerberg pudo organizar una reunión de amigos en casa para ver el episodio de esa noche de *Juego de tronos.* Systrom no lo vio. Esa misma noche firmó el contrato en el salón de Zuckerberg. Con una *K* y una *S* enormes, mayúsculas y en cursiva en su firma, la parte reservada a Systrom parecía una estrella.

La estructura de la adquisición de Instagram, una empresa comprada pero que no se iba a integrar en Facebook, se convirtió en un precedente importante en el ámbito de las fusiones y adquisiciones tecnológicas, sobre todo a medida que las empresas gigantescas crecían todavía más y las pequeñas, como Instagram, se afanaban por encontrar alternativas a la idea de competir con ellas o morir. Años después, Twitter compró Vine y Periscope, dos aplicaciones que mantuvo separadas y cuyos fundadores siguieron al frente, al menos durante un tiempo. Google compró Nest y la mantuvo separada. Amazon compró Whole Foods y también la mantuvo separada. Y muchos equipos de desarrollo de empresas grandes cortejaban a las startups prometiéndoles «hacerlo como Instagram», pero cambiaban de opinión sobre la idea de garantizar su independencia en cuanto llegaban a la sede de la empresa.

La independencia aparente de Instagram ayudó a Zuckerberg a firmar otros acuerdos, que parecían de entrada imposibles, con los fundadores de otras empresas, sobre todo en 2014, con la aplicación de mensajería instantánea WhatsApp y la empresa de realidad virtual Oculus VR.

Pero, sobre todo, la alianza con Instagram ofreció a Zuckerberg una ventaja indiscutible como competidor. Un ejecutivo de Facebook afirmó después sobre la importancia del acuerdo: «Imagina una realidad alternativa en la que Microsoft compra Apple cuando todavía es una empresa pequeña. Habría sido increíble para Microsoft. Pues eso fue lo que Facebook consiguió con Instagram».

Es una analogía imperfecta. Sin embargo, el desafío de una fusión de esa magnitud no está en el mantenimiento del crecimiento y la longevidad de los productos, sino en lidiar con el ego de sus creadores y con las distintas filosofías de cada empresa. En ese escenario imaginario, ¿se llevaría Microsoft el mérito por haber creado el iPhone? ¿Cuánto tiempo habría durado un creativo excéntrico como Steve Jobs, el fundador de Apple, en un entorno corporativo más burocrático, como el de Microsoft?

Zuckerberg no sabía cómo saldrían las cosas a largo plazo, pero sus motivaciones están detalladas en el librito naranja que se les entrega a los nuevos empleados todos los lunes durante las reuniones de orientación. En una de las últimas páginas hay unas cuantas frases impresas en letra azul claro sobre fondo azul oscuro que explican el liderazgo paranoico de Zuckerberg: «Mejor crear nosotros aquello que podría acabar con Facebook a que lo hagan otros. Internet no es un lugar acogedor. Si algo no resulta relevante ni siquiera puede permitirse el lujo de dejar huella. Desaparece».

La pregunta que le hicieron a Systrom seis años más tarde fue si Zuckerberg consideraba Instagram como parte de ese «nosotros» o como parte de ese «otros».

La mañana después de que Systrom firmara el contrato, Dorsey iba de camino a su trabajo, en Square, la empresa de pagos a través del móvil de la que era cofundador. Pese a ser millonario, le gustaba desplazarse en transporte público para disfrutar del ambiente de San Francisco. Esa mañana se percató de que tendría el autobús de la línea 1 todo para él. «Un pequeño placer matinal: el autobús vacío», escribió en Instagram con una foto de los asientos marrones y beis vacíos en la que ni siquiera se veía al conductor.

Hasta entonces publicaba una vez al día, a veces dos, cuando se sentía inspirado, sobre Square, los atardeceres, el café o los viajes en avión. Aunque habían rechazado la oferta de Twitter poco antes, Dorsey estaba más que motivado para contribuir al éxito de la aplicación después de haber ayudado a entrar en la última ronda de financiación a un par de amigos inversores.

Cuando llegó a la sede central de Square, uno de sus empleados le preguntó si había oído las noticias: Facebook había comprado Instagram.

Dorsey tenía que confirmar que era cierto. Sacó el móvil para buscarlo en Google y encontró la publicación de Zuckerberg en Facebook. Antes de que pudiera asimilar lo traicionado que se sentía, lo llamaron por teléfono. Era Aviv Nevo, un buen amigo de ascendencia israelí que invertía en tecnología y a quien le había aconsejado que invirtiera en Instagram a través de Thrive Capital.

—No sé qué ha pasado —dijo Nevo—. Acabo de invertir en Instagram después de ver una tasación de quinientos millones de dólares y ahora descubro que la han comprado por mil millones. ¿Qué significa eso?

—Bueno, a ver, significa que acabas de doblar tu inversión en solo dos días —le contestó Dorsey, hablando muy despacio para disimular su asombro—. Creo que es uno de los mejores resultados que podías esperar.

En teoría, él también sería más rico, pues era uno de los primeros inversores de Instagram, pero lo único que sentía era tristeza. No podía evitar pensar en Systrom. Después de todos los consejos y el apoyo que le había dado creyendo que eran amigos… ¿Por qué no lo había llamado, aunque solo fuera de empresario a empresario? Siempre le había dicho que la puerta de Twitter estaba abierta. Siempre le había dicho que el precio era negociable. Systrom, que siempre alababa el arte y la creatividad, ¿ahora resultaba que le gustaba más el estilo de Facebook, que aspiraba a dominar el mundo?

A medida que pasaba el tiempo sin recibir explicación alguna por parte de Systrom, Dorsey pasó de sentirse dolido a enfadarse. Comprendió que Systrom nunca estuvo interesado en venderle la empresa a Twitter. Habían jugado con ellos. Dorsey desinstaló la aplicación de Instagram y no volvió a publicar nunca más.

A eso del mediodía y unos cuantos edificios más allá, un grupo de trabajadores de Instagram salió de las oficinas por la puerta de atrás y atravesó un callejón para evitar a la prensa. Se subieron a un autobús que los llevaría a la sede central de Facebook, a unos cincuenta kilómetros de allí, en el número 1 de Hacker Way, Menlo Park.

Los edificios conformaban una isla propia, delimitados a un lado por una autopista de ocho carriles y al otro por las marismas de la bahía de San Francisco. En la sede central, identificada con un puño enorme con el pulgar hacia arriba —icono de «me gusta»—, había tal tráfico de empleados que un ejército de aparcacoches y guardias de seguridad se ocupaban de dirigirlos y poner orden. La temperatura era más alta que en San Francisco, así que todos se quitaron la chaqueta al bajar. Antes de que pudieran ver cómo era por dentro, tuvieron que identificarse en el mostrador de seguridad. Allí les imprimieron unas tarjetas nominativas que deberían llevar visibles todo el tiempo.

Mientras caminaban por el pasillo enmoquetado junto a hileras e hileras de mesas en el edificio 16, los empleados de Facebook se percataron de quiénes eran. Uno de ellos se levantó y empezó a aplaudir, y todos los demás lo siguieron. El equipo de Instagram, que ya se sentía abrumado, empezó a sentirse incómodo.

La reunión tendría lugar en «la pecera», como llamaba Zuckerberg a la sala de reuniones, donde todo el mundo se enteraba de lo que pasaba dentro porque las paredes eran de cristal. Los trabajadores de Instagram se acomodaron en el interior, unos en sillas y otros en un pequeño sofá. «Eso son mil millones de dólares. Hay mil millones de dólares ahí dentro», pensaban los empleados de Facebook que pasaban por allí. El grupo de Instagram parecía asustado.

Para la mayoría de ellos era la primera vez que veían a Zuckerberg en persona, y descubrieron que era mucho más simpático que la caricatura de personaje despiadado e inepto social que ofreció de él la película de 2010 *La red social*. Zuckerberg les regaló una versión más personal de lo que había escrito en Facebook y les dijo que Instagram había creado algo importante que él no pensaba tocar. También les dijo que quería darles la bienvenida a la empresa. Ese día, Zuckerberg colgó una foto de Beast en Instagram. Era la primera vez que publicaba algo en la aplicación desde hacía casi un año.

Sus palabras los tranquilizaron un poco, pero no se abordaron detalles concretos. Los trabajadores de Instagram no sabían cuándo pasarían a formar parte oficialmente de Facebook, cómo sería trabajar juntos ni si sacarían dinero del acuerdo.

Tampoco sabían si trabajarían en ese complejo. En el centro del círculo de edificios que componían Facebook había un espacio abierto con árboles, hormigón, mesas de merendero y tiendas. Había un restaurante de sushi, un centro recreativo, una cafetería Philz Coffee e incluso un banco. Justo en medio se emplazaba Hacker Square, donde Zuckerberg se reunía con los trabajadores todos los viernes para sus sesiones de preguntas y respuestas. Según les explicaron, se habían inspirado en la Main Street USA de Disneylandia para diseñar la zona.

Después de la visita guiada, tenían un hambre atroz. Se subieron de nuevo en el autobús, que hizo un trayecto de un cuarto de hora para llevarlos al centro de Palo Alto, un lugar que Systrom y Krieger conocían bien de su época de estudiantes en la Universidad de Stanford. Como eran muchos, acabaron en el lugar menos «instagrameable» posible: un local de la cadena de restaurantes Cheescake Factory con una mezcla de decoración victoriana, egipcia y romana, y una carta tan extensa que tenía veintiuna páginas.

Los titulares de la prensa se imaginaron cómo estaba siendo su día solo por la cifra de la venta.

«Los trece trabajadores de Instagram, la red social para publicar fotos, están hoy de celebración tras haberse convertido en multimillonarios», decía el *Daily Mail*.[9]

«Instagram vale 77 millones por trabajador», afirmaba *The Atlantic*.[10]

Business Insider publicó una lista con los nombres de todos los trabajadores que encontró,[11] con fotos e información que habían desenterrado de internet sobre las universidades en las que habían estudiado y las empresas para las que habían trabajado. Los miembros del equipo no paraban de recibir llamadas y comentarios en Facebook, de amigos y familiares, felicitándolos por haber pegado el pelotazo.

Pero ¿de verdad era un pelotazo? Hasta al cabo de un par de semanas no tendrían respuestas a sus dudas en cuanto al dinero.

4

Verano en el limbo

«Escribo para solicitarle a la Comisión que abra una investigación inmediata que esclarezca si Facebook ha violado las leyes antimonopolio... En retrospectiva, está claro que, al aprobar la compra, la Comisión ha permitido a Facebook devorar a su rival más importante en el mercado de las redes sociales.»[1]

David Cicilline, congresista de Estados Unidos,
en una carta enviada en 2019 a la Comisión Federal de Comercio
sobre la compra de Instagram

Todas las dudas existenciales —sobre quién iba a convertirse en millonario o cómo iba a cambiar su vida al trabajar para Facebook— quedaron en suspenso durante el fin de semana que el equipo pasó en Las Vegas para celebrar el momento. Kevin Systrom solo impuso una regla: no usar Instagram. Mike Krieger y él no querían que la prensa se hiciera eco del viaje porque no querían que en Facebook pensaran que habían dejado de ponerle empeño al trabajo. Habían ido a Las Vegas para relajarse.

Todos los trabajadores viajaban con los gastos pagados, bien por la propia empresa o a través de los contactos de Systrom. Uno de sus amigos más íntimos, el inversor de riesgo Joshua Kushner, consiguió que su empresa, Thrive Capital, participara en la última ronda de financiación. Y, al igual que los demás, había doblado la cantidad invertida en tiempo récord a la par que se hacía un nombre en el proceso. De manera que Kushner le pidió a su cuñada, Ivanka Trump, que se asegurara de que los trabajadores se lo pasaran bien. Todos se alojaron en las suites del hotel Trump International, con sus ventanas doradas, y recibieron una tarjeta de felicitación escrita en persona por la heredera.

Una noche que salieron a cenar al restaurante del hotel Wynn, Systrom les dijo que podían pedir lo que quisieran, que él invitaba, así que pidieron caviar y cócteles. El DJ canadiense Joel Thomas Zimmerman, más conocido como Deadmau5, iba a pinchar esa noche en un club cercano y, al pasar junto a su mesa, reconoció a Systrom de las noticias, pese a los intentos del grupo por cenar de incógnito. El DJ los felicitó por la venta y lamentó no haber podido usar el nombre de usuario que le habría gustado. Jessica Zollman se lo cambió a @deadmau5 allí mismo, sin levantarse de la mesa.

Uno de los socios de Kushner/Trump era el encargado de atender al grupo ese fin de semana. Los acompañó a un club en el que entraron sin necesidad de hacer cola. Por las botellas con las que los camareros llenaban las copas asomaban bengalas encendidas.

—Esto no es muy discreto que digamos —dijo Krieger.

—Hacen lo mismo en todas las mesas —lo tranquilizó un compañero.

No habían pasado ni cinco minutos cuando los camareros empezaron a entregar camisetas en las que ponía: MIL MILLONES DE RAZONES PARA SONREÍR, junto con el logo de Instagram y gafas de sol de marca. A la penumbra del club, Systrom se apresuró a guardarlo todo, pero la siguiente sorpresa era todavía más obvia, una tarta adornada con MIL MILLONES $ en letras de glaseado.

Por suerte, nadie hizo fotos. Pero muchos se rieron.

El viaje reforzó el estrecho vínculo que se había establecido entre ellos durante las intensas semanas y meses que precedieron a la venta. Hubo una noche en la que pasaron tanto frío mientras trabajaban que acabaron poniéndose las camisetas que les había enviado Snoop Dogg con su marca. O aquella vez que se hicieron ferrotipos de su retrato. O la vez que, sin querer, dejaron encerrado a Shayne Swee-

ney en el edificio y activaron la alarma. Eran un grupo de veinteañeros raritos que intentaban sobrevivir juntos, todos superfans del
producto que estaban creando.

Pero aquello era un entorno laboral, no eran un grupo de amigos.
Y las cosas empezaban a complicarse mucho.

Cuando regresaron de Las Vegas, las primeras noticias procedentes de Facebook fueron que no podrían ayudarlos con recursos
ni con infraestructura hasta que las autoridades aprobaran la adquisición, un proceso que podía prolongarse durante meses, según los
abogados de Facebook. El Gobierno de Estados Unidos y la Unión
Europea estaban investigando si la compra de Instagram por parte
de Facebook infringía las leyes antimonopolio. Hasta que dictaran
su resolución, Instagram no podría trasladarse a las oficinas centrales de Facebook ni contratar más personal, de manera que seguirían
hasta arriba de trabajo.

Las segundas noticias fueron de índole personal. La mayoría de
los trabajadores no iban a ser ricos.

Un par de semanas después de cerrar el trato, un representante
de Facebook llegó a la oficina de Instagram en South Park y se reunió con Systrom y Krieger para ofrecerles contratos nuevos. Sueldos
nuevos y nuevas opciones sobre acciones y bonificaciones en efectivo si seguían trabajando para Facebook pasado un año. Todos
fueron entrando de uno en uno en la sala de reuniones y algunos
salieron con muy mala cara.

Era frecuente que en Silicon Valley se aceptaran salarios bajos
para trabajar en una startup como Instagram, que ofrecía la posibilidad de una participación accionarial, comprar acciones a un precio
muy bajo más adelante. Este tipo de opciones estaban restringidas
en función del tiempo. Normalmente, a modo de incentivo, cada
año que se pasaba en la empresa se accedía a un cuarto de la cifra
total ofrecida a la firma del contrato. Si un empleado elegía una empresa que tuviera éxito, ese trocito de la tarta que había adquirido
podía suponer una fuente de riqueza que le cambiara la vida, como
ganar la lotería.

Instagram era la aplicación móvil que más cara se había adquirido en la historia; la mejor empresa que podían haber elegido para

hacerse con acciones. Pero si los trabajadores de Instagram aceptaban la oferta laboral de Facebook, la compañía cancelaría sus participaciones salariales en Instagram y, en su lugar, les ofrecería un número limitado de acciones de Facebook. Empezarían de cero, como si no llevaran meses trabajando.

Solo tres trabajadores llevaban en Instagram el tiempo suficiente como para tener la opción de comprar un cuarto de las acciones que les correspondían por contrato y convertirlas en acciones de Facebook por un precio módico. Los demás no sacarían nada de momento.

Como Facebook estaba a punto de salir a bolsa, esos tres trabajadores tenían que tomar una decisión lo antes posible. Uno de ellos no podía permitirse comprar sus acciones de Instagram para convertirlas en acciones de Facebook. Debido a la cifra con la que se había cerrado el trato, debería haber solicitado un préstamo de 300.000 dólares para poder hacerlo. Su abogado les dijo que no valía la pena correr el riesgo y que Facebook no era una inversión segura para un veinteañero. Nadie sabía si la empresa iba a funcionar bien en bolsa. (Las acciones de Facebook han multiplicado su valor por diez desde que Instagram se unió a la empresa, lo que significa que las acciones de dicho empleado hoy tendrían un valor de 3 millones de dólares.)

Systrom y Krieger, por el contrario, fueron recompensados con sumas de esas que cambian la vida. Krieger poseía el 10 por ciento, y Systrom, el 40 por ciento, de manera que las cifras estimadas eran de 100 y 400 millones de dólares, respectivamente, según el precio acordado. Systrom estaba orgulloso. Les contó a sus amigos que el día después de la firma del acuerdo compró en una tienda del barrio cinco ejemplares del *New York Times* y que le hizo gracia que el cajero no se diera cuenta de que era el tío de la foto de la primera página.

Systrom y Krieger empezaron a explorar la mejor manera de gastarse su recién adquirida fortuna, y el grupo, muy unido, se percató de ello. Krieger planeaba hacer una donación filantrópica y estaba investigando dónde y cuándo era mejor hacerla, al tiempo que se informaba sobre el coleccionismo de arte moderno. Systrom empezó a buscar casa e invirtió en Blue Bottle Coffee. De vez en cuando, llegaban a la oficina paquetes a nombre de Systrom de compras que había hecho por internet. Los empleados se percataron de que tenía un coche nuevo, un Rolex flamante y esquís nuevos. El dinero por fin le había abierto la posibilidad de disfrutar de lo mejor, de la versión más refinada de lo que siempre había deseado, como si su vida fuera una continua publicación de Instagram.

Jessica Zollman, la entusiasta promotora de Instagram, le pidió explicaciones acerca de esa disparidad. Él le dijo que las condiciones de los empleados no eran negociables y que ya estaba todo acordado de antemano con Facebook. Intentó que se sintiera mejor diciéndole que le había preguntado a Mark Zuckerberg si Dagger, el perro pomerania que tenía Zollman, podría acompañarlos a las oficinas de Facebook cuando se trasladaran. Por desgracia, Zuckerberg le contestó que los perros estaban prohibidos en Facebook. Zollman, que siempre llevaba su perro al trabajo, comprendió que, además de los cambios en las condiciones, iba a tener que pagar a alguien para que sacara a pasear a Dagger.

Frustrada, Zollman y unos cuantos se tomaron unos días de descanso en Santa Mónica sin los fundadores para olvidarse de todo, pero en vez de eso se descubrieron inmersos en una especie de terapia de grupo. «Si Kevin nos hubiera dado un millón a cada uno, no tendríamos que vivir de alquiler. Podríamos haber invertido en alguna startup o fundar una», se decían. Les preguntaron a sus amigos y descubrieron que no era inusual que los fundadores de una startup distribuyeran entre sus trabajadores cantidades que les cambiaban la vida después de cerrar un acuerdo jugoso.

En el trato que Instagram había cerrado con Facebook, los fundadores solo podían asegurar a los trabajadores cierta adjudicación de acciones, pero, en su opinión, la cifra que conseguían los veteranos no tenía por qué ir en detrimento de las condiciones de los más nuevos. Podrían haber evitado toda esa amargura si les hubieran ofrecido dinero de sus propias ganancias; pero, al parecer, pensaban que los trabajadores que llevaban menos tiempo en la empresa no tenían derecho a tanto. No era una situación como la de Gowalla, que tanto Tim Van Damme como Philip McAllister habían vivido en sus propias carnes durante el invierno; en este caso, todos los trabajadores conseguían un puesto en Facebook con el salario habitual de la empresa y todos recibirían una bonificación de 10.000 dólares, y más si continuaban en la empresa pasado un año. (Cuando el acuerdo se aprobó por fin, algunos trabajadores, entre ellos Zollman y Van Damme, no se quedaron en Facebook el tiempo suficiente para conseguir la bonificación. Otros, como Amy Cole, McAllister y Dan Toffey, siguen en la empresa mientras escribo estas líneas.)

Instagram se hacía mayor en un ámbito empresarial que reverenciaba y encumbraba a los fundadores por encima de todo lo demás. En el acuerdo negociado con Facebook, Systrom y Krieger son los dos únicos del equipo descritos como «trabajadores claves». La magia por la que Facebook estaba pagando era suya.

Ese fue solo el comienzo del limbo en el que Instagram estuvo flotando durante el verano. A lo largo de las siguientes semanas, Facebook acaparó todos los titulares a todas horas. El gigante de las redes sociales estaba a punto de salir a bolsa, y a la gente le llamó la atención ver a Zuckerberg en una reunión con banqueros trajeados de Wall Street ataviado con su habitual sudadera de cremallera, la típica imagen arrogante propia de Silicon Valley. La empresa salió a bolsa con un precio por acción de 38 dólares el 18 de mayo, tras una tasación de más de 100.000 millones, mucho mayor que la de Disney o McDonald's.

Los trabajadores vitorearon cuando Zuckerberg tocó la campana que señalaba el inicio de la sesión del Nasdaq desde la sede central de Facebook, en un debut que estuvo plagado de errores técnicos. Y después, al día siguiente, las acciones empezaron a caer. Los inversores se habían dado cuenta de que la empresa todavía no obtenía ganancias de la publicidad en dispositivos móviles a pesar de que sus usuarios abandonaban los ordenadores de sobremesa para pasar cada vez más tiempo con su smartphone.

Los accionistas iniciaron una demanda colectiva,[2] aduciendo que Facebook había ocultado de forma premeditada el hecho de que sus ventas se ralentizarían. Pocas salidas a bolsa eran tan emocionantes como lo había sido esa, pero Facebook era un producto que usaban 950 millones de personas al mes, y algunas creían en la empresa lo bastante como para comprar acciones. Usuarios de todo el mundo[3] compartían las mismas historias: habían invertido todos sus ahorros en las acciones de la empresa y habían tenido que vender poco después por las pérdidas que estaban sufriendo. Esas eran las acciones con las que se había pagado parte de la compra de Instagram, de manera que el valor de dicho acuerdo también estaba disminuyendo. El abogado que se había opuesto al préstamo de 300.000 dólares era muy listo.

El Gobierno de Estados Unidos y la Unión Europea empezaron a investigar si se debía permitir la compra de Instagram. Facebook, que durante la etapa previa a la salida a bolsa había dado la impresión de que acabaría comiéndose el mundo, de repente tenía un futuro incierto. E Instagram, una aplicación que solo tenía dieciocho meses y trece empleados, tampoco parecía estar pasando un buen momento. Sin embargo, las investigaciones se consideraron meros trámites burocráticos más que un motivo de interés público. Nadie imaginó entonces el poder que alcanzaría Facebook ni el que le acabaría otorgando a Instagram.

Las leyes antimonopolio no se crearon para adquisiciones modernas como la de Instagram. Un monopolio tradicional era una empresa que dominaba un sector de tal manera que dañaba a las demás al fijar precios o controlar las cadenas de distribución. Facebook e Instagram no dañaban al consumidor porque sus productos eran gratuitos, siempre y cuando la gente estuviera dispuesta a cederles sus datos. El negocio publicitario de Facebook era relativamente nuevo, sobre todo en los dispositivos móviles; Instagram no tenía un modelo de negocio. Algo se consideraba un monopolio si dañaba a sus competidores, e Instagram tenía muchos. Ni siquiera era la primera empresa que creaba una aplicación de fotografías con filtros para dispositivos móviles.

De manera que la Comisión Federal de Comercio empezó su investigación con una pregunta sencilla. ¿Estaban compitiendo mutuamente Facebook e Instagram? De ser así, y si se permitía la fusión, la competencia disminuiría en el mercado.

En primer lugar, los organismos reguladores necesitaban una descripción clara de lo que Instagram pensaba de Facebook, y viceversa, basándose en los mensajes de correo electrónico internos de cada empresa. Pero, por extraño que parezca, la Comisión no sería quien reuniría dicha documentación. Fueron los abogados de ambas empresas los elegidos para llevar a cabo la labor de encontrar pruebas que demostraran que el acuerdo no debía llevarse a cabo. Las propias empresas pagaban por investigarse a sí mismas.

Los trabajadores pensaron que el Gobierno federal carecía de recursos para llevar a cabo su propia investigación. Se quedaron pasmados al descubrir que ese era el método habitual que el Gobierno de Estados Unidos empleaba para garantizar las autorizaciones. Pese al evidente conflicto de intereses, los abogados tenían un incentivo que garantizaba que harían un buen trabajo: la amenaza de quedarse sin licencia para trabajar si no lo hacían. Los abogados de Instagram, el bufete Orrick, Herrington & Sutcliffe, pidieron a los fundadores y a algunos trabajadores que llevaban más tiempo en la empresa que les entregaran todos sus mensajes de correo electrónico y sus chats. Incluso examinaron el cuaderno de Systrom, página a página, en busca de comentarios que la comisión pudiera considerar problemáticos.

En un momento dado, dieron con un mensaje de texto preocupante: en él hablaban de las carísimas botellas de bourbon que Systrom había regalado a sus trabajadores cuando Instagram superó a Facebook en popularidad. Los abogados de Orrick preguntaron a Shayne Sweeney por su significado. Él les dijo que Facebook era una de las aplicaciones más populares del mundo y que superarlos sería un hito significativo para cualquier startup, no solo para un competidor. Nunca supo si su respuesta fue satisfactoria o no.

El bufete de abogados Fenwick & West era el encargado de investigar a Facebook. Una vez que los abogados entregaron sus hallazgos, la Comisión Federal de Comercio pidió a Systrom y a Zuckerberg que fueran a Washington D. C. para someterse a un interrogatorio. Zuckerberg se negó y eligió hacerlo a través de videoconferencia. Pero Systrom fue y se sometió a un interrogatorio suave llevado a cabo por funcionarios jóvenes, algunos de los cuales no ocultaron su emoción por conocer al director ejecutivo de Instagram. Le hicieron un sinfín de preguntas técnicas sobre el funcionamiento de Instagram, tal vez en un intento por averiguar si Facebook decía la verdad al asegurar que Instagram servía para un propósito totalmente distinto al de Facebook en la vida de los consumidores.

En la documentación entregada a la Comisión para la Libre Competencia del Reino Unido (Office of Fair Trading), Facebook aseguraba que, aunque no era un competidor directo de Instagram, acababa de lanzar una aplicación que copiaba lo que hacía Instagram y que se llamaba Facebook Camera. Otras aplicaciones, como Camera Awesome o Hipstamatic,[4] tenían tres veces más descargas que Facebook Camera, mientras que Instagram se descargaba cuarenta veces más. El argumento colocaba estratégicamente a Facebook en la posición más débil, como si fuera una empresa que trataba de competir en un mercado muy difícil, en vez de ser un gigante con 950 millones de usuarios.

Tal como lo había descrito Facebook, el mercado parecía saturado. Afirmó que había otras muchas aplicaciones como Instagram, entre ellas Path, Flickr, Camera+ y Pixable, de manera que el organismo regulador británico concluyó que permitir la adquisición no afectaría a la libre competencia del mercado. En el informe se puede leer: «No hay razón para creer que Instagram es un firme competidor de Facebook ni como red social ni como proveedor de espacio publicitario».[5]

No entendían que Instagram ya había ganado. Los únicos nombres de esa lista de aplicaciones realmente similares a Instagram, hasta en los filtros y la red social, eran Path, que tenía menos de 3 millones de usuarios,[6] e Hipstamatic, con un máximo de 4 millones de usuarios y que estaba a punto de despedir a seis empleados. PicPlz, la aplicación que tanto Systrom como Krieger querían superar a toda costa después de la inversión de Andreessen Horowitz en 2010, había cerrado en julio de 2012 y ya ni siquiera se mencionaba.

Los organismos reguladores carecían de visión de futuro y se limitaron a examinar el mercado en aquel momento, pasando por alto el potencial que podrían alcanzar Facebook e Instagram al cabo de unos años o incluso de meses.

El valor real de Facebook e Instagram residía en sus efectos como redes sociales, en el impulso que recibían a medida que se les unía más gente. Aunque a alguien le gustara más usar otro competidor de Instagram, como Path, si sus amigos no lo usaban, no duraría mucho. (Path cerró en 2018,[7] después de vender a una empresa surcoreana, Daum Kakao,[8] tres años antes.) Zuckerberg comprendía que lo más difícil de un negocio era crear un nuevo hábito en los usuarios y un grupo en el que todos quisieran pasar el tiempo. Era más fácil comprar Instagram que crearla, porque, una vez que una red social despega, no hay motivos para unirse a una más reducida. Se convierte en parte de la infraestructura de la sociedad.

Por eso Zuckerberg no hacía el menor caso a los titulares que afirmaban que era ridículo haber pagado 1.000 millones de dólares y no le preocupaba que Instagram no tuviera un modelo de negocio. En su opinión, solo se puede intentar obtener beneficios de una aplicación cuando para sus usuarios ya es tan fuerte y valiosa que ni los anuncios ni otras molestias los espantan. Los usuarios de Facebook se sentían cómodos compartiendo datos íntimos en la red social antes de que se les presentara la opción de cuestionar los motivos del sitio web para almacenarlos.

El efecto de la red social fue precisamente por lo que Facebook se recuperó del pánico de sus inversores al descubrir que no obtenían ganancias de las aplicaciones móviles. Facebook tenía millones de usuarios en su aplicación móvil, pero todavía no había puesto en marcha la máquina de hacer dinero. La red social de Instagram también sería lucrativa algún día. Tal como Zuckerberg lo veía, siempre y cuando hubiera usuarios, habría potencial para crear un negocio a su alrededor. Cuantos más usuarios, mejor.

Instagram también era una amenaza para lo que Facebook quería de sus usuarios: que pasaran tiempo en el sitio web. Facebook competía ferozmente con cualquier otra red social que la gente eligiera visitar en un momento libre, cualquiera que le permitiera ver vidas ajenas y publicar sobre la propia. Cuanto más sólida fuera la red social de Instagram, más se convertiría en una alternativa a Facebook para esos vacíos del día a día: en un taxi, en la cola para comprar un café o en un momento de aburrimiento en el trabajo.

Facebook era un maestro a la hora de manipular la verdad de forma estratégica para reducir el escrutinio del Gobierno, y se presentaba como una empresa advenediza y desorganizada cuando no lo era. Sin embargo, la paranoia de la compañía era real. Cualquier producto basado en una red social que creciera rápidamente era una amenaza para el efecto en cadena de Facebook y el tiempo que los usuarios pasaban en su web. Debían, por tanto, impedir que los demás cogieran velocidad.[9] Zuckerberg, al finalizar todas sus reuniones, les transmitía esa máxima a sus empleados con un grito que no podía ser más claro: «¡Dominación!».

Había indicios que presagiaban que Instagram había adquirido características ganadoras. Su crecimiento se aceleraba. En el momento de la adquisición, la empresa tenía 30 millones de usuarios. A mediados de verano, ya tenía más de 50 millones.

La Comisión para la Libre Competencia del Reino Unido no había dicho nada sobre los efectos de la fusión en el ámbito de las redes sociales, lo que indicaba que Facebook no había sido clara a la hora de explicar la lógica que había motivado la adquisición. Sus posturas respecto al crecimiento de Instagram eran opuestas. «Si bien esto deja patente la fuerza del producto de Instagram, también indica que las barreras para el crecimiento son relativamente mínimas y que el "atractivo" de las aplicaciones puede ser pasajero», afirmaba el informe.

Hoy en día, Facebook sigue siendo la red social más usada del mundo, con más 2.800 millones de usuarios reunidos en torno a varias aplicaciones, tanto de redes sociales como de mensajería instantánea, y su principal fuente de crecimiento es Instagram. Los analistas dirían más tarde que haberle dado el visto bueno a la adquisición fue el mayor error cometido por los organismos reguladores en la última década.[10] Hasta Chris Hughes, uno de los cofundadores de Facebook, pediría en 2019 que se liquidara el acuerdo. «El poder de Mark no tiene precedentes y va en contra de los valores estadounidenses», escribió en el *New York Times*.[11]

La investigación que la Comisión Federal de Comercio llevó a cabo en el verano de 2012 se hizo a puerta cerrada y no hubo informes posteriores de conclusiones. Facebook dice que «el proceso fue exhaustivo y completo» y que lo llevó a cabo «personal competente». Cuando la investigación llegó a su fin, los organismos reguladores enviaron una carta tanto a Facebook como a Instagram informándoles de que «en ese momento no eran necesarias más actuaciones». Las cartas incluían la advertencia de que podrían examinar el acuerdo en el futuro:[12] «... si el interés general así lo requiere».

Instagram necesitaba la fusión con Facebook porque Systrom y Krieger no habían sido rápidos a la hora de contratar personal. Eran quisquillosos eligiendo trabajadores que encajaran a la perfección con la filosofía de la empresa, aunque se desvivían tratando de mantener viva la aplicación. Después de rechazar la oferta de Twitter y de recaudar los 50 millones de dólares de inversión de Sequoia Capital, seguían, en palabras de un inversor, «demasiado hambrientos como para comer». Seguramente necesitaban diez veces más empleados de los que tenían para crecer tan rápido como era necesario si querían devolver a los inversores las jugosas ganancias que estos esperaban.

Estaban agotados. Vender fue la forma más sencilla de solucionar el problema. Facebook tenía más de 3.000 trabajadores; entre ellos algunos de los ingenieros más listos del mundo. Una vez que Instagram se uniera a ellos, si la Comisión Federal de Comercio lo permitía, podrían contratar gente internamente. Hasta entonces, no habría descanso. Su inversión en empleados e infraestructuras estaba a la espera de la decisión final en un momento en el que las contrataciones se aceleraban. Como era habitual, el errático ciclo de sueño de Krieger era la señal más evidente del crecimiento de Instagram.

Un viernes por la noche de finales de junio, Krieger estaba en un taxi con la que era su novia desde hacía dos años (su esposa en la actualidad), Caitlyn Trigger, de camino a un restaurante para cenar durante un viaje de fin de semana a Portland, Oregón, algo inusual. Empezó a recibir las ya habituales notificaciones de problemas con la aplicación, pero supuso que Sweeney sería capaz de encargarse de todo con la ayuda de una de las últimas incorporaciones a la empresa, Rick Branson.

Por desgracia, no era un fallo habitual. Se trataba de un fallo generalizado de internet. O, al menos, de la parte de internet controlada por Amazon. Todas las empresas que tenían servidores pertenecientes a la infraestructura de Amazon —entre las que se incluían Pinterest, Netflix e Instagram— sufrieron un «apagón» a causa de una tormenta en la Costa Este.[13] Muchas de esas empresas tenían montones de administradores de sistema para solucionar ese tipo de problemas. Instagram solo contaba con tres, y uno de ellos únicamente llevaba dos semanas en la empresa.

«Debemos dar media vuelta», le dijo Krieger al taxista antes de pedirle perdón a su novia, que ya estaba acostumbrada a esas crisis.

Sweeney recibió la alerta mientras asistía a un partido de béisbol de los Giant de San Francisco con su familia, que estaba de visita en la ciudad. Se disculpó con ellos, abandonó el estadio en la tercera entrada y fue andando hasta la oficina de South Park, que solo estaba a unas cuantas manzanas.

Cuando los servidores se recuperaron, hubo que reescribir el código de Instagram desde cero. Los datos seguían allí, pero los ordenadores necesitaban que les dijeran de nuevo qué debían hacer con ellos. Krieger y Sweeney se pasaron las siguientes treinta y seis horas juntos arreglándolo. Branson los ayudó en la medida de lo posible, pero se sentía un poco inútil porque todavía no estaba familiarizado con el código base.

Era el problema más grave con los servidores que habían sufrido en la historia de la empresa. Instagram era ya lo bastante importante como para que la mencionaran en todos los artículos que abordaban el fallo en el funcionamiento, junto con Pinterest y Netflix. Los demás trabajadores, que no estaban capacitados para ese tipo de labor, apoyaron a sus compañeros llevándoles helado a la oficina. Sweeney se comió varias bolas para aguantar toda la noche, aunque se quedó dormido varias veces sobre el teclado.

Los problemas con la infraestructura no eran los únicos que empezaban a aparecer con asiduidad, hasta el punto de que el reducido equipo se vio incapaz de manejarlos. Instagram acabó lleno de spam. Y de contenido abusivo, algo que el equipo ya no podía eliminar por turnos y que empezaba a convertirse en una pesadilla. Salvo por las frustraciones económicas, la venta a Facebook tal vez les devolviera la vida.

En las declaraciones a los organismos reguladores, Facebook tenía razón en una cosa: el público de Instagram era distinto al de Facebook, que pedía nombres reales. Instagram, al contrario, permitía el anonimato. En Facebook se podían compartir y publicar enlaces; en Instagram, no. En Facebook las amistades eran recíprocas. En Instagram podías seguir a alguien aunque esa persona no te siguiera.

Facebook era como una reunión de antiguos alumnos eterna. Todo el mundo contactaba con sus amistades y se ponía al día sobre las cosas importantes que les habían pasado en la vida desde la última vez que hablaron. Instagram era como una primera cita eterna. Todo el mundo mostraba la mejor versión de su vida.

En Instagram la gente colgaba cosas para conseguir la adoración de su público. Si una imagen era bonita, estaba bien diseñada o resultaba inspiradora, tenía éxito en la aplicación. Así que la gente cambiaba su comportamiento, buscaba cosas que pudieran tener éxito, como comida bien emplatada, moda a pie de calle o viajes. Frases como «outfit del día» (el modelito del día), «food porn» (porno culinario) o «instagrameable» empezaron a formar parte de la jerga a medida que la empresa crecía. Nadie decía «facebookeable». El listón de Instagram estaba más alto.

Systrom, que buscaba cosas bien hechas y experiencias bonitas en su día a día, quería imágenes en Instagram que siguieran subiendo el listón. Pero, tal como él decía, no eran los usuarios los que sufrían la presión, era Instagram. La presión de ofrecer una mejora de calidad instantánea con sus filtros.

También era trabajo de Instagram definirse a sí misma para no depender de las tendencias populares. Instagram tenía una página para las publicaciones más «populares», que era el único sitio en el que el contenido se organizaba por ordenador, de la misma manera que hacía Facebook con sus noticias. «Si entras en las fotos más populares, es bastante obvio que las tetas grandes, los perros y las chicas atractivas siguen moviendo el mundo», dijo Jamie Oliver, un chef famoso al que le encantaba Instagram pese a todo, en una conferencia en 2012.[14] Sin embargo, a los ojos del equipo, Instagram no consistía en eso. Era un mundo de reductos interesantes, creados gracias a los blogs del equipo y a los InstaMeets, y meticulosamente seleccionados a través de la lista de usuarios sugeridos.

Instagram enseñaba y premiaba el estilo narrativo. La aplicación era «más valiosa cuanto mejores eran las historias que se contaban», según Bailey Richardson, el responsable de la lista.

Facebook evitaba que fuera una persona quien eligiera el contenido que aparecía en Últimas noticias, y a Instagram le encantaba elegir favoritos. Todo aquel que elegían conseguía llegar, de forma automática, a un público más numeroso y se convertía en un ciudadano modelo para los demás usuarios de la aplicación, de manera que la elección era algo crítico. En un mundo ideal, la lista de usuarios sugeridos estaría llena de gente como Drew Kelly.

Aquel verano fue cuando descubrieron su cuenta. Instagram estaba desarrollando una herramienta para colocar las fotos de los usuarios en un mapa, una distracción para recuperarse del malestar tras el acuerdo con Facebook, y el equipo advirtió que había alguien que usaba la aplicación en un lugar que no se esperaban en absoluto: Corea del Norte. El dueño de la cuenta era Kelly, un norteamericano que impartía clases en Pyongyang. Kelly vio en Instagram la oportunidad de mostrar una cara distinta del país, más allá del régimen opresor que lo controlaba. Intentaba dejar constancia de las historias de los estudiantes que se enfrentaban a un examen, de gente hablando en las cafeterías y de sus paseos por el mercado local.

«Tenía micrófonos en la habitación, me pincharon el teléfono, vigilaban mi cuenta de Instagram y cualquier conversación que mantuviera con alguien quedaba registrada y se enviaba al ministro de Asuntos Exteriores», recuerda. Sin embargo, lograba publicar a través de la conexión inalámbrica de una universidad que no siempre funcionaba y que, de forma excepcional, le ofrecía contacto con el mundo exterior, ya que representaba dos tercios de la banda ancha del país. En el mundo de Kelly, Instagram era una herramienta para la «microdiplomacia», como él lo denominaba. Un puente para el entendimiento entre personas.

Si Kelly representaba al usuario base, Instagram había subido de nivel y había superado el arte frívolo del café latte para ahondar en cuestiones de importancia mundial, algo que Ev Williams, de Twitter, jamás creyó que sucedería.

Kelly apareció en el blog de Instagram, pero declinó la invitación de figurar en la lista de usuarios sugeridos por temor a las represalias. Conocía bien el poder de dicha lista. El equipo todavía intentaba usar su influencia para el bien, al elevar a fotógrafos, reposteros y artesanos que, en cuanto alcanzaban la popularidad, podían dejar su trabajo y dedicarse a sus pasiones a tiempo completo.

Pero, para su consternación, varias personas que ganaron seguidores gracias a la lista, los primeros que saborearon la fama de Instagram, decidieron sacar tajada.

Liz Eswein, que gestionaba la cuenta @newyorkcity y que a esas alturas casi tenía 200.000 seguidores, contaba con amigos en el mundo de los medios de comunicación y de la publicidad que pagaban para que sus productos aparecieran en revistas con un público menor que el suyo. Mientras seguía recuperándose de la enfermedad de Lyme, intentó sacar dinero ofreciéndoles su cuenta como plataforma para llegar hasta ellos. Nike le pagó una suma simbólica, menos de 100 dólares, por publicar una foto borrosa de Jason Lester, un atleta con discapacidad, con el hashtag #betterworld («un mundo mejor»). Acabó fundando una pequeña empresa de publicidad con otros dos usuarios partiendo de esa idea. Su primer cliente fue Samsung, que les pidió que hicieran fotos para Instagram con el Samsung Galaxy Note y que las publicaran con el hashtag #benotebeworthy (algo así como «si tienes un Note, tienes respeto»). Al cabo de poco tiempo, otros instagrameros con un gran número de seguidores empezaron a seguir su ejemplo.

Al equipo de Instagram no le parecía bien que las cuentas que ellos promocionaban se lucraran de la atención de sus seguidores, menos aún si habían sido elegidos para predicar con el ejemplo. Así que, aquel verano, Instagram redujo la lista de usuarios sugeridos de 200 a 72, en un intento por frenar un poco la actividad de las marcas comerciales. La empresa explicó a los miembros de la lista el porqué de esa decisión a través de un correo electrónico: «Aunque nos emociona que la gente tenga tanto público como para empezar a experimentar con la publicidad, no es el tipo de contenido que queremos que experimenten los nuevos usuarios».[15]

Systrom dijo que se suponía que en Instagram no había cabida para una autopromoción tan obvia. Premiaba la creatividad, el diseño, las experiencias… y la sinceridad. «Creo que lo que la hace tan buena es la sinceridad que ofrecen las fotos», declaró en LeWeb, unas jornadas tecnológicas francesas celebradas en junio de 2012. «Las empresas y las marcas comerciales que usan Instagram, las mejores y las más exitosas, son aquellas que se perciben como honestas y genuinas.»[16]

Su elección de palabras fue contundente: «aquellas que se perciben como honestas y genuinas». Systrom no estaba en contra de que la gente vendiera sus productos en Instagram, solo quería que lo hicieran de manera que sus intereses mercantiles fueran menos obvios.

No quería que Instagram se convirtiera en una ristra de carteles de anunciantes que nadie miraba al pasar. Cuando los usuarios publicaban algo relacionado con una marca comercial, era mejor que lo hicieran como si le estuvieran contando un secreto vital a su público, o mostrando el producto en cuestión junto con otras cosas bonitas, o contando una historia al mismo tiempo.

Años después, los instacelebrities que promocionaban productos en la aplicación no se llamarían «vendedores» ni «famosos promotores de tal marca». Se llamarían «influencers». Parecer genuino era lo más importante, pero ser sincero era más difícil con tanto dinero en juego.

Y Systrom, que ahora era el velador de una revolución visual, al ver que su producto suscitaba cambios en el comportamiento humano en todo el mundo, y tras codearse con famosos y aprender a creer en su propio gusto y su visión personal, iba a tener que luchar por el tipo de red social que quería construir. Y no solo con la nueva clase creativa de Instagram, sino también con Facebook, la empresa más materialista de Silicon Valley.

Jack Dorsey, entretanto, afrontaba el hecho de haber sido, básicamente, el primer influencer de Instagram. A esas alturas, las acciones que poseía de la empresa, manchadas por la traición de Systrom, se habían convertido en algo peor: acciones del enemigo número uno de Twitter.

Antes del acuerdo, todavía era posible que Twitter llegara a ser más grande que Facebook algún día, pero a esas alturas ya no lo tenía tan claro. Formar parte de la junta directiva de Twitter y ser accionista de Facebook lo ponía nervioso, como si engañara a su pareja. Solo necesitaba esperar unos cuantos meses para vender las acciones, debido a las restricciones legales que se les imponían a los accionistas iniciales una vez que una empresa salía a bolsa. Empezó a buscar otras empresas que pudieran llenar lo que en ese momento le parecía un vacío en el servicio que ofrecía Twitter, que necesitaba más contenido visual.

Los líderes de Twitter pensaron que, ya que Instagram iba a formar parte de Facebook, deberían tratarla como si fuera un competidor enorme y no como una startup amenazadora. Así que, a finales de ese verano, empezó a aparecer un mensaje de error en Twitter para los usuarios de Instagram. Ya no podían usar la lista de seguidores de Twitter para encontrar a sus amigos en Instagram. Los programadores de Twitter habían bloqueado el acceso de Instagram a su red.

Twitter confirmó que ya no estaba ayudando a Instagram a crecer. «Somos conscientes de que los datos de seguimiento de Twitter tienen un gran valor añadido y podemos confirmar que a partir de ahora no estarán disponibles para Instagram», dijo la portavoz Carolyn Pender a *Mashable*.[17]

Fue un final agrio para la alianza, pero Systrom no se sintió ofendido. Los directivos de Twitter no tuvieron opción alguna para presentar una contraoferta. Legalmente, y según el acuerdo con Facebook, Systrom no debía ofrecerles dicha oportunidad.

Una vez que los organismos reguladores federales dieron el visto bueno a la adquisición, los únicos que se interponían en el camino eran los reguladores estatales. Durante una ajetreada mañana de miércoles a finales de agosto, un numeroso grupo de hombres trajeados se reunió en una sala rodeada de ventanales en la sexta planta de las oficinas del Departamento de Corporaciones del Estado de California, en San Francisco. Systrom, el más alto, había mejorado su aspecto de directivo con un alfiler de corbata, un detalle mencionado por la prensa a causa del escándalo que causó la indumentaria de Zuckerberg cuando la salida a bolsa de Facebook. Se habían unido las mesas para conformar un rectángulo. En un lado estaban los abogados de Facebook junto con Amin Zoufonoun y, en el otro, los abogados de Instagram con Systrom.

Zuckerberg no estaba presente porque la reunión no se presuponía difícil. Pero era extraña: un interrogatorio público sobre las decisiones que habían tomado a puerta cerrada. Miembros de la prensa y el público podían oír cuanto se dijera a través de la conexión telefónica.

Se denominó «audiencia imparcial», una opción que rara vez se usaba pero que California ofrecía a las empresas con acuerdos sencillos, de manera que pudieran solventar el asunto con la aprobación de los reguladores estatales en vez de recurrir al proceso federal, que era más largo. El Departamento de Corporaciones del Estado de California pretendía interrogar a ambas partes a fin de asegurarse de que el acuerdo sería justo para los diecinueve accionistas de Instagram.

Zoufonoun reconoció que el acuerdo se había fraguado muy deprisa, sin asesores financieros ni bancos de inversión. Pero resaltó que todos los términos se habían negociado largo y tendido. (Tan largo y tendido como fue posible mientras bebían cerveza el fin de semana de Pascua.)

Cuando le llegó el turno a Systrom, bajo juramento empezó definiendo su empresa. Dijo que Instagram «permite a la gente compartir sus fotos de un modo rápido, bonito y creativo en varias plataformas a la vez, entre las que se incluye la propia red social de Instagram». Explicó que, después de sus dos años de existencia, Instagram operaba con unas pérdidas de 2.700 millones de dólares y que tenía 5 millones de dólares en efectivo en el banco, además de 80 millones de usuarios registrados.

—¿Cómo obtiene beneficios Instagram? —le preguntó Rafael Lirag, el portavoz de la Comisión.

—Buena pregunta —respondió él—. Ahora mismo no obtenemos beneficios.

Sin la adquisición, le explicó, seguramente podrían seguir funcionando de forma independiente, aunque no sabía durante cuánto tiempo. Pero con Facebook los accionistas de Instagram tendrían un futuro más seguro.

Lirag insistió en el tema de si a Instagram le iría mejor si fuera independiente o si la adquiriera otra empresa. Las acciones de Facebook cotizaban ese día a 19,19 dólares. ¿Se había imaginado un fracaso semejante, que devaluaba el acuerdo por debajo de los 1.000 millones de dólares?

—En su mayor parte, los mil millones de dólares fueron realmente una invención de la prensa —contestó Systrom. (Por supuesto, no fue así. La cifra apareció en el comentario de Facebook sobre el acuerdo y también fue lo que Systrom les dijo a sus trabajadores.)

—Pero ¿no hubo otras ofertas? —le preguntó Ivan Griswold, un abogado del departamento.

—No, no recibimos ninguna oferta más —respondió Systrom—. A lo largo de la historia de Instagram sí hemos hablado con terceras partes, pero nunca hemos recibido una oferta formal de nadie más.

—Justo antes de que se produjera el acuerdo, ¿recibieron alguna oferta de…?

—Nunca hemos recibido ofertas formales ni cartas de intenciones, no —lo interrumpió Systrom, señalando así que el interrogatorio lo incomodaba. Aunque él no se había tomado en serio la oferta de Twitter, las intenciones de esta de adquirir Instagram sí fueron serias.

Como último paso, los representantes del departamento preguntaron si había alguna duda o preocupación referente al acuerdo, ya fuera entre los presentes o entre aquellos que estaban al teléfono. Si Twitter quería protestar, ese era el momento de hablar o callar para siempre, como en las bodas hollywoodenses. Sin embargo, nadie habló.

—Los términos y condiciones de la transacción propuesta se consideran imparciales, justos y equitativos —concluyó el portavoz.

La audiencia había durado una hora y veintidós minutos. Al cabo de unos diez días laborables, Facebook podría emitir acciones para comprar Instagram y los trabajadores de Instagram se convertirían en trabajadores de Facebook.

Los directivos de Twitter que habían intentado comprar Instagram declararon después de forma anónima, en la página B1 del *New York Times*, que Systrom había cometido perjurio. Pero eso pasó después de que Facebook los cabreara.

La prensa era el único mecanismo que le quedaba a Twitter. La adquisición, que llevaba seis meses superando investigaciones sin conflictos ni demasiadas demoras, debilitó el potencial de Twitter al mismo tiempo que ofrecía a Instagram todas las ventajas de la mayor red social del mundo. Y al final garantizó que la alternativa principal de Facebook fuera un producto que también pertenecía a Facebook.

5
Sé rápido y rompe cosas

«Odio que la gente nos subestime. Odio cuando nos dicen que no vamos a ningún lado; que, como hemos vendido la empresa, todo ha acabado. Viéndolo desde fuera, entiendo ese punto de vista, pero quiero demostrarle a la gente que se equivoca.»[1]

KEVIN SYSTROM, en *The Tim Ferriss Show*, 2019

El lunes siguiente al cierre del acuerdo, los trabajadores de Instagram se subieron a los autobuses de Facebook equipados con wifi como si les pareciera bien el nuevo viaje de una hora al trabajo. Cuando llegaron, les dieron su identificación de empleado y les asignaron una mesa en un espacio nuevo, detrás de una puerta de garaje de cristal con una franja azul.

La nueva sede central de Instagram se encontraba en el centro del complejo de edificios de Facebook, que los trabajadores llamaban «campus», como si siguieran en la universidad. Justo delante de la puerta, la palabra HACK, escrita en el suelo de cemento en letras de color gris enormes, podía leerse desde los aviones que se dirigían al aeropuerto internacional de San Francisco. El equipo de Instagram iba a trabajar muy cerca de los rústicos braseros de exterior y de Sweet Stop, una tienda que ofrecía cupcakes y helados de máquina gratuitos.

Systrom asimilaba el efecto práctico de los términos del acuerdo. Su gente, tan seria, rápida y apasionada, estaba a punto de entrar a formar parte de una empresa gigantesca, con todas las comodidades que eso conllevaba en la época de las guerras de talento que se libraban en Silicon Valley. Todo era gratis: la comida, el transporte de ida y vuelta, las camisetas, las botellas de agua y las fiestas. ¿Y si perdían su motivación? ¿Y si llegaban a la conclusión de que habían dado el pelotazo y dejaban de trabajar con la entrega de antes?

La mayoría de la gente que los veía desde fuera pensaba que la trayectoria de Systrom había llegado a su fin. En Silicon Valley, era normal que los fundadores se relajaran y no dieran palo al agua durante los siguientes cuatro años en la nueva empresa matriz, a la espera de conseguir la plena propiedad de las acciones y hacerse millonarios. Así que le irritaba que le preguntaran constantemente que a qué se dedicaba desde que se cerró el acuerdo. «¿Estáis de coña? Sigo construyendo todo esto», pensaba.

Systrom publicó una foto en Instagram de su todavía reducido equipo de diecisiete personas delante de la puerta del edificio. «¡Primer día de trabajo en las nuevas oficinas! ¡Estamos deseando enseñaros lo que está por llegar!» Esa misma tarde, decidió colgar en Instagram la foto de uno de los braseros de exterior. Eran las seis y media más o menos, pero no había ni un solo trabajador de Facebook por la zona, algo rarísimo. «De vuelta a casa después de un primer día estupendo», comentó con la foto junto al brasero.

Esa semana, como si Facebook quisiera darle más motivos para preocuparse, organizaron una fiesta a mediodía. Celebraban el hecho de haber alcanzado 1.000 millones de usuarios activos en todo el mundo, un hito que ninguna otra red social había alcanzado jamás. Los trabajadores daban buena cuenta del alcohol que corría sin límite; la escena recordaba al colegueo universitario de la primera época de Facebook, cuando se reunían en la casa con piscina de las afueras de Palo Alto donde corría la cerveza.

Algunos de los trabajadores de Instagram, cansados después del agotador verano que habían vivido, decidieron sumarse a la fiesta y volvieron a la oficina un poco achispados. Systrom se quedó pasmado. «Nosotros no hemos alcanzado los mil millones de usuarios», dijo. Había llegado la hora de volver al trabajo.

Systrom y Krieger habían dicho que sí a Facebook para que Instagram pudiera crecer, hacerse más poderosa y más importante. Había una forma muy obvia de conseguirlo: hacer lo que Facebook había hecho. Pero con la promesa de la independencia, querían seguir siendo visionarios y afirmar el papel de Instagram como una startup dentro de una matriz, con una marca comercial y una filosofía de trabajo distintas.

Solo encajarían en su nuevo hogar si aprendían a adherirse a una filosofía de empresa más encaminada a las estadísticas que a los momentos importantes. Facebook quería números, hitos como el de los 1.000 millones de usuarios, para así poder beber de una manguera de los datos de las interacciones humanas aún mayor. Los datos podían ayudar a mejorar el producto de manera que la gente pasara más tiempo con él y generara aún más datos con sus publicaciones y comentarios. Eso permitiría a Facebook dividir a la gente en grupos más pequeños a los que los publicistas querrían vender sus productos.

Los trabajadores de Facebook estaban de celebración en mitad de la semana porque necesitaban animarse. La moral de los empleados iba de la mano del precio de las acciones. Las de Facebook, que habían empezado cotizando a 38 dólares en mayo, habían perdido casi la mitad de su valor en septiembre, y Zuckerberg ya tocaba los tambores de guerra para remediar la situación. Se negaba a valorar productos que no estuvieran específicamente diseñados para dispositivos móviles, solo así la empresa podría ponerse a la altura del resto de la industria, incluidos los advenedizos como Instagram.

El acuerdo con Instagram se aprobó en un momento histórico en cuanto al valor mínimo de las acciones. El precio final que registró Facebook para Instagram en efectivo y en acciones fue de 715 millones de dólares; nada que ver con los 1.000 millones de los que se habían hecho eco los titulares. Sin embargo, esa cifra de 1.000 millones era la razón por la que tanto Systrom como Krieger sentían que habían llegado a la empresa con algo que demostrar.

Percibían el escepticismo. Además de los comentarios públicos de sus amigos y de los medios de comunicación, los empleados de Facebook ponían en tela de juicio la decisión de sus gestores sobre el acuerdo y, cuando pasaban por delante del edificio de sus oficinas, con su puerta de cristal, los miraban como si trataran de entenderlo. Si así era como uno se hacía millonario, decían, a lo mejor deberían dejar de trabajar y limitarse a crear una empresa competidora con la esperanza de que Facebook la comprara.

La hoja de ruta estratégica de Facebook para la segunda mitad del año no incluía nada relacionado con Instagram. Aunque era un producto exclusivo para móvil, no generaba beneficios y no era lo bastante grande, en opinión de Facebook, como para empezar a hacerlo.

También era muy posible que, desde la perspectiva de Facebook, Instagram todavía fuera una amenaza.

Los usuarios de Facebook se habían enganchado a publicar todas y cada una de las fotos de todas y cada una de sus fiestas y vacaciones, y etiquetaban a sus amigos, lo que ocasionaba que todos esos amigos recibieran correos electrónicos y notificaciones en forma de puntitos rojos que los llevaban de vuelta a Facebook. Cada visita era importante para la empresa. Pero, según los análisis de los datos más recientes, Facebook se había dado cuenta de que la publicación de fotos empezaba a mostrar señales de declive, y tal vez Instagram fuera la culpable.

Gregor Hochmuth, el ingeniero de Instagram, recibió una invitación para un almuerzo de trabajo con el equipo de Facebook Camera, el grupo que, por extraño que pareciera, había lanzado la aplicación que imitaba a Instagram un mes después de la adquisición de Instagram. «Nuestro trabajo era acabar con vosotros, chicos», dijeron a Hochmuth mientras almorzaban. En aquel momento, Facebook no tenía la certeza de que el acuerdo se llevara a cabo. Y Hochmuth no estaba seguro de cómo debía interpretar el tono del comentario ni de cómo debía sentirse teniéndolos como colegas.

Poco tiempo después, los empleados de Instagram recibieron una invitación para reunirse con las estrellas del equipo de crecimiento de Facebook. Su mensaje fue bien claro: Instagram no recibiría ayuda alguna para aumentar el número de usuarios hasta que pudieran determinar, mediante el análisis de datos, que el producto no competía con Facebook.

El equipo de crecimiento de Facebook se reunió en torno a la rudimentaria analítica de Hochmuth para intentar comprender qué tipo de gente se registraba en Instagram y si el hecho de tener la aplicación significaba que publicaban menos fotos en Facebook. Instagram solo llevaba unos cuantos días bajo la sombra de Facebook y esta ya estaba dispuesta a dejarlos languidecer hasta morir si encontraba el menor indicio de que eran una amenaza para su producto principal.

Al final, el análisis del equipo arrojó datos poco concluyentes e Instagram consiguió la ayuda del experimentado equipo de crecimiento. Semejante tortura les pareció un poco exagerada, teniendo en cuenta que Instagram solo poseía 80 millones de usuarios, mientras que Facebook tenía 1.000 millones. Sin embargo, también fue una lección sobre cómo había sido posible que Facebook alcanzara el éxito.

El objetivo final de Facebook era «conectar el mundo» a través de una red social. El lenguaje que empleaban para venderse era muy noble, como que el negocio de Facebook era facilitar la empatía humana. En la práctica, solo había un objetivo: lograr que el mayor número posible de personas usara Facebook el mayor tiempo posible. Todas las actividades de la empresa —decidir qué herramientas nuevas crear, cómo diseñarlas, dónde colocarlas en la aplicación, cómo promocionarlas para el usuario, etc.— se fundamentaban en una obsesión ciega por el crecimiento, que a los trabajadores se les presentaba como una misión moral.

Mientras Instagram intentaba ofrecer intereses nuevos a los usuarios, Facebook usaba los datos para averiguar con exactitud lo que la gente quería para después ofrecérselo. Lo que extraían del análisis de la actividad de sus usuarios podía usarse para cuantificar sus «me gusta» o «no me gusta» y después ajustarse a las conclusiones obtenidas.

Facebook catalogaba de forma automática todas las acciones de los usuarios, por pequeñas que fueran, no solo sus comentarios y sus clics, sino también las palabras que tecleaban y no enviaban, las publicaciones en las que se detenían sin llegar a pulsar en los enlaces, y los nombres de las personas que buscaban pero a las que no les ofrecían su amistad. Podían usar esos datos para descubrir, por ejemplo, quiénes eran tus mejores amigos y definir la intensidad de la relación con un cambio constante del 0 al 1 que ellos llamaban «coeficiente de amistad». Las personas que obtenían una puntuación más cercana al 1 siempre aparecían en la parte alta de tu muro.

Facebook buscaba la personalización, y no solo para ordenar las noticias en tu muro, sino también para mostrarte publicidad. Una empresa podía publicitar a medida un producto para los amantes de los gatos que vivían en Toronto y tenían estudios universitarios y vender el mismo producto con un mensaje distinto a los trabajadores de Vancouver, amantes de los perros y sin educación universitaria. Era una revolución en el mundo de las empresas de publicidad, porque aquellos que se anunciaban en la televisión no sabían realmente a quiénes llegaban.

Sin embargo, para obtener esos datos, Facebook tenía que crecer. Necesitaban crecer no solo en número de usuarios, sino también en lo referente al tiempo que esos usuarios pasaban en la aplicación, con todas esas pequeñas acciones que se iban añadiendo a los datos ya almacenados sobre lo que quería la gente tanto en su muro como en sus anuncios y en el producto de Facebook en sí. Cuanta más gente se registrara y más contenido generara, más espacio habría en el muro personal para que las marcas comerciales se anunciaran.

El equipo de crecimiento, liderado por Javier Oliván, también era capaz de detectar, diagnosticar y solucionar problemas con gran rapidez. Tanto él como su equipo seguían el comportamiento de los usuarios en monitores gigantescos, con gráficas segmentadas en tipo de actividad, país, dispositivo y otras variables. Si algo salía mal, como que el crecimiento sufriera un parón repentino en Francia, por ejemplo, alguien investigaba las causas y descubría que el exportador de contactos de un sistema de correo electrónico muy popular en Francia fallaba. Una vez que lo solucionaban, seguían con el siguiente tropezón y, después, con el siguiente.

Todos los trabajadores de Facebook tenían acceso al código base y podían hacer cambios en el producto sin demasiada supervisión. Lo único que debían demostrar era que su cambio había provocado una mejora, por pequeña que fuera, en algún dato cuantificable, como el tiempo que la gente pasaba en la aplicación. Eso permitía a los desarrolladores y a los diseñadores trabajar mucho más rápido, porque había menos debate sobre qué debían crear y si debían hacerlo. Todos sabían que su próximo ascenso dependía de si habían logrado aumentar el crecimiento y la participación. No se les pedía mucho más.

Las amenazas y las oportunidades para el producto se evaluaban con la misma profundidad de análisis que todo lo demás. Facebook tenía acceso a los datos que registraban la frecuencia con la que la gente usaba distintas aplicaciones en su smartphone. Esos datos actuaban como un sistema de alarma temprana que advertía del crecimiento de un posible competidor. Si había la menor oportunidad de que Facebook creara su propia versión de dicha aplicación que pudiera llegar en última instancia a más gente, lo intentaría de inmediato. Si no funcionaba, para eso estaban las adquisiciones, como la de Instagram.

Unos cuantos años más tarde, a medida que el poder de Facebook aumentaba, sus tácticas para detectar y paralizar a sus competidores serían objeto de un intenso escrutinio. Se les acusaría de que, con la estrategia de darle a la gente lo que quería, habían provocado al mundo una adicción a lo digital equivalente a la de la comida basura en el mundo real. Su recopilación de datos extendería el pánico por la falta de privacidad. Pero en aquel momento, con el valor de las acciones en mínimos en una época anterior al escarnio público, Facebook estaba totalmente concentrada en demostrar que era capaz de crear un negocio viable a largo plazo, incluso en los móviles, dándoles así en las narices a todos sus detractores.

«Solo llevamos un 1 por ciento del viaje», decían los carteles repartidos por el campus.

«Lo más arriesgado es no arriesgarse.»

«Hecho es mejor que Perfecto.»

«Muévete rápido y rompe cosas.»

Los trabajadores no acostumbraban a cuestionar esos mensajes porque les ofrecían una claridad reconfortante de lo que era el éxito, resumido en el librito que repartían a los empleados en las sesiones de orientación. «Sería muy fácil dejarnos llevar por la autocomplacencia y pensar que hemos ganado cada vez que subimos a un nivel nuevo, pero de esa manera lo único que hacemos es disminuir la probabilidad de alcanzar el siguiente nivel», escribió Zuckerberg en un correo electrónico en 2009, una reflexión que quedó inmortalizada en el manual. Facebook era siempre el competidor más débil, independientemente de lo grande que se hiciera.

El equipo de Instagram era demasiado pequeño como para haber codificado sus valores, pero de momento, enfrentados a la filosofía de Facebook, tenían claro lo que no eran. Ellos querían considerar las cosas con detenimiento y diseñarlas bien antes de ofrecérselas a la gente. Trabajaban con seres humanos, no con números. Eran artistas, fotógrafos y diseñadores, no DAU, las siglas en inglés de «usuarios activos diarios», como los denominaba Facebook. No querían limitar a la gente a los «me gusta» o «no me gusta», sino presentarles cosas que no habían visto antes.

De todas formas, había llegado el momento de que Instagram manejara unas estadísticas claras. El equipo de crecimiento de Facebook les dijo que no fueran inocentes, que algún día el crecimiento de Instagram se ralentizaría y tendrían que comprender qué elemento concreto de la aplicación atraía a sus usuarios para invitarlos a pasar más tiempo en ella y qué barreras evitaban que lo hicieran. «Ya nos daréis las gracias después», les dijeron los gurús del equipo de crecimiento.

Sin embargo, les parecía una amenaza remota. La aplicación de Instagram seguía atrayendo usuarios tan rápido que los trabajadores apenas alcanzaban a mantenerla en funcionamiento. Les dijeron que la receta de Facebook para crecer —enviar notificaciones y recordatorios por correo electrónico, facilitar el proceso de registro, entender los datos, reforzar las defensas, etc.— era lo más importante que debían aprender si querían que la aplicación fuera realmente relevante algún día. Y también era lo que, mal implementado, podía aniquilar por completo las buenas vibraciones que Instagram había logrado crear entre su comunidad.

Los usuarios de Facebook ya estaban acostumbrados a que la empresa no respetara los límites de la privacidad y del bienestar para conseguir que su producto siguiera compartiéndose y a que después pidiera perdón cuando la estrategia no funcionaba. Uno de los primeros ejemplos fue cuando, en 2006, la empresa, de un día para otro y sin previo aviso, trasladó las publicaciones privadas de los muros personales a un muro «público», lo que ocasionó la indignación inmediata de los usuarios, que acabaron calmándose a medida que se enganchaban a la nueva característica.

A lo largo de los años, Facebook ha aprendido que a la gente le enfada que invadan su intimidad y después se olvida, porque, en el fondo, le gusta lo que ve. Al fin y al cabo, están recibiendo exactamente lo que Facebook ha descubierto que quieren ver según su comportamiento previo. Lo normal es que todos se calmen. Y si no lo hacen, Facebook se retracta de su decisión o ingenia una nueva versión del producto que no indigne tanto a los usuarios. «Lo más arriesgado es no arriesgarse.» La única consecuencia real, hasta la fecha, ha sido un acuerdo con la Comisión Federal de Comercio de Estados Unidos según el cual la empresa debe contar con la autorización expresa del usuario antes de recopilar datos nuevos.

Los trabajadores de Instagram no querían ligar su marca comercial a la de Facebook, pero carecían de una forma de explicar el valor de su buena reputación con cifras que Facebook entendiera. A cambio, la exquisita sensibilidad de Instagram era objeto de escarnio en Facebook. Se lo tenían muy creído... y la actitud de Systrom no ayudaba.

Unas semanas después de que el acuerdo se confirmara, Systrom asistió junto con un grupo de altos directivos de Facebook a una reunión con algunos de los asesores más importantes de la empresa en Evvia Estiatorio, un restaurante griego emplazado en Palo Alto. Antes de que la reunión empezara, se encontró con Andrew Bosworth, el vicepresidente de publicidad, un hombre calvo y muy alto que era uno de los lugartenientes de Zuckerberg, conocido por no tener pelos en la lengua. Bosworth llevaba una camiseta que decía KEEP CALM AND HACK ON (algo así como «Mantén la calma y hackea»).

—Me gusta tu camiseta —le dijo Systrom.

—Gracias, la conseguí en un hackatón en Londres —comentó Bosworth, al que todos llamaban Boz.

—Ah, había leído «Rock On». Ya no me gusta esa camiseta —repuso Systrom. Los hackers no le gustaban.

—Lo que tú digas, pero por lo menos es de mi talla —dijo Boz. Systrom llevaba una camisa que parecía demasiado ceñida.

—Esta camisa cuesta más que tu coche —le soltó Systrom, dispuesto para pelear en defensa de la moda como arte antes de que los testigos los arrastraran al salón donde se celebraría la reunión.

Boz puso los ojos en blanco y pensó que Systrom era arrogante o inseguro, o las dos cosas. La camisa era de Gant, una marca para yupis. Boz conducía un Honda Accord que tenía diez años.

El poder que Systrom y Krieger tenían en Facebook no estaba claro. Llegaron con una categoría media entre los trabajadores, director de producto e ingeniero, respectivamente. Systrom estaba a las órdenes de Mike Schroepfer, al que acababan de nombrar responsable del área tecnológica, pero fue Dan Rose quien se encargó de gestionar su transición como responsable de la integración en Facebook. Ninguno exigió mucho a Instagram, por mandato de Zuckerberg, que había dicho a todo el mundo que no molestaran al equipillo y los dejaran hacer lo que mejor hacían.

Pero Zuckerberg tenía sus propias opiniones. Además de ordenarle al equipo de crecimiento que investigara hasta qué punto Instagram era peligroso para la herramienta de compartir fotos en Facebook, lo primero que pidió a Instagram fue que permitieran a los usuarios etiquetar a otras personas en las fotos.

En Facebook, las solicitudes de producto se clasificaban por prioridad, donde el 1 y el 0 eran la máxima prioridad. Lo único que estaba por encima de ese nivel, y que precedía a cualquier otra cosa pendiente en la hoja de ruta, era la llamada coloquialmente «Zuck-Pri», es decir, cualquier cosa de la que Zuckerberg estaba haciendo seguimiento. Etiquetar las fotos en Instagram era una ZuckPri. La herramienta había otorgado un gran empuje a Facebook en sus inicios y Zuckerberg estaba seguro de que funcionaría igual de bien para Instagram.

Systrom también quería convertirlo en una prioridad, pero de manera sutil, no como Facebook esperaba que lo hiciesen. A Systrom y Krieger la idea de enviar correos electrónicos a sus usuarios para notificarles que los habían etiquetado en alguna foto los indignaba. No querían enviar ningún tipo de notificación automática. No querían convertirse en un incordio ni abusar de la confianza que la comunidad había depositado en ellos solo por un estímulo temporal. Tampoco consideraban que una mención mereciera una notificación, que generaría una alerta roja en el teléfono de los usuarios que estos se verían obligados a borrar. Si Instagram abusaba de las notificaciones, perderían su significado, razonaban los fundadores.

Ese era el beneficio de ser pequeño. En Facebook, el muro de los usuarios estaba lleno de características que luchaban entre sí. Cada director de producto que trabajaba en un aspecto concreto de la red social —eventos, grupos, solicitudes de amistad, comentarios, etc.— quería que la herramienta de su equipo tuviera la opción de contar con un punto rojo o con una notificación automática, para llevarse el mérito que les correspondiera por haber contribuido al crecimiento y conseguir una buena evaluación. La idea de no añadir una notificación a una función nueva era un concepto desconocido; Facebook premiaba el crecimiento por encima de todo.

Instagram se salió con la suya porque Zuckerberg insistió en que les permitieran pensar de forma independiente. Como resultado, cuando Instagram implementó el etiquetaje de las fotos, la nueva herramienta no redundó en el crecimiento de la aplicación. Sin embargo, su uso siguió siendo una experiencia agradable, si es que eso tenía algún mérito. Y ahora la gente podía ver un registro de las fotos en las que aparecía.

Krieger y Systrom empezaban a entender la fuerza de su posición. Podían aprender todos los trucos de Facebook y analizar los pros y los contras de esas estrategias comparándolas con el éxito o el fracaso que habían supuesto para el propio producto de Facebook. Después, con suerte, podían decidir tomar otro camino si lo creían necesario.

Zuckerberg les había dicho a sus trabajadores que dejaran tranquilo al equipo de Instagram, salvo si necesitaban ayuda. Como era la primera vez que compraba una empresa con la intención de dejarla intacta, no quería fastidiarla imponiendo su criterio más de la cuenta. Estaba esperando a que Instagram se fortaleciera y eso le otorgara resistencia, igual que esperó a que los usuarios se hubieran habituado al producto para añadir publicidad en Facebook.

Claro que Instagram tampoco había formado parte antes de una empresa grande, así que tardaron un poco en entender cómo podían solicitar recursos a Facebook. Como no tenían los suficientes para crear sistemas tan grandes como los de Facebook, se inventaban cosas con un toque más personal. Pero su forma de operar se demostró poco operativa a medida que se registraban millones de usuarios cada mes. Systrom y Krieger no querían notificaciones automáticas innecesarias, pero estaban dispuestos a ceder en calidad en otras áreas para ayudar a que la aplicación creciera más deprisa.

Los recursos de Facebook ayudaron a aliviar la carga de trabajo de algunos empleados, como Jessica Zollman. Ella, que había trabajado con las herramientas de moderación en los primeros tiempos y que estaba familiarizada con las amenazas a los usuarios, sabía que no sería capaz de descubrir y solucionar tantos problemas como hacía el ejército de Facebook.

Para mejorar la experiencia de los millones de personas que se registraban en Instagram, Zollman se propuso trabajar en la transición hacia la moderación del contenido, de manera que, cuando la gente hacía clic para informar de que en Instagram había algo horrible, esa queja fuera directa al mismo sistema que usaba el equipo de limpieza de Facebook.

La compañía tenía colaboradores externos mal pagados que revisaban el contenido de las publicaciones relacionadas con la desnudez, la violencia, el abuso, la usurpación de identidad y algunas cosas más para determinar si infringían las normas y había que eliminarlas. Los trabajadores de Instagram se librarían así del peor contenido. Sus pesadillas se remitirían a otras personas.

Facebook también podía ayudar a Instagram a crecer en otros países al ofrecerles herramientas de traducción. En aquel entonces, ya estaba traducida a varios idiomas, con la ayuda de los superfans que se habían prestado voluntarios en su propio país, pero el sistema de Facebook incluía muchos más idiomas. La decisión molestó a ciertas personas, como Kohji Matsubayashi, un «embajador lingüístico» japonés que creía que la versión de Facebook tenía menos calidad.

Matsubayashi había traducido personal y laboriosamente la aplicación de Instagram al japonés como una muestra de amor, en respuesta a un mensaje publicado en la cuenta de Systrom. Cuando Instagram reemplazó su versión por la de Facebook, descubrió que algunos de los problemillas que él había solucionado con el texto de la aplicación aparecían de nuevo. Los usuarios japoneses se quejaban por cosas como el uso de la palabra 写真 para «fotos», en vez de la versión más coloquial フォト.

Matsubayashi envió un correo electrónico a Krieger comentándole sus preocupaciones. «Los pequeños fallos con la traducción que he detectado en la versión 3.4.0 podrían ser el comienzo de la pérdida de calidad en la traducción y me preocupa, por eso te escribo», le explicó. Sin embargo, no obtuvo respuesta. El sistema de Facebook parecía adecuado para el futuro de Instagram, aunque la calidad disminuyera en ocasiones.

Facebook presumía de operar «a gran escala»: llegar a más usuarios con el menor esfuerzo posible por parte de los trabajadores. Ceder cosas a Facebook les parecía una concesión inevitable si querían crecer.

También era importante para Facebook que Instagram creciera de la forma más conveniente para la propia Instagram, no para la competencia. Facebook no veía razones para que las fotos de Instagram siguieran apareciendo en las publicaciones de Twitter. La herramienta que ayudaba a que la aplicación creciera, mediante fotos con filtro publicadas por Jack Dorsey, Snoop Dogg, Justin Bieber y otros, también creaba publicaciones, de forma gratuita, con las que Twitter podía publicitarse. Twitter, no Facebook. Facebook tenía un plan: que en los mensajes de Twitter solo aparecieran enlaces que redirigieran a la gente a un sitio web de Instagram, donde podían ver la foto en cuestión y descargar la aplicación.

Cuando el cambio se hizo efectivo en diciembre de 2012, el público se quejó a Twitter: creían que algo había fallado. Sin embargo, un portavoz de Facebook confirmó al público que los promotores del cambio habían sido ellos.

El conflicto reavivó el malestar de Twitter por la adquisición, y se vengaron hablando con Nick Bilton, entonces periodista del *New York Times*, que estaba escribiendo un libro sobre la empresa. Sacaron a colación la audiencia celebrada en verano, durante la cual Systrom negó que hubiera recibido otras ofertas de compra. Bilton necesitaba pruebas, así que lo llevaron a la sede central de Twitter, donde un abogado le mostró la carta de intenciones que Twitter preparó en marzo de 2012 como prueba de una acusación seria: Systrom había cometido perjurio.

«Teniendo en cuenta que las previsiones internas de ganancias de Twitter para el próximo año arrojan una cifra de 1.000 millones de dólares, lo que aumentará significativamente su tasación, los inversores de Instagram podrían haber ganado millones de dólares», informó Bilton. Nadie sabía si Facebook iba a solucionar sus problemas con los dispositivos móviles, pero Twitter ya estaba planeando su deslumbrante salida a bolsa.

Mark Leyes, uno de los portavoces del Departamento de Corporaciones del Estado de California, declaró a la prensa que la acusación se consideraría «una situación hipotética» y que no merecía una investigación a menos que «una parte interesada» presentara una queja formal. Por supuesto, nadie dijo nada.

Por parte de Instagram, solo Systrom sabía con certeza lo que había pasado en Arizona alrededor del brasero, y se ciñó a su historia. Les dijo a sus amigos que Bilton, que era un asiduo a las cenas con él y sus amigos —otros directores ejecutivos y fundadores—, había escrito ese artículo porque Instagram era importante a esas alturas. Bilton dejó de recibir invitaciones a las cenas. Y las fotos de Instagram no volvieron a aparecer en tuits.

A finales de diciembre de ese mismo año, Instagram, casi siempre mimado por los medios de comunicación, se enfrentó a otra crisis con la prensa. Entre los trabajadores iniciales no había abogados, así que, cuando la startup creó los primeros «términos de servicio», se limitaron a copiar y pegar un texto modelo de internet, y lo corrigieron para que fuera específico de Instagram. Como empresa que cotizaba en bolsa, el estándar de Facebook era un pelín más alto. En diciembre, Instagram aceptó los consejos del asesor de Facebook de adaptar el lenguaje a la nueva era y a un futuro que tal vez incluyera beneficios económicos y compartir datos con Facebook.

Systrom y Krieger no leyeron los nuevos términos en profundidad hasta que los titulares de la prensa se hicieron eco.

«Instagram dice ahora que tiene derecho a vender tus fotos», titulaba *CNET*.[2]

«Facebook obliga a los usuarios de Instagram a permitir la venta de las fotos ya publicadas», advertía un titular de *The Guardian*.[3]

Había otros muchos artículos advirtiendo a los usuarios de que no había manera de librarse de las nuevas condiciones, a menos que borraran su cuenta antes de enero, que era cuando entraban en vigor. El hashtag #deleteinstagram («borra Instagram») fue tendencia mundial en Twitter, donde la gente empezaba a interpretar los términos con otro lenguaje más claro: «Accedes a que una empresa pague a Instagram por usar tus fotos en relación con un contenido pagado o patrocinado, o con alguna promoción, sin que tú recibas ninguna compensación».

Desde luego parecía que Instagram quería intentar aprovecharse de la relevancia floreciente de sus fotógrafos y artistas. Pero Krieger y Systrom estaban tan estupefactos como los usuarios. Querían abrir la puerta a la posibilidad de lucrarse con la publicidad, pero todavía no tenían un modelo de negocio claro, y mucho menos uno que se basara en vender las fotos de los usuarios.

Habían subestimado por completo hasta qué punto sus usuarios desconfiaban de Facebook: lo odiaban. Esos tuits airados dejaron claro que la comunidad de Instagram estaba buscando indicios de que la adquisición había arruinado la aplicación para siempre.

Con internet revolucionado, Systrom escribió su primera nota de disculpa al estilo Zuckerberg. En ella explicaba que el lenguaje empleado en la redacción de los términos de servicio era confuso involuntariamente y que lo cambiarían.

«Los usuarios de Instagram son los dueños del contenido que publican e Instagram no piensa reclamar los derechos de propiedad de vuestras fotos», afirmó Systrom. «Respetamos que haya artistas creativos y personas que dedican un tiempo precioso a un pasatiempo para hacer fotos bonitas y respetamos el hecho de que dichas fotos son vuestras.»[4]

Mientras la publicaba, Systrom tenía una gráfica delante, una de las nuevas herramientas analíticas que les había proporcionado el equipo de crecimiento, en la que se mostraba el aumento de la eliminación de cuentas. Cuando el público asimiló las nuevas noticias, la tendencia se frenó y al final la aplicación volvió a crecer.

Dan Rose, el directivo responsable de la integración en Facebook, observó aquella pesadilla con interés. La situación demostraba dos cosas. La primera, que Instagram era una marca comercial diferente por la que sus usuarios se preocupaban. La segunda, que Facebook tendría que ser mucho más cuidadoso. Tal vez necesitaban un enlace entre las dos empresas que tuviera claras las diferencias y decidiera cuál era la mejor manera de explotar los recursos, traduciendo las necesidades de Instagram al idioma de Facebook.

Siguiendo el consejo de Sheryl Sandberg, la directora de operaciones de Facebook, Dan Rose llamó a una de sus protegidas, Emily White, cuya prometedora carrera empezaba a despegar. Estaba al cargo de los acuerdos con otras empresas y acababa de volver de su baja por maternidad.

«Lo estamos haciendo fatal», le dijo Dan Rose. «Tienes que hablar con Systrom.»

A lo largo de las siguientes semanas, cuanto más hablaba Emily

White del futuro de Instagram con Systrom, más claro tenía que quería trabajar con él. Había estado en la primera época de Google, luego en Facebook y, en ese momento, quería estar en Instagram sin tener que dejar la empresa.

Algunos de sus compañeros, altos cargos de Facebook, le desaconsejaron que lo hiciera. Le dijeron que iba a ser un cargo ridículo en un momento importante para su carrera profesional. Los amigos de Sheryl Sandberg, o «FOSes» (por sus siglas en inglés), como se los conocía en la empresa, tenían fama de no despuntar tanto cuando no estaban bajo su dominio. Al menos en opinión del personal masculino. Emily White hizo oídos sordos a las advertencias. «Estamos a punto de desperdiciar una oportunidad que nos ha costado mil millones de dólares y un equipo fantástico porque ninguna persona de la empresa entiende lo que hemos comprado», pensaba.

Después de todo el alboroto, Systrom recuperó su cargo de director ejecutivo porque Facebook quería que tuviera autoridad para tomar decisiones independientes.

A Systrom lo tranquilizó contar con alguien que pudiera ayudarlo a entender cómo construir una empresa dentro de Facebook. Se reunía con Emily White varias horas a la semana e intentaba explicarle cuáles eran las diferencias de Instagram, con qué necesitaban ayuda y con qué no. Examinaron los teléfonos móviles de los trabajadores de Facebook y descubrieron que solo el 10 por ciento usaba Instagram, una cifra similar al total de los usuarios estadounidenses. Por tanto, el primer paso sería la educación.

Emily White contrató a un diseñador para que trabajara en las oficinas de Instagram. Colocó todos los libros de fotografía, las cámaras antiguas y las botellas de bourbon en estanterías, para que el espacio tuviera un toque más artístico y cuidado. (Los amigos y compañeros de trabajo de Systrom acostumbraban a regalarle botellas de bourbon, como homenaje al primer nombre de la empresa.) El diseño contrastaba enormemente con el de Facebook, donde el lema «Solo llevamos un 1 por ciento del viaje» se reflejaba en los techos abiertos con las tuberías expuestas y en las superficies de madera sin barnizar. Una vez a la semana, el equipo de Instagram levantaba la persiana e invitaba a los trabajadores de Facebook que pasaban por allí a que entraran a tomar un café, en un intento por hacer amigos. (Tenían café gratis en el campus, pero el de Instagram era del bueno, del que se preparaba con una cafetera de filtro o en una cafetera exprés.)

Junto con Krieger, Systrom y White idearon un lema que el *Wall Street Journal* tildaría más tarde de arrogante y pretencioso: «Capturar y compartir momentos en todo el mundo».

Emily White reclutó nuevos trabajadores para Instagram procedentes de Facebook, que trajeron consigo la devoción por los datos analíticos. Sin embargo, la mentalidad de hacker que se aplaudía en Facebook causó enfrentamientos entre el equipo en expansión de Instagram. Las nuevas incorporaciones llegadas de Facebook ofrecían ideas obvias para aumentar la actividad, como añadir un botón para compartir, que los trabajadores originales de Instagram rechazaban diciendo: «Así no es como hemos llegado hasta aquí». Acto seguido, procedían a explicarles el encanto de los InstaMeets o a hablar del plan de destacar el Festival Internacional de Globos Aerostáticos de Albuquerque mediante la cuenta de @instagram, y algunos extrabajadores de Facebook se limitaban a poner los ojos en blanco.

Pero ¿cómo Instagram creó Instagram? Los empleados originales aunaron esfuerzos para explicarles a los nuevos cuál era su filosofía. Hicieron lluvias de ideas e investigaron. En un momento dado, incluso pidieron a los integrantes de un grupo de discusión que hicieran un dibujo de cómo sería Instagram si fuera un ser humano. (La mayoría dibujó caras masculinas con flequillo largo a un lado y ojos oscuros. El parecido con Joshua Riedel, el primer trabajador de Instagram, que seguía allí, era sobrecogedor.)

Al final, el equipo descubrió tres valores de Instagram en los que centrarse, y los tres chocaban abiertamente con Facebook.

El más importante era «la comunidad es lo primero», lo que significaba que todas sus decisiones debían centrarse en preservar el buen ambiente en el uso de Instagram, no en el crecimiento rápido del negocio. Implementar demasiadas notificaciones violaría ese principio.

Después estaba «la sencillez importa», que significaba que, antes de lanzar cualquier producto, los desarrolladores tenían que pensar si estaban solucionando un problema de los usuarios o si hacer cierto cambio era realmente necesario, porque tal vez complicara en exceso la aplicación. Era lo opuesto al lema de Facebook de «Sé rápido y rompe cosas», que valoraba el crecimiento por encima de la utilidad o de la confianza.

Por último estaba «inspira la creatividad», que significaba que Instagram intentaba ofrecer la aplicación como un medio artístico, que moldeaba a sus usuarios y destacaba a los mejores mediante una estrategia editorial, centrándose en el contenido genuino y relevante. Esto chocaba de plano con el postureo autopromocional que empezaba a verse en algunas de las cuentas más populares de Facebook. También era una estrategia muy distinta del algoritmo de personalización que usaba Facebook. «Nosotros no tenemos voz, damos voz a la gente», les decía a los trabajadores Chris Cox, el responsable de la sección Últimas noticias.

El equipo responsable de la comunidad de Instagram, centrado en escribir artículos para el blog sobre cuentas interesantes y en dar apoyo a los eventos que se organizaban, violaba otro dogma de Facebook: ellos solo se concentraban en cosas cuantificables. No fomentaban a sus usuarios más fuertes porque consideraban que un grupo, con independencia de su influencia, no importaba tanto desde el punto de vista estratégico como la totalidad. ¿Qué se sacaba de invertir en apoyar a una persona concreta, o a varias, cuando puedes emplear todos tus recursos de manera que afecten a cientos de millones de personas, o incluso a miles de millones?

En Instagram el equipo responsable de la comunidad era el alma de la empresa. Su trabajo ayudaba a marcar las pautas que seguirían millones de usuarios. Lo que ellos destacaban en la cuenta @instagram la gente lo seguía o imitaba. También se mantenían al día sobre su uso en distintos países y alertaban a los directores de producto de Instagram sobre las peticiones, las dificultades o las oportunidades que veían. Seguían rotando los nombres de la lista de usuarios sugeridos, destacaban intereses que ofrecían potencial para que los usuarios nuevos los siguieran, destacaban y publicaban sus artículos de blog en Tumblr.

Ese trabajo resaltaba la versión ideal que ellos tenían de Instagram: gente que usaba la aplicación para enseñar cómo molía su té matcha en Kioto, cómo subía al monte Kilimanjaro o cómo diseñaba una canoa en la costa de Oregón. La estrategia editorial destacaba a gente que daba al producto un uso nuevo que podía inspirar a los usuarios recién llegados. Instagram alentaba esto de forma explícita con concursos, como el proyecto sobre hashtags para los fines de semana, que consistía en pedir a los usuarios que publicaran imágenes con el hashtag #jumpstagram («dando un salto en el aire») o #lowdownground («tomadas a ras del suelo»). Todas las semanas se publicaban miles de imágenes en el intento de aparecer en la cuenta de @instagram.

Los usuarios de la aplicación, que sentían que tenían una relación con la marca comercial, celebraban sus propios InstaMeets en distintas partes del mundo para hacer amigos y hablar de fotografía. Algunos incluso hacían réplicas artesanales del logo de Instagram, con flores, mantas tejidas a mano o tartas decoradas. El valor de la obsesión de los usuarios era difícil de cuantificar de forma objetiva, como también lo era relacionarlo con los esfuerzos del equipo editorial.

Zollman y White solían discutir sobre la rentabilidad de invertir en apoyar a los usuarios, hasta el punto de que Zollman se fue antes de llegar al año de contrato, sin conseguir las bonificaciones que le correspondían, porque sentía que su contribución ya no se valoraba. Pero además hubo otros motivos: el largo desplazamiento diario al trabajo, la imposibilidad de llevar a su perro a la oficina o el hecho de que los empleados ya no quedaban para salir, como hacían antes. En el fondo, odiaba que Facebook valorara a los trabajadores basándose en las estadísticas. ¿Cómo podía demostrar ella que estaba colaborando en aumentar el crecimiento si solo estaba al cargo de inspirar a la gente?

Antes de que se marchara, Systrom habló con ella, pero no quiso intervenir. Sabía que si Instagram quería ser importante dentro de la estructura de Facebook, si querían demostrar que merecían la generosa oferta de compra, y todos los recursos, incluido el equipo responsable de la comunidad, tenían que hacer algo que Facebook valorara. Instagram necesitaba aplastar a sus competidores o empezar a ganar dinero. Supuso que la parte de ganar dinero llegaría de forma natural a la aplicación si lograban hacerlo correctamente, ya que una plataforma visual resultaba muy atractiva y deseable, lo que la hacía perfecta para vender cosas y afianzar marcas comerciales..., siempre y cuando no se pareciera a la publicidad tradicional.

Systrom fue a hablar con Zuckerberg para plantearle ideas con las que ganar dinero, pero este lo despachó de inmediato.

«No te preocupes ahora mismo por eso», le dijo Zuckerberg. «Tú sigue adelante. Lo único que tenéis que hacer es crecer.»

Systrom acudió entonces a Bosworth, el vicepresidente de publicidad con el que había tenido sus más y sus menos el año anterior. «No, tío», dijo Boz, que admiraba la ambición de Systrom y empezaba a tenerle afecto a pesar de sus inseguridades. «Ahora mismo no te necesitamos. Tienes que crecer.» El negocio de publicidad de Facebook para dispositivos móviles empezaba a resultar prometedor, de manera que Systrom se vio obligado a reconocer que debía seguir la tesis de Zuckerberg, según la cual el dinero solo entraría cuando la red social estuviera firmemente implantada.

Pese al rechazo, Systrom se pasó horas con Emily White y con Amy Cole, la directora de desarrollo comercial de Instagram, discutiendo sobre la mejor estrategia, ya fuera publicitaria, comercial o de otra índole totalmente distinta. Hasta que eso no sucediera, decidieron Krieger y él, había llegado el momento de atacar una de las prioridades de Zuckerberg. Había llegado el momento de enfrentarse a un competidor que suponía una amenaza.

Systrom pensó en sus homólogos de empresas que también habían sido adquiridas por otras mayores. Tony Hsieh, el director ejecutivo de la marca de zapatos Zappos, no siguió en la órbita de Jeff Bezos después de que Amazon comprara su negocio en 2009. A YouTube ya no le importaban en absoluto los fundadores de YouTube; dejaron la compañía después de que Google la comprara en 2006.

Systrom no tenía intención de caer en el olvido de esa manera.

6

Dominación

«Queremos conseguir tener un impacto en el mundo nunca alcanzado por otra empresa, y para conseguirlo no podemos quedarnos de brazos cruzados y hacer como que ya lo hemos logrado. Debemos recordarnos a todas horas que no hemos ganado y que debemos seguir tomando decisiones atrevidas y luchando, porque, de lo contrario, nos arriesgamos a tocar techo y desaparecer.»

Mark Zuckerberg,
cita del manual del trabajador de Facebook

Tal vez Zuckerberg se sentía cómodo dándole a Instagram cierta independencia porque se veía reflejado en su fundador. Systrom y él eran, en apariencia, muy similares.

Ambos crecieron en un hogar acomodado de un barrio residencial, en una familia estructurada y cariñosa, y tenían hermanos con quienes mantenían una relación estrecha. Ambos estudiaron en internados exclusivos de la Costa Este y en universidades de élite, donde se dejaron cautivar no solo por la ingeniería, sino también por la historia: en el caso de Zuckerberg, la historia de los imperios griego y romano, y en el caso de Systrom, la historia del arte y el Renacimiento. Eran casi de la misma edad: Systrom era cinco meses mayor, pero Zuckerberg parecía contar con más sabiduría porque llevaba más tiempo al frente de su empresa.

Aun así, su relación era estrictamente profesional, Systrom quería que Instagram fuera importante para la empresa sin perder su capacidad de decisión en el futuro. Quedaban para cenar más o menos una vez al mes en casa de Zuckerberg, pero a efectos prácticos dicha casa era otro despacho. Tras la película *La red social*, de 2010, Zuckerberg tuvo que invertir más en seguridad personal, no podía salir a la calle ni viajar en vuelos comerciales sin que lo reconocieran al instante. En 2013 se gastó 30 millones de dólares en comprar las casas que rodeaban la suya en Palo Alto para tener más intimidad.

Pero la casa de Zuckerberg no solo se usaba para reuniones de negocios. Allí también organizaba fiestas, aunque no invitaba a Systrom. Había un grupo de trabajadores de Facebook —entre ellos el vicepresidente de publicidad, Andrew Bosworth, y el responsable de la sección Últimas noticias, Chris Cox— a los que invitaba a barbacoas el fin de semana con sus esposas. Estos amigos habían sobrevivido a los principios turbulentos de Facebook, cuando la empresa daba 600 dólares mensuales en concepto de alquiler a cualquiera que viviese en un radio de kilómetro y medio de la oficina, que en aquel entonces se encontraba en el centro de Palo Alto. Los primeros trabajadores se montaron la vida en el mismo barrio, trabajaban mucho y pasaban el tiempo libre juntos, experiencias que luego publicaban en Facebook.

Los invitados a estas barbacoas asistían a las reuniones de liderazgo que Systrom llevaba a cabo los lunes, donde le costaba tener voz. Formaban un grupo del que él no tomaría parte, de la misma manera que todo el mundo reverenciaba su relación con Krieger aunque no llegara a comprenderla del todo.

En cierta ocasión, Zuckerberg invitó a Systrom a una escapada de esquí en un intento por estrechar lazos. Sin embargo, ese viaje solo sirvió para resaltar las diferencias entre ellos y sus egos.

Systrom era competitivo, pero siempre había sido muy importante para él hacer las cosas de la mejor manera posible. Escogía los vinos de la mejor añada, intentaba aprender de las personas con más talento y leía montones de libros sobre la habilidad que quisiera dominar en ese momento. No tardaría en contar con un estilista, un entrenador personal y un coach. Bebía café en grano de Blue Bottle en su mejor momento, que era cuatro días después del tostado. «Tengo una cafetera especial para hacerlo y un medidor que especifica la extracción a cada segundo con una gráfica»,[1] le llegó a decir a un periódico en línea perteneciente a la marca de moda MR PORTER.

Cuando era pequeño, su padre llevó a casa un bate, una pelota y un guante para jugar al béisbol en el patio trasero. Systrom le preguntó si antes podía ir a la biblioteca a ver qué libros tenían sobre las mejores técnicas para lanzar la bola.

Zuckerberg, por su parte, estaba obsesionado con hacer las cosas mejor que cualquier otra persona. Le encantaban los juegos de mesa, sobre todo los de estrategia, como el Risk. En los comienzos de Facebook, jugaba a menudo en el despacho, alterando su técnica de modo que sus contrincantes nunca pudieran predecir su siguiente movimiento. En una ocasión, perdió jugando al Scrabble con la hija adolescente de un amigo[2] mientras viajaban en un avión privado y le afectó tanto que creó un programa informático para que buscase todas las palabras que podía formar con sus letras.

Cuando Google lanzó una red social con la que competir en 2011, Zuckerberg arengó a los trabajadores de Facebook para que se pusieran manos a la obra citando a Catón el Viejo, un senador de la antigua Roma: «*Carthago delenda est!*»,[3] que significa «¡Cartago debe ser destruida!». Después, tal como solía hacer en Facebook cuando había motivo de alarma, decretaba un «bloqueo», lo que obligaba a la gente a trabajar más horas, y establecía «salas de guerra», salas de reuniones dedicadas a ganar luchas contra los competidores. Había salas de guerra para todo.

En la escapada de esquí, Systrom consultaba una aplicación llamada Ski Tracks, que le mostraba la duración de su recorrido, la altitud, el ángulo de la pista y más cosas. Se la había descargado para mejorar su rendimiento.

«¿Qué es eso?», le preguntó Zuckerberg. «¿Muestra la velocidad máxima?» Sí que la mostraba. «¡Voy a llegar antes que tú abajo!», afirmó Zuckerberg, lo que incomodó a Systrom de inmediato.

Él prefería el esquí de fondo y ponerse a prueba con un terreno impredecible, pero a Zuckerberg, desde que era joven, le encantaba bajar las pistas a toda velocidad. Incluso en la montaña él era el jefe.

Las empresas se convierten en un reflejo de su fundador. Systrom había creado un lugar en internet en el que la gente podía seguir, alabar e imitar a las personas más interesantes, las mejores en lo suyo. Escogió hacer crecer la comunidad con una estrategia editorial que llamó la atención de los mejores talentos. El producto solo era el sitio donde los usuarios exponían lo que hacían, y Systrom no quería realizar grandes ajustes, y arriesgarse a estropearlo, a menos que los cambios permitieran a la aplicación seguir ofreciendo una experiencia de alta calidad.

Zuckerberg había creado la mayor red social de la historia. Eligió hacer crecer esa comunidad cambiando el producto constantemente para conseguir que la gente pasara más y más tiempo conectada a internet, sin perder de vista en ningún momento lo que hacían sus competidores e ideando estrategias para minar sus esfuerzos.

Systrom nunca había conocido a alguien más estratégico que Zuckerberg. Quería aprender su estilo, pero también quería dejar claro que era director ejecutivo —uno de los buenos— de pleno derecho, con un estilo que no tenía por qué ser tan agresivo. Su siguiente movimiento agradaría a Zuckerberg, lo ayudaría a ver Instagram como un compañero valioso. Sin embargo, Instagram por sí sola no bastaba para satisfacer el ansia de Zuckerberg por dominar el sector.

La compra de Instagram tuvo un efecto tremendo en el resto del sector. Hubo inversores que de repente se interesaron en otras aplicaciones de redes sociales, con la idea de que un día también Facebook o Twitter podrían adquirirlas por una fortuna.

Facebook empezó con texto; Instagram empezó con fotos. La siguiente generación de aplicaciones de redes sociales se basaría en el vídeo. Los usuarios llevaban mucho tiempo reclamando a Instagram que se pudieran publicar vídeos, hasta el punto de que varias empresas de inversión de riesgo financiaron unas cuantas aplicaciones para intentar conseguirlo antes que ellos, entre las que se incluían Viddy, Socialcam y Klip. YouTube y Facebook tenían la capacidad de publicar vídeos, pero no eran plataformas hechas para móvil. Aun así, Instagram no dio el paso hasta que no le quedó más remedio.

Twitter, después del fracaso en su intento por comprar Instagram, compró la siguiente aplicación que estaba a punto de salir al mercado que sugirió Jack Dorsey, Vine, que la gente usaría para producir y compartir vídeos de seis segundos que se reproducirían en bucle. Twitter compró Vine varios meses antes de que la aplicación se lanzara al público en enero de 2013.

La mayoría de la gente no tenía algo que quisiera grabar durante solo seis segundos, pero el límite de Vine inspiraría nuevas formas de actividad, como el formato cuadrado de Instagram o los 140 caracteres de Twitter. Las personas creativas descubrieron cómo usar Vine para exhibir su vis cómica o trucos impresionantes. Se lanzaron a usar la nueva aplicación y consiguieron audiencias que los convirtieron en pequeñas estrellas de sus gags. Algunos de ellos, como King Bach, Lele Pons, Nash Grier y Brittany Furlan, arrastraban a millones de seguidores. Twitter no tenía ni idea de qué hacer con el producto, de la misma manera que Facebook no sabía muy bien qué hacer con Instagram.

Systrom, muy cuidadoso siempre con la calidad, le dijo a la gente que todavía no le interesaba el vídeo porque las conexiones móviles eran demasiado lentas para que la experiencia fuera buena. Sin embargo, Vine demostró que ya no era un problema.

«No queremos que Vine sea el Instagram del vídeo», empezó a decir Systrom. «Queremos que Instagram sea el Instagram del vídeo.» Systrom y Krieger dieron a sus ingenieros un plazo de seis semanas para crear y desarrollar la forma de publicar vídeos de quince segundos en Instagram. No había optimización de Facebook preparada para esa cantidad de segundos. Era una «decisión artística», en palabras de Systrom.[4]

Tener una misión concreta hizo que las tropas de Instagram se cuadraran y salieran de su depresión posventa. En particular, Krieger agradecía la oportunidad de desarrollar algo, era una manera de contrarrestar el tiempo que pasaba haciendo ajustes en la infraestructura para que la aplicación soportara su rápido crecimiento. Mientras trabajaba en el proyecto de vídeo, también aprendió a ser mejor ingeniero de Android para poder ayudar al equipo a cumplir con el plazo fijado.

Desarrollar una aplicación para móviles Android era mucho más difícil, ya que había diferentes tamaños y fabricantes. Krieger se pasó la noche antes del lanzamiento trabajando para solucionar los fallos con los responsables encargados de Android, probando la aplicación en varias versiones de móviles que habían pedido en eBay pasadas las tres de la madrugada. El grupo decidió dormir en la oficina. Uno de los ingenieros agrupó los cojines de los sofás en el suelo de una sala de reuniones vacía. A las cinco y media de la madrugada, Krieger estaba lavándose los dientes descalzo en el cuarto de baño del despacho.

El día del lanzamiento, Facebook metió a la prensa en una sala que se había redecorado para que pareciera una cafetería, con periódicos por las mesas, en un guiño a las fotos omnipresentes de cafeterías en Instagram. Zuckerberg hizo una breve presentación antes de dar paso a Systrom. El gesto fue muy simbólico: allí estaba Zuckerberg decidiendo que no sería él quien hablara durante el lanzamiento de un producto de Facebook y dejando que todo se centrara en la marca Instagram. El reducido equipo se había ganado cierto respeto.

Después, Zuckerberg, Systrom y los demás volvieron a las oficinas de Instagram y observaron cómo iba subiendo un contador que registraba los vídeos publicados. Que se recuerde, fue la primera vez (y la última) que Zuckerberg fue a las oficinas de Instagram. Todos vitorearon cuando el contador llegó al millón.

Krieger, que apenas había dormido, repasó su Instagram y vio una publicación que hizo que se le saltaran las lágrimas. Un amigo japonés al que seguía desde los comienzos de la aplicación, y que tenía un perro precioso, había publicado un vídeo. Era la primera vez que Krieger oía la voz de su amigo.

Instagram había hecho algo importante no solo para las relaciones en la aplicación, sino también para Facebook Inc. De modo que por fin tenían algo que celebrar, al estilo de Systrom. El equipo se fue de retiro a la región vitivinícola de Sonoma; allí se hospedaron en el complejo Solage, volaron en globos aerostáticos, comieron platos de un chef famoso y se pasearon en Mercedes descapotables.

Systrom y Krieger esperaban que el vídeo se convirtiera en una publicación habitual en Instagram para la gente normal, como el amigo japonés con el perro. Sin embargo, tal como quedó patente con Vine, la mayoría de las personas no tenían motivos para publicar vídeos cortos a menos que quisieran enseñar algo concreto, como la decoración de una tarta, una rutina de ejercicios o un gag.

De modo que quienes se fijaban en los vídeos de Instagram eran las mismas personas que habían conseguido seguidores en Vine. Muchas se ayudaban entre sí, coescribiendo y grabando gags en Los Ángeles, quedando en las oficinas de Darwyn Metzger, en Melrose and Gardner, en West Hollywood. Phantom, una empresa de Metzger, les proporcionaba espacio para colaborar al tiempo que ayudaba a negociar los acuerdos para que hicieran vídeos para marcas comerciales. A los «viners» como Furlan, Marlo Meekins y Jérôme Jarre no les hacía gracia trabajar con empresas, creían que sus espectadores los odiarían por venderse. Sin embargo, el precio acabó siendo el correcto y las pequeñas estrellas empezaron a depender de esos ingresos; los nombres más importantes de Vine ganaban miles de dólares por cada publicación.

Metzger sabía que era insostenible, en parte porque no confiaba en el liderazgo de Twitter. El día que Instagram lanzó el vídeo, sus miedos se hicieron realidad. «Cualquier competidor con el respaldo de Facebook implica que Vine está perdido», pensó. De modo que le dijo a su equipo: «A partir de ahora, tenéis que invertir un tercio de vuestra jornada en migrar vuestros seguidores a otra plataforma. Me da igual si es Instagram, YouTube o Snapchat, pero necesitáis una alternativa a Vine».

Si bien fue duro de aceptar, siguieron su consejo. Varios antiguos «viners», entre los que se incluían Furlan, Pons y Amanda Cerny, empezaron a trasladar su contenido a Instagram, donde acabaron teniendo millones de seguidores.

La estrategia de vídeo fue una victoria para Systrom, ya que su apuesta por aplastar a la competencia era la mejor manera de congraciarse con sus jefes de Facebook. Sin embargo, subestimó la paranoia de Zuckerberg. Sin que él lo supiera, Zuckerberg estaba interesado en comprar más aplicaciones como Instagram. Al final, su gran adquisición solo era parte de una estrategia mayor para poseer múltiples aplicaciones y apostar más alto, resistiéndose a la inevitable caída de Facebook, algo que creía que podía llegar en cualquier momento.

Cuando dio la bienvenida a Systrom en 2012, Zuckerberg, al mismo tiempo, mantenía contacto por correo electrónico con otro empresario joven que estaba desarrollando una aplicación distinta que parecía un éxito potencial. También tenía una educación sobresaliente y una infancia feliz, al menos en lo económico. ¿Su filosofía empresarial? Que todos los demás lo estaban haciendo mal.

Snapchat, la aplicación de Evan Spiegel, empezó como una herramienta para fiestas en Stanford, en 2011, como un rechazo al mundo que Facebook, y sobre todo Instagram, había creado. Si todo lo que la gente publicaba estaba mejorado para el consumo de masas, con *like* y comentarios, ¿dónde quedaba la diversión? ¿Dónde se podían publicar todas esas chorradas que hacían los veinteañeros que no debían acabar en el historial permanente de una red social, algo que podría reducir sus posibilidades de conseguir un buen trabajo? Como encargado de dar publicidad a las fiestas del círculo estudiantil Kappa Sigma, vio una oportunidad.

Con la ayuda de sus colegas universitarios Bobby Murphy y Reggie Brown, se le ocurrió una aplicación para enviar fotos que desaparecerían al cabo de unos segundos. La primera versión se llamó Picaboo. «Es la forma más rápida de compartir fotos que luego desaparecen»,[5] escribió Spiegel en un correo electrónico para publicitarla en el sitio web del círculo estudiantil BroBible, con el asunto «Una aplicación de iPhone muy graciosa», en el que se autodenominaba «hermano certificado». Explicó que te hacías una foto y ponías un temporizador de diez segundos; una vez que el amigo al que le habías enviado el mensaje lo abría, el vídeo duraba ese tiempo y luego desaparecía. «Buenas risas», añadió.

Spiegel, alto, delgado, con el pelo castaño y corto, cejas rectas y un hoyuelo en la barbilla, era tan irreverente como Systrom era cuidadoso. Era muy introvertido desde pequeño, por lo que le costaba confiar en la gente y prefería la comodidad de los coches de lujo. Era hijo de un importante abogado mercantil[6] que acababa de defender a Transocean Ltd., la empresa propietaria de la plataforma petrolera que causó el vertido de BP en el golfo de México en 2010.

Además de su tendencia a soltar tacos, a Spiegel se le daba bien buscar broncas y ser rencoroso.[7] Reggie Brown lo demandó más adelante, alegando que Snapchat lo echó de la empresa y que no le reconoció el mérito de ser cofundador. Snapchat llegó a un acuerdo extrajudicial.

Sin embargo, la irreverencia era algo atractivo en el producto de Snapchat. Spiegel pasaba mucho de lo que los demás pensaran de su vida o sus decisiones, y no era el único. Tener una buena imagen en internet cada vez era más importante en la sociedad, y eso creaba más y más ansiedad. Picaboo provocó unos cuantos terremotos. Sin embargo, cuando los fundadores la renombraron como Snapchat y añadieron vídeo, además de la posibilidad de dibujar y escribir en una foto o un vídeo con marcadores digitales, hicieron algo menos estresante, más divertido y mucho más atrayente para los más jóvenes.

«La gente vive con la carga de tener que mantener una versión digital de su persona», le dijo Spiegel a J. J. Colao, redactor de la revista *Forbes*. «Eso ha eliminado la diversión en la comunicación.»[8]

Al principio, los medios de comunicación describieron Snapchat como una aplicación para «sexteo». Si no mandabas fotos de desnudos, ¿para qué ibas a querer que desaparecieran? Sin embargo, esta descripción malinterpretaba el uso que los adolescentes daban a la aplicación.

Los filtros de Instagram y su toque artístico tenían una desventaja: la presión. Para Instagram los adolescentes repetían montones de veces la misma imagen tomada desde ángulos distintos en busca de la toma perfecta antes de corregir sus imperfecciones y publicar la foto. Se esforzaban por hacer cosas chulas e interesantes visualmente. Y solían borrar las fotos que no conseguían como mínimo 11 *like*. Esa era la cantidad que hacía que los nombres de debajo de una foto se convirtieran en números en Instagram, un detalle de diseño para ahorrar espacio que se convirtió en una señal de popularidad clave para la juventud.

Snapchat era un mundo distinto. La gente joven se mandaba selfies y vídeos sin editar. La aplicación era desconcertante para los adultos porque no había que pararse a revisar el contenido: se abría en modo cámara, capturabas lo que fuera que estuviera sucediendo en ese momento y lo enviabas. Usar Snapchat era como mandar mensajes de texto o tener una conversación de vídeo asincrónica. Y era divertido.

«El principal motivo de que la gente use Snapchat es que el contenido es mucho mejor», dijo Spiegel a la revista *Forbes*. «Es gracioso ver a tu amigo recién levantado.»

No hacía falta que la gente mayor lo comprendiera. En noviembre de 2012, Snapchat tenía millones de usuarios, la mayoría de entre trece y veinticuatro años, con un uso diario de 30 millones de veces.[9]

La aplicación de Spiegel podría haber desaparecido del mercado, o su padre podría haberlo echado de casa cuando dejó los estudios. Pero después de que Facebook comprase Instagram, todo cambió. De repente, era muy fácil conseguir financiación de los inversores. Y también era muy fácil conseguir respeto y atención de posibles compradores.

En noviembre de ese mismo año, enfrascado aún en la integración de Instagram, Zuckerberg volvió a la caza. Envió un correo electrónico: «Oye, Evan, soy un gran fan de lo que estás haciendo con Snapchat. Me encantaría quedar contigo en algún momento y oír tu visión y tus ideas. Si te apetece, dímelo y podemos dar una vuelta por la sede de Facebook una tarde».

El atractivo de Snapchat para los adolescentes era crucial. Estaban a punto de salir del instituto y entrar en el mundo real, y empezaban a tejer redes que les servirían de infraestructura el resto de su vida. A esa edad crean hábitos nuevos y empiezan a poder gastar dinero sin la supervisión de los padres, desarrollando así cierta afinidad por marcas a las que luego les son fieles durante años. Facebook empezó con los universitarios, pero Zuckerberg sabía que necesitaba afianzarse entre los más jóvenes.

Su correo electrónico a Spiegel fue del mismo tipo que los que Systrom recibió de los gigantes de la tecnología cuando Instagram empezó a despuntar, un gesto sugerente, pero sin entrar en detalles. Spiegel jugó a hacerse de rogar.

«Gracias. :) Me encantaría quedar. Si algún día me acerco por la Bahía, ya te aviso», le contestó.[10]

Zuckerberg le respondió diciéndole que él pronto se pasaría por Los Ángeles. Tenía que reunirse con el arquitecto Frank Gehry, que iba a diseñar otro edificio para la sede de Facebook. ¿Podían quedar cerca de la playa? Spiegel accedió, de modo que el cofundador Murphy y él se reunieron con Zuckerberg en un apartamento privado que Facebook alquiló para la ocasión.

Una vez que se vieron cara a cara, Zuckerberg pasó directamente de las alabanzas a las amenazas. Se dedicó toda la reunión a insinuar que Snapchat acabaría aplastada por Facebook a menos que encontraran la forma de trabajar juntos.[11] Estaba a punto de lanzar Poke, una aplicación que hacía lo mismo que Snapchat. No le daba miedo copiar por completo el producto ni emplear todo el potencial de Facebook para que fuera un éxito.

Era todo un halago que Zuckerberg, el rey de internet, considerase Snapchat una amenaza. Spiegel iba por buen camino.

El día del lanzamiento de Poke, en diciembre de 2012, al principio fue patente el poder que suponía contar con todo el apoyo de Facebook. De repente, delante de millones de personas, se convirtió en la aplicación gratuita más descargada en App Store de Apple.

Y después, al día siguiente, empezó a caer en picado en el ranking.[12] La amenaza de Zuckerberg resultó estar vacía. Pero lo peor fue que muchas personas que se descargaron Poke y que ni habían oído hablar de Snapchat descubrieron que había una aplicación que hacía lo mismo, pero mejor. Las descargas de Snapchat aumentaron.[13]

Facebook había copiado su funcionalidad, pero no consiguió copiar su atractivo. Se enfrentaban al mismo problema que cuando intentaron desarrollar una aplicación para la cámara como la de Instagram. El gigante de las redes sociales lograba hacerse con la atención de millones de personas, pero el resto era cuestión de la calidad y la emoción del producto.

Por suerte, Facebook contaba con otra arma en su arsenal: el dinero y el poder absoluto de Zuckerberg para hacer lo que quisiera con él. Hizo una oferta para comprar Snapchat por más de 3.000 millones de dólares. Una cifra aún más sorprendente que lo que pagó por Instagram por un número de usuarios similar, y respaldada en gran parte por las acciones de Facebook, que volvían a recuperar su precio de salida de 38 dólares.

Claro que igual de sorprendente fue que Spiegel rechazara la oferta. El director ejecutivo de veintitrés años percibió una debilidad y, por tanto, una oportunidad. Por otra parte, y más importante, ni su cofundador, Bobby Murphy, ni él querían tener a Zuckerberg de jefe.

En junio de 2013, Spiegel consiguió 80 millones de dólares procedentes de inversores de riesgo,[14] que valoraron la empresa en más de 800 millones de dólares, en menos de dos años y sin ingresos, y solo con diecisiete empleados.

Zuckerberg, frustrado porque hasta la fecha había sido incapaz de crear o comprar lo que tenía Snapchat, decidió que tenía que comprender mejor a los adolescentes, conocer sus motivos para abandonar Facebook y cómo conseguir que volvieran.

Todo ese asunto confirmó las sospechas de Spiegel de que Facebook era para viejos y acabaría desapareciendo hasta convertirse en el nuevo Yahoo! o AOL. No quería parecerse en nada a ellos. Prohibió a los trabajadores usar palabras como «compartir» y «publicar», que le recordaban a Facebook, dado que Snapchat era mucho más personal, y prefería usar «enviar».

Estaba decidido a seguir desarrollando ideas que a Zuckerberg jamás se le pasarían por la cabeza. ¿Y si Snapchat tuviera una opción para «enviar a todos»? El contenido seguiría desapareciendo, pero tal vez en veinticuatro horas. A Spiegel se le ocurrió la idea en la universidad y la llamó «24 Hour Photo», una foto de veinticuatro horas, como las tiendas que revelaban carretes en un día. Empezó a hablar con Nick Allen, un amigo de Stanford, sobre la posibilidad de enviar varias fotos, para que la gente pudiera crear una especie de álbum de su día. En Instagram solo se publicaba la mejor foto o el mejor vídeo de una fiesta. Pero ¿qué pasaba con las fotos y los vídeos mientras te preparabas, ibas a la fiesta, saludabas a los amigos y al día siguiente te despertabas con un resacón tal que no podías ir a clase?

El equipo de Snapchat se había graduado y había abandonado la mansión del padre de Spiegel para mudarse a una casita azul en el paseo marítimo de Venice Beach, en Los Ángeles, donde ocurrían cosas interesantes a todas horas. Por delante de la casa pasaban porreros en monopatín y había hippies haciendo arte con latas y aerosoles y gente guapa tostándose al sol en la playa. Con ese ambiente era fácil imaginar que uno de los principales problemas de los medios de comunicación era que no contaban con suficientes recursos para mostrarle a todo el mundo lo que pasaba.

Allen, que se había unido a la empresa después de graduarse ese año, en 2013, explicó los detalles de esa visión a los ingenieros: el producto, llamado Historias, se organizaría por orden cronológico, con la publicación más antigua en primer lugar, a diferencia de lo que sucedía en Twitter o en Instagram, que siempre mostraban la publicación más reciente al principio. Cada añadido a la cola de las historias desaparecería en veinticuatro horas. Si los usuarios miraban en el momento adecuado, verían una lista de los nombres de cada persona que había visto su actualización.

Los usuarios de Snapchat no «publicarían en» sus historias, sino que «añadirían a» estas. Pero ahora, con una herramienta de difusión que bajaba el listón de lo que merecía la pena aparecer en las redes sociales, Snapchat acabó creándole un hábito a esa misma juventud a la que esperaba liberar de la presión.

Mientras tanto, Systrom no tenía ni idea de que Zuckerberg estaba en conversaciones con Snapchat, mucho menos de que los amenazaba e intentaba comprarlos. Cuando Zuckerberg empezó a centrarse en los jóvenes en la plataforma, Systrom creía que él iba por delante. Los adolescentes no estaban en Facebook porque allí estaban sus padres. Los padres todavía no estaban en Instagram y, gracias al nuevo énfasis que esta daba a los datos, sabían que las tablas demográficas del uso de la aplicación mostraban que la juventud estaba obsesionada con Instagram.

Después del exitoso lanzamiento de los vídeos, Instagram se sentía independiente en el ecosistema de Facebook. ¿O es que pasaban de ellos? A Systrom se le daba bien darle la vuelta a la situación para que pareciera ideal. «Soy el director ejecutivo de Instagram y básicamente seguimos siendo una empresa, con Zuckerberg como presidente de la junta», decía.

Sin embargo, Instagram no era una empresa como tal si dependía por completo de los ingresos por publicidad de Facebook. Systrom seguía siendo un director ejecutivo que no obtenía dinero. Unos meses después de que Zuckerberg le dijera que no hiciera todavía un modelo de negocio, Instagram ya había demostrado su valía, con una base de usuarios que superaba con creces los 100 millones. Así que a mediados de 2013 Facebook por fin iba a permitir que el equipo experimentara con los anuncios.

Systrom y su equipo de desarrollo comercial decidieron que, para que los anuncios funcionaran en Instagram, las promociones tenían que parecer publicaciones normales y ser visualmente agradables, con un toque artístico, sin que fueran agresivas, que no fuera evidente que intentaban vender; en la imagen no podría haber texto ni precios. Era importante, tal como Systrom había dicho el año anterior, que cualquier publicación de una marca pareciera «honesta y genuina». Instagram imitó el aspecto de la revista *Vogue*: las marcas de lujo mostraban sus productos de forma sutil, como un elemento más de la vida de las personas guapas y felices.

En septiembre de ese mismo año, Emily White apareció en el

Wall Street Journal bajo el titular: «Instagram se imagina haciendo dinero».[15] La redactora, Evelyn Rusli, comparó el papel de Emily White en Instagram con el de Sheryl Sandberg en Facebook. Rusli escribió que White se pasaba las semanas reuniéndose con grandes anunciantes, como Coca-Cola y Ford Motor Co., y que «quería evitar algunos de los traspiés que Facebook dio en los comienzos con los anunciantes», una frase que no gustó mucho internamente.

Pero los anuncios de Facebook y el plan de anuncios de Instagram eran como la noche y el día. Facebook vendía espacio publicitario a través de un sistema en línea en el que podía participar cualquiera con una tarjeta de crédito. Hasta las marcas más famosas, algunas con ayuda de los comerciales de Facebook, seguían viéndose obligadas a comprar espacio publicitario mediante este sistema abierto. Estaba diseñado así para que cualquiera pudiera escoger a qué clase de público quería llegar con el anuncio, y cuanto más específico o más demandado fuera ese público, más costaría. Dichas elecciones se trasladaban de forma automática a los usuarios que encajaban en el perfil. Los trabajadores de Facebook no revisaban ni miraban los anuncios antes de publicarlos, solo en contadísimas excepciones.

Instagram, en cambio, intentaba crear una experiencia de lujo, y se reunía con los anunciantes para hablar de sus ideas antes de publicar de forma manual los anuncios. Sabían que este sistema no podía durar eternamente, pero Systrom y Krieger siempre habían animado a la gente a hacer lo más sencillo en primer lugar, como cuando ellos diseñaron la aplicación. Trabajar de forma manual en una versión pequeña del producto tenía más sentido que malgastar recursos valiosos de ingeniería o navegar por la política del equipo de anuncios de Facebook en beneficio de un sistema que tal vez no acabara funcionando.

Con una estrategia parecida a la que usó al fundar la empresa —anunciarse en conjunto con empresas como Burberry y Lexus, que sí entenderían lo que estaba haciendo—, era Systrom quien aprobaba personalmente cada anuncio, sobre todo en ese momento, cuando la marca comercial de Instagram era demasiado valiosa como para arriesgarse a que cualquiera se anunciara como quisiera.

Instagram publicó su primer anuncio el 1 de noviembre de 2013.[16] Michael Kors, una de las marcas de lujo que había fichado el equipo, publicó previo permiso una foto en la cuenta @michaelkors y luego pagó para distribuirlo entre personas que no la seguían. La imagen parecía sacada de una sesión de fotos de una revista de moda: un reloj de oro con diamantes engastados en una mesita y acompañado por una taza con el borde dorado y unos coloridos *macarons* franceses. Había uno verde con un bocado, lo que alimentaba la sensación de que no era solo decoración. «5:15 PM: Pampered in Paris #MKTimeless» («5.15 pm: Caprichos en París #MKTimeless»), rezaba la foto.[17]

Solo una marca al día, decidió Systrom; eso le parecía bien. No sería negociable: si Louis Vuitton llamaba para decir que quería publicar algo el día 20, tendrían que decirle que no si Ben & Jerry ya tenía esa fecha cogida. Todos los nombres de los primeros anunciantes estaban escritos en rojo en un calendario en la pizarra blanca. Un trabajador imprimía los anuncios potenciales y luego Systrom los repasaba, uno a uno, mientras decidía qué era bueno y qué no. Si un anuncio no era lo bastante bueno, protestaba.

En una ocasión, le molestó que la comida de uno de los anuncios pareciera poco apetecible, sobre todo las patatas fritas, que se veían blandas.

—No quiero publicar esto así —le dijo a Jim Squires, su nuevo jefe de publicidad, que venía de Facebook.

—Pues al cliente le corre prisa —repuso Squires.

—No hay problema —replicó—. Hoy tengo un vuelo. Puedo arreglar el balance de blancos para que resalte más.

Después de hacer que las patatas parecieran más crujientes, mandó la foto de vuelta a Squires por Facebook Messenger y luego publicaron el anuncio.

El hecho de que Systrom se concentrase más en la calidad de las fotos que en la tecnología de Instagram causó problemas. Aquel primer día, los representantes de Michael Kors llamaron para quejarse de que las manecillas del reloj indicaban las 5.10, no las 5.15.

No sabían cómo corregir el pie. El equipo de Instagram confesó que, de momento, no había posibilidad de que usuarios y empresas corrigieran los pies. El error tendría que quedarse. Sin embargo, la prensa que cubrió la noticia del lanzamiento de la publicidad en Instagram no pareció percatarse del detalle.

A fin de lanzar el negocio publicitario, Instagram tuvo que esquivar una realidad incómoda: las agencias de publicidad detestaban Facebook. Teddy Underwood, un trabajador de Facebook que acababa de pasarse a Instagram para promocionar sus nuevos espacios publicitarios, creía que la única manera de venderlos era proclamar que Instagram era el anti-Facebook. Organizó reuniones con las agencias de publicidad más importantes, armado con elegantes presentaciones de PowerPoint que resaltaban el valor de la inspiración. Les dijo que Instagram tenía una dirección totalmente independiente, que no tocaba para nada el sistema de anuncios de Facebook y que pensaba establecer relaciones mejores y crear anuncios efectivos, adecuados para su público y su estética.

Sin embargo, su papel era algo incómodo. Emily White solo era su jefa nominal en Instagram; Carolyn Everson, la nueva responsable de ventas de Facebook, era quien estaba al frente de la estrategia publicitaria. Muchos de los trabajadores del departamento de ventas y marketing de Instagram tenían dos jefes. La independencia que Zuckerberg había prometido a Instagram se mantenía en las áreas de producto y de ingeniería, pero el área de ventas, dirigida por Sheryl Sandberg, estaba empezando a verse sometida a más control.

Un día, Underwood entró en una sala de reuniones para informar a Everson, por videoconferencia, de los progresos. Su charla para convencer a los anunciantes de que los anuncios en Instagram valían más que los de Facebook había funcionado… y había acabado con un acuerdo estupendo con una de las cuatro agencias publicitarias más importantes.

—Omnicom se ha comprometido a pagar cuarenta millones de dólares en anuncios en Instagram para el año que viene —informó—, y creo que otra agencia de publicidad está a punto de llegar a un acuerdo.

No consiguió la reacción que esperaba. En el fondo, Everson buscaba una forma de que las agencias de publicidad se pusieran del lado de Facebook y quería usar el éxito de Underwood para ayudar a la empresa.

—Es evidente que Instagram es ahora mismo la niña bonita a la que las agencias quieren echarle el guante y no pueden —dijo Everson por videoconferencia desde Nueva York; el hecho de que Instagram hubiera conseguido una cifra tan alta en tan poco tiempo le había sorprendido y quería poder usar ese dinero—. Tenemos más fuerza de la que pensábamos.

Le pidió a Underwood que volviera a hablar con la agencia de publicidad y dijera que solo cerrarían el trato de los 40 millones para Instagram si se comprometían a gastar 100 millones de dólares en Facebook. Underwood se negó a hacerlo y le dijo que valoraba sus contactos y que había prometido una nueva clase de anuncio, nada de Facebook. Everson dijo que el equipo de Facebook se encargaría a partir de ahí. De hecho, insistió en que bajo ningún concepto habría un equipo aparte para vender el espacio publicitario de Instagram en el futuro. Underwood, que se dio cuenta de que su trabajo en Instagram no se correspondía con la idea que él tenía de su vuelta al mundo de las startups, no duró mucho en el puesto. Everson tampoco consiguió del todo lo que quería. El acuerdo con Omnicom que se anunció en 2014 solo incumbía a los anuncios de Instagram. Posteriormente ella negó que hubiera pedido más.

Decidido a no mostrarse complaciente con su dominio, incluso cuando estaba rodeado de competidores incapaces de hacerles frente, Facebook buscaba la forma de dar un paso más. La empresa hizo que Instagram redujera la visibilidad del hashtag #vine en la aplicación,[18] y disuadió a los usuarios más prominentes de que mostrasen su nombre de usuario de Snapchat.[19] Y aunque no pudieran controlar a la competencia tal como controlaban Instagram, podían estudiarla… al detalle.

En 2013 Facebook compró una herramienta llamada Onavo. La compra despertó poco interés porque no era un producto de consumo muy conocido. Era algo con un nombre raro, una red privada virtual (VPN, por sus siglas en inglés), desarrollada por ingenieros israelíes y que permitía a las personas navegar por internet sin que el Gobierno pudiera monitorizar su actividad y sin tener que lidiar con los cortafuegos.

Para Facebook la compra fue crucial. A la par que la gente huía del control de sus respectivos Gobiernos, dotaban a Facebook, inconscientemente, de inteligencia competitiva. Una vez que compraron la empresa de VPN, pudieron ver todo el tráfico que fluía por el servicio y extrapolar datos. No solo se enteraban de los nombres de las aplicaciones con las que jugaba la gente, sino también de cuánto tiempo las usaban y de los nombres de las pantallas de las aplicaciones en las que pasaban tiempo…, y así, por ejemplo, podían saber si Historias de Snapchat sobresalía por encima de otra característica de la aplicación. Los ayudó a ver antes que la prensa si sus competidores estaban ganando terreno.

Los trabajadores de Facebook podían acceder fácilmente a los datos, que se plasmaban en informes periódicos para los directivos y el equipo de crecimiento, de modo que todo el mundo podía seguir la pista a los competidores. Fue lo primero que Emily White comprobó cuando el *Wall Street Journal* dio la noticia, muchos meses después de las reuniones de Zuckerberg, de que Facebook había intentado comprar Snapchat por 3.000 millones. Y fue lo primero en lo que pensó cuando recibió en su móvil un mensaje muy agresivo de una empresa de selección de personal.

Dicha persona le dijo que tenía una oportunidad única en la vida, un puesto de directora de operaciones, y que si no le devolvía la llamada enseguida no la llamaría otra vez.

—Oye —dijo ella cuando hablaron—, me encantaría contar con tu ayuda en algún momento, pero como dentro de cinco años, no ahora mismo.

Cuando colgó, pensó en lo que él le había dicho. El cazatalentos había mencionado que era una startup orientada al consumidor que crecía muy rápido y que no estaba en el norte de California. White se dio cuenta de que sabía muy bien de qué empresa se trataba y empezó a emocionarse un poco.

Se había pasado toda la vida trabajando bajo las órdenes de Sheryl Sandberg, primero en Google y después en Facebook. La mitad del tiempo en Instagram estaba capeando intrigas internas, y en ese momento se preguntó hasta dónde podría llegar sin la influencia de Sandberg. Sin embargo, no quería irse a la competencia.

Los datos de Onavo mostraban que el uso de la aplicación de Snapchat y de Instagram no eran competitivos, pero sí que había cierta correlación: si alguien usaba Instagram, seguramente usara también Snapchat. White se dijo que tal vez la startup de Spiegel estuviera llenando un vacío en las redes sociales, creando un lugar en el que las personas pudieran ser más informales, como complemento a lo que podían alcanzar en Instagram.

Habló con su marido.

«La gente que no asume riesgos trabaja para quienes sí lo hacen», le dijo él. De modo que llamó de nuevo al encargado de personal y le dijo que estaba interesada.

Sin embargo, los datos no le contaron a White toda la verdad acerca de la competitividad. De hecho, Snapchat se estaba convirtiendo en la primera amenaza grave a la que Instagram se había enfrentado desde sus comienzos. Acababa de lanzar Historias, que ofrecía una plataforma para llegar a más gente que los mensajes directos. E Instagram estaba a punto de lanzar los mensajes directos, su primera herramienta para enviar publicaciones a una persona en vez de colgarlas para todos los seguidores.

Cuando White abandonó su puesto para ocupar el de directora de operaciones de Snapchat, la confianza de Systrom se resintió. Se había pasado muchísimos días discutiendo las ideas con ella, viajando con ella, planificando el modelo de negocio con su ayuda... Aceptarla en un puesto directivo fue como aceptar y confiar en Facebook. En ese momento se sentía, en cierto modo, paralizado por las dudas acerca de las decisiones que había tomado, sobre todo en lo referente a la gente en la que había decidido confiar. La mayoría de las personas a las que White había contratado eran extrabajadores de Facebook. Después de su marcha, Systrom canceló las reuniones de preguntas y respuestas con el personal una temporada. Durante dos meses, empezó a llegar tarde al trabajo y dejó en suspenso sus planes de contratar a más gente.

Zuckerberg también tenía sus propios problemas. Dado que la marcha de White no lo afectaba de cerca, le preocupaba, como de costumbre, la constante campaña de dominación de Facebook y la necesidad de alejar una pérdida de relevancia inevitable. Facebook estaba a punto de cumplir diez años como empresa, y casi la mitad de la población mundial usaba el producto. La proporción era mayor si se obviaba China, donde el Gobierno había bloqueado el acceso a Facebook. De modo que, suponiendo que siguieran creciendo y sumaran más gente en el mundo, ¿qué harían después? Si recibían más rechazos como los de Snapchat, si no podían comprar a más empresas como Instagram, ¿cómo iban a crecer?

En primer lugar, Zuckerberg intentó que sus propios empleados desarrollaran competidores más interesantes para Facebook, dentro de la misma empresa. No podía depender solo de la información que le proporcionaba Onavo para saber con tiempo qué productos estaban a punto de salir al mercado, ni dar por hecho que podría comprarlos. Necesitaban crear el siguiente Snapchat, o Vine, ellos mismos. En diciembre de 2013, la empresa albergó un hackatón de tres días —un evento para desarrollar nuevas ideas para aplicaciones— a fin de darle un empujón a una nueva iniciativa que la empresa llamó Creative Labs, que sería su propia aceleradora de startups. Del evento salieron unas cuarenta ideas,[20] ninguna de las cuales tendría más éxito que Poke, que acabó desapareciendo.

En segundo lugar, Zuckerberg lanzó una iniciativa para que más personas usaran internet, con la idea de que serían usuarios potenciales de Facebook. Creó una división llamada «internet.org», que tenía cierto tufillo a organización sin ánimo de lucro; esta división sería la encargada de averiguar cómo llevar la conexión a internet a zonas remotas del planeta, usando drones, láseres o cualquier otra cosa que se le ocurriera al equipo.

Y en tercer lugar, Zuckerberg se dio cuenta de que tenía otra arma secreta: el propio Systrom. De la misma manera que los anuncios de Instagram habían brindado a Facebook la oportunidad de reparar sus relaciones, la aparente independencia de Instagram dentro de Facebook podría ser un punto clave para los fundadores que estuvieran tentados de unirse a ellos. Systrom llevaba una vida que envidiaban otros fundadores a los que Facebook quería contratar. Zuckerberg podía ofrecerle a alguien que estuviera en una posición parecida a la de Systrom en 2012 —con un producto popular o un plan de negocio incierto o inexistente— una forma de continuar dirigiendo las cosas y de mantener el título de director ejecutivo, sin riesgo económico y con toda la red y la infraestructura que Facebook podía ofrecer.

Después del fracaso con Snapchat, Zuckerberg pidió ayuda a Systrom para comprar la siguiente aplicación en la que había puesto el ojo: WhatsApp, una aplicación de mensajería con 450 millones de usuarios mensuales repartidos por todo el mundo. Según los datos de Onavo, era especialmente potente en aquellos países en los que Facebook no tenía una posición dominante.

Systrom se prestó a ayudar a Zuckerberg a vender la idea. A principios de 2014 cenó sushi con Jan Koum, el director ejecutivo de WhatsApp, en el Nihon Whisky Loung de San Francisco. Lo convenció de que Facebook era un buen socio, de que era improbable que arruinara lo que hacía que WhatsApp fuera tan especial.

Koum era famoso por su carácter desconfiado, ya que se había criado bajo la vigilancia soviética en Ucrania. Había creado una aplicación que estaba cifrada de extremo a extremo, de modo que las conversaciones entre la gente no eran accesibles para nadie: ni para la policía ni para su propia empresa. Había prometido a sus usuarios «nada de anuncios, nada de juegos y nada de trucos», solo una herramienta sencilla por cuyo uso tenían que pagar un euro al año. Sería difícil confiar ciegamente en Facebook, donde el control de los datos de sus usuarios alimentaba el motor de la publicidad.

Systrom dijo lo suficiente para convencer a Koum de que la promesa de independencia de Facebook era real. Su cofundador, Brian Acton, y él podrían mantener sus valores en la empresa de redes sociales pese a su modelo de negocio publicitario.

Sin embargo, tal vez fue el dinero, más que las palabras de Systrom, lo que convenció a Koum. Cuando se anunció el acuerdo, todo el mundo en Instagram volvió a quedarse de piedra. El precio era la increíble cifra de 19.000 millones de dólares. Además, Koum tendría un puesto en la junta directiva de Facebook y WhatsApp mantendría sus oficinas en una ciudad cercana llamada Mountain View, con unos cincuenta trabajadores que ahora eran muy ricos.

Entre eso y las ansias por comprar Snapchat, de repente no quedaron dudas de que Instagram realmente valía 1.000 millones de dólares para Facebook. De hecho, a Systrom no paraban de preguntarle —la prensa, sus colegas de la industria y la gente en general— si no había vendido demasiado pronto.

7

Nuevos famosos

«Hay muchos productos que son un icono.
Coca-Cola es un icono. Instagram no solo es un icono.
Es un fenómeno.»[1]

GUY OSEARY, representante de Madonna y U2

A finales de 2012 Charles Porch visitó a Randi Zuckerberg, la hermana mayor de Mark.

Porch, que se encargaba de las relaciones de Facebook con los famosos más rutilantes, necesitaba consejo laboral. ¿Debería intentar unirse al reducido grupo de Instagram, que acababa de instalarse en la sede central de Facebook? Instagram solo tenía 80 millones de usuarios registrados, nada comparado con los 1.000 millones de usuarios de Facebook. Pero Porch ya tenía la sensación de que se convertirían en el principal destino de la cultura pop de internet.

Mientras descansaban en el patio de su casa de más de quinientos metros cuadrados en Los Altos, bebiendo vino rosado, la pregunta revivió antiguas frustraciones.

Randi Zuckerberg fue una de las primeras trabajadoras de Facebook. Desde 2009, cuando la administración del presidente Barack Obama decidió que Twitter sería uno de sus principales medios de comunicación con los ciudadanos estadounidenses, se preguntó si era posible que Facebook tuviera un papel parecido en el mundo. ¿Podría ser la web de su hermano menor la que priorizaran los famosos, los músicos e incluso los presidentes para hablar con su público? Además de sus responsabilidades como directora de marketing, desarrolló una estrategia para conseguir que los famosos publicaran más.

Sin embargo, su plan se topó con dos obstáculos casi infranqueables: los famosos más importantes no estaban interesados, y Facebook tampoco. En otoño de 2011, unos cuantos meses después de contratar a Porch, ella dejó el cargo.

Randi Zuckerberg, una morena de metro setenta, era tan efusiva y alegre como Mark Zuckerberg era robótico. El empapelado de su comedor era de color morado y salpicado de enormes labios rojos, y alrededor de la mesa había un sinfín de sillas de diferentes estilos y tamaños.[2] Disfrutaba al hablar en público y creció creyendo que sería cantante de ópera.

Contrató a Porch cuando este trabajaba para Ning, una empresa que creaba minirredes sociales para los seguidores de los famosos, en 2010. Porch, calvo, pálido, con las paletas un poco separadas y una personalidad cautivadora, tenía una memoria enciclopédica para los nombres, las caras y el funcionamiento de las redes entre los famosos. Mucho antes de que el término *influencer* estuviera en boca de nadie, sabía con quién tenía que almorzar en Los Ángeles si quería que todas las madres famosas usaran una función nueva de Facebook.

Randi Zuckerberg y Porch experimentaron con todos los tipos de eventos en los que aparecían personajes públicos en la red social y volaron juntos a más de una docena de ciudades mientras ella estaba embarazada de su primer hijo. ¿Facebook tendría más público si Bono retransmitía en directo desde el Foro Económico Mundial? ¿Y si la presentadora de CNN Christiane Amanpour hacía un vídeo de la Primavera Árabe? ¿Iban a necesitar representar a Facebook en los Globos de Oro? ¿Quizá retransmitir en directo con la cantante Katy Perry?

Hicieron todo eso. Los usuarios de Facebook creyeron que la estrategia era nepotismo frívolo: la hermana del director ejecutivo gastaba el dinero de la empresa en hacerse amiga de famosos. En una empresa con ingenieros en lo más alto, no quedaba claro que estas colaboraciones contribuyeran directamente a su crecimiento.

Atraídos por el apellido Zuckerberg, los famosos aceptaban los encuentros. Pero los abrumaba Facebook, el funcionamiento de su página de seguidores, los *like*, los algoritmos y las publicaciones promocionadas..., de modo que dejaban la cuenta en manos de su personal.

En un momento dado, los miembros del grupo Linkin Park dijeron que ni siquiera sabían si tenían derecho a tocar su música en un vídeo de Facebook, dado que no sabían quién se encargaba de su página de seguidores. En otra ocasión, William Adams, más conocido como will.i.am de los Black Eyed Peas, se levantó de la mesa de reuniones donde estaba sentado con Randi Zuckerberg y Porch y empezó a caminar por allí jugando con el móvil mientras ellos continuaban con su argumentación. «Nos estamos dando cabezazos contra la pared», pensó Randi.

Randi abandonó la empresa antes de su salida a bolsa, después de seis años trabajando en ella.[3] Porch siguió en su empeño, hacía de guía para estrellas tan rutilantes como Rihanna en su visita por la sede central de Facebook, pero no tuvo demasiado eco. La gente usaba Facebook para hablar con sus amigos y familiares y para compartir enlaces, no para seguir a los famosos.

Aquel día de 2012, en la casa de Los Altos, después de un par de copas, lo decidieron juntos: Instagram era el mejor paso para Porch. Pese al escepticismo de muchos respecto a la empresa de su hermano, Instagram había acertado con los famosos y con cómo su participación podía ayudar a cimentar el poder de un producto en la cultura pop.

Había indicios prometedores de que Instagram era el lugar adecuado para poner en práctica esa estrategia. Las estrellas que ya usaban la aplicación gestionaban en persona su cuenta en vez de contratar a un equipo para que lo hiciera. La red no requería de una página de seguidores aparatosa, como en Facebook, ni de un comentario sesudo de 140 caracteres, como en Twitter. Los famosos podían publicar una foto cuadrada y llegar de inmediato a todas las personas que querían.

Randi Zuckerberg tenía más razón de la que creían. Instagram dejaría atrás sus raíces como lugar creativo para fotógrafos y artistas. Se transformaría en una herramienta para mejorar y capitalizar la imagen pública, no solo de personajes famosos, sino de todo el mundo. Cada cuenta de Instagram tendría la oportunidad de ser no únicamente una ventana a la experiencia vital de otra persona —tal como idearon los fundadores en sus comienzos—, sino también una operación mediática individual. El cambio conllevaría el nacimiento de la economía de la influencia, con toda la actividad interconectada de Instagram como nexo, en un territorio que ni Facebook ni Twitter habían explorado.

Llegar hasta allí, hasta ese territorio inexplorado, comenzó con Porch entre bambalinas, influyendo en los que pronto serían influencers, llevándolos de la mano y preparando la estrategia muchas copas de vino mediante.

Porch, el hijo gay de una madre francesa y un padre estadounidense, creció hablando francés e inglés, ya que su familia pasaba tiempo en ambos países. Debido a que su hermana no podía comunicarse verbalmente a causa de una discapacidad, aprendió a interpretar muy bien las expresiones y las emociones. Absorbió las lecciones de estrategia de su padre, que enseñaba historia militar. No tenían televisión por cable en casa, de modo que la familia escuchaba música clásica. Por sorprendente que parezca, sobre todo teniendo en cuenta sus posteriores correrías en Hollywood, apenas estuvo expuesto a la cultura pop. Durante tres años intensos, Porch fue alumno de una escuela coral en Princeton, New Jersey.

Se graduó en desarrollo internacional en la Universidad McGill, en Montreal, con la idea de convertirse en diplomático. Sin embargo, se vio atraído de nuevo por la música, aunque por una muy distinta a la de su infancia. Se mudó a Los Ángeles en 2003 y consiguió un puesto en prácticas a través de Craiglist en Warner Bros. Records, donde le encargaron la tarea de buscar formas de dar publicidad en los boletines en línea a los nuevos discos de estrellas como Madonna, Red Hot Chili Peppers o Neil Young.

Una de las asistentes en Warner era Erin Foster, hija del productor y compositor canadiense David Foster, que acababa de trabajar en discos para Josh Groban y Michael Bublé. Por culpa de su padre, Foster no tenía mucho trabajo y, aburrida, siempre intentaba que Porch se escabullera con ella para ir al Starbucks que había en la acera de enfrente. Él solía protestar, ya que quería dar buena impresión en el trabajo, pero con el tiempo se hicieron muy buenos amigos.

Los Foster, que tenían muchos contactos en Hollywood gracias a los contratos musicales y que estaban emparentados con las Jenner-Kardashian por uno de los matrimonios de David Foster, se convirtieron en una segunda familia para Porch, pero en un universo diametralmente opuesto al de su familia biológica, que se había instalado en una ciudad costera a seis horas hacia el norte.

«Cuando le presentaba a gente de mi entorno, ya fueran famosos o familias muy conocidas, Charles ni pestañeaba», recuerda Foster.[4] Dado que iba de un mal novio a otro, su vida personal era una montaña rusa y confiaba en la estabilidad de su amigo. «Consigue que la gente se sienta cómoda porque él lo está. Y creo que es muy intuitivo a la hora de averiguar las necesidades y los deseos de los demás.»

A lo largo de los años, primero en Warner y luego en Ning, y gracias a los amigos de los Foster, Porch descubrió que era importante conseguir que los famosos confiaran en él ayudándolos a navegar por la nueva y confusa frontera digital, no solo dando una charla. Eso estaba bien antes de que los famosos supieran que necesitaban una estrategia digital. Habló largo y tendido sobre la idea de construir una base de seguidores en internet con Zooey Deschanel, Jessica Alba o Harry Styles antes de que fuera su trabajo, o el de otra persona. Durante su siguiente puesto en Ning, consiguió que se apuntaran tantas personas como en Twitter, donde no trabajaba, después de escuchar a la gente hablar de lo que quería conseguir.

Cuando llegó a Facebook, Porch ya había desarrollado una teoría sobre cómo atraer a los personajes públicos hacia las redes sociales. Encontraría la forma de hablar con los famosos en persona, sin rodeos, sobre sus objetivos, en vez de hacerlo a través de discográficas o representantes. Sabía cómo hacer que sus publicaciones digitales parecieran personales y naturales. Si los famosos aireaban algunas de sus experiencias personales o sus pensamientos, crearían un vínculo con sus seguidores. La conversación en internet haría que los famosos controlaran su propia imagen de marca personal, aumentando así su importancia y, por tanto, su potencial comercial.

Pocos días después de hablar con Randi Zuckerberg, Charles Porch se acercó a la mesa de Kevin Systrom y le explicó su plan. Iría a por los usuarios más activos de Twitter y de YouTube y luego intentaría que empezaran a publicar fotos en Instagram. Y mientras tanto se aseguraría de que las estrellas de la casa —los que afloraban de la lista de usuarios sugeridos y otros— consiguieran más apoyo directo de la empresa.

Porch ya tenía una lista de deseos con los nombres de las personas que esperaba que abrieran cuenta en Instagram, desde Oprah Winfrey hasta Miley Cyrus. Una vez que las estrellas comprendieran lo que podían hacer con ella, su público las seguiría, de la misma forma que lo habían hecho con Selena Gomez y Justin Bieber. Y luego más estrellas seguirían a los líderes de su industria y usarían la plataforma, y más seguidores, y así sucesivamente. Los personajes públicos necesitaban Instagram, e Instagram los necesitaba…, o al menos ese era el eslogan.

Systrom no conocía a Porch, y su entusiasmo supuso una agradable sorpresa. El director ejecutivo titubeó al principio ante la idea de tener a famosos en Instagram, pues creía que su aplicación era más para lo que la gente experimentaba y veía que para la autopromoción. Sin embargo, era consciente de que la comunidad tenía que evolucionar conforme fuera creciendo y de que, si iba a suceder de todas maneras, bien podía ser Instagram quien le diera forma. Systrom siempre había admirado a las personas que eran las mejores en lo suyo, desde los chefs hasta los DJ que pinchaban música electrónica. No estaba muy puesto en cultura pop, pero Porch podía encargarse de eso.

Systrom y Amy Cole, la directora de desarrollo comercial, siempre estaban de guardia para ayudar cuando había un personaje importante implicado, desde LeBron James hasta Taylor Swift, y sin duda necesitaban a alguien que se encargara de ese trabajo. Siempre que las publicaciones de los famosos no fueran demasiado publicitarias, podrían ofrecer a los usuarios de Instagram una visión de mundos antes inaccesibles, de la misma manera que la aplicación les había permitido observar la vida de los pastores de renos y las creaciones de los artistas del café. Los famosos administraban sus comunidades como lo hacía Instagram y podían ayudar a que sus seguidores usaran la aplicación.

Porch creía que la comunidad de la moda sería clave para llegar a ese punto medio entre la cultura visual de Instagram y la cultura dominante. Las blogueras de moda ya usaban la aplicación, de manera que Instagram solo tenía que convencer a las Anna Wintour del mundo para que los tomaran en serio. Una vez que la moda se subiera al carro, los grandes nombres de Hollywood también lo harían. Luego los seguirían los músicos. Y también las estrellas del deporte. Todas las industrias de cara al público estaban conectadas, les explicó.

La primera prueba de Porch tuvo lugar en la Semana de la Moda de Nueva York, en febrero de 2013. La víspera del inicio del evento, se encargó de que hubiera una presencia básica de Instagram en el pabellón principal del Lincoln Center, con dos pantallas y delimitando la zona con un pequeño grabado en madera del logo de Instagram. Si la gente se hacía una foto allí, aparecerían en las pantallas.

«Ojalá que a Amy Cole le guste», pensó Porch, consciente de que los instagrameros tenían una idea muy concreta del aspecto y las sensaciones que provocaba su marca.

Al día siguiente, cuando fue al pabellón, vio una multitud agolpada alrededor del lugar que ocupaba Instagram, todos emocionados al ver sus fotos aparecer en las pantallas. En aquel momento, los fotomatones con filtros eran todavía una novedad. Modelos, diseñadores y blogueros parecían igual de dispuestos a participar en la experiencia que ofrecía Instagram.

Ese fue el momento en que Porch supo que estaba trabajando con algo grande, algo que funcionaría con solo dar un empujoncito y estrechar la mano a las personas adecuadas. Su estrategia se basaba en encontrar a los primeros creadores de tendencias con los que trabajar; sabía que, después de eso, su éxito en Instagram crearía presión en sus colegas.

Para que su plan funcionara, esos personajes claves tenían que conocer a la persona a cargo de Instagram y confiar en ella. Tenían que sentir que estaban apoyando a alguien que les cayera bien, alguien que pudiera contestar sus preguntas, de modo que no pareciera una obligación. Por suerte para Porch, Systrom, a diferencia de Mark Zuckerberg, estaba dispuesto a hacer de las relaciones públicas una prioridad.

Systrom y Porch viajaron juntos por primera vez a Los Ángeles en 2013 con una función nueva para atraer a los famosos: la verificación. Instagram copiaba sin tapujos una función que ofrecía Twitter: añadir una marca azul junto a las cuentas para certificar que la persona que había al otro lado era quien decía ser. La marca de verificación había empezado como una medida de protección contra la suplantación de identidad, pero pronto se convirtió en un símbolo de estatus. Si contabas con la verificación de Twitter, eras tan importante que alguien podría querer suplantar tu identidad.

En aquella época, si querías verificar tu identidad en Instagram, la única manera era conocer a alguien de la empresa. Al igual que Facebook y Twitter, Instagram no tenía servicio de atención al usuario ni un número de teléfono al que llamar, lo que actuaba como incentivo extra para conocer a las personas que trabajaban allí. Eso hizo que la marca de verificación fuera especial, daba la impresión de que equivalía a que Instagram aprobaba las publicaciones de la personan en cuestión, aunque esa no fuera la intención de la empresa.

Ashton Kutcher, el actor, y Guy Oseary, el representante de Madonna, mantenían contacto con Systrom desde 2011, cuando visitaron la empresa y quisieron invertir en ella, el mismo año que Systrom les salvó la vida a Kutcher y a sus amigos cuando el incendio de la cabaña. En ese momento la relación podría ser valiosa para otros amigos de ambos. De modo que Kutcher y Oseary accedieron a organizar una fiesta para Instagram en el patio trasero de la mansión de Oseary en Beverly Hills, a la que invitaron a docenas de personas que querían conocer a Systrom, entre ellas Harry Styles y los Jonas Brothers. La mayoría de los invitados llegaron sin sus representantes. Instagram contribuyó con las bebidas y los canapés. En un momento dado, después de dar unos golpecitos a su copa de cristal, clinc, clinc, clinc, Systrom se presentó como el director ejecutivo de Instagram, con Porch a su lado.

Durante el resto de la velada, la gente se acercaba a él y le preguntaba por qué debería usar la aplicación; aquellos que ya lo hacían explicaron cómo se sentían. Algunos dijeron que Instagram les permitía hablar directamente con sus seguidores, pero también con sus amigos. Otros expresaron su preocupación al ver los comentarios hirientes en algunas de sus publicaciones. Algunas estrellas intercambiaron su teléfono con Systrom y le prometieron que se pondrían en contacto con él si necesitaban ayuda o si creían que se podía mejorar algo en la aplicación.

Si bien los músicos estaban acostumbrados a venderse, no se podía decir lo mismo de las estrellas de cine.

«Intentar vender en Hollywood que esto sería valioso fue muy difícil», recuerda Kutcher. «A un actor no le interesa demasiado que la gente sepa cómo eres como persona porque entonces les cuesta más imaginarte interpretando un personaje.» Sin embargo, Kutcher creía que era inevitable que en la era digital incluso las estrellas de cine dejaran de ser misteriosas, porque con el tiempo las decisiones en los castings quedarían eclipsadas por la capacidad de conseguir espectadores para una película, tal como sucedía con sus seguidores en Twitter. «Parecía evidente en la industria del entretenimiento que algún día la gente valoraría a quienes los entretenía en función de su capacidad para vender el producto en el que aparecían», explicó Kutcher.

Al principio, Systrom se sintió fuera de lugar entre tantos famosos; la sensación le recordó al tiempo que pasó en el internado de Middlesex, donde sus compañeros tenían yates, casas de verano y parientes que salían en las noticias. Sin embargo, a medida que planteaba preguntas, escuchaba historias y descubría las inseguridades de esas personas, se dio cuenta de que todos los presentes en esa fiesta intentaban ser mejores en su trabajo. Podían ayudarse mutuamente.

Instagram animó a los famosos a usar la aplicación para documentar lo que veían en su día a día, arrebatar el poder a los paparazis y tomar el control de su propia historia. Sin embargo, que las estrellas publicaran en Instagram requería de un equilibrio muy sutil, diferente de lo que ofrecían los paparazis: si los famosos solo se conectaban para anunciar cuándo se estrenaba una película o se presentaba un disco, sus seguidores lo entenderían como mera publicidad. Si incluían ese contenido junto con publicaciones sobre su vida cotidiana, parecerían más cercanos y así sus seguidores estarían más dispuestos a contribuir a su éxito comercial.

Las estrellas estaban acostumbradas a que les pagaran por las fotos que aparecían en las revistas. Sin embargo, Instagram no compensaría a nadie…, al menos de forma directa. Porch dijo que su equipo estaba dispuesto a aconsejar sobre todos los proyectos relacionados con Instagram, a actuar como consultores gratuitos para aquellos que supieran a qué número llamar. «Si no vas a ser bueno con Instagram, no lo hagas», era su consejo. Esa frase hizo que crecieran la confianza… y la intriga. (Al final, los famosos aprendieron a ganar dinero con su cuenta de Instagram, pero la idea parecía de mal gusto por aquel entonces.)

Oseary observó a Systrom en la fiesta y se dio cuenta de que no parecía que estuviera haciendo negocios. Al contrario que otros personajes de la industria tecnológica, era un hombre muy agradable, se comportaba más como si estuviera haciendo amigos que como un vendedor, como si de verdad intentara entender el efecto de la aplicación en sus usuarios más ilustres. Costaba mucho imaginar a Mark Zuckerberg relacionándose en una fiesta de ese modo, rodeado por su equipo de relaciones públicas y por una seguridad mayor que la del Servicio Secreto.

Pero aunque Systrom se lanzó de cabeza a la cultura de los famosos, también podía mostrarse muy ignorante al respecto. Una chica morena y bajita le explicó en la fiesta que le encantaba usar Instagram, pero que creía que ejercía mucha presión sobre los jóvenes, que podían ser muy crueles con los demás en internet. Dado que las estrellas tenían muchísimos más seguidores, las ventajas y las desventajas de la aplicación podían ser extremas. Esa chica imaginaba perfectamente el acoso que sufrirían sus seguidores en los comentarios de sus fotos, algo para lo que Instagram no tenía solución.

«¿Y a qué me has dicho que te dedicas?», le preguntó Systrom desde su más de metro ochenta. Ella sacó el móvil y le mostró su perfil de Instagram. Era una estrella del pop con unos 8 millones de seguidores, y se llamaba Ariana Grande.

Algunos famosos no se fiaron de la palabra de Instagram sobre el valor de la aplicación, sino que decidieron investigar por su cuenta y preguntar a los compañeros de profesión que la usaban desde hacía tiempo. Kris Jenner, matriarca y jefa del programa de televisión de la familia Kardashian-Jenner, recibió muchas llamadas de sus amigos de la alta sociedad entre 2013 y 2014. Le preguntaban por qué sus hijas estaban tan pendientes de Instagram.

«Muchos creían que sin un poco de intimidad y misterio no resultarían interesantes», me explicó Kris Jenner.[5] «Muchas personas en el negocio del entretenimiento solo querían compartir cosas si les hacían una entrevista como las de toda la vida o si salían en algún programa de televisión.»

Dado que la familia Kardashian-Jenner ya había compartido la mayor parte de su vida en televisión, no tenía el menor reparo en compartirla en internet. Un par de años después de que el programa empezara a emitirse en 2007, su productor, Ryan Seacrest, llamó a Kris Jenner para sugerirle que su hija más famosa, Kim Kardashian, empezara a hablar con sus fans en Twitter. Ella lo hizo, aprendió qué funcionaba y qué no y se lo enseñó al resto de la familia.

En 2012 Kim Kardashian se unió a Instagram, ya que quería repetir el éxito de Twitter en un mercado nuevo. Su público estaba encantado de tener la oportunidad de seguirla más allá del programa y de ver más su icónica y controvertida silueta de guitarra. A medida que los miembros de la familia acumulaban millones de seguidores, Instagram se convertía en su principal herramienta para sostener la marca, eclipsando a Twitter en relevancia debido a la inmediatez y a la intimidad que proporcionaban las imágenes.

Cuando Porch y Systrom estuvieron en Hollywood prometiendo el control personal de su propia marca a las estrellas que usaran Instagram, no mencionaron de manera explícita el potencial de obtener ingresos extra al hacer otras publicaciones con marcas y productos. Sin embargo, Kim Kardashian sabía que era posible.

A principios de la década de los 2000, Kim Kardashian había aprendido de su amiga Paris Hilton a usar la fotografía para crear una marca. Paris lo había aprendido de su representante de aquel entonces, Jason Moore, que había diseñado un complicado sistema para manipular a los medios de comunicación en la era pre-Instagram. Moore fue el creador de la idea moderna de que alguien podía ser famoso por el mero hecho de serlo y montar descaradamente un negocio alrededor de esa idea.

En el programa *The Simple Life*,[6] Paris Hilton interpretaba el papel de una rubia rica y tonta, una personalidad que, años más tarde, diría que al menos en parte era invención de los productores del programa. Fuera como fuese, estuvo dispuesta a seguir el plan para hacer del mundo entero —no solo donde se grababa el programa— un escenario. Un vídeo sexual filtrado a la prensa la lanzó a las revistas de cotilleos, y allí se quedó. Moore pasaba información a los paparazis sobre dónde iba a estar y entablaba relaciones con fotógrafos de confianza, alimentando así un ciclo constante de noticias de famosos, posible de repente gracias al aumento de los blogs en internet. Nuevos sitios de noticias, como *PerezHilton* y *TMZ*, vivían de los dramas de Paris Hilton.

Cuando Moore miraba a Paris, veía su oportunidad de moldear a una persona para convertirla en una marca, una clase de marca nueva, no como el imperio de comunicación de Oprah o como la carrera de actrices de las gemelas Olsen. En la universidad, Moore se pasó un semestre pensando en el éxito de Barbie, la muñeca de Mattel. «Empecé a imaginarme qué pasaría si Barbie pudiera andar y cagar», recordó Moore.[7] «¿Cuál sería su marca? Porque ahora mismo Barbie es un estilo de vida. Es una mujer con una vida glamurosa, que vive en una casa fantástica y tiene complementos estupendos. ¿Por qué conquistó eso a Estados Unidos, a todo el mundo y a la juventud?»

Moore intentó convertir todo lo que hacía Paris Hilton en un negocio que daba dinero, incluso llegó a registrar la frase «That's hot!», que Hilton solía decir en el programa, de modo que pudieran vender camisetas con ella. Pronto Paris sacó una gama de perfumes, una colección de ropa y proyectos filantrópicos: había convertido el «ser famoso por ser famoso» en una forma de emprendimiento. En una sociedad sin redes sociales ni iPhones para mostrar el entusiasmo de los seguidores, Moore se llevaba su propia videocámara por el mundo para crear vídeos de Paris Hilton llegando a ciudades nuevas y lanzando productos, de modo que pudieran editarlos y presentar las grabaciones a potenciales socios comerciales. Al ver a Paris Hilton con sus seguidores acérrimos, las marcas comprendieron el valor de asociar su nombre con sus proyectos.

Paris tenía dinero, de modo que, cuando necesitaban controlar de verdad su mensaje, lo usaban. Moore le pagaba a un paparazi para que se pusiera un pañuelo verde y así ella supiera a qué cámara mirar cuando salía de su casa, de un club o, en un momento dado, de la cárcel. Luego Moore negociaría de forma anónima vender la foto a una web de noticias de famosos. «Después, quien lo hubiera publicado nos preguntaba si queríamos hacer comentarios... y en ningún momento sospechaban que estábamos detrás de todo», me explicó Moore.[8] «Los paparazis, básicamente, generaban la publicación diaria de Paris en Instagram y ese programa de televisión era la historia semanal de Instagram.»

Entretanto, Kris Jenner se dio cuenta de que la forma más rápida de conseguir la fama era asociarse con más personas famosas (el concepto la ayudaría más adelante a convertir en miniestrellas de Instagram a los estilistas, los entrenadores y los maquilladores que trabajaban con su familia). De modo que en 2006, antes de que *Las Kardashian* empezara a emitirse, llamó a Moore para preguntarle si Paris Hilton y Kim Kardashian podían hacer más apariciones públicas juntas, ya que su hija quería lanzar un negocio de ropa llamado Dash. Kim Kardashian era una chica morena con muchas más curvas, que atraería a un tipo de consumidor muy distinto, pensó Moore. Le dijo a Kris Jenner que no había ningún problema.

Los vídeos y las fotos de Paris Hilton, muy cuidados, alimentaban su negocio. Así que, cuando plataformas digitales como YouTube o iTunes se pusieron en contacto con ella para transmitir sus vídeos o su música a cambio de nada, Moore los despachó. «Estábamos acostumbrados a cobrar cientos de miles de dólares por cada foto», me explicó Moore. «¿Por qué íbamos a hacerlo gratis?»[9]

Sin embargo, Kris Jenner y Kim Kardashian, que seguían intentando aumentar su fama cuando apareció Twitter, no ganaban tanto dinero con las fotos filtradas. Se dieron cuenta de que podían montar un negocio mucho mayor en las redes sociales creando su propia versión de la marca Hilton inspirada en su forma de vida y después vendiendo anuncios basados en el público, tal como Moore hacía manualmente. En vez de filtrar fotos a la prensa, pagar a los paparazis o hacer vídeos para las marcas, podían publicar fotos de ellas mismas en Instagram para consumo de un público potencial muchísimo mayor que la tirada de cualquier revista de cultura pop. Con el tiempo, a medida que fueran asociando productos a su fama, conseguirían información sobre lo que la gente quería comprar antes incluso de desarrollar lo que querían vender. Kim Kardashian preguntaba a sus seguidores de qué color querían que fueran los botes de su perfume y conseguía su respuesta a través de votaciones instantáneas.

Sin embargo, esta dinámica era invisible para la mayoría de los famosos que todavía no usaban Instagram. Kris Jenner recuerda una conversación con un famoso muy conocido que, al igual que algunos de los que asistieron a la fiesta de Oseary, dudaron del valor de tener seguidores. «Está bien formar parte de las dinámicas sociales de lo que pasa en Instagram, pero, al mismo tiempo, si tienes muchos seguidores y quieres entrar en el negocio de venderles algo, tienes a un público instantáneo allí mismo, dispuesto a unirse a la fiesta», reflexionó Kris Jenner.[10]

Las Kardashian aceptaban grandes sumas de dinero de las marcas para incorporar sus productos a sus publicaciones y, como Snoop Dogg en 2011, solían olvidarse de decir que estaban ganando dinero con ello. La ausencia de transparencia hacía que las publicaciones no parecieran tanto un anuncio como un consejo útil… y los organismos reguladores en Estados Unidos tardaron mucho en darse cuenta de estas prácticas.

Dado que los consumidores sienten mucha más atracción por comprar algo si un amigo o un familiar lo recomienda,[11] en contraposición a los anuncios o a las reseñas de productos, estas publicaciones tan ambiguas eran efectivas. Las Kardashian, que habían creado una base de fans al mostrarse vulnerables en televisión y luego en Instagram, consiguieron que sus seguidores tuvieran la sensación de que la familia Kardashian eran sus amigos y no un grupo de comerciales que se aprovechaban de sus hábitos de consumo. Su apoyo en Instagram tenía tanta fuerza que cualquier cosa que recomendaban se agotaba enseguida, ya fuera maquillaje, ropa o productos de bienestar con mala fama, como sus tés dietéticos o unos corsés modernos llamados «adiestradores de cinturas». El imperio Kardashian en Instagram era como el Club de Lectura de Oprah a finales de 1990, pero con una superinyección de silicona.

Los influencers como las Kardashian ayudaban a las marcas a superar los peligros del comercio en línea. Con el ascenso de Amazon y otros, los consumidores tenían muchas opciones de compra distintas. Antes de hacer una compra, se pasaban mucho tiempo leyendo reseñas o buscando la mejor oferta. Las publicaciones de marcas en Instagram ofrecían la oportunidad única de que los consumidores tomaran una decisión espontánea, ya que, debido al apoyo de una persona de confianza, pensaban que tomaban una decisión bien informada, incluso sobre productos tan poco creíbles como un adiestrador de cinturas.

En la actualidad, Kim Kardashian West tiene 157 millones de seguidores y gana alrededor de un millón de dólares por cada publicación. Paris Hilton acabó uniéndose a Instagram y ahora tiene 11 millones de seguidores. Porch ahora tiene trabajadores en Los Ángeles que responden a las preguntas de los famosos, como las Kardashian, y solucionan sus problemas directamente, mientras que la mayoría de los usuarios de la aplicación se las tienen que apañar como pueden.

Años más tarde, cuando millones de personas ya eran instacelebrities y publicaban contenido patrocinado, mirar las cuentas de la élite de Instagram empezaría a ser como visitar una realidad paralela en la que todo lo malo se podía solucionar comprando algo. Había famosillos que fingían ser vulnerables para vender unos productos que supuestamente les encantaban y que, a su vez, sustentaban un estilo de vida que fingían que era real. El sinfín de publicaciones promocionadas manipulaba a las masas hasta el punto de que se sentían mal por su vida anodina. Ese efecto deprimía a algunos de los primeros trabajadores de Instagram, que habían ansiado crear una comunidad centrada en la apreciación del arte y la creatividad y que tenían la sensación de que habían creado un centro comercial.

Sin embargo, ese futuro solo se impondría después de que un número suficiente de instagrameros hubiera alcanzado la fama. Y en 2013 darles a los usuarios la oportunidad de conseguir muchos seguidores en Instagram parecía maravilloso y poderoso. Instagram no solo era para los famosos, era para todo el mundo. Los empleados de Instagram creían que la aplicación era una fuerza democratizadora, ya que permitía a las personas normales y corrientes saltarse a los guardianes de las diferencias entre clases sociales y mostrar sin más que merecía la pena invertir en ellas, debido a la cantidad de seguidores que tenían. El número de seguidores en Instagram se convertiría en una señal de calidad, una forma de medir el reconocimiento de marca de cualquiera, ya fuera conocido por sus fotos de viajes, sus galletas, sus obras de cerámica o sus rutinas de ejercicios.

Conseguir seguidores en Instagram era un proceso distinto del que se seguía en otras aplicaciones. Dado que Instagram no tenía botón de compartir, la gente no se hacía famosa porque un contenido se volviera viral como ocurría en Twitter. Nadie compartía el contenido que otra persona había publicado. Los nuevos trabajadores de Instagram, sobre todo los procedentes de Facebook, sugerían con regularidad añadir la función de compartir para aumentar las publicaciones en la aplicación, pero Systrom y Krieger siempre se negaban. Compartir públicamente era una petición tan habitual que otros programadores crearon aplicaciones como Regrann y Repost en un intento por suplir la demanda, pero estas no sustituían una función de la aplicación. Eso complicaba las cosas a la hora de destacar, pero en cierto sentido también las facilitaba a la hora de crear una marca personal. Todas tus publicaciones eran tuyas. Eso era lo que los fundadores querían.

Había formas de manipular el sistema. Todavía estaba la página Popular, que mostraba qué era lo más visto en la aplicación. Había hashtags a través de los cuales los usuarios descubrían a otras personas a las que no seguían. Pero, al no permitir la viralidad automática, Instagram seguía ejerciendo cierto control sobre quién se hacía famoso y quién no.

Los esfuerzos del equipo responsable de la comunidad, cuya misión original era resaltar contenido interesante que sirviera de modelo para los usuarios nuevos de la aplicación, tuvieron el efecto secundario de obligar a estos usuarios interesantes a salir a la palestra. El equipo escogía personalmente qué usuarios de Instagram compartir con la comunidad en general, por lo que decidían no solo qué era popular en la aplicación, sino también quién lo era. Y a medida que el número de usuarios crecía, también lo hizo el poder de este equipo.

En opinión de Porch, la capacidad de crear reyes del equipo responsable de la comunidad era una oportunidad. Para que Instagram fuera un sitio deseable no solo para los famosos sino para todo el mundo que publicara fotos, debía ser único, con sus propias tendencias y personalidades. Y en manos de Instagram estaba apoyar a las estrellas nuevas, no con dinero, sino con atención y oportunidades.

De modo que, a medida que la gente iba acumulando público en su cuenta de Instagram, mayor influencia tenía sobre todos ellos Instagram. La mayoría de los usuarios de la aplicación eran personas normales y corrientes, sin contactos con las grandes empresas y los famosos a los que pudieran pedirles que los mencionaran en una publicación para aumentar su visibilidad en la aplicación. Sin embargo, estas personas normales y corrientes podían conseguir un apoyo inmediato a través de las propias herramientas de la empresa: la lista de usuarios sugeridos y la cuenta oficial, @instagram, con más seguidores que cualquier famoso.

El equipo responsable de la comunidad se había especializado en descubrir a usuarios que destacaban en categorías concretas, como música y moda. Dan Toffey, por ejemplo, era el trabajador de Instagram que se encargaba de descubrir mascotas. Tenía una hoja de cálculo de las mejores cuentas con mascotas, en un intento por ser lo más objetivo y ecuánime posible. La lista incluía gatos, perros, conejos, serpientes y aves, algunos adoptados y otros de raza y muy caros; algunos desgreñados y otros perfectamente acicalados. Revisaba su lista para seleccionar los que luego incluía en una sección llamada «The Weekly Fluff» («El peludo de la semana»), donde destacaba las cuentas que hacían un buen trabajo en la página de @instagram, con la esperanza de que inspirasen a otros.

Con independencia de su profesionalismo, a Toffey le gustaban más los animales que parecían torpones, faltos de mimos, como unas cabritillas a las que les faltaban las patas traseras y que se movían en silla de ruedas, por ejemplo, o gatos con la lengua siempre fuera. Pero sobre todo los perros con una situación trágica. Un cruce de chihuahua y teckel de aspecto muy raro, con el hocico alargado y los dientes salidos, le llamó la atención.

El perro se llamaba Tuna, y su dueña, Courtney Dasher, diseñadora de interiores, lo adoptó en un mercado de agricultores en 2010 nada más verlo, sin dientes y tembloroso, envuelto en una camiseta enorme. Cuando Dasher se unió a Instagram al año siguiente, decidió mostrar la cara de Tuna en vez de la suya en una cuenta llamada @tunameltsmyheart («Tuna me derrite el corazón»). La popularidad de la cuenta del perro fue más allá de la familia y los amigos, alcanzó a miles de personas. Pero la noche de un lunes de diciembre en 2012 la cuenta empezó a conseguir seguidores de todo el mundo.

Después de que Toffey publicara tres fotos de Tuna en el perfil de Instagram aquella noche, la lista de seguidores del perro pasó de 8.500 a 15.000 en media hora. Dasher refrescó la aplicación: 16.000. A la mañana siguiente, Tuna tenía 32.000 seguidores. El móvil de Dasher empezó a sonar con peticiones de medios de comunicación de todo el mundo. El programa de Anderson Cooper le ofreció llevarla en avión a Washington D. C.; hizo una aparición en el programa a través de una videoconferencia, ya que no creía posible tomarse un día de vacaciones.

Sin embargo, cuando las peticiones para que apareciera en los programas siguieron llegando, sus amigos le avisaron de lo que se le venía encima sin que ella se diera cuenta: tendría que dejar su trabajo en Pacific Design Center, en Los Ángeles, y gestionar la cuenta del perro a jornada completa. Le pareció absurdo, de modo que se tomó un mes de vacaciones para poner a prueba la teoría. Y, en efecto, BarkBox, una empresa que ofrecía un servicio de suscripción para recibir artículos para mascotas, estaba dispuesta a financiar una gira por ocho ciudades de Dasher y su amigo Tuna.

Varias personas, en diferentes ciudades, se le acercaron, llorando, para decirle que tenían depresión o ansiedad y que Tuna las hacía felices. «Esa fue la primera vez que me di cuenta de lo importantes que eran las publicaciones para estas personas», recordaría Dasher más adelante. «Y también fue cuando me di cuenta de que quería dedicarme a esto de lleno.» Su vida empezó a girar en torno a la fama de Tuna.

Berkley, parte de Penguin Random House, le ofreció un contrato para escribir un libro titulado *Tuna Melts my Heart: The Underdog with the Overbite*. Eso conllevó más acuerdos con marcas, además de vender peluches y tazas con la cara de Tuna. En los agradecimientos del libro, Dasher da las gracias a Tuna, pero también a Toffey por la publicación que le cambió la vida. Los gustos de un trabajador de Instagram afectaron de forma directa a su éxito económico, pero también las costumbres de los 2 millones de personas que ahora siguen al perro…, Ariana Grande entre ellas.

La mayoría de las personas no llegaron a conocer nunca a los trabajadores de Instagram que forjaron sus carreras. Marion Payr se unió porque se lo sugirió su marido, Raffael, que vio la aplicación anunciada en una revista en 2011. Ella solo la usaba para compartir fotos de sus viajes. Esta australiana de treinta y tantos trabajaba en el departamento de marketing de una cadena de televisión en Viena y no tenía experiencia previa en fotografía. Un día, en 2012, recibió un correo electrónico automático de Instagram en el que le decían que había sido seleccionada para la lista de usuarios sugeridos. Los seguidores de su cuenta, @ladyvenom, pasaron de 600 a muchos miles.

Payr decidió disfrutar del tirón de la fama y se hizo amiga de otros usuarios de la lista repartidos por el mundo, todos ellos desconcertados, pero la mayoría muy agradecidos. No tardó en acudir a paseos fotográficos de su zona y a ayudar a organizar InstaMeets, convirtiéndose en una embajadora voluntaria de la empresa en su país, aunque nunca se había reunido ni había mantenido contacto con ningún trabajador de Instagram.

Con el tiempo dejó el trabajo para dedicarse a la fotografía de viajes a tiempo completo. Creó un pequeño estudio para asesorar a marcas sobre cómo usar Instagram de forma estratégica. Una vez que alcanzó los 200.000 seguidores, todos desearon tener tanto tirón como ella. Se la consideraba una experta a la hora de conseguir atención en la ya lucrativa aplicación de Instagram, pero seguía sin entender cómo se había vuelto tan popular.

Aunque parecía que el hecho de que Instagram te destacara era lo ideal, no a todo el mundo le gustaba estar obligado de repente a entretener a miles de desconocidos. Algunos de los usuarios a los que destacaron se sintieron en deuda con su nuevo público durante un tiempo, pero luego, agobiados por la presión, lo dejaron. Era como que te tocara la lotería: había que celebrarlo, pero era complicado, y cómo ganar dinero no era evidente a simple vista.

Aun así, los blogueros intentaban descifrar el proceso para conseguir que Instagram los destacara, ya fuera en las publicaciones de la cuenta oficial de la aplicación o en la lista de usuarios sugeridos. No había una explicación real, porque no existía fórmula ni algoritmo para tal fin. A diferencia de las decisiones de Facebook, que se tomaban basándose en datos, el proceso de selección de Instagram dependía de los gustos de sus trabajadores.

Y lo que Instagram daba también lo podía quitar. Por ejemplo, expulsaron a gente de la lista de usuarios sugeridos o les cancelaron la cuenta sin advertencia ni explicación alguna por violar unas normas de contenido ambiguas. Pocas personas eran conscientes de que montar un negocio en Instagram significaba dejar su futuro a merced de un pequeño grupo de personas en Menlo Park, California, que tomaba decisiones sobre la marcha. La única manera de asegurarse de que no pasaba nada malo era entablar una relación con algún trabajador de Instagram, como Porch o Toffey. Tal como diría Facebook, la estrategia no se podía cuantificar.

A los trabajadores de Instagram no les gustaba la única funcionalidad automática que existía, la página Popular, que rotaba publicaciones que conseguían muchos más *like* y comentarios que la media. La empresa acabaría por eliminarla. Sin creadores de tendencias humanos de por medio, la página era más fácil de manejar, como en Twitter y Facebook. Los que intentaban aumentar su público aprendieron que había que publicar en los momentos claves del día, como el almuerzo o a última hora de la tarde o de la noche, cuando había más posibilidades de que la gente estuviera usando la aplicación. Una vez que lograran aparecer en la página, conseguirían más seguidores, lo que haría que sus publicaciones tuvieran más probabilidades de triunfar. La gente buscaba mejorar sus cifras, pero no sabían qué podían hacer con los seguidores y su atención hasta que conseguían ambas cosas.

Paige Hathaway fue una de las primeras en beneficiarse de la página Popular. En 2012, cuando tenía veinticuatro años, empezó a publicar fotos en Instagram para documentar su progreso mientras se ponía en forma. Era una rubia delgada reclutada por un entrenador personal al que había conocido en el gimnasio para participar en una competición de transformación corporal y ganar músculo.

En el gimnasio, la gente se quedaba perpleja al ver a una persona sudorosa haciéndose fotos frente al espejo con el móvil, como si hacer ejercicio fuera algo glamuroso. Sin embargo, en Instagram a los desconocidos les resultaba interesante observar a una mujer atractiva ponerse cada vez más en forma. A lo largo del verano de 2012, pasó de 45 kilos a pesar 54 kilos, había aumentado su fuerza y tenía posibilidad de ganar premios en la competición en la que participaba, donde quedó segunda.

Mejorar su estado físico era una forma de controlar mejor su vida y su futuro. Paige Hathaway se había pasado la infancia yendo de una casa de acogida a otra. Luego aceptó varios trabajos para poder pagarse la matrícula en la Universidad de Oklahoma. Después de empezar a hacer ejercicio, explicó, acabó «teniendo una confianza desconocida» en ella misma. Se convirtió en entrenadora personal y siguió publicando, aunque ya no tenía una competición en puertas.

Paige Hathaway no estaba segura de qué trabajo quería tener a largo plazo, pero sus publicaciones empezaron a aparecer en la página Popular de Instagram cada pocas semanas. Ganar público le proporcionó muchas oportunidades, antes siquiera de que ella las pidiera. «Un montón de empresas se ponían en contacto conmigo para que trabajáramos juntos y yo no tenía ni idea de lo que eso significaba», recuerda. Decidió ser la cara de Shredz, una pequeña empresa de suplementos alimenticios para musculación y pérdida de peso, cuando solo tenía 8.000 seguidores. Una vez que Instagram implementó la característica de publicar vídeos en verano de 2013, la aplicación fue ideal para mostrar cómo se hacían los ejercicios. El número de seguidores de Hathaway ascendió a millones, al igual que sus ingresos. Shredz también subió como la espuma y se convirtió en una empresa multimillonaria. Las fotos de Instagram en las que la gente salía sudando frente al espejo del gimnasio mientras hacía ejercicio se convirtieron en algo aceptable.

«Tuve que contratar a gente», dice Paige Hathaway sobre su súbito ascenso. «Los dos primeros años contaba con un equipo completo. Contraté a un equipo de representación, gente que me ayudaba con los clientes en internet, gente que me ayudaba con la promoción… No me daba la vida para encargarme de todo.»

Su éxito sorprendió al sector del fitness y puso en tela de juicio el

aspecto que debería tener una estrella del culturismo. Paige Hathaway había conseguido a su público —y mucha atención de los medios de comunicación tradicionales— sin pagar el precio habitual,
como participar en competiciones. A principios de 2014, Arvin
Lal, el director ejecutivo de Shredz, tuvo que defender su decisión
de elegir a Paige Hathaway en vez de recurrir a un competidor del
circuito de fitness para vender sus productos: «¿Quién está cualificado para decir que una persona en el podio representa mejor el
mundo del fitness que otra con un millón de seguidores en Instagram? Paige seguramente sea la mayor modelo de fitness del mundo.
Poder llegar a las personas que ya no están en el podio es más importante que llegar a las personas que ya están en él».[12]

Varios sectores estaban sufriendo los mismos cambios y lidiaban con
preguntas parecidas. Si algo se volvía popular en Instagram —ya
fuera una rutina de ejercicios, una tendencia de decoración o un tipo
de galletas—, ¿eso hacía que fuera valioso en la vida real? ¿Merecía
la pena buscar o pagar por el respaldo de los famosos de Instagram?
Y si tenías una marca popular en la vida real, ¿deberías intentar que
también fuera popular en Instagram?

Christopher Bailey, jefe del equipo creativo de Burberry en Londres, hacía viajes a Silicon Valley para conseguir ideas nuevas sobre
cómo publicitar una marca de moda moderna. Antes del lanzamiento del iPhone 5S en 2013, por ejemplo, Burberry colaboró con
Apple, con contratos de confidencialidad muy estrictos, para poder
hablar sobre fotografía móvil en el lanzamiento.

Durante uno de estos viajes, después de que Porch le tendiera
la mano en la Semana de la Moda de Nueva York, Bailey se reunió
con Systrom y se dejó convencer por su idea de que Instagram era
una fuente de momentos anónimos. Empezó a fijarse en cuentas que
documentaban la moda a pie de calle, algunas con prendas de Burberry, y le sorprendió ver lo rápido que aparecían tendencias nuevas y cómo hablaban de ellas las cuentas prominentes. Los usuarios
de Instagram no esperaban al anuncio planeado en el calendario de
Burberry. Bailey se dio cuenta de que Burberry tenía que empezar

a publicar su propio contenido para estar a la cabeza de la inminente transformación de la industria.

«Estábamos acostumbrados a llevar a cabo un proceso muy laborioso consistente en organizar sesiones de fotos, después mandarlas a producción y luego comprar espacio publicitario en revistas», me explicó Bailey.[13] «Al cabo de seis o nueve meses veíamos por fin la imagen en una revista. Con Instagram el hecho de poder contratar a nuestros propios fotógrafos y nuestro propio equipo y publicar en cuestión de minutos en internet para hablar directamente con las personas interesadas en nuestra marca nos parecía increíble.»

En septiembre, más o menos al mismo tiempo que el lanzamiento del iPhone, Burberry invitó a Systrom a su desfile en Londres. Bailey profetizó que el futuro de los eventos de moda no solo consistiría en pasarelas y estilismo, sino que también implicaría ampliar la audiencia y llevarla a un primer plano: informar de quién llevaba dicho estilismo, quién había asistido a qué evento y si la experiencia en su conjunto había sido memorable y merecía la pena vivirla a través de Instagram.

Así que Burberry cambió su forma tradicional de presentar su colección en la pasarela. Usaron música por primera vez e invitaron a fotógrafos aficionados, más concretamente, a fotógrafos de moda callejera de Instagram, para documentar el desfile en directo con su iPhone nuevo, proporcionado por Apple. Dichos fotógrafos aficionados podían publicar sin la aprobación explícita de Burberry. Y Bailey tenía que asegurarse de que los escépticos entendían por qué hacía eso. «Había mucho cinismo en el sector sobre lo que hacíamos con Instagram, y comentarios de que los clientes de marcas de lujo nunca usarían este tipo de plataformas porque eran muy vulgares. Antes de eso, las marcas de moda tenían un algo de sagrado, estaban envueltas en misterio. Publicábamos imágenes perfectas de lo que queríamos que viera la gente.»

El cambio fue arriesgado. Bailey pasó mucho tiempo en reuniones internas para explicar cómo funcionaban los hashtags y por qué estaba bien recibir críticas negativas de clientes junto con las positivas en las publicaciones de Instagram. Argumentó que la marca no podía evitar la presencia de Burberry en Instagram,[14] tanto si la empresa participaba directamente como si no, porque la gente ya estaba hablando de ella con el hashtag #burberry, así que lo mejor era implicarse.

Bailey no tuvo que defender demasiado tiempo la estrategia inspirada en Instagram. Un mes después del desfile de Londres, su jefa, Angela Ahrendts, dejó su puesto para ser directiva de Apple. Poco después Bailey fue ascendido a director ejecutivo.

Los iPhone que Burberry homenajeó aquel año incluían software pensado exclusivamente para Instagram. Por primera vez ofrecían la posibilidad de hacer fotos en formato cuadrado, de modo que podían publicarse en la aplicación sin tener que configurar ni editar nada. Apple también añadió filtros propios a su cámara.

El hecho de que el crecimiento de Instagram no se viera amenazado por estos cambios fue tal vez la señal más evidente de que Instagram ya no consistía en compartir fotos con filtros en otros servicios y de que los filtros no eran lo importante. Su poder tenía menos que ver con la tecnología y más con la cultura y las redes, gracias a la difusión y el cuidado que puso su equipo desde el principio.

Cuando Systrom y Porch viajaron a Londres en 2013 —en el que fue el primer viaje para promocionar Instagram internacionalmente—, combinaron la estrategia personajes públicos y la estrategia comunidad. No solo presenciaron el desfile de Burberry, también asistieron a una comida del chef Jamie Oliver, uno de los primeros famosos que se registraron en Instagram, mucho antes de que la comprara Facebook. Después de que un inversor le presentara al chef durante una cena en un restaurante, Systrom, nervioso por la situación, le creó una cuenta allí mismo.

En 2013, tal como hicieran Oseary y Kutcher en Los Ángeles, Jamie Oliver reunió a un impresionante grupo de estrellas londinenses, entre los que había actores, músicos y deportistas. Asistieron la actriz Anna Kendrick, algunos miembros de los Rolling Stones y el ciclista Chris Froome. Esa misma noche, Instagram organizó un InstaMeet en la National Portrait Gallery de Londres con algunos de los miembros más famosos de la comunidad. Como de costumbre, Systrom hizo preguntas, obtuvo respuestas y ganó contactos.

Lo que Systrom y Porch hicieron en ese viaje se convirtió en rutina para los siguientes: un almuerzo o cena con famosos, un evento con usuarios normales y un evento público, como un desfile de moda o un partido de fútbol.

Instagram estaba ganándose a los personajes públicos, el sector que Twitter había dominado históricamente en las redes sociales, justo cuando Twitter se preparaba para salir a bolsa. Nadie sabía la tasación que Wall Street haría de Twitter ni si acabaría siendo un competidor potente para Facebook a ojos de los inversores. Mark Zuckerberg, siempre tan competitivo, no pensaba arriesgarse.

Dos años después de la renuncia de Randi Zuckerberg, Facebook por fin tenía un motivo para empezar a cortejar a personajes públicos con el objetivo de que se unieran a la red social más grande. El movimiento haría daño a Twitter. Mientras se acercaba su salida a bolsa, Facebook dedicó meses a hacer lo que Randi siempre había deseado. Crearon un equipo global de desarrollo de alianzas para conseguir publicaciones de personajes públicos.

La estrategia de Facebook era distinta de la de Instagram. La primera se centraba en alianzas en el ámbito institucional —con discográficas, estudios de televisión y agencias de talentos—, mientras que Porch entablaba alianzas directamente con las estrellas. Facebook también se puso en contacto con medios de comunicación, como el *New York Times* y la CNN, con la esperanza de que la red social fuera una alternativa a Twitter para publicar historias sobre noticias importantes. Facebook empezó a permitir que los sitios de noticias insertaran publicaciones públicas en sus artículos, como hacían con los tuits. Los medios de comunicación estaban dispuestos a recibir incentivos en efectivo de Facebook para experimentar con el sitio, ya que los ingresos habituales, como las suscripciones a los ejemplares en papel, se estaban reduciendo drásticamente.

Mark Zuckerberg empezó a referirse a estas publicaciones en Facebook parecidas a las de Twitter como «contenido público», y cuando hablaba por teléfono con los inversores les decía que quería que este tipo de publicación fuera una prioridad para la empresa. Quería que Facebook fuera mejor en materia de Twitter que el propio Twitter.

Una ventaja añadida de esta estrategia fue que ofreció a la gente más contenido que publicar y sobre el que hablar en Facebook. Cada año que permanecían en la red social, los usuarios ampliaban su red de amigos. Al final resultó que, aunque «conectar el mundo» era un objetivo empresarial primordial, sinónimo de crecimiento, el efecto colateral fue que todos los muros se llenaron de meros conocidos. Casi una década después de fundar la empresa, los usuarios de Facebook estaban menos dispuestos a publicar sus pensamientos más íntimos y sus experiencias vitales para este público más amplio. Facebook seguía sumando usuarios y ganando dinero a velocidades increíbles, pero a Mark Zuckerberg le gustaba considerar los problemas de crecimiento que acechaban a la vuelta de la esquina y solucionarlos antes de que fueran graves.

Facebook manejaba la hipótesis de que el contenido de los famosos y las noticias serían un punto de partida excelente para entablar una conversación con usuarios que se conocían menos o que se conocían de una etapa anterior. También podía generar muchos datos sobre los intereses de los usuarios, lo que ayudaría a afinar mejor en los anuncios.

Instagram operaba de forma tan independiente que Facebook apenas la consideraba parte de la estrategia. Los progresos que hiciera Instagram no contarían a menos que también ayudaran a Facebook. Pero podían colaborar. El equipo de Instagram era reducido, de modo que le pedían a Facebook contactos en los países donde ellos no tenían representación. En otras ocasiones Facebook se apoyaba en las relaciones de Instagram y animaba a los famosos que publicaban en Instagram a que activaran la opción para que se publicara de forma automática en Facebook.

Para eso Porch fue de gran ayuda. Convenció a Channing Tatum de que vender fotos de su bebé, Everly, a revistas de cotilleos era de mal gusto. En vez de eso, dijo, debería publicar la primera foto en Instagram y compartirla en Facebook, porque esa opción parecería novedosa. Channing Tatum accedió y la publicación consiguió más de 200.000 *like*…, además de mucha cobertura mediática.

Era habitual que los famosos se quedaran desconcertados al ver que los dos productos formaban parte de la misma organización pero tenían reglas y estrategias diferentes. Facebook, a diferencia de Instagram y de Twitter, estaba dispuesta a dar incentivos para que los famosos y los medios de noticias crearan la clase de contenido que le interesaba. La moneda de cambio más habitual para los personajes públicos no era dinero en efectivo, sino créditos en anuncios: decenas o cientos de miles de dólares en anuncios gratis en Facebook. Channing Tatum, a cambio de publicar la foto de su bebé, recibió algunos anuncios para promocionar una película que se estrenaría pronto, pero porque también la publicó en Facebook, no solo en Instagram. Eso era mucho más valioso que lo que cualquier revista de cotilleos podía ofrecer.

Channing Tatum fue una especie de pionero, pero otros famosos no tardaron en publicar experiencias vitales en Instagram sin que Porch tuviera que convencerlos.

A Zuckerberg le preocupaba la competencia de Twitter más de lo necesario. Dado que Facebook fue la primera red social en salir a bolsa, la empresa enseñó a Wall Street cuál era el mejor método de tasación: el que más beneficiaba a Facebook, ya que cada uno de los movimientos se centraba en avanzar. La estrategia de Facebook no era hacer mucho ruido, era crecer.

A finales de 2013 conseguía alrededor de la mitad de sus ingresos por la publicidad en los móviles, un progreso espectacular en poco más de un año, y ello gracias a la fijación de Zuckerberg en solucionar el problema. La red social tenía 1.100 millones de usuarios. Zuckerberg había demostrado su teoría de que allí donde hubiera una red en crecimiento habría un negocio de publicidad. Las acciones de Facebook, que cotizaban a unos 50 dólares en diciembre de 2013, habían crecido un 80 por ciento desde principios de año, distaban mucho del precio de 38 dólares con el que salieron a bolsa. Wall Street, acostumbrado a crear modelos de futuro basados en ejemplos comparativos del pasado, ansiaba el siguiente Facebook. Se suponía que iba a ser Twitter.

Dick Costolo, director ejecutivo de Twitter, sabía que no podía ganar a Facebook en crecimiento. Sin embargo, mientras preparaba la documentación para la Comisión de Bolsa y Valores de Estados Unidos, se dio cuenta de que tendría que proporcionar el mismo indicador («usuarios mensuales activos») que Facebook, aunque era consciente del descenso de los cuatrimestres futuros. Twitter no se había centrado tanto en crecer como Facebook, y no tenía un sistema de medición alternativo para la relevancia mundial o su importancia. Además, la Comisión seguramente pediría algo con lo que comparar.

Twitter salió a bolsa en diciembre de 2013 con un valor de 26 dólares por acción y en las primeras operaciones ya subió a 44,90 dólares. A finales de mes, las acciones habían subido hasta los 74,73 dólares, revelando el gran optimismo del mercado después de ver cómo Facebook se recuperaba de su turbulento debut. Twitter tenía una quinta parte de los usuarios de Facebook, y todo el bombo que estaba recibiendo hacía presuponer que con el tiempo alcanzarían el mismo número.

Un par de meses después se hizo público el primer informe de resultados de la empresa. Costolo creía que tendría buena acogida, ya que habían vendido muchos más anuncios de los esperados.

Se equivocaba. Los inversores se fijaron en que el número de usuarios crecía a un ritmo lento, algo que Costolo no creyó que les importaría tan pronto. Los inversores comprendieron que, si el aumento de beneficios iba aparejado al aumento de usuarios, lo contrario también era verdad: cualquier ralentización a la hora de conseguir usuarios supondría que se ralentizaría el crecimiento de los beneficios.

Los puntos fuertes de Twitter eran difíciles de explicar. ¿Qué valor tenía ser el lugar donde los personajes más influyentes en política, medios de comunicación y deportes hablaban de todas las cosas que importaban al público antes de que lo hicieran en cualquier otra parte?

Aunque Wall Street no lo entendiera, Instagram sí.

Facebook era la aplicación a la que derrotar en términos de éxito económico y tamaño, y Twitter era la que había que derrotar en términos de impacto cultural. Instagram seguía siendo una segundona al lado de estas dos si se la consideraba de forma independiente a la empresa en la que se integraba. Estaba empezando su andadura en el negocio de la publicidad, aunque tenía una cuarta parte de los usuarios de Facebook y no eran muchos los famosos que usaban la aplicación. Sin embargo, su estrategia era muy distinta. Instagram, que carecía de contenido viral, se centraba en dirigir y seleccionar contenido que serviría a otros usuarios como ejemplo, haciendo que los famosos compartieran detalles de su vida privada. Twitter se basaba en los sucesos en directo y en la viralidad, querían que las estrellas usaran el sitio para hacer cosas que suscitaran conversaciones y conllevaran muchos retuits. Eso fue más evidente que nunca en marzo de 2014, durante la gala de los Oscar.

El grupo de Twitter encargado de las relaciones con la televisión[15] se había pasado meses con el equipo de la presentadora Ellen DeGeneres intercambiando ideas sobre cómo podría crear un momento «tuiteable» durante la gala de los premios, plagada de estrellas. A DeGeneres le gustaba la idea de hacerse una selfie. Este tipo de fotografías proliferó a partir de que Apple introdujera una cámara frontal en sus dispositivos y desde que Instagram popularizara la fotografía social. El término *selfie* fue elegido palabra del año en 2013 según el *Oxford English Dictionary*.

Durante el ensayo, DeGeneres vio[16] el asiento en la tercera fila reservado con el nombre de Meryl Streep, cerca del pasillo. Se le ocurrió que si lograba involucrar a Meryl Streep su foto sería mucho más emocionante. Algunos representantes de Samsung, uno de los principales patrocinadores de los Oscar, la vieron ensayar sus líneas y oyeron el plan. Decidieron aprovechar la oportunidad y llamaron a un directivo de publicidad de Twitter para asegurarse de que, si DeGeneres hacía una publicación, no usara su iPhone personal sino un Samsung. El equipo le presentó una bandeja llena de modelos de Samsung la mañana de la gala, todos preparados para hacer una selfie.[17]

En plena gala, la presentadora se bajó del escenario y se acercó a Meryl Streep. Bradley Cooper, que también se encontraba entre el público, pero que no estaba al tanto del plan, improvisó y le quitó el móvil de la mano a DeGeneres e invitó a otros actores a sumarse al plano: Jennifer Lawrence, Lupita Nyong'o, Peter Nyong'o, Angelina Jolie, Brad Pitt, Jared Letto, Julia Roberts y Kevin Spacey. La publicación resultante se convirtió de inmediato en la más popular de Twitter de todos los tiempos y fue retuiteada por más de 3 millones de personas.

Cuando el equipo de Instagram vio lo que Twitter había conseguido en la gala de los Oscar, así como toda la cobertura mediática que generó, la frustración fue enorme. No tenían la función para compartir y hacer que algo fuera viral, pero ellos creaban a todas horas miniversiones de esos momentos con famosos. Y no solo formaban alianzas con los usuarios más importantes, sino que también escogían y promocionaban el contenido de un ecosistema lleno de personas interesantes, algunas de las cuales se habían convertido en famosas por derecho propio.

Instagram volvía a tener la oportunidad de ganar a un competidor de Facebook de un modo distinto de como lo haría Facebook. Para bien o para mal, la aplicación se había convertido en el lugar perfecto para momentos en apariencia espontáneos que en realidad eran esfuerzos coordinados por los equipos de las marcas comerciales a lo largo de meses de trabajo. Incluso sin la ayuda de la empresa, las marcas estaban encontrando un valor añadido en Instagram, animadas por el dinero de la publicidad externa y por un creciente grupo de usuarios que habían descubierto que podían ganarse la vida a través de la aplicación, como Paige Hathaway con el fitness o Courtney Dasher con su perro Tuna.

Fue durante esta fase más comercial y estratégica de Instagram cuando el primer empleado de la empresa, Joshua Riedel, artífice del equipo responsable de la comunidad, decidió dejarlo y acabar sus estudios de bellas artes con un máster en escritura creativa. Bailey Richardson, uno de los primeros trabajadores que contrató

Riedel para encontrar fotógrafos, artistas y atletas a los que añadir a la lista de usuarios sugeridos, también decidió que era el momento de cambiar de aires. La magia de la primera época de Instagram, con ese toque bohemio y artístico, se desintegraba a medida que crecía. Y, mientras tanto, los trabajadores originales estaban en clara desventaja numérica con los empleados traspasados de Facebook y las nuevas incorporaciones.

Systrom dijo a los trabajadores que ya no estaban lidiando con una comunidad de usuarios, sino con varias, y que no podrían llegar a todas. De modo que tenían que elegir. Les recordó que, además de los famosos habituales, Instagram necesitaba usar sus limitados recursos para entablar muy buenas relaciones con ciertos tipos de usuarios (en el mundo de la moda, la fotografía y la música, y también con los adolescentes). No iban a priorizar de inmediato las relaciones con el mundo de la comida, los viajes, el diseño de interiores o cualquier otro sector que estuviera tomando forma por la popularidad de la aplicación, porque cualquier gesto implicaría un compromiso a largo plazo y no querían hacer promesas que no pudieran cumplir.

Antes de su marcha, Riedel intentó elegir a personas aptas para mejorar las relaciones de Instagram con los usuarios de las categorías priorizadas; no se trataba de personal técnico, sino de personas, muy sinceras, que pertenecían al mundo al que tenían que llegar. Entre otros, contrató a Andrew Owen, organizador de un festival de fotografía anual, y a Pamela Chen, de *National Geographic*, para convencer a los fotógrafos y a los artistas escépticos de que Instagram era un lugar legítimo para publicar su trabajo. Kristen Joy Watts llegó de una agencia creativa para concentrarse en la moda y fomentar una base de usuarios ya existente. También contrató a Liz Perle, del *Huffington Post*, para que se centrara en los jóvenes, en especial en los adolescentes, claves para el futuro de la aplicación. Trabajadores así eran como un seguro, ya que tenían la tarea de mantener la comunidad como un lugar positivo y de identificar aquellas cuentas que podrían ser un ejemplo para el resto de los usuarios.

A David Swain, el responsable de comunicaciones de Instagram, le gustaba decir dos cosas sobre la estrategia con los medios. Por un lado, que era como «una luna de miel prolongada»: había que hacer que la gente siguiera a gusto en Instagram el mayor tiempo posible tras su absorción por parte de Facebook. Y la otra era «no la jodas»: evitar perder la confianza de los usuarios, como le había pasado a Facebook. En su opinión, para alcanzar estos objetivos, Instagram necesitaba que las noticias sobre la aplicación tuvieran como protagonistas a sus usuarios más que a la propia empresa. E Instagram necesitaba permanecer entre bambalinas el mayor tiempo posible. Era como si estuvieran llevando a cabo una campaña constante, como un influencer más, para favorecer a la propia empresa.

Swain era un veterano de Facebook que se había unido a su equipo de comunicación en 2008 y que había ayudado a capear varias crisis públicas. Comprendía lo que significaba intentar explicar los cambios en la estrategia empresarial a un público desconfiado. Justo antes de unirse a Instagram en 2013, era el encargado de las relaciones públicas de Facebook en lo relativo a los desarrolladores de videojuegos, que estaban creando negocios gracias a las redes de amigos de Facebook. (Esta forma de compartir datos en abierto con los desarrolladores haría que, en 2018, Facebook tuviera problemas con organismos reguladores de todo el mundo.)

La gente no tenía ese tipo de recelos respecto a Instagram, de modo que Swain quería adelantarse y reforzar todas las cosas buenas que sucedían en la aplicación, y hacerlo de forma que pareciera natural y provechoso, como si no hubiera sido idea de Instagram.

El equipo de comunicación se concentró en facilitarles la vida a los periodistas. Swain se reunía con ellos para explicarles cómo comprender las tendencias y los eventos de Instagram. Porch en persona preparó una pantalla interactiva para *E! News*, de modo que el canal sobre famosos pudiera discutir con más facilidad las publicaciones de Instagram reseñables, como una alternativa a la cobertura en Twitter. Liz Bourgeois, también en el equipo de comunicación, creaba historias para los medios sobre las tendencias de Instagram. La mayoría de los usuarios estaban al tanto de los hashtags más habituales de Instagram, como #nofilter para una foto sin editar, o #tbt para Throwback Thursday («Retrojueves») si se publicaba una foto antigua. Bourgeois intentaba que los medios se interesaran en nuevos hashtags como #catband. En ese rinconcito de Instagram, los usuarios publicaban fotos de sus gatos como si estuvieran tocando un instrumento musical.

Si los periodistas de revistas y blogs preguntaban a Instagram cuáles eran las mejores cuentas para seguir en un país en concreto o en un sector, el equipo responsable de la comunidad enviaba una lista de nombres que incluir en una presentación de diapositivas o algo llamado «Las 10 mejores cuentas de Instagram en Londres» o «Mejores fotógrafos de moda noveles que seguir en Instagram».

Era una tarea peliaguda, ya que cualquier persona a la que mencionaran podría ser descubierta más fácilmente a través de una búsqueda en Google y, por tanto, tendría más posibilidades de que una marca la escogiera para hacer promociones pagadas. Los trabajadores de Instagram no querían que se supiera que elegían favoritos, que lanzaban la carrera de algunos usuarios y no la de otros.

Pese a los esfuerzos por comercializar Instagram a través de usuarios modelo, la empresa todavía no aprobaba de forma explícita que aceptaran dinero para promocionar productos. Las marcas estaban pagando unos 100 millones de dólares —una cifra experimental— por esa clase de trabajo en 2014, pero el sector estaba a punto de estallar. Tal como establecían las normas de usuario de Instagram, en el mismo tono con que se dirigirían a un niño: «Cuando te autopromocionas en Instagram, la gente con la que has compartido ese momento se siente triste por dentro… Te pedimos que tus interacciones en Instagram sean relevantes y genuinas».

«Relevantes y genuinas», en este caso, solo significaba que cualquier tipo de promoción tenía que parecer natural, como si hubiera sido una decisión personal de quien hiciera la publicación. A los famosos se les aconsejó que se presentaran como personas cercanas y vulnerables, de la misma manera que a los anunciantes se les dijo que solo publicaran promociones que fueran agradables a la vista, sin precios.

Los trabajadores de Instagram querían que su producto fuera importante a escala comercial, que fuera grande, exitoso y que compitiera con Twitter, que beneficiara a Facebook lo bastante para que la empresa no se los tragara y los destrozara. Era mejor si parecía espontáneo. No le pedirían a ningún periodista que retratara a Charles Porch o al equipo responsable de la comunidad; en cambio, los triunfos eran las portadas de revistas con fotos de Instagram o de sus usuarios.

El mayor éxito de la empresa fue una portada de *Vogue*, la revista de moda más importante del año, en septiembre de 2014. En ella aparecían Joan Smalls, Cara Delevingne, Karlie Kloss, Arizona Muse, Edie Campbell, Imaan Hammam, Fei Fei Sun, Vanessa Axente y Andreea Diaconu con el titular «THE INSTAGIRLS! Models of the moment in the clothes of the season»[18] («¡INSTACHICAS! Las modelos del momento con ropa de temporada»).

En el artículo se hablaba de que la popularidad en Instagram empezaba a darles trabajo a estas mujeres en las pasarelas más importantes y con los diseñadores más importantes al tiempo que les proporcionaba un altavoz. Los esfuerzos de Instagram por visitar las sedes de las publicaciones y enseñarles a escribir historias sobre Instagram empezaban a dar sus frutos a lo grande.

De esa forma, la empresa por fin consiguió la atención de la persona más poderosa del mundo de la moda: Anna Wintour, la jefa de redacción de *Vogue*. La colaboración era beneficiosa para ambas partes, según explicó Wintour: «Las chicas usaban Instagram para presentarse a su público, y hablar con el público a través de un medio visual no había estado al alcance de nadie hasta entonces. Así que para una revista tan visual como la nuestra, y también para la empresa, fue una conexión instantánea».[19]

Mientras tanto, Facebook seguía intentando encontrar la solución para que más famosos usaran la red social. En 2014 crearon una aplicación llamada Mentions que los famosos podrían usar para no perder la pista y comunicarse con sus seguidores de Facebook con más comodidad. También crearon una aplicación llamada Paper que rediseñaba Facebook por completo para que pareciera que se estaba leyendo una revista, parecida a Flipboard, de modo que el foco se ponía en el contenido de alta calidad de las publicaciones. Ambas aplicaciones fueron un fracaso. Además del inconveniente de tener aplicaciones separadas, eran soluciones tecnológicas a un problema que Instagram estaba solucionando con interacción y filtros humanos.

A Twitter se le daban bien las relaciones con famosos y personajes públicos, pero, a diferencia de Instagram, no contaba con filtros humanos ni tampoco opinaba sobre cuál era el contenido ideal para Twitter. Al igual que Facebook, Twitter se vendía como una plataforma neutral, gobernada por lo que querían las masas, a través de sus retuits y sus comentarios. Los directivos de Twitter decían que eran «el ala de la libertad de expresión del partido de la libertad de expresión».[20] Su papel no era entrometerse. Su mayor oportunidad perdida fue la aplicación Vine. El grupo de estrellas que habían crecido en ella podía compararse con las de YouTube.

Cuando la cantidad de contenido que se creaba en Vine empezó a decaer, Twitter añadió un botón para compartir, de modo que la gente pudiera difundir en su perfil de Vine el contenido creado por otros. Eso tuvo un efecto secundario inesperado, parecido a lo que habría sucedido si Instagram hubiera añadido una función similar. Dado que la gente podía compartir el contenido de otros usuarios en su perfil, ya nada los motivaba para invertir un tiempo precioso en crear gags creativos.

Un par de años después se creaba poco contenido original en Vine, solo el de los profesionales, y esas estrellas empezaron a darse cuenta de que tenían poder. Una veintena de los usuarios más importantes se unieron para negociar con Twitter y dijeron que, por un millón de dólares por persona, harían una publicación diaria durante los siguientes seis meses. Si Twitter rechazaba el trato, empezarían a decirles a sus seguidores en su cuenta de Vine que podían encontrarlos en Instagram, YouTube o Snapchat. Twitter se negó, las estrellas abandonaron la aplicación y, con el tiempo, Vine cerró definitivamente.

En 2014, tres meses después de la portada de *Vogue*, Instagram anunció que había alcanzado los 300 millones de usuarios y que, por tanto, había dejado atrás a Twitter en cuanto a tamaño. Ev Williams, cofundador de Twitter, por fin expresó en público lo que había comentado en privado todas las veces que se negó a comprar Instagram: «Si comparas el impacto que tiene Twitter en el mundo con el de Instagram, la diferencia es brutal», dijo a la revista *Fortune*. «Las cosas importantes irrumpen en Twitter y los líderes mundiales conversan en Twitter. Si eso es así, la verdad, me importa una mierda que Instagram tenga más gente viendo fotos bonitas.»[21]

Lo que Porch había captado desde el principio, algo que el resto del mundo entendería más adelante, era que el poder de Instagram no partía de lo que se publicaba en la aplicación, sino de cómo influían dichas publicaciones en el ánimo de la gente. Dado que no había un botón para compartir contenido dentro de Instagram, lo importante no era ofrecer noticias ni información; lo importante eran las personas y lo que querían mostrarle al mundo, y si los demás creían que eran interesantes, creativas, guapas o valiosas. Las imágenes bonitas eran solo una herramienta en Instagram a fin de ser comprendido y aceptado por el resto de la sociedad, a través de los *like*, los comentarios e incluso el dinero, dando a los usuarios un poquito de poder sobre su destino.

Esa perspicacia fue lo que hizo que Porch ganara los Oscar de 2015. Se lo planteó desde un punto de vista psicológico: ¿qué querría cualquiera, después de pasarse semanas haciendo ejercicio para entrar en un traje, después de horas de peluquería, maquillaje, pruebas de vestuario, si tuviera la rarísima oportunidad de lucir un diseño exclusivo y de celebrar un logro personal importantísimo? Todos, incluso las personas más fotografiadas del mundo, querrían la fotografía perfecta.

La empresa contrató a Mark Seliger, el afamado fotógrafo de la revista *Rolling Stone*, y montó un estudio de fotografía en la fiesta de *Vanity Fair*, con muebles victorianos para posar incluidos. Más de cincuenta estrellas, entre las que estaban Oprah Winfrey, Lady Gaga y el director de *Birdman*, Alejandro González Iñárritu, posaron para Seliger.[22]

Todos los retratos resultantes se publicaron, cómo no, en Instagram..., sin ninguna huella corporativa.

8

En busca del ideal de Instagram

«Que Facebook comprara Instagram fue como meterlo
en un microondas. La comida se calienta antes, pero,
como te descuides, te cargas el plato.»

Un exdirectivo de Instagram

Instagram se encontraba en una posición ventajosa. Resguardada
en Facebook, no tenía que preocuparse por las cosas que preocupaban a otras redes sociales. Descubrir empleados con talento era
fácil, ya que buena parte del equipo había trabajado previamente
en Facebook y después había pasado a Instagram. Las funciones nuevas del producto podían implementarse con rapidez, porque Instagram podía usar el código de Facebook y modificarlo a su medida, como si se tratara de una plantilla. El equipo de crecimiento de
Facebook se sabía todos los trucos para ayudar a que Instagram
consiguiera los 1.000 millones de usuarios algún día. Si querían ser
tan grandes como Facebook, podían copiar su estrategia.

Sin embargo, Kevin Systrom pensaba que apoyarse en exceso
en Facebook sería peligroso. Quería ser grande, pero no quería ser
Facebook. Quería contratar a los mejores, pero no quería que se
trajeran consigo la mentalidad de Facebook de crecer a toda costa.
Instagram, que en comparación seguía siendo diminuta, estaba cercada por la filosofía de Facebook. Aun teniendo más usuarios que
Twitter, y con casi un tercio de los de Facebook, apenas contaba con

200 trabajadores, comparados con los 3.000 de Twitter y los más de 10.000 de Facebook.

A Systrom le preocupaba mucho perder lo que hacía especial a Instagram. Quería que la aplicación se conociera por su cuidado diseño, su sencillez y sus publicaciones de alta calidad. Concentró los esfuerzos de su equipo en preservar la marca comercial, evitando grandes cambios al mismo tiempo que enseñaban a los usuarios y los anunciantes más importantes que podían ser un modelo de comportamiento para los demás.

A diferencia de Facebook, donde los trabajadores buscaban soluciones técnicas que llegaran a la mayoría de los usuarios, Instagram solucionaba sus problemas en la intimidad, con creatividad y basándose en las relaciones interpersonales, a veces incluso de tú a tú si el usuario en cuestión era lo bastante importante como para que le prestasen atención personalizada. Para los trabajadores de Instagram, que seguían una estrategia editorial muy clara y siempre estaban buscando usuarios que destacar, todos los problemas parecían poder solucionarse promocionando lo bueno en vez de concentrarse en lo malo. Uno de sus principales objetivos era «inspirar creatividad», de manera que necesitaban asegurarse de que las cuentas más importantes eran de verdad inspiradoras, y para eso usaban los vínculos creados por los equipos responsables de desarrollo y de la comunidad.

A principios de 2015, la actriz y cantante Miley Cyrus, que contaba con 22 millones de seguidores, era una de esas cuentas. Ese año amenazó con eliminar la aplicación, preocupada por la cantidad de odio y ciberacoso que había contra cuentas de jóvenes pertenecientes al colectivo LGTB, sobre todo en los comentarios. Instagram encontró la manera de transformar su descontento en una oportunidad para lanzar un mensaje positivo.

Charles Porch, responsable de desarrollo de alianzas de Instagram, y Nicky Jackson Colaço, responsable de políticas de uso público, volaron al sur para visitar a Miley Cyrus en su mansión de Malibú. Se sentaron a su mesa de comedor, rodeados de arte que ella aseguró haber comprado en instagram, y trazaron un plan diferente. Miley podía usar la cuenta @instagram como plataforma para promocionar su nueva fundación, Happy Hippie Foundation, dedicada a la protección de jóvenes sin hogar o pertenecientes al colectivo LGTB. Miley y @instagram podían compartir fotografías de personas como Leo Sheng, @ileosheng, un chico transexual, para aumentar la visibilidad de la gente a la que ella esperaba apoyar.

A Miley le encantó la idea y decidió seguir usando la aplicación, aunque Instagram carecía de una solución generalizada para evitar el ciberacoso.

Más o menos al mismo tiempo, la estrella del reality show Kylie Jenner, que tenía diecisiete años, se vio involucrada en una controversia debido a un reto viral. Los morritos carnosos que ponía en todas sus selfies de Instagram inspiraban a las chicas más jóvenes a intentar parecerse a ella usando métodos peligrosos, como introducir los labios en un vaso de chupito y aspirar con el fin de conseguir la presión necesaria para que se hincharan y se parecieran más a los de Kylie. Al final, se vio obligada a confesar que el aspecto voluptuoso de sus labios se debía a un relleno cosmético temporal, lo que suscitó otra nueva oleada de noticias.

En ese momento, Kylie recordó que Instagram le había transmitido a su familia que si alguna vez necesitaban consejo para algún proyecto, contaran con ellos. Así que los contactó para ver si podían hacer algo que cambiara el rumbo de las conversaciones que circulaban. Liz Perle, la responsable de los adolescentes, tuvo una idea sobre cómo Instagram podía usar la controversia como puerta de entrada para promover un mensaje más positivo. Le envió a Kylie una lista con diez nombres de usuarios de Instagram que habían hablado abiertamente de sus complejos físicos y le propuso que iniciara una campaña en la que ella entrevistara a esas personas y compartiera sus historias en su cuenta de Instagram, con el hashtag #iammorethan («soy más que»), que se podría completar para formar una frase: «soy más que mis labios», por ejemplo.

Kylie accedió, y llamó en persona a los usuarios de la lista de Liz Perle. La primera con la que habló fue Renee DuShane, una chica con síndrome de Pfeiffer, una malformación congénita hereditaria que afecta a los huesos del cráneo. Después de que Kylie compartiera su cuenta de Instagram, @alittlepieceofinsane, con sus 21 millones de seguidores, los medios de comunicación acogieron la iniciativa de forma muy positiva.[1]

Instagram intentaba controlar los temas de conversación que se trataban en la aplicación y las imágenes que se publicaban, de manera que la empresa tuviera más control sobre su destino. Facebook había demostrado que, cuanto más crecía una red social, mayores eran las consecuencias de sus decisiones. Instagram quería tomar prestado aquello que les funcionaba, pero sin cometer los mismos errores. Facebook, que en aquel entonces tenía más de 1.400 millones de usuarios, había moldeado los objetivos de las personas y las empresas de tal manera que todo el mundo controlaba su contenido para lograr la recompensa máxima que ofrecía la red social: hacerse viral.

Los trabajadores de Facebook, a los que se les había inculcado que compartir era la clave para la misión de «conectar el mundo», aplicaban ciertas estrategias para convertirlo en un hábito. El algoritmo estaba superpersonalizado, de manera que, cada vez que alguien pinchaba en un enlace o compartía algo en Facebook, la aplicación lo clasificaba como una experiencia positiva para ofrecerle más contenido similar. Pero hacerse viral también tenía sus contras, porque enganchaba a los usuarios de Facebook al contenido de baja calidad. Los trabajadores de Instagram se preguntaban si un simple clic podía considerarse un indicio válido de lo que quería un usuario o si más bien se les estaba manipulando con el contenido en cuestión. Los enlaces que se hacían virales llevaban titulares como: «Este hombre se metió en una pelea en un bar y no te imaginas lo que pasó después» o «Hemos visto fotos de esta niña actriz ya crecidita y está… ¡UAU!».

Los trabajadores de Facebook habían visto que la cotización de sus acciones subía como la espuma a causa del rápido crecimiento que se produjo, en parte, por no criticar las preferencias de sus usuarios. Se quejaban de que el equipo de Instagram tenía el lujo de poder tomar otro tipo de decisiones y de que daba por sentado con cierta superioridad que podía usar las herramientas de Facebook.

Eso se debía en parte a que en Instagram tenían la impresión de que habían sorteado la bala de lo viral.

El equipo editorial servía para reforzar la idea entre los trabajadores de Instagram de que habían conseguido crear un paraíso creativo impoluto en internet, lleno de cosas que la gente desconocía que quería ver hasta que Instagram se las enseñaba. De la misma manera que los trabajadores de Facebook habían sido adoctrinados con la misión de «conectar el mundo», los de Instagram apostaban por su propia marca comercial.

Pero en el esmerado plan de la empresa, consistente en fomentar las relaciones, empezaban a aparecer fisuras. A medida que se registraban más usuarios, el pequeño equipo se sentía cada vez más desconectado de la experiencia del usuario normal. Por cada Miley Cyrus o Kylie Jenner que llegaban, había millones de personas que jamás podrían expresar sus preocupaciones a un trabajador de Instagram. La ratio en aquel entonces era de un trabajador por cada 1,5 millones de usuarios. Miley Cyrus y Kylie Jenner señalaban problemas reales y sistémicos, como el ciberacoso anónimo o la obsesión de los adolescentes por alcanzar la perfección; problemas que Instagram propagaba por sus decisiones sobre el producto, como la posibilidad publicar desde el anonimato o de competir por el número de seguidores.

Systrom quería un éxito similar al de Facebook, pero también quería que el producto no perdiera la más mínima calidad y cargarse así lo que representaba. Pero Instagram crecía tan deprisa que no podía tener las dos cosas. Mark Zuckerberg se lo dejó bien claro; en primer lugar, con el negocio de la publicidad.

El bofetón de realidad de Zuckerberg comenzó en el verano de 2014, unos seis meses después de que se publicara el primer anuncio de Instagram. Systrom seguía revisando personalmente todos los anuncios; imprimían las copias y se las llevaban a su mesa. Todas las agencias de publicidad grandes sabían cómo usar hashtags, como los famosos #fromwhereirun («aquí estoy corriendo») o #nofilter («sin filtro») y aprendían a usar trucos de Instagram para mejorar la estética con un buen enfoque y equilibrio en sus fotos. Y para Facebook todo iba demasiado despacio.

Zuckerberg, que un año antes había disuadido al equipo de Instagram de construir su modelo de negocio, decidió que había llegado el momento de que la aplicación recuperara parte del precio de su adquisición en forma de ingresos para Facebook. Instagram empezaba a ser lo bastante grande como para resultar útil. Zuckerberg era consciente de que en algún momento Últimas noticias de Facebook se quedaría sin espacio publicitario. Nadie había construido jamás una red social tan grande como ellos y, aunque siguieran agregando usuarios, el número de personas que usaban internet en el mundo era limitado. Cuando llegaran al punto de quedarse sin espacio publicitario, quería que el negocio de publicidad de Instagram estuviera lo bastante maduro para recoger el testigo y asegurar que los ingresos seguían entrando a buen ritmo.

Instó a Systrom a que aumentara la frecuencia de los anuncios en Instagram, o el número de anunciantes, sobre todo para que dejara de ser tan quisquilloso con ese control excesivo de la calidad. Facebook contaba con una infraestructura publicitaria propia que hacía posible que cualquier persona del mundo con una tarjeta de crédito pudiera comprar espacio publicitario. Al igual que con Últimas noticias, la base era la personalización. Los anunciantes podían decir a quiénes querían llegar, y Facebook se aseguraba de que llegaran a ese público automáticamente, con la menor intervención humana posible. Lo único que Instagram tenía que hacer era enchufarse a la infraestructura y, ¡pum!, conseguirían un negocio multimillonario. Zuckerberg predijo que podían alcanzar unos ingresos de 1.000 millones de dólares en 2015.

Systrom pensaba que esa estrategia, si no se implementaba con cuidado, podía arruinar la marca comercial que Instagram había creado. Sí, si aceptaban enchufarse a la infraestructura publicitaria de Facebook ganarían un pastizal, pero esos anuncios parecían hechos específicamente para Facebook, muchos de ellos con letra hortera y ciberanzuelos, algo que no cuadraba en absoluto con la estética de Instagram ni con lo que sus usuarios buscaban en la aplicación. A Facebook no le interesaba hacer un análisis exhaustivo de sus anunciantes, solo de las tarjetas de crédito de sus usuarios.

Systrom contaba con apoyos. Andrew Bosworth, el vicepresidente de publicidad, recordó cuando tuvo que pedirle a Zuckerberg que reforzara la publicidad en Facebook años atrás. En su opinión, Zuckerberg estaba siendo poco considerado con Systrom, dado que en el pasado él demostró la misma renuencia. Le dijo a Zuckerberg que mientras Instagram vendiera algo totalmente diferente a Facebook, los anunciantes se animarían a reunirse con ellos, algo que podrían usar para lograr inversiones más cuantiosas. Además, ¿no sería arriesgado cambiar el sistema de publicidad justo en los meses previos a la Navidad, la época consumista del año por excelencia?

Zuckerberg accedió a esperar hasta enero. Una vez pasadas las fiestas, dio instrucciones al equipo financiero de Facebook sobre lo que creía que cada división de la empresa debía producir a fin de entregar las proyecciones económicas de 2015 a Wall Street. Aunque Instagram había cambiado poco, le dijo al equipo financiero que esperaba que ingresaran 1.000 millones de dólares mediante sus anuncios en el nuevo año fiscal.

—Dales seis meses más —sugirió Bosworth.

—Seis meses más no cambiarán nada —replicó Zuckerberg—. Tienen que cambiar su estrategia ya.

Systrom fue convocado a una reunión con los directores de Facebook, y en ella le enseñaron una gráfica: los ingresos de entonces de Instagram procedentes de la publicidad, en yuxtaposición con otra línea que subía mucho más, los 1.000 millones de Zuckerberg. Si no se veían capaces de conseguirlos, no había problema, le dijeron, Facebook los ayudaría.

Systrom regresó a las oficinas de Instagram en el edificio 14 y puso al día a su equipo, entre ellos a Eric Antonow, el director comercial, que había asumido gran parte de las responsabilidades de Emily White. Antonow, que llevaba trabajando en la red social desde 2010, hablaba bien el idioma de Facebook.

«Kevin, comprendes lo que te están diciendo, ¿verdad? Acaban de comunicarte la cifra que estás obligado a alcanzar», le explicó, enfatizando las últimas palabras. Antonow sabía leer los posos del té político. James Quarles, el nuevo responsable de ingresos de Instagram, que venía de Facebook, no paraba de perder batallas. Quería ir despacio con la expansión y que fuera su propio equipo comercial quien estableciera relaciones nuevas con los anunciantes. Pero no lo consiguió. Por el contrario, tuvo que contratar «líderes de desarrollo comercial» que habían creado guías de referencia para el equipo comercial de Facebook pero que no tenían el menor control sobre las negociaciones. Como Instagram no fuera capaz de mantener el paso que les marcaban, Facebook tomaría cada vez más control.

Zuckerberg acabó obligando a Instagram a abrir las compuertas y dejar que aparecieran anuncios de cualquier negocio que hubiera comprado espacio comercial en el sitio web de Facebook. Antes de hacerlo, durante los meses posteriores a la reunión con Facebook, los desarrolladores se emplearon a fondo en una carrera contrarreloj para crear un sistema que salvara a Instagram de la muerte por aplastamiento de carteles publicitarios.

Instagram ya estaba llena de anuncios que no habían sido aprobados por Systrom. Procedían de sus propios usuarios, a los que muchos negocios les pagaban para que promocionaran sus productos entre sus seguidores. Los trabajadores de Instagram discutieron sobre la posibilidad de sacar tajada de ese mercado. En febrero de 2015, Twitter pagó más de 50 millones de dólares entre acciones y efectivo por Niche,[2] una empresa de talentos que ponía en contacto a anunciantes con influencers en Vine, Instagram y YouTube.

Sin embargo, Instagram decidió al final que no quería saber nada del tema. De nuevo, la razón era la calidad. Era imposible conocer en persona a todos los influencers. Si Instagram se involucraba en la transacción real, no podrían garantizarles una buena experiencia ni al influencer ni al anunciante. Además, no querían alentar un tipo distinto de promoción remunerada mientras creaban su propio negocio de publicidad, porque de esa manera estarían convirtiendo la comunidad en un mercado de abastos.

Decidieron centrarse, en cambio, en mejorar la relación con sus usuarios, que eran el motivo principal por el que a la gente le encantaba Instagram y se registraba en la aplicación.

Hannah Ray, que había sido la responsable de las comunidades virtuales de *The Guardian*, fue la primera trabajadora de Instagram fuera de Estados Unidos. Desde su oficina de Londres, intentó abrazar la filosofía de Instagram, enfatizando sus diferencias con Facebook de la misma manera que había hecho el equipo de California. Encontró un sofá antiguo de color blanco roto y lo colocó en un rincón de la oficina. Reutilizó algunos carteles de la visita de Systrom y Porch a la National Portrait Gallery en 2013 para decorar el espacio. Los usuarios de Instagram enviaban postales de todo el mundo, así que las colocó en la pared. Conocía a una artista local que hacía cojines en forma de galletas y dulces típicos británicos, así que le encargó algunos para el sofá.

Ray formaba parte del equipo responsable de la comunidad, así que se esforzaba por mantener su santuario de Instagram entre las filas de escritorios uniformes de Facebook. En su opinión, siempre debía haber un rincón de la oficina que fuera instagrameable.

El proyecto le aportó gran visibilidad entre los directivos comerciales de Facebook, lo que provocó algunas conversaciones incómodas. Le sucedía a menudo que, cuando estaba seleccionando artistas o escribiendo a mano notas de agradecimiento para fotógrafos famosos, la interrumpían:

—Esta marca comercial quiere hacer una campaña para un producto nuevo. ¿Con qué influencers deberían trabajar para su lanzamiento? ¿Puedes conseguirles una lista de nombres y direcciones de contacto?

—No —contestaba Ray—. No nos dedicamos a eso.

—Pero deberíamos ayudar a este cliente tan importante —le recordaba el equipo comercial.

—No queremos ser intermediarios —replicaba ella.

Ray solía aplacarlos enviándoles algunas de las muchas listas de «Los instagrameros más importantes en X» que ella misma había ayudado a crear y que circulaban por internet, y el anunciante se ponía en contacto con ellos para llegar a un acuerdo.

Algo tan simple como eso suponía una complicación para Ray. El mercado era pequeño, de manera que los usuarios afortunados que conseguían un acuerdo con los clientes de Facebook, muchos de los cuales la conocían, suponían que había sido ella la encargada de elegirlos y se lo agradecían. Otros, conscientes de que no habían conseguido el acuerdo, le pedían que se acordara de ellos la próxima vez, porque el dinero les iría de maravilla.

Y así Instagram a veces acababa siendo un intermediario de forma fortuita. Incluso las visitas al rincón instagrameable de la oficina podían tener consecuencias económicas imprevisibles.

Edward Barnieh, un fotógrafo muy útil para Instagram porque coordinaba los InstaMeets en Hong Kong, visitó a Ray junto con su esposa durante una breve estancia en Londres. Ray se hizo una foto con la pareja, sentados en el sofá de la oficina con los cojines en forma de galleta, y luego se fueron a un pub con un grupo de fotógrafos. Mientras bebían, Barnieh descubrió que Ray había publicado la foto en la cuenta oficial de Instagram, @instagram. En menos de una hora, Barnieh había ganado más de 10.000 seguidores.

Después del incremento de su popularidad y de la aparente promoción pública por parte de Instagram, la pareja no tardó en recibir su primera propuesta por parte de una marca comercial, Barbour, que les ofreció posar con una bolsa de viaje. Accedieron. Tras ese primer acuerdo llegaron otros con marcas comerciales más importantes. El concepto influencer era tan nuevo que las empresas solo querían pagar a personas en las que ya habían confiado otros anunciantes. Así fue como Barnieh, un trabajador de Cartoon Network, empezó a pasar sus vacaciones viajando con todos los gastos pagados por Asia, a cuenta de Nike, Apple o Sony. No acababa de creerse su suerte.

La experiencia aumentó los temores de Ray sobre su capacidad para cambiar la vida de la gente. «No pienso volver a publicar en la cuenta oficial una foto en el sofá», le dijo a Barnieh.

A medida que el uso de Instagram se extendía y que Facebook presionaba para que crecieran y aumentaran la publicidad, los trabajadores de Instagram insistían en que la base de la aplicación era la belleza y el arte. La empresa acababa de lanzar cinco filtros nuevos, para los cuales había mandado a un grupo de trabajadores a Marruecos con el fin de encontrar inspiración.

Era una decisión frívola, desconectada de lo que sucedía en la aplicación. A los usuarios ya no les interesaban los filtros. Las cámaras de los teléfonos móviles habían mejorado sustancialmente en los pocos años transcurridos desde el lanzamiento de Instagram. Y, por más empuje que tuvieran las elecciones editoriales de Instagram, no eran tan poderosas como el diseño del producto en sí mismo y los incentivos que ofrecía para alentar a la gente a conseguir más seguidores, más reconocimiento y, en última instancia, más dinero.

En la época en que Barnieh conoció a Ray, él ya había percibido un cambio en la comunidad de Instagram. Había hecho algunos de sus mejores amigos en Hong Kong gracias a los InstaMeets, que al final acabó organizando él mismo. Hacía rutas con muchos fotógrafos aficionados para compartir trucos y encontrar los mejores ángulos y la mejor iluminación. Hacia 2013 «acompañaba a gente de Hong Kong a pasear por zonas de su ciudad que no conocían», recuerda.[3] «Era una experiencia muy positiva. La intención no era ni mucho menos ganar dinero ni que te regalaran cosas.»

Pero, ya en 2015, algunos de esos entusiastas se habían montado su pequeño negocio de fotografía, con el que ganaban suficiente dinero como para dejar su trabajo. Y así los InstaMeets también se convirtieron en un negocio, por la oportunidad de hacerse fotos juntos. «La gente demasiado extrovertida intentaba acaparar todas las fotos del encuentro», me explicó Barnieh. El objetivo era que lo mencionaran en el mayor número de fotos posibles para así llegar a más gente y conseguir más seguidores. Pero el premio gordo era aparecer en la lista de usuarios sugeridos de Instagram. «Sabían que Instagram revisaba todos los InstaMeets, todas las galerías de fotos, y también sabían que de esa manera había descubierto a muchos usuarios sugeridos.»[4]

Los entusiastas no eran los únicos que empezaban a usar una estrategia. Barnieh observó que muchas cafeterías a lo largo y ancho del mundo adoptaban una estética popular en Instagram. Colgaban bombillas sin pantalla, tenían plantas suculentas, iluminaban más los espacios, llenaban las paredes con vegetación o espejos, y publicitaban productos que entraban por los ojos, como coloridos zumos de fruta o tostadas de aguacate. En su afán por ser modernos, pensaba Barnieh, todos acabaron pareciendo similares, de la misma manera que sucedía con los aeropuertos o con las oficinas de las empresas. Entre el público empezó a haber consenso en cuanto a qué tipo de diseño era instagrameable. Barnieh comenzó a mirar con mejores ojos sus fotos de 2013, que a esas alturas parecían capturar una historia anterior a que Instagram —y la apariencia que la aplicación había popularizado— llegara a las masas.

Se enteró de que la frase «Do it for the 'gram» («Hazlo para Instagram») se había popularizado. La gente que intentaba hacer negocio con sus fotos de Instagram necesitaba destacar, de manera que se aventuraba hasta paisajes y playas espectaculares, lo que provocó que se pusiera de moda andar. Por un lado, esta tendencia sacó a más gente a la calle, a visitar sitios nuevos. Por el otro, el medioambiente que trataban de reflejar en esas fotos quedó dañado por los residuos y el exceso de visitas. *National Geographic* publicó un artículo sobre cómo Instagram estaba cambiando la forma de viajar.[5] Las visitas a Trolltunga, un acantilado noruego muy fotogénico, pasaron de 500 al año en 2009 a 40.000 en 2014. «Lo que las fotos de esta icónica panorámica no enseñan es la larga fila de personas que recorren todas las mañanas este sendero pedregoso a la espera de poder hacer su versión de la famosa imagen de Instagram», escribió la revista.

En un momento concreto de 2015, unos cuantos instagrameros amigos de Barnieh se reunieron en Hong Kong y llevaron el juego al siguiente nivel: quedaban para colgarse de puentes y de azoteas de edificios. En una foto publicada por Lucian Yock Lam, @yock7, un hombre sujeta del brazo a otro colgado en el borde de un rascacielos en plena noche mientras el tráfico circula por debajo. La foto se publicó con un hashtag muy simple: #followmebro («sígueme, colega»).[6] Consiguió 2.550 *like*; puso su vida en peligro por una recompensa ridícula.

Instagram ya no era una comunidad nicho, era un hábito extendido entre las masas. Sin embargo, el equipo aún creía que su estrategia editorial podía marcar una diferencia en aquello a lo que los usuarios prestaban atención. Los integrantes del equipo responsable de la comunidad decidieron elegir con más cuidado a quién destacaban en las campañas con famosos, así como en los artículos de noticias y en la cuenta oficial de Instagram.

Promocionaban lo que ellos creían que era el estándar de la empresa, como artistas que bordaban o mascotas graciosas. Y evitaban publicar cosas que perpetuaran las tendencias menos saludables de la aplicación. Jamás promocionaban una foto de alguien cerca de un acantilado, por muy bonito que fuera, porque sabían que ganar seguidores en Instagram era algo tan deseable que la gente arriesgaba su vida para conseguir fotos perfectas. Evitaban recomendar cuentas de yoga o de fitness porque no querían que pareciera que aprobaban cierto tipo de cuerpo y que sus usuarios se sintieran poca cosa o, peor, se excitaran. También evitaban promocionar cuentas que mostraban experiencias caras, como las de los blogueros de viajes.

Pero a veces no tenían claro qué promocionar y qué ignorar. ¿Debían hablar abiertamente de la tendencia #promposal, por ejemplo? Los adolescentes estaban llevando a cabo grandes hazañas merecedoras de ser publicadas en Instagram para invitarse al baile de graduación (en inglés, *prom*). ¿Era eso bueno para Instagram, o perpetuaría la cultura de la presión? ¿Y qué opinaban de las cuentas que publicaban memes? Se trataba de cuentas muy populares que no tenían nada que ver con la fotografía y que consistían en imágenes con chistes sacados de Tumblr y Twitter. Algunos trabajadores de Instagram se sentían incómodos con los memes, pero también con las selfies, las fotos en biquini y otros comportamientos que se habían convertido en algo habitual en Instagram y que no tenían nada que ver con sus sensibilidades artísticas.

Por lo menos intentaron abordar el hecho de que la aplicación se había convertido en una competición por la fama. Se cargaron una herramienta que pensaban que estaba avivando el fuego: el algoritmo de «Popular en Instagram». En su lugar, implementaron «Explorar», que era más difícil de manipular. Al principio, todas las categorías, desde la comida hasta el skate, las seleccionaban de forma manual los miembros del equipo responsable de la comunidad, es decir, no era una selección automatizada. En ese rincón optaron por cobijar algunos de esos nichos nuevos y raros de Instagram. Tenían una categoría llamada «Placeres raros», con vídeos relajantes y agradables de ver, como gente haciendo blandiblú casero, tallando jabón o moldeando arena cinética.

Pero los incentivos para sus usuarios estaban más claros que nunca. Tener un público siempre significaría tener una oportunidad de negocio. No tardarían en aparecer en Instagram influencers del blandiblú medio famosos que asistieran a convenciones de blandiblú y firmaran acuerdos comerciales para promocionar sus vídeos en otras plataformas.

Liz Perle, la responsable de los adolescentes, opinaba que Instagram debía subirse al carro de los influencers en vez de fingir que no existían. En su anterior trabajo, en el *Huffington Post*, se marcó el objetivo de atraer adolescentes a un lugar donde no había ninguno. Facebook intentaba atraerlos con aplicaciones experimentales añadidas que no tenían mucho éxito. Pero Instagram suponía una gran oportunidad, porque ya estaba llena de gente joven.

Se planteó conocer las comunidades de Instagram que agrupaban a gente muy joven, como los skaters o los entusiastas del juego *Minecraft*, o los que se reunían en torno al hashtag #bookstagram, que se usaba para hablar de libros. Entrevistaba a los miembros más populares de las comunidades, les seguía la pista y plasmaba los datos en hojas de cálculo: la frecuencia con la que publicaban, el tipo de contenido que elegían y si hacían algo único. Si creía haber encontrado una tendencia, persuadía a alguien de Instagram o de Facebook para que la ayudara a reunir datos para ver si era real.

Cuando Instagram lanzaba nuevas herramientas, Perle intentaba asegurarse de que la probaran antes influencers adolescentes. Los datos demostraban que este tipo de estrellas, que se habían hecho famosas en Vine, YouTube o Instagram, eran más populares de lo que creían. Hizo una lista con quinientos de ellos y le pidió a Facebook datos científicos que la ayudaran a comprender su impacto. Descubrieron que más o menos un tercio de la base de usuarios de Instagram seguía al menos a una persona de su lista.

Perle, al igual que Porch, pensaba que Instagram debía desempeñar un papel en la creación de estrellas futuras, y que era fundamental establecer relaciones con las que todavía no se habían convertido en estrellas pero despertaban un interés enorme en sus seguidores. No podía pagarles, pero sí podía impulsar su carrera tras las cámaras ofreciéndoles consejos para que siguieran publicando y manteniendo la relevancia que Instagram había alcanzado entre los adolescentes.

Sugirió que Aidan Alexander, @aidanalexander, un adolescente que se había convertido en influencer de estilo de vida, se sentara como invitado a la mesa de Arianna Huffington en la cena para corresponsales de la Casa Blanca junto con la estrella de Snapchat DJ Khaled. Dejó a Jordan Doww, @jordandoww, socio de Aidan Alexander en una empresa de gestión de negocios, salir del armario y anunciar que era homosexual en la cuenta oficial de Instagram. La revelación pública aumentó su número de seguidores en 30.000, tras lo cual dejó su empleo y se dedicó a trabajar con marcas comerciales. Cuando Meghan Camarena, la jugadora de videojuegos conocida como @strawburry17, quiso celebrar una fiesta de disfraces con los personajes de Marvel durante la cual tendrían que descubrir un asesinato, Perle le prometió que aparecería en la cuenta oficial de Instagram para que consiguiera cobertura mediática.

A cambio, los contactos adolescentes de Perle usaban los productos nuevos de Instagram antes que nadie, para darles su opinión y que la empresa fuera consciente de lo que estaban creando. Perle, a su vez, usaba sus conocimientos cuando asistía a una reunión para discutir los nuevos lanzamientos y ofrecía sugerencias sobre qué debían lograr los desarrolladores para que los adolescentes se sintieran atraídos por el producto.

La estrategia fue un éxito. Los jóvenes se emocionaron con Instagram. En 2015, el 50 por ciento de los adolescentes estadounidenses estaba registrado en la aplicación. Se convirtió en una parte importante de la estructura de su vida social, hasta el punto de que empezaba a crear una presión terrible.

La búsqueda de seguidores y de influencia era un síntoma de que Instagram se había convertido en una aspiración. Al ofrecer continuamente a sus usuarios imágenes de vidas y pasatiempos visualmente atractivos, la comunidad buscaba a su vez convertir su vida en algo que mereciera la pena publicar.

Antes de decidir adónde irían a cenar, los turistas comprobaban en Instagram si el aspecto de los platos parecía delicioso, con lo cual los restaurantes empezaron a invertir más en emplatado e iluminación. Antes de quedar para salir con alguien por primera vez, los usuarios echaban un vistazo al perfil de la otra persona para comprobar si había evidencias de pasatiempos o experiencias interesantes, y también de otras relaciones previas. Los solteros pulían sus cuentas. Durante los castings de actores para películas y series de televisión, los directores miraban su perfil para comprobar si contribuirían con sus seguidores en el caso de que consiguieran el papel. Los actores necesitaban convertirse en influencers, tal como predijo Ashton Kutcher.

Janelle Bull, una terapeuta que trabajaba en Anchor Psychology, en Silicon Valley, explicó que, a medida que Instagram se integraba en el día a día, la ansiedad de sus pacientes por la presión de tener una cuenta interesante crecía. Los padres se preocupaban por ofrecer a sus hijos fiestas de cumpleaños y vacaciones que fueran instagrameables (mucho antes de que sus hijos empezaran a gestionar sus propias redes sociales) y para ello buceaban en Pinterest o en cuentas de influencers en busca de recetas y de ideas que quedaran fantásticas en las fotos, como tartas rellenas de chucherías que caían en cascada al cortarlas. Un progenitor en concreto quería, para celebrar los doce años de su hija, alquilar un autobús discoteca para llevar a los niños a Disneylandia y que todos tuvieran contenido digno que publicar. Bull se preguntaba si los niños realmente querían que sus padres planearan esos eventos tan exagerados.

«¿Son los padres los que buscan la atención o son los hijos?», se preguntaba. Se había convertido en una competición. Aconsejaba a los padres que de vez en cuando se tomaran un descanso de las redes sociales para desintoxicarse y reestablecer sus prioridades dándoles la siguiente explicación: «Cuanto más te sacrifiques a ti mismo para gustarles a los demás, más desolado te sentirás. Te convertirás en un producto moldeado por los demás y no en la persona que se supone que debes ser».

Empezó a tratar a varios estudiantes de la Universidad de Stanford, centro donde estudió Systrom y donde la aplicación que él había creado estaba cambiando la vida del campus. Los estudiantes estaban obsesionados con hacer fotos que fueran lo bastante atractivas como para conseguir entrar en los círculos estudiantiles del campus. Las redes sociales eran algo muy importante para su éxito futuro, argumentaban. «Les angustia la posibilidad de que no tener una cuenta de Instagram interesante los prive de becas de investigación y de la atención de sus profesores», explicó Bull. No solo era cuestión de vida social: Instagram se había colado en su planificación profesional. La historia se repetía en todo el mundo.

Los usuarios de Instagram idearon su propio sistema para aliviar la presión que suponía ganar seguidores y *like*. En vez de moldear su vida para hacerla instagrameable, empezaron a inventársela. Usaban las aplicaciones de filtros fotográficos para suavizar sus rasgos faciales, blanquearse los dientes o parecer más delgados. Llevaron un paso más allá la idea de usar filtros para las fotos y decidieron ponerle un filtro a la realidad.

En Instagram era muy fácil conseguirlo. Mientras que Facebook era para la gente que usaba su verdadera identidad, en Instagram había anonimato. Cualquiera podía crearse una cuenta con una dirección de correo electrónico o un número de teléfono móvil. Así que era muy fácil crear otras cuentas de personas que parecían reales y vender su atención. Si buscas en Google «cómo conseguir seguidores en Instagram», aparecen multitud de empresitas anónimas que se ofrecen a hacerte más famoso, más rico y más agradable a cambio de dinero. Por unos cuantos cientos de dólares, puedes comprar miles de seguidores e incluso dictar exactamente lo que esas cuentas deben comentar en tus publicaciones. La actividad de los bots a veces parecía sospechosa. Un seguidor falso podría comentar debajo de una foto de un plato de comida: «¡¡Qué guapa estás!!».

Los seguidores comprados no eran personas reales, pero a veces otorgaban al comprador la apariencia de tener suficientes como para que una marca comercial quisiera llegar a un acuerdo con él o para que atrajera más seguidores de carne y hueso, o sea reales. Los seguidores falsos eran a los perfiles lo que el bótox a las arrugas: mejoraban la apariencia durante unos cuantos meses, antes de que Instagram los borrara y la realidad regresara. A partir de la tecnología antispam de Facebook, Instagram aprendió a detectar anomalías en el comportamiento de los usuarios. Los ordenadores podían hacer cosas que los humanos no podían, como, por ejemplo, dejar cientos de comentarios en cuestión de minutos.

La gente rara vez admitía que compraba seguidores. A veces era cierto. Pero nunca quedó claro de dónde salía el dinero con el que se pagaba esa atención falsa. Si no era el influencer quien pagaba, ¿lo hacía la agencia que lo representaba? ¿Alguien que estuviera organizando una campaña publicitaria? ¿El responsable comercial de la marca en cuestión? Todo el mundo tenía un incentivo para dar la impresión de que su deslumbrante y novedosa estrategia con Instagram funcionaba.

El algoritmo de detección de Instagram era todavía muy rudimentario. Cuando los bots parecían reales, con foto de perfil y descripción, y si seguían e interactuaban con cuentas reales, eran difíciles de detectar. Y los seres humanos, sobre todo los adolescentes, se enviaban a veces mensajes con tal rapidez que podían confundirse con bots.

La aparición de este tipo de actividad no pudo llegar en peor momento para los objetivos empresariales de Instagram, porque la empresa estaba en mitad del proceso de convencer a los anunciantes de que invirtieran dinero en la aplicación por primera vez. Si dichas empresas descubrían que un porcentaje significativo de los usuarios de Instagram eran bots, no estarían tan interesados en pagar dinero para llegar hasta ellos. Instagram hizo su primer movimiento para atajar el problema en diciembre de 2014. Una vez que consideraron que la tecnología estaba lista, borraron de golpe todas las cuentas que creían que no eran de personas reales.

Desaparecieron millones de cuentas de Instagram. Justin Bieber perdió 3,5 millones de seguidores, mientras que Kendall y Kylie Jenner perdieron cientos de miles. El rapero de los noventa Mase bajó de 1,6 millones de seguidores a 100.000 y después borró su cuenta, al parecer por vergüenza.

Los usuarios normales también se vieron afectados por todas las cuentas aleatorias que los bots habían seguido para parecer usuarios humanos. Instagrameros de todo el mundo empezaron a quejarse furiosos a la empresa, suplicando que les devolvieran sus seguidores y aduciendo que no habían hecho nada para merecer semejante castigo. Los medios de comunicación lo llamaron «la purga».[7]

Al ver que se producían tantas quejas, Instagram decidió hacer las purgas futuras de forma progresiva. Y, por supuesto, el spam no desapareció. Se volvió más ladino. Los desarrolladores trabajaban para que sus bots parecieran más humanos y, en algunos casos, pagaban a redes conformadas por personas de carne y hueso para que comentaran en las publicaciones de sus clientes y les dieran un *like*.

En 2015 había montones de empresas, como Instagress e Instazood, que ofrecían un servicio muy atractivo: sus clientes podían centrarse en perfeccionar sus publicaciones de Instagram y ellos se dedicarían a expandir su cuenta. Los clientes les entregaban sus contraseñas y dichas empresas de servicios se convertían en una máquina de buscar popularidad, siguiendo a otros usuarios y comentando en miles de publicaciones de otras cuentas para hacerse notar.

Max Chafkin, periodista de *Bloomberg Businessweek*,[8] probó los servicios de Instagress para un artículo que iba a publicar con el fin de comprobar si era posible convertirse rápidamente en un influencer. Al cabo de un mes, y después de gastarse 10 dólares en tecnología automatizada, su cuenta había dado 28.503 *like* y había hecho 7.171 comentarios de tipo genérico, como «¡Uau!», «¡Increíble!» o «¡Esto es lo más!». Aquellas cuentas que habían recibido un comentario suyo se lo devolvieron, de manera que sus seguidores se contaban por miles. El proyecto acabó cuando recibió su primera propuesta de publicación promocionada: posar con una camiseta de 59 dólares. No está claro si las cuentas que lo siguieron también estaban automatizadas.

Instagram disuadió a las cuentas más importantes de comprar seguidores hasta lograrlo. Ese tipo de crecimiento no era sostenible. Era el equivalente a enviar notificaciones a los usuarios para conseguir que volvieran a la aplicación. Con el tiempo, minaba la confianza.

Los trabajadores de Instagram habían pasado tanto tiempo comparando su producto con Facebook, pensando en cómo mantener su imagen cuidada y artística, que el problema de la presión que sentían sus usuarios quedó relegado a un segundo plano. Se enfrentaban a una exigencia más acuciante: ingresar 1.000 millones de dólares.

Abrir las compuertas de la publicidad era un baile político muy delicado. Instagram estaba decidida a no hacerlo por el camino fácil. Ashley Yuki, directora de producto encargada de desarrollar el sistema de publicidad de Instagram basándose en el de Facebook, había trabajado antes en Facebook, de manera que sabía cómo hablar con ambas partes. Hizo que su equipo asistiera a una reunión con el equipo de publicidad de Facebook en otro edificio para que pudieran demostrar que se tomaban muy en serio la colaboración. Una vez que empezaron a entenderse, un trabajador del equipo de Instagram, Hunter Horsley, le explicó a un jefe de producto de Facebook, Fidji Simo, que Instagram necesitaba que sus anuncios tuvieran un tamaño mínimo de 600 píxeles.

—Ni hablar —dijo el jefe de producto.

El límite de Facebook eran 200 píxeles y, si el sistema para comprar espacio publicitario en Instagram iba a ser el mismo que el de Facebook, era imposible que la calidad de los anuncios en Instagram fuera mejor. La característica más importante del sistema automatizado era «evitar la fricción», derribar cualquier barrera que impidiera a la gente gastar más dinero en Facebook.

—¿Y si también aumentamos la calidad de los anuncios de Facebook? —sugirió Horsley.

—En ese caso, perderemos a la mitad de los anunciantes —contestó el jefe de producto.

Tal vez. Pero cualquiera que estuviera perdiendo una discusión con Facebook tenía un último recurso: hacer una prueba para ver qué mostraban los datos. Cuando Horsley comprobó si Facebook perdería anunciantes al aumentar los requisitos de calidad, descubrió de forma milagrosa que sucedería justo lo contrario. Los anunciantes se tomaban más en serio sus anuncios y se gastaban más. El cambio fue aprobado.

Parecía que Instagram había ganado una discusión: crecimiento y calidad no eran necesariamente incompatibles. Pero necesitaban llegar a un acuerdo en otro tema. Instagram, desde sus inicios, solo permitía imágenes cuadradas. Los anunciantes normalmente usaban un formato rectangular en internet, Facebook incluido.

Las fotos cuadradas de Instagram eran tan icónicas que hasta Apple diseñó la forma de que los iPhone capturaran imágenes en ese formato. Cambiarlo era como cambiar Instagram en sí misma, desfigurar la aplicación, protestaron algunos de sus trabajadores. Aunque Systrom y Krieger querían que Instagram ganara dinero, estaban de acuerdo en que, si se alejaban demasiado de sus raíces y cedían a las necesidades del mundo de la publicidad, se arriesgaban a perder todo aquello que hacía especial la aplicación.

Yuki, la responsable de desarrollo publicitario, supo cómo tocarles la fibra. ¿Y si ese problema, que era importante para los anunciantes, también les complicaba la vida a los usuarios? En su cuenta de Instagram veía que sus amigos colocaban barras blancas horizontales por encima y por debajo de las fotos, o en los lados si eran verticales, para poder publicar en el formato adecuado. Habló con Krieger y le preguntó si por lo menos podía cerciorarse de si era un problema habitual o no. Aquella noche, durante el trayecto de vuelta a San Francisco, Krieger examinó al azar 2.000 fotos de Instagram para determinar la frecuencia de lo que Yuki afirmaba. Al día siguiente le dijo a Yuki que tenía razón. El 20 por ciento de los usuarios usaban barras negras o blancas en sus fotos.

Puesto que los trabajadores que llevaban en Instagram desde el principio iban a protestar, horrorizados, por la idea de cambiar al formato rectangular, Yuki se preparó para el enfrentamiento con Systrom. Pero resultó que lo encontró receptivo. «Supongo que, si estuviéramos en un lugar lleno de gente, nos gritarían que por qué nos resulta tan difícil aceptar la realidad», dijo Systrom. «Y eso me dice que nos aferramos a esto por los motivos equivocados.»

Una vez que hicieron posible que la gente publicara en formato rectangular, los usuarios que llevaban en la aplicación desde el principio dejaron comentarios diciendo que no entendían por qué la empresa había tardado tanto en implementar un cambio tan necesario y obvio.

La respuesta empezaba a verse un poco más clara. Distraídos por el forcejeo político con Facebook por culpa de los anuncios, y ocupados al mismo tiempo con la idea de usar una estrategia atractiva para los usuarios más importantes, Instagram había desarrollado un ángulo muerto enorme: la experiencia del usuario normal y corriente. Instagram no había pensado en aquella gente al margen de la atmósfera artística de la aplicación.

Como con el asunto de la publicidad, Facebook les dio un toque de atención. El equipo de crecimiento envió a Systrom una lista con veinte cosas que Facebook quería que la aplicación cambiara o supervisara a fin de que el número de usuarios aumentara. Entre las exigencias estaba la creación de un sitio web más funcional y notificaciones más frecuentes. Además, querían que George Lee, que llevaba muchos años en el equipo de crecimiento de Facebook, pasara a Instagram y se convirtiera en el responsable de su equipo de crecimiento. Sus predecesores habían fracasado. Un par de años atrás, varios encargados del crecimiento se marcharon indignados, después de integrarse en Instagram, porque Systrom se resistía a todas las ideas que consideraba que aumentarían el spam. Lee tenía claro que estaría trabajando con dos filosofías muy distintas.

A sus compañeros de Facebook les dijo: «Si acepto el trabajo y vuelvo y os digo que solo vamos a hacer doce cosas, tenéis que fiaros de que son las doce cosas más importantes que podemos hacer y tener muy claro que la decisión ha sido mía, no de Kevin».

Y con Systrom usó el mismo argumento pero a la inversa: «Sé que te han dado una lista de veinte cosas y que muchas de ellas te incomodan. Pero si te digo que hay doce cosas que tenemos que hacer, necesito que confíes en mí».

Systrom afirmó que Instagram tenía éxito por su sencillez. Pensaba que, si cambiaban algo, tendría que ser para mejorar la aplicación, no para que los cambios ayudaran a Facebook a alcanzar las proyecciones de crecimiento. De todas formas, accedió a contratar a Lee.

Al cabo de poco tiempo, la inversión de Instagram en análisis de datos sacó a la luz un descubrimiento importante. La presión por demostrar una vida perfecta en Instagram era pésima para el crecimiento de la aplicación, pero era fantástica para un competidor ya formidable en aquel entonces: Snapchat.

9

El problema de Snapchat

«Lo que la gente experimenta en Instagram
es que no se siente bien consigo misma.
Es horrible. Compiten por la popularidad.»[1]

Evan Spiegel, director ejecutivo de Snapchat

La sede central de Facebook está optimizada para asegurar la productividad de los trabajadores. La comida es gratis, de calidad excepcional y abundante, y se sirve en cafeterías especializadas que están a menos de cinco minutos de las oficinas. Una aplicación de uso exclusivo para los trabajadores les permite ver todos los menús, y también hay una opción para pedir comida para llevar, para quien quiera comer en su mesa. Para descansos más cortos, en las zonas de trabajo también hay minicocinas provistas de todo tipo de comida, desde tentempiés saludables o no tanto, hasta guisantes con wasabi o mango deshidratado. Hay bebidas de coco y chupitos de té matcha junto con distintas marcas de agua embotellada de varios sabores, con gas o sin gas. Una vez que los trabajadores acaban de comer y vuelven a su teclado, Facebook no se atreve a interrumpirlos. Todos tienen una papelera junto a sus pies.

Los trabajadores de Instagram disfrutaban de esos mismos privilegios y de las mismas papeleras individuales, hasta que desaparecieron un día, durante el otoño de 2015. Las cajas de cartón en las que guardaban objetos diversos que se les había olvidado sacar a medida que aumentaba el espacio con el que contaba Instagram se trasladaron a unas taquillas para que no se vieran. Y unos cuantos globos gigantes plateados de la marca Mylar —con formas de número para celebrar el «faceaniversario» de los trabajadores o, lo que es lo mismo, el aniversario del día que se unió a Facebook— sufrieron un tijeretazo y acabaron en la basura.

Systrom dijo a sus trabajadores que Instagram se basaba en el arte, la belleza y la simplicidad, y que la oficina debía reflejar esos tres valores. Les explicó que los globos con los que celebraban los «faceaniversarios» acababan olvidados sobre las mesas aunque hubieran empezado a deshincharse y que solo podían tenerlos durante un par de días como mucho. Las cajas de cartón en las que guardaban sus objetos personales otorgaban a la oficina un aspecto desordenado e inacabado. Y las papeleras eran lo peor, porque estaban llenas de basura de verdad. Había llegado el momento de que el espacio reflejara quiénes eran.

Systrom se había sentido molesto durante los tres años transcurridos desde la adquisición porque la sede central de Instagram no era realmente de Instagram. Facebook les había llenado las paredes con carteles impresos allí mismo en los que se leían lemas como «Hecho es mejor que Perfecto» o «Muévete rápido y rompe cosas», que representaban la antítesis de la reverencia al arte. El año anterior, 2014, en un arrebato insólito, arrancó unos cuantos de la minicocina de la oficina de Instagram. Después se gastó unos cuantos millones en renovar el espacio, sobre todo la sala de reuniones, a la que llamó South Park en honor al emplazamiento de las primeras oficinas de la empresa. Eligió unas sillas modernas verdes, un papel para la pared con el estampado de las huellas dactilares ampliadas de los trabajadores y una mesa de metacrilato con la primera foto que publicó en Instagram: el pie de su novia con una sandalia y un perro junto a un puesto de tacos en México.

Sin embargo, el lugar todavía lo avergonzaba. Acababa de volver de un taller de gestión de empresas en Pixar, donde había pasado todo el día y donde las oficinas, a pesar de formar parte de Disney, reflejaban y homenajeaban de manera evidente escenas de las películas de animación más famosas del estudio, como *Toy Story* o *Los increíbles.* Kris Jenner había llamado hacía poco por teléfono a la directora de operaciones de Instagram, Marne Levine, para preguntarle si podía visitar las oficinas con Kim Kardashian. Pero ¿qué iban a visitar? El espacio seguía reflejando el alma de Facebook, salvo la Sala de la Gravedad, una estancia creada específicamente al estilo de un diorama para hacerse fotos, con una mesa y unas sillas atornilladas a una pared lateral, de manera que daba la impresión de que quien se hiciera una foto estaba caminando por la pared y no por el suelo. En las publicaciones de las redes sociales quedaba genial, pero de cerca era evidente que estaba desconchada y estropeada, hecha polvo por la atención que recibía de los visitantes que llegaban de Facebook Inc.

Los trabajadores, casi todos procedentes de Facebook, no estaban muy contentos con las nuevas normas de Systrom con respecto a la basura. No era práctico, y les parecía una distracción de lo que deberían estar haciendo: concentrarse en su competencia. Para ellos era una demostración de lo quisquilloso que se mostraba Systrom con la búsqueda de la preciosidad, que no dejaba de ser un reflejo de la opinión que tenía sobre su producto. La idea de que la aplicación de Instagram era un despliegue impoluto de la belleza del mundo estaba, como poco, desfasada y, como mucho, los colocaba en una posición peligrosa, porque limitaba su potencial y cedía espacio a Snapchat. Cientos de millones de personas se conectaban a Snapchat todos los días, una cifra que Facebook había estimado de manera bastante certera gracias a Onavo. Los trabajadores ya no confiaban en que Systrom supiera qué debía priorizar para garantizar el futuro de Instagram.

Así que hicieron lo que hacen los veinteañeros cuando se sienten incómodos: burlarse. Convirtieron la declaración de Systrom en un pseudoescándalo hilarante y lo llamaron #trashcangate (algo así como «el escándalo de las papeleras») o #binghazi (*bin*, «papelera»), un hashtag que era un guiño a las noticias alarmistas más recientes sobre el traspié político de Hillary Clinton con el atentado de Bengasi. Lo sacaron a colación durante las sesiones de preguntas y respuestas de los viernes con Systrom y Krieger, durante semanas, a veces solo para echarse unas risas, porque estaba claro que Systrom no iba a cambiar de opinión. Cuando Systrom viajaba al extranjero para conocer a algún famoso y enviaba paquetes por correo a la oficina, los trabajadores apilaban las cajas delante de la sala de reuniones South Park y las fotografiaban para reírse de la ironía. Uno llegó incluso a disfrazarse de papelera en Halloween.

Con todos los chistes que se habían generado, era difícil hablar de las razones por las que estaban enfadados. Systrom, demasiado concentrado en lo que quería que Instagram representara, no paraba de elevar el listón de la calidad. Pero dicho listón era lo que impedía que los trabajadores pudieran implementar herramientas nuevas. Y también ejercía presión sobre los usuarios de la aplicación, que se sentían intimidados porque pensaban que Instagram era garantía de perfección.

El bofetón de realidad de lo que iba mal en Instagram no llegó de Pixar ni de las Kardashian, sino de los adolescentes.

Los Jueves Adolescentes era un evento periódico llevado a cabo por Priya Nayak, que trabajaba en el equipo de investigación. Su trabajo permitía a los directivos de Instagram observar a los adolescentes en su hábitat natural: sentados en un sofá con el móvil en la mano. Priya Nayak usaba un edificio de oficinas normal y corriente de San Francisco y todos se sentaban en una habitación; los adolescentes en un sofá y Priya enfrente. Detrás de ella había un espejo que en realidad no era un espejo, sino una ventana tras la cual se sentaban los desarrolladores y los ingenieros de producto de Instagram, que bebían vino mientras los observaban y escuchaban lo que decían.

Los directivos ya contaban con mucha información relacionada con los adolescentes gracias a los contactos de Liz Perle y sus hojas de cálculo llenas de datos ofrecidos por los creadores de tendencias más influyentes dentro de esas edades. Sin embargo, debido a que a estos adolescentes en cuestión los contrataba una empresa llamada watchLAB, que era quien les pagaba, y no sabían quién estaba realmente detrás del proyecto, era más probable que fueran sinceros, a veces en extremo.

Los adolescentes confesaron que trabajaban sus perfiles con meticulosidad para dar una buena impresión y que seguían una serie de reglas sociales tácitas. Estaban muy pendientes del número de seguidores, y no querían seguir a más gente de la que los seguía a ellos. El objetivo era tener más de 11 *like* en cada foto, así que la lista de nombres en realidad se convirtió en un número. Enviaban selfies a sus amigos a través de los chats para conocer su opinión y saber si eran buenos o no antes de publicarlos en Instagram. Elegían sus publicaciones con meticulosidad. Mientras que los usuarios de más edad solían dejar las fotos indefinidamente y mostraban todas sus vacaciones y las bodas a las que habían asistido, algunos de los más jóvenes borraban todas sus publicaciones de vez en cuando, o la mayoría de ellas, o se hacían una cuenta nueva para reinventarse por completo en cada cambio de curso o si les apetecía probar una nueva estética. Si querían ser ellos mismos, para eso estaba la «finsta».

Muchos adolescentes tenían una cuenta separada llamada «finsta» —un acrónimo formado por *fake* («falso») e *Insta(gram)*—, que en realidad era su Instagram más real, donde podían decir lo que pensaban y publicar fotos sin editar. Normalmente eran cuentas privadas que solo compartían con sus mejores amigos. En algunos países, entre ellos el Reino Unido, los adolescentes las llamaban «cuentas priv»; en otros eran «cuentas spam». Los nombres indican que no querían recibir críticas por lo que publicaban en ellas.

A finales de 2015, los adolescentes tenían menos motivos para hacerse un finsta porque podían ser más reales y hacer el ganso en Snapchat, donde todo desaparecía poco después de publicarlo. La herramienta Historias se estaba convirtiendo en una manera nueva de documentar sus días: se levantaban, iban a clase, se aburrían, quedaban con los amigos…, actividades que tal vez no merecieran una publicación de Instagram.

«Instagram acabará siendo el próximo Myspace», dijo un adolescente una noche.

Aunque todos ellos estaban como mucho en la guardería en la época dorada de Myspace, sabían muy bien lo que decían. «Convertirse en el próximo Myspace» era el hombre del saco de cualquier empresa tecnológica; la idea de que, aunque seas lo mejor que haya en el mercado, llegará otra cosa que sea mejor que tú y te destrozará cuando menos te lo esperes. En el caso de Myspace, su destructor fue Facebook. El terror a la obsolescencia formaba parte de la esencia de Facebook y era el motivo por el que habían comprado Instagram y antes trataron de comprar Snapchat.

Las conclusiones de los Jueves Adolescentes quedaban respaldadas por los datos. Cuando Priya Nayak oyó hablar por primera vez de los finstas, pidió a los ingenieros de datos de Instagram que averiguaran cuántos usuarios tenían varias cuentas. Después de semanas dándoles la tabarra, por fin consiguió la cifra: entre un 15 y un 20 por ciento de los usuarios tenía múltiples cuentas. Entre los adolescentes, ese porcentaje era mucho más elevado. Redactó un informe para explicar el fenómeno al equipo de Instagram, ya que no encontró nada buscando en Google. El equipo siempre había pensado que si alguien tenía múltiples cuentas era porque compartía su teléfono o dispositivo móvil con su familia o amigos.

Por si el tema del comportamiento de los usuarios no fuera ya bastante complicado, el equipo de análisis de datos, liderado por Mike Develin, reveló el «problema del seguimiento recíproco». El énfasis exagerado que Instagram había puesto en famosos e influencers había hecho que las cuentas de los usuarios normales estuvieran llenas de publicaciones de famosos que, por su parte, no los seguían. La gente normal usaba la plataforma para ver qué hacían los profesionales y creaba poco contenido, se limitaban a publicar alguna foto si superaba el listón de la relevancia o la calidad. Incluso en ese caso, conseguir 14 *like* en una foto parecía ridículo si se comparaba con los 1,4 millones de *like* que conseguía Lele Pons.

El equipo de Develin también descubrió que los usuarios no publicaban más de una foto al día. Se consideraba de mala educación e incluso invasivo inundar las cuentas de tus seguidores compartiendo de más, hasta el punto de que aquellos que lo hacían usaban un hashtag específico: #doubleinsta («doble insta»).

Instagram seguía creciendo deprisa. La aplicación alcanzó los 400 millones de usuarios mensuales en septiembre de ese año; había superado a Twitter con creces. Sin embargo, debido al listón tan alto que existía a la hora de publicar una foto, el porcentaje de publicaciones por usuario iba en descenso. El descenso en el número de publicaciones indicaba que Instagram empezaba a perder relevancia en la vida de los usuarios. También podía significar una reducción del potencial espacio publicitario para los anunciantes. El crecimiento se había estancado entre los creadores de tendencias más importantes de Instagram: los adolescentes de Estados Unidos y de Brasil, que solían liderar los indicadores del resto del mercado. La amenaza más inmediata tal vez no fuera convertirse en el siguiente Myspace, sino acabar como Facebook: una plataforma a la que los adolescentes no volvían por más que la empresa intentara atraerlos.

Todas las llamadas «barreras» que dificultaban la publicación se agruparon en un informe brutal redactado por los analistas de la empresa. Para solucionarlo, Instagram puso en marcha el programa Cambio de Paradigma. Con el fin de luchar contra la tendencia de los finstas, Instagram empezaría a facilitar el cambio de cuenta de los usuarios. Para el problema de las publicaciones dobles, la empresa ofrecería la opción de incluir varias fotos en la misma publicación. Y así varias soluciones más. Systrom no acostumbraba a hacer analogías bélicas, pero si estaba en guerra con Snapchat, Cambio de Paradigma era su desembarco en la playa, diría.

Sin embargo, en opinión de una pequeña minoría de los trabajadores de Instagram, Cambio de Paradigma era más una evolución que una revolución, y parecía poco probable que fuera capaz de cambiar la tendencia subyacente. Aunque Systrom por fin accedía a hacer cambios, estos trabajadores pensaban que no eran lo bastante drásticos y que Instagram debía hacer algo más grande e impactante. Tenían que implementar alguna forma de publicar contenido momentáneo, como Historias en Snapchat, para reducir la presión de ser perfecto en Instagram.

Nadie quiso saber nada al respecto, mucho menos Systrom.

En lo que a Systrom se refería, tener el listón bien alto permitía que Instagram floreciera. Él era el mejor ejemplo de superación personal.

En unos pocos años, además de crear una red social con 400 millones de usuarios, se le daba mejor sellar la carne, correr, el diseño de interiores y educar a su mascota. Tenía un profesor de gestión empresarial que lo ayudaba a mejorar en su trabajo. Y estaba listo para enfrentarse a un nuevo desafío, que le permitiría ponerse en forma y disfrutar de la belleza natural de la bahía de San Francisco.

Esa zona estaba llena de ciclistas que arriesgaban su vida pedaleando por las curvas cerradas de las colinas que se elevaban sobre el mar, ataviados con sus mallas elásticas acolchadas de marca y su cortavientos fosforito. Pero no todos los ciclistas eran profesionales, sino hombres (en su mayoría) que se tomaban muy en serio su pasatiempo. El ciclismo es una forma popular de liberarse del estrés perpetuo que sufren los trabajadores de las empresas tecnológicas y, además, ofrece tiempo para pensar. Systrom había absorbido por ósmosis un buen porcentaje de esta religión, y a finales de 2015 descubrió el lugar perfecto para empezar: la meca de los ciclistas de la zona de la bahía, Above Category.

Esta tienda especializada en ciclismo, ubicada al norte de la ciudad, a unas manzanas del muelle de Sausalito, era conocida por su amplia oferta de material de alta calidad, incluidas bicicletas que costaban decenas de miles de dólares. Systrom podía haberse permitido cualquiera de ellas, pero antes tenía que ganárselo. Le dijo a Nate King, un chico moreno y alto de pelo rizado que le atendió el día que fue a la tienda, que quería una bicicleta para empezar que no llamara demasiado la atención.

Nate le tomó las medidas y le recomendó una bici de carretera Mosaic. Systrom la montó en un soporte estático que colocó en su casa de San Francisco. Todas las mañanas pedaleaba mientras repasaba mentalmente las cosas que tenía pendientes. Se iba a casar con Nicole Schuetz en Halloween e iban a celebrarlo con una fiesta de disfraces en una bodega subterránea del Valle de Napa. Ken Fulk, un famoso diseñador amigo de la pareja, daría a la fiesta un toque victoriano, y la revista *Vogue* se haría eco del evento. Estaban planeando pasar la luna de miel en Francia. Instagram había alcanzado unos ingresos de 1.000 millones de dólares en un tiempo récord, en tan solo dieciocho meses desde que se publicó el primer anuncio, gracias al empuje de Zuckerberg. Habían cambiado muchas cosas y muy rápido.

A medida que Instagram crecía, Systrom tuvo que admitir que Facebook estaba en lo cierto en cuanto a que debía pensar más en los datos y empezar a cuantificar Instagram como cuantificaba el café o sus rutas de esquí. A partir de la información que aportaban los datos, podían variar la estrategia para mejorar las cifras. Ese era el fin de Cambio de Paradigma. Era una herramienta inspirada en Facebook que al principio parecía contraria a la filosofía de la creación intuitiva de Instagram, pero que podía ser valiosa.

Llevaba el registro de su progreso con la bicicleta en el juego multijugador *Zwift*, y se obsesionó con mejorar su récord personal. Nate King, el chico de la tienda, se convirtió en su mentor, y respondía a las muchas preguntas que Systrom le hacía por correo electrónico con el objetivo de mejorar su estrategia. «¿Necesito un medidor de potencia? ¿Y un embrague?» Al final, Nate se lo llevó a hacer rutas reales con sus compañeros del sector, que se lo tomaban en serio. Al principio Systrom protestaba, se reía un poco de sí mismo y decía que no era lo bastante bueno.

«Tío, ¡tú creaste un verbo nuevo!», le recordaba Nate, y eso bastaba para que Systrom siguiera adelante.

Ese verbo, «instagramear», era otra cosa sobre la que Systrom reflexionaba cuando montaba en bici. Para él, significaba capturar los momentos especiales de la vida, cosas importantes, bonitas o creativas. Pero su manera de experimentarlo era única. A causa de su trabajo, estaba rodeado de un sinfín de cosas bonitas e interesantes. No era descabellado decir que tenía una de las vidas más bonitas e interesantes de los usuarios de Instagram.

En julio navegó por el lago Tahoe, donde tenía una casa decorada por Fulk. En agosto estuvo de vacaciones en Il Riccio, en la costa italiana, y después buceaba por las noches en Positano. En septiembre cenó con Kendall Jenner y el diseñador Olivier Rousteing durante la Semana de la Moda de París. En octubre conoció al presidente de Francia, François Hollande, y lo ayudó a registrarse en la aplicación. Al cabo de unos cuantos días se hizo varias selfies con la actriz Lena Dunham y la fotógrafa Annie Leibovitz. Y eso era solo una muestra de lo que publicaba abiertamente. Porque, por ejemplo, no reveló que conoció al perro de Hollande y que estuvo comiendo bombones de lujo en la bodega del Palacio del Elíseo.

Systrom, como los adolescentes, cada vez publicaba menos, elegía el mejor material y borraba aquello que no quería que estuviera de forma permanente en su cuenta. Además, ya tenía un millón de seguidores y necesitaba representar a la empresa. No era como en los primeros tiempos, cuando los usuarios hacían rutas a pie para descubrir algo bonito en lugares inesperados.

«Instagram no es un lugar para los sándwiches a medio comer», les decía a los trabajadores cuando comparaba la empresa con la vulgaridad de Snapchat. En una escala de imágenes de calidad del uno al diez, Instagram era para las que superaban el siete, decía. Si cambiaban eso, era posible que acabaran con ella. El plan podía llamarse Cambio de Paradigma, pero la filosofía seguía siendo: «no la jodas».

Los trabajadores asumían riesgos a espaldas de Systrom. A principios de ese mismo año, a los miembros del equipo se les ocurrió una herramienta, llamada Boomerang, que permitía capturar una ráfaga de imágenes y combinarlas en un vídeo breve que se podía reproducir hacia delante y hacia atrás en bucle. Los movimientos más cotidianos resultaban graciosos: tartas cortadas y sin cortar; agua que se derramaba o que volvía al vaso una y otra vez. John Barnett y Alex Li ni siquiera le explicaron a Systrom la idea, porque pensaban que la rechazaría. En cambio, crearon Boomerang en un hackatón patrocinado por Facebook y ganó. Systrom entonces tuvo la confianza suficiente como para añadir Boomerang a Instagram, después de lo cual recibió un mensaje de correo de felicitación de parte de Zuckerberg.

Barnett y Li se habían pasado muchas tardes en Philz, la única cafetería del campus de Facebook donde había que pagar, planeando cómo podían convencer a Systrom de que Instagram necesitaba una forma de publicar contenido momentáneo. Ambos estaban en el grupo Cambio de Paradigma, pero, cada vez que sacaban a colación el tema de la herramienta Historias de Snapchat, la cosa acababa en tragedia.

Li estaba muy nervioso. Su mujer iba a dar a luz a su primer hijo en un par de meses, aproximadamente por el día de Acción de Gracias, y si no hacía algo para arreglar Instagram antes de tomarse la baja por paternidad acabaría sintiéndose frustrado.

Al final decidió que necesitaba saltarse la cadena de mando que lo separaba de Systrom y lanzar un tiro directo. Le explicó a Krieger lo que pensaba. «Sácame al campo, entrenador», suplicó. La decisión no la tomaba Krieger, pero era uno de los fundadores y una persona empática. Se le daba bien escuchar a los demás y minimizar los conflictos. Le aseguró que estaba de acuerdo en que merecía la pena plantearse el hecho de contar con una herramienta similar a Historias de Snapchat, pero le dijo que no pensaba hablar en su favor.

Una noche, Krieger, cansado de la campaña de acoso y derribo de Li, claudicó. «Vamos a llamar a Systrom ahora mismo», le dijo. «Seguramente lo pillaremos en el coche.»

Systrom contestó y Li se lanzó a soltar el apasionado discurso que tanto tiempo llevaba ensayando. Le explicó que Will Bailey, John Barnett y él estaban tan entusiasmados con la idea que incluso se ofrecían a hacerlo en sus ratos libres.

«Estoy harto de escuchar siempre la misma mierda», se quejó Systrom. Ya habían puesto en marcha un plan. Necesitaban asimilar que nunca se pondrían de acuerdo.

Después de la llamada, Li estaba tan tenso que se pasó el resto de la noche en el gimnasio lanzando a la canasta. Luego escribió un largo correo electrónico pidiéndole a Systrom un compromiso. ¿Podían al menos reunirse con él de forma regular Barnett, Bailey y él para discutir a fondo ideas nuevas? Systrom le dijo que tuviera paciencia.

En otoño de 2015, Ira Glass hizo un especial en su programa de radio *This American Life*, emitido en la National Public Radio, que tituló «Status Update» («Actualización de estado»).[2] Empezaron con tres chicas de trece y catorce años que hablaron de la presión que Instagram ejercía sobre su vida social. Las adolescentes, Julia, Jane y Ella, explicaron que, en su instituto, si no dejaban algún comentario en las selfies de sus amigas en un plazo de diez minutos desde que se publicaban, dicha amistad quedaba en entredicho por completo.

En los comentarios usaban un lenguaje superpositivo: «¡Madre mía, pareces una MODELO!» o «Te odio, ¡qué guapa!». A menudo la acompañaban con el emoji con dos corazones por ojos. Si a la persona que había publicado la foto selfie le importaba esa amistad, tendría que devolver el comentario al cabo de pocos minutos, también con una respuesta parecida a esta: «¡Qué va, TÚ sí que pareces una modelo!». (Jamás se daban las gracias, porque eso implicaría que la persona reconocía su belleza, algo espantoso.) Las chicas esperaban obtener entre 130 y 150 *like* en cada foto y entre 30 y 50 comentarios.

Las conversaciones en Instagram, sobre todo la naturaleza de quienes dejaban los comentarios y las personas que aparecían en las selfies, eran lo que definía las amistades, el estatus social en el instituto y la marca personal de cada una de ellas, de lo cual eran todas muy conscientes. Tal como explicaron en el programa de radio:[3]

JULIA: Para ser relevante tienes que…

JANE: Te lo tienes que trabajar.

ELLA: La «relevancia» es muy importante hoy en día.

IRA: ¿Vosotras sois relevantes?

ELLA: Yo sí, mucho.

JANE: En el primer ciclo de secundaria. En el primer ciclo de secundaria sí éramos muy relevantes.

ELLA: Mucho, sí.

JANE: Porque todos teníamos nuestro sitio. Ahora estamos empezando el segundo ciclo y todavía no hay nada claro. No sabemos quién es relevante de verdad.

IRA: Ajá. ¿Y qué significa ser relevante?

JANE: Ser relevante significa que a la gente le importa lo que publicas en Instagram.

Ira Glass explicó que esa presión era la responsable de que el baremo fuera tan alto. Solo publicaban las mejores selfies, que se aprobaban de antemano tras una ronda de mensajes en grupo con sus amigas. En esos mismos chats era donde copiaban y analizaban las selfies malas de otras chicas y los comentarios de sus publicaciones.

«Se limitan a publicar un par de fotos a la semana», explicó Ira Glass. «La mayor parte del tiempo que pasan en Instagram no lo dedican a decirse lo guapas que están. Más bien lo emplean en diseccionar y calibrar los detalles del diagrama social.»

El episodio se analizó en profundidad en la sede central de Instagram. Ese era precisamente el tipo de comportamiento que preocupaba a Li y a Barnett.

Barnett, un hombre amable y con barba que formaba parte del equipo de gestión de producto, se sentía envalentonado después de una reunión de evaluación con sus jefes directos, que lo habían animado a que expusiera sus ideas con algo más de agresividad, porque, según ellos, era un bonachón. Pero él también acabó silenciado después de levantar la mano durante las reuniones de Cambio de Paradigma para apoyar una versión de Historias de Snapchat. Sus jefes le dijeron que no presionara más y que dejara de hablar con los compañeros que estaban interesados en crear la herramienta, porque Systrom había dejado clara su postura.

En enero, el estrés de la batalla lo tenía agotado. Durante una reunión con Systrom, mientras sudaba a chorros, Barnett hizo acopio de valor para defender su postura con agresividad y le dijo al director ejecutivo que el plan de Cambio de Paradigma no era efectivo tal como se estaba llevando a cabo y que tampoco era lo bastante innovador como para ganar a Snapchat.

Systrom se mostró impasible: «No implementaremos Historias jamás. No deberíamos hacerlo, no podemos hacerlo, no encaja en la percepción que tiene la gente de Instagram ni en sus publicaciones».

Snapchat era algo totalmente distinto, e Instagram encontraría sus propias ideas.

Derrotado, Barnett planeó trasladarse a otra división de Facebook. Pero antes convenció a un grupo de trabajadores para que desarrollaran en secreto un prototipo a espaldas de Systrom en el edificio 16. Christine Choi, que había ayudado en el diseño de Boomerang, trabajó con él para crear un concepto de publicación de contenido momentáneo que desapareciera al cabo de un día, dispuesto en una serie de circulitos naranjas en la parte superior de la aplicación. Transfirió los datos a Pixel Cloud, la intranet de la empresa a través de la cual compartían los diseños nuevos. Le aconsejaron que no se la enseñara a Systrom.

Systrom tenía buenos motivos para evitar lanzarse de cabeza a herramientas parecidas a Historias de Snapchat. Todos los intentos de Facebook por copiar descaradamente otras aplicaciones habían acabado frustrándose, empezando con Poke, la copia de Snapchat cuyo fracaso motivó a Zuckerberg a ofrecerse a comprar Snapchat por 3.000 millones de dólares en 2013. Poco después empezó a funcionar Creative Labs Skunk Works, cuyo fin era desarrollar aplicaciones dirigidas a los adolescentes, pero ninguna tuvo una vida muy larga. Crearon Slingshot, una aplicación de mensajería instantánea para compartir fotos y vídeos efímeros. También crearon la aplicación Riff, una versión de Historias de Snapchat, que pasó sin pena ni gloria y apenas logró que la prensa la mencionara. Ninguna de ellas consiguió reunir más de unos cuantos miles de usuarios.

Ese mismo invierno, Mark Zuckerberg explicó a los directivos a través de un memorando interno que las herramientas relacionadas con la cámara del teléfono móvil serían el núcleo del futuro de Facebook. Sugirió que en la hoja de ruta hubiera una aplicación para compartir mensajes efímeros y que Instagram tal vez debería considerarlo también. Sin embargo, las copias descaradas de aquello que funcionaba en las empresas tecnológicas rara vez tenían éxito.

«La rivalidad nos lleva a dar más importancia de la cuenta a ciertas oportunidades a toro pasado y a copiar descaradamente un modelo que funcionó bien antes», escribió en 2014 Peter Thiel, inversor de riesgo y miembro de la junta directiva de Facebook, en su libro *De cero a uno*, que Systrom recomendó a todos sus directivos. «La competencia puede hacer que la gente tenga alucinaciones con oportunidades que en realidad no existen.»

Systrom estaba enganchado a un libro escrito por el exdirector ejecutivo de Procter & Gamble, A. G. Lafley, titulado *Jugar para ganar*. El planteamiento de Lafley cuadraba con la idea que Systrom tenía sobre la simplicidad. «Ninguna empresa puede complacer a todo el mundo y ganar en el proceso», escribió Lafley. En primer lugar, las empresas tienen que elegir el terreno de juego. Después deben decidir cómo ganar en ese mercado sin preocuparse por lo demás.

Dicho sea de paso, Lafley acababa de empezar a asesorar al director ejecutivo de Snapchat, Evan Spiegel, y este había decidido cuál iba a ser su terreno de juego: el campo de Instagram.

Systrom tal vez fuera el único directivo de Silicon Valley con una excusa más o menos válida para asistir a la ceremonia de entrega de los Oscar. Quería ver a algunos de los usuarios más famosos de Instagram y que lo vieran a él para entender cómo compartían su vida en la aplicación. En 2016 se puso el esmoquin y asistió a la ceremonia acompañado por su hermana Kate. Antes de pisar la alfombra roja, publicó una foto en blanco y negro de ambos en su cuenta de Instagram, tomada frente a un espejo.

Mientras él hablaba con unos y con otros, las estrellas compartían más fotos que nunca en Instagram. Pero, al analizar lo que decían, descubrió una tendencia. Muchos usaban sus publicaciones para informar a sus seguidores de que había más contenido disponible de lo que sucedía detrás de las cámaras… en Snapchat.

Krieger también se había percatado de lo mismo cuando asistió a la ceremonia de entrega de los Globos de Oro poco antes. Instagram había enseñado a toda esa gente el valor de la comunicación directa con su público, sin publicistas de por medio ni paparazis. Pero Instagram no les permitía compartir tantas cosas como ellos querían, y eso se debía al propio diseño de la aplicación. Resultó que las estrellas tenían el mismo problema que los adolescentes: no querían saturar a sus seguidores ni publicar cosas que siempre estarían ahí.

La prensa también se hizo eco de la tendencia: «Aunque nos encantan todas las fotos de la noche que se publicaron en Twitter y en Instagram, muchas de nuestras estrellas preferidas añadieron un nuevo complemento social a la extravagante noche de los Oscar: Snapchat», escribió *E! News*.[4] Kate Hudson estuvo jugando con unos filtros de caras ridículas de Snapchat y se hizo selfies con Hilary Swank. Nick Jonas publicó vídeos con Demi Lovato en la fiesta posterior de *Vanity Fair*. Lady Gaga fue la que compartió un contenido más íntimo con su público, el momento previo a la ceremonia, mientras la maquillaban. Después reveló lo nerviosa que estaba por la interpretación de «Til It Happens to You» junto con personas que habían sufrido abusos sexuales.

Snapchat había facilitado la cobertura de la ceremonia a sitios como *E! News*, que subió vídeos a la web, no solo con la aplicación móvil. Era la primera vez que hacían uso de esa herramienta. Al parecer, Snapchat no solo era para los «sándwiches a medio comer», tal como Systrom había dicho con desprecio. Era la manera de ofrecerle a todo el mundo su propio programa de telerrealidad.

Krieger y Systrom comprendieron que eso era lo que Li, Barnett y los demás habían estado tratando de decirles. Los usuarios de Instagram por fin tenían un sitio en el que publicar todo el contenido que, de otra forma, habría acabado en la papelera. Si no facilitaban la publicación de ese contenido en Instagram, tal vez acabaran perdiendo a todos esos usuarios, que se quedarían en Snapchat.

«Estás en una encrucijada», se dijo Systrom. «Puedes seguir por el mismo camino y aferrarte a tu idea de Instagram, o puedes apostarlo todo.»

Decidió apostarlo todo. Era muy consciente de que, si fracasaba, o lo despedían o se lo cargaba todo. Pero en aquel momento tenía muy claro que el mayor fracaso sería quedarse de brazos cruzados.

Thiel había escrito sobre la excepción en su libro *De cero a uno*: «A veces tienes que luchar. Si llegas a ese punto, debes luchar y ganar. No hay término medio: o te quedas cruzado de brazos o empiezas a dar puñetazos para acabar cuanto antes».

La necesidad de actuar con rapidez no se debía solo a Snapchat. Si en la hoja de ruta de Facebook iba a aparecer alguna herramienta para compartir contenido efímero, Instagram necesitaba implementar la suya antes, o perdería su encanto.

Poco después, Systrom organizó una reunión de emergencia con sus directivos de desarrollo de producto en la sala de reuniones South Park. Allí, en una pizarra blanca, dibujó un esquema de la aplicación de Instagram con unos circulitos en la parte superior de la pantalla y les entregó un documento con el concepto de Choi y Barnett, algo que los espantó y los halagó a partes iguales. Les explicó que todos los usuarios podrían publicar vídeos que desaparecerían al cabo de veinticuatro horas y que quería que dicha opción estuviera disponible para finales de verano. Para la mayoría de los asistentes a la reunión fue un momento intenso y novedoso, un momento de inspiración por parte de su líder, que por fin estaba preparado para asumir grandes riesgos. «Fue como estar presente cuando John F. Kennedy anunció el viaje a la Luna», recordó después un directivo. Pocos estaban al tanto de la tensión que había precipitado dicha decisión.

Systrom y Krieger confiaban en que serían capaces de asegurar que el nuevo proyecto no sería simplemente una copia exacta de Snapchat, sino un producto bien pensado, porque habían contratado a gente en la que confiaban para llevarlo a cabo.

Estaba Robby Stein, por ejemplo, que fue compañero de Systrom en Google hacía mucho tiempo y que le envió un mensaje de felicitación por correo electrónico cuando lanzaron Instagram. En ese momento, atraído por la buena disposición de Systrom para hacer cambios radicales, se unió al equipo para ayudar en concreto con la forma en la que los amigos se hablaban unos a otros en la aplicación.

Y luego estaba Kevin Weil, amigo de Systrom y entusiasta del ejercicio físico, quien fue director de producto de Twitter bajo las órdenes del entonces director ejecutivo Jack Dorsey. En aquel momento, Instagram (no Facebook) era el enemigo número uno de

Twitter, sobre todo por el trabajo que habían hecho para lograr que los personajes públicos usaran la aplicación. Sin embargo, la empresa se estaba recuperando de una serie de despidos y de marchas voluntarias de distintos directivos, incluido el cambio de Dorsey por Dick Costolo como director ejecutivo. A Dorsey le costaba tomar decisiones importantes en lo referente al producto a fin de solucionar el lento crecimiento de Twitter. Weil tenía que salir de allí. Hizo entrevistas de trabajo para varias empresas, Snapchat incluida, durante la cual Spiegel, que estaba segurísimo de que acabaría uniéndose a ellos, le presentó al equipo en el que más confiaba: el de diseño.

La noticia de que Weil dejaba Twitter para irse a Instagram como director de producto saltó durante una reunión de los directivos, a finales de enero, en la que estaban decidiendo los objetivos del año. Dorsey no se lo esperaba y se enfadó mucho. Aunque sabía que Weil iba a irse, pensaba que su intención era tomarse un descanso, no pasarse a la competencia. Lo escoltaron fuera de las oficinas y después Dorsey escribió un correo electrónico airado que envió a todos los trabajadores de la empresa para informarles de la deslealtad de Weil.

Cuando Weil llegó a la sede central de Facebook, acababa de recibir unos cuantos mensajes de Adam Bain, el director de operaciones de Twitter, que marcaron el final de su amistad. Weil, nerviosísimo, se preguntaba si su comportamiento no había sido ético. Sheryl Sandberg lo llamó a su despacho para tranquilizarlo.

«Todos somos medios de comunicación y trabajamos en el mismo ámbito», le recordó Sandberg. «Imagina que trabajaras para ABC o para CBS y que te contratara la NBC. ¿Sería poco ético trabajar con ellos?»

Weil supuso que no.

Jack Dorsey acabó disculpándose por su enfado, que había surgido de la sensación de traición que lo acompañaba desde la venta de Instagram a Facebook unos cuantos años atrás. Spiegel, siempre paranoico, decidió que Weil seguramente había estado espiando para su nueva empresa y estableció una moratoria de seis meses para las contrataciones procedentes de Instagram. Lo único que podía hacer Weil era demostrar que había tomado la decisión acertada para su carrera profesional.

Gracias a la estrategia de Charles Porch, Instagram estaba cada vez más cerca de desbancar a Twitter como la aplicación preferida de la cultura popular en internet. Sin embargo, Twitter tenía a alguien que Instagram no tenía: el Papa.

Un mes después de haber decidido que relajarían la tensión de sus usuarios implementando una herramienta opcional para compartir contenido efímero, Porch y Systrom seguían esforzándose por atraer famosos. Anna Wintour, la jefa de redacción de *Vogue*, accedió a organizar una cena para Systrom a la que asistirían grandes diseñadores durante la Semana de la Moda de Milán, tal como había hecho previamente en Londres y París. Entre los invitados se encontraban Miuccia Prada; Silvia Venturini Fendi y su hija Delfina Delettrez-Fendi; y Alessandro Michele, el director creativo de Gucci.

Si iban a Italia, ya podían apuntar a lo más alto, pensó Porch. Organizaron un encuentro con el primer ministro, y después pensó: «¿Y por qué no con el Papa?».

Facebook tenía contactos en el Vaticano, que Porch aprovechó para solicitar una audiencia con el Papa para Systrom. Contaba con un argumento estratégico. La Iglesia católica, cuyos fieles, 1.200 millones, eran menos que los de Facebook, necesitaba ser relevante. Podían usar Instagram para llegar a los más jóvenes. Milagrosamente, el papa Francisco accedió al encuentro recién cumplidos dos años en el cargo.

La costumbre es llevar un regalo al Papa, así que el equipo de Instagram responsable de la comunidad creó un libro de ilustraciones con tapas de color azul claro que contenía imágenes de la aplicación que podían interesar al papa Francisco, como las de la crisis de los refugiados o la lucha por conservar el medioambiente. Una vez que llegaron al Vaticano, tuvieron un encuentro breve con unos cuantos sacerdotes italianos y después miembros de la Guardia Suiza acompañaron a Systrom a una reunión privada con el pontífice. Contaría con unos minutos para exponer su caso.

El papa Francisco lo escuchó con atención y después dijo que consultaría con su equipo la idea de unirse a Instagram. Pero, en última instancia, no eran ellos quienes decidían. «Hasta yo tengo un jefe», dijo señalando hacia el cielo.

Unas semanas después, Porch recibió una llamada. El papa Francisco iba a registrarse en Instagram. Quería que Systrom estuviera en el Vaticano para la ocasión. En treinta y seis horas. Fueron en avión privado.

La prensa del Vaticano cubriría el evento al completo. Y todo estaba dispuesto: la cuenta, @franciscus, y la primera foto, una imagen de perfil del Papa rezando de rodillas sobre un reclinatorio de terciopelo rojo y madera oscura, con los ojos cerrados y la cabeza inclinada en señal de profunda reflexión, ataviado con la muceta blanca y el solideo. Su primera publicación fue una llamada de atención: «Rezad por mí», escribió.[5] Un gesto con el dedo sobre el iPad papal y ya estaba publicado.

La nueva cuenta de Instagram del Papa apareció en las noticias internacionales. Aquella primera publicación de marzo de 2016 consiguió más de 300.000 *like*. Fue un momento triunfal para la estrategia de Instagram de atraer a las personas más influyentes del planeta, iniciada por Porch con su lista de famosos y apoyada por los frecuentes viajes en avión privado de Systrom y sus conversaciones estratégicas mientras cenaban con vino en restaurantes Michelin.

Systrom se pasó esa noche disfrutando de su plato romano preferido: la pizza, que por supuesto era de un lugar que había investigado en profundidad. Lo que no le dijo a nadie en aquel entonces era que ya no realizaría más viajes de ese estilo.

Instagram se había centrado demasiado en sus usuarios más importantes. Ya era hora de pensar en todos los demás.

Toda esa actividad de los usuarios más famosos sería irrelevante con el tiempo si no había una base de usuarios normales y corrientes que usaran la aplicación todos los días para ver qué estaban haciendo sus amigos. Con ese razonamiento en mente, los fundadores tomaron una decisión crucial que en la empresa no causó demasiada controversia pero sí fuera.

Hasta ese momento, todo el contenido de Instagram se disponía por orden de publicación, siendo el primero el último en haberse publicado. Pero esa disposición cronológica había acabado siendo problemática e insostenible a la hora de conseguir que la gente se enganchara. Los instagrameros más profesionales acostumbraban a publicar una vez al día, a una hora estratégica y con un contenido que esperaban que generase un gran número de *like*, mientras que los usuarios esporádicos publicaban una vez a la semana. Eso significaba que cualquiera que siguiera a una mezcla de influencers, empresarios y amigos vería nada más conectarse el contenido publicado por los profesionales, no las publicaciones de sus amigos. Eso era malo para ellos, porque así no conseguían los *like* y los comentarios que necesitaban para motivarse y publicar más, y era malo para Instagram, porque si la gente no veía más publicaciones de aficionados, seguramente pensarían que sus fotos eran indignas en comparación.

La mejor solución era un algoritmo que cambiara el orden de las publicaciones. En vez de colocar en la parte superior las más recientes, priorizaría el contenido de la familia y los amigos por delante de las publicaciones de los personajes públicos.

Decidieron que no formularían el algoritmo como el de Facebook para Últimas noticias, cuyo objetivo era conseguir que la gente pasara más tiempo en la aplicación. Los fundadores de Instagram razonaron que lo importante para ellos no era el «tiempo invertido», porque sabían que ese camino los llevaba a Facebook, que había evolucionado hasta convertirse en un lugar lleno de vídeos ciberanzuelo hechos por profesionales, cuya presencia hacía que la gente normal cada vez tuviera más la impresión de que no necesitaban publicar nada.

Pero el objetivo de Instagram era optimizar «el número de publicaciones». El último algoritmo de Instagram mostraría publicaciones que inspirarían a la gente a generar contenido nuevo.

Instagram no lo explicó públicamente. Lo que dijeron al público fue lo siguiente: «El contenido será mejor. Confiad en nosotros».

«La gente se pierde de media el 70 por ciento del contenido», dijo Systrom cuando la empresa lo anunció. «Así que con esto queremos asegurarnos de que el 30 por ciento que veis es el 30 por ciento mejor.»[6]

Pero la gente desconfiaba de los algoritmos, en parte por culpa de Facebook. Para los usuarios de Instagram, el cambio era una especie de afrenta a la experiencia que habían moldeado y controlado con tanto esfuerzo. Las críticas fueron inmediatas. Cuando Instagram probaba el producto con test ciegos, a los usuarios les gustaba más la versión con algoritmo, pero, al decirles que se usaba un algoritmo, preferían la versión cronológica.

Aunque los usuarios normales y corrientes recibían más *like* y más comentarios, los instagrameros más prolíficos vivieron una disminución espectacular de su crecimiento o, en algunos casos, una parálisis total. Los influencers y las marcas comerciales incluían el crecimiento en sus planes de negocio, algo que había desaparecido con el nuevo algoritmo. Instagram les planteó una solución que no los satisfizo en absoluto: pagar por anunciarse.

Systrom le dijo a su equipo que necesitaban estar seguros de que la versión con el algoritmo era, realmente, la mejor para la mayoría de los usuarios. Por entonces, 300 millones de personas usaban diariamente la aplicación, el triple de usuarios que Snapchat. Con la idea de llegar al tamaño de Facebook, Systrom quería poner las cosas en perspectiva. «Si vamos a llegar a los mil millones de usuarios, eso significa que setecientos millones de personas se unirán a Facebook sin saber qué es el contenido clasificado por orden de importancia», dijo, pareciéndose más que nunca a Zuckerberg. «Debemos preocuparnos por la comunidad que tenemos, pero también debemos pensar en la gente que desconoce el producto y que llega sin ideas preconcebidas.»

Sin embargo, las amargas críticas del público al algoritmo explican por qué los ingenieros que trabajaban en la herramienta del contenido efímero no tenían ni idea de qué acogida tendría.

Los lamentos del público por los cambios en el contenido intensificaron los debates sobre Historias en el seno del equipo de Instagram, y la presión por cada detalle resultaba estresante. La gente solo usaría el producto si le parecía adecuado, así que ¿qué era lo mejor? ¿Deberían permitir a los usuarios importar el contenido a Historias o era mejor que pudieran usar la cámara dentro de la aplicación? ¿Deberían permitir que los usuarios crearan una red separada para Historias o era mejor que compartieran directamente el contenido con los amigos ya establecidos? ¿Deberían tener las burbujas de la parte superior fotos de la gente o dibujos del contenido que estaban produciendo? Al final, cuando llegara el momento de agregar publicidad a la experiencia (porque aquello era Facebook, así que la publicidad llegaría sí o sí), ¿deberían dichos anunciantes tener también burbujas?

El nombre en clave con el que se conocía el proyecto en Instagram era Carrete. Systrom y los demás se pasaron horas dibujando distintas versiones en las pizarras blancas de una sala de reuniones llamada Sharks at Work («Tiburones trabajando») llena de ordenadores y con una puerta de garaje de cristal . Trataban de decidir cuál era la solución más simple. Por ejemplo, Instagram no necesitaba lanzar el producto con las mismas funciones que tenía Snapchat, como filtros faciales que usaban la tecnología para que la gente pudiera añadir a su imagen orejas de animales o vomitar arcoíris. Pensaban que podían añadir todo eso más tarde.

Will Bailey y Nathan Sharp, el desarrollador y el director de producto encargados de Historias, pasaron tantas horas en la oficina durante ese período turbulento que su equipo a menudo se quedaba a dormir allí en vez de soportar el largo trayecto de vuelta a la ciudad. Barnett vio que un ingeniero había publicado en plena noche, en la versión de prueba de Historias, una imagen de su cara con lágrimas y ojeras, y alertó a sus antiguos compañeros de Instagram por si alguien podía ayudarlos. Al principio les ofrecieron almohadas y mantas con el logo de Instagram, pero al final acabaron pagándoles la estancia en un hotel cercano.

Mientras, Andy Warr, que era el responsable del equipo de investigación, estaba probando el producto con usuarios anónimos seleccionados por watchLAB. Durante las entrevistas, Systrom y los demás observaban detrás de un espejo cómo interactuaban con la aplicación.

—¿Qué empresa crees que lo ha diseñado? —preguntaba Warr a los usuarios.

—Snapchat, seguramente —respondían.

En todos sus intentos por copiar a Snapchat, Facebook tuvo que aprender, una y otra vez, que el haber creado un producto que había cambiado el mundo no implicaba que fueran a tener éxito con otro, aunque ese producto fuera una réplica de algo popular. Snapchat, entretanto, aprendió que podía pasar por completo de los continuos ataques de Facebook. De hecho, Facebook resultaba tan poco amenazador por aquel entonces que un directivo de Snapchat propuso una locura: hacerse amigo de ellos.

La mejor baza y, al mismo tiempo, el mayor problema de Snapchat era el propio Evan Spiegel. El éxito se le había subido a la cabeza y en aquel entonces se dedicaba a crear una empresa basada principalmente en su gusto personal, no en decisiones estratégicas y organizadas. Sus trabajadores lo veían como una persona testaruda, narcisista, caprichosa e impulsiva.[7] Spiegel odiaba las pruebas beta, los directores de producto y la recopilación de datos. En resumen, odiaba todo lo que había ayudado a triunfar a Facebook. El resultado era una empresa llena de hombres (y algunas mujeres) que siempre decían que sí al jefe, estaban pendientes de cualquier cosa que dijera y temían acabar en la calle si expresaban su desacuerdo. Los cargos directivos duraban poco. Emily White, que se marchó de Instagram para ser la directora de operaciones de Spiegel, solo duró un año.

Spiegel necesitaba un mentor que lo ayudara a crecer. Imran Khan, su responsable de estrategia, aducía que solo había dos personas en el mundo capaces de entender a alguien que había dejado los estudios y se había convertido en multimillonario en un abrir y cerrar de ojos: Mark Zuckerberg y Bill Gates. Ambos compartían la misma experiencia que Spiegel.

Hacerse amigo de Zuckerberg era complicado, al menos desde el punto de vista estratégico, porque seguía guardándole rencor a Spiegel a causa de los correos electrónicos que se filtraron a *For-*

bes en los que se hablaba del intento de adquisición por 3.000 millones de dólares en 2013. Aunque peor era la opinión que Spiegel tenía de Facebook, al que consideraba el mal encarnado y falto de creatividad. Khan decidió empezar con su homóloga en Facebook, Sheryl Sandberg. Le preguntó si era posible enmendar la relación y ella accedió a encontrarse con él en la sede central de Facebook.

En el verano de 2016, Khan viajó desde Los Ángeles hasta Menlo Park. Sandberg lo había dispuesto todo para que su visita fuera confidencial. Khan accedió al interior del complejo por una entrada secreta, evitando el registro de seguridad de la entrada principal, para que los trabajadores no lo reconocieran y de esa forma evitar el riesgo de que su visita se malinterpretara. Tal vez ese fue el primer indicio de que la agenda de Facebook no coincidía con la suya.

Sandberg invitó a Dan Rose, responsable de desarrollo de alianzas de Facebook, a que se uniera al encuentro. Sandberg empezó con una actitud amistosa y condescendiente, explicándole lo difícil que era crear un negocio publicitario importante. Añadió que le encantaría ser un recurso de cualquier índole para Snapchat. Khan le siguió el rollo hasta el mediodía, momento en que ella se disculpó y se ausentó. Khan y Rose se quedaron solos.

—En realidad, podemos ayudaros de una forma —dijo Rose—. Podemos comprar Snapchat.

Le explicó que la empresa, como Instagram, tendría total independencia, pero aplicando todo lo que Facebook había aprendido para que el negocio creciera más rápido.

«Spiegel no lo aceptará jamás», pensó Khan, pero necesitaban el dinero. Operaban con unas pérdidas muy severas, porque se habían gastado un pastizal almacenando datos en Google.

—¿Qué te parece una inversión estratégica? —propuso a su vez.

—No nos dedicamos a eso —respondió Rose—. O compramos o competimos.

Mientras tanto, en Instagram, donde eran ajenos al encuentro, estaban decididos a liquidar a Snapchat de un plumazo.

Facebook solía realizar sus lanzamientos de producto solo entre el 1-2 por ciento de sus usuarios, para ver cuál era la reacción. Después subía ese porcentaje al 5 por ciento, o lo lanzaba en un par de países, antes de implementarlo de forma generalizada. Zuckerberg pensaba que era importante reunir datos sobre cómo afectaría un producto a las estadísticas de uso subyacentes de la empresa. Facebook también acostumbraba a lanzar productos a medio hacer y usaba las opiniones que recibía para dar los últimos retoques sobre la marcha.

El equipo de Instagram iba a hacer justo lo contrario: lanzarían Historias, o al menos una versión simple, entre sus 500 millones de usuarios. Lo llamaron «lanzamiento YOLO» (del inglés «you only live once», «solo se vive una vez»). Según el estándar de Facebook, era una estrategia arriesgadísima, pero Systrom estaba decidido a hacerlo así. Lo veía como un cambio tan grande que todo el mundo necesitaría acceder a él; de lo contrario, el producto se quedaría sin el oxígeno que necesitaba para funcionar.

Robby Stein, el director de producto a cargo de Historias, compararía mucho después la ansiedad que sentían durante el lanzamiento con los momentos trascendentales de la vida, como el matrimonio o el nacimiento de un hijo, durante los cuales hay que convencerse de que es algo bueno que llevas meses deseando, aunque sabes que todo cambiará una vez que suceda.

Para Zuckerberg también era una última oportunidad. Unos meses después del encuentro de Khan y Sandberg, y unos días antes de que Instagram lanzara Historias, el director ejecutivo llamó a Spiegel por teléfono.

—Me han dicho que has estado hablando con Google —le dijo—. En Facebook encajaríais mejor.

En todo caso, añadió Zuckerberg, Facebook podía presentar una oferta tan increíble que Google se vería obligado a mejorarla.

Spiegel se hizo el duro.

—No hemos hablado con Google —dijo—. Pero si lo hacemos ya te aviso.

La puerta para la venta volvía a estar oficialmente abierta. Y Systrom, al que ponían como ejemplo de una adquisición exitosa por parte de Facebook y que había sido clave a la hora de comprar WhatsApp, no tenía ni idea de que Zuckerberg estaba hablando a sus espaldas con su mayor competidor. La junta directiva de Snapchat tampoco sabía nada. Spiegel no les habló de la llamada porque, al igual que sucedía en Facebook, Spiegel y su cofundador contaban con la mayoría de los votos, lo que hacía irrelevante la opinión de los demás.

El día del lanzamiento de Historias, en agosto de 2016, todo el equipo llegó a las cinco en punto de la mañana a la sede central de Facebook, que a esa hora estaba siempre vacía. Se reunieron en la sala Sharks at Work y desayunaron burritos que les llevó un servicio de catering porque las cafeterías todavía no habían abierto. La sala se fue abarrotando a medida que llegaba la gente, hasta que el único espacio vacío disponible fue el que quedaba alrededor del ordenador de Nathan Sharp.

«CINCO, CUATRO, TRES, DOS, UNO», coreó el equipo, momento en el que Sharp pulsó un botón para lanzar Historias al mundo a las seis en punto de la mañana, según el horario estándar del Pacífico.

Todos contemplaron cómo iban aumentando las cifras. Unos cuantos trabajadores aromatizaron su café con un chorrito de bourbon a modo de celebración cuando Systrom no los miraba. En la oficina había una vitrina llena de botellas caras.

Barnett, que en aquel entonces trabajaba con el equipo de los adolescentes de Facebook, se pasó por allí para presenciar cómo veía la luz el proyecto que él tanto había defendido. Systrom se acercó para felicitarlo. «Siento mucho haber dejado de seguirte en Instagram», se disculpó; Barnett llevaba una temporada haciendo demasiadas publicaciones. «Ahora mismo vuelvo a seguirte.»

Systrom le había dicho al equipo responsable de las comunicaciones que quería reconocer ante la prensa que el formato de Historias era un invento de Snapchat que Instagram había copiado y que por eso iban a compartir el mismo nombre. A lo que la responsable de relaciones públicas de Facebook, Caryn Marooney, exclamó: «¿Que vas a decir QUÉ?». Lo normal era que Facebook catalogara los productos copiados como «evoluciones naturales» adaptadas al uso del público.

El instinto no le falló, porque así fue como la prensa evaluó el lanzamiento. Todos los titulares llevaban algún sinónimo de la palabra «copia». Al no negarlo, Systrom se libró por completo de las críticas. Explicó que era una nueva forma de comunicación, como el correo electrónico o la mensajería instantánea, y que el hecho de que Snapchat lo hubiera inventado no significaba que los demás no pudieran usarlo.

Reunió al equipo de Instagram al completo para explicar por qué Historias en Instagram era un producto innovador a pesar de haberse inspirado en Snapchat. Además, les dijo que la tensión que les había provocado la resolución del problema había ayudado a que el resultado estuviera mucho más pulido. Los trabajadores se le acercaron después para agradecerle esa charla motivadora.

Aunque muchos usuarios se quejaron de Historias en las redes sociales, las cifras demostraron que cada vez eran más los que usaban la herramienta. Tardó más en despegar en los mercados en los que Snapchat era más fuerte, como Estados Unidos y Europa, pero el éxito fue inmediato en Brasil y en la India, donde la aplicación de Snapchat seguía teniendo problemas con la mala conexión de los móviles Android. Instagram lo había lanzado en el momento ideal, justo antes de que los adolescentes retomaran las clases.

Andrew Owen, miembro del grupo responsable de la comunidad, llevaba varios meses tratando de que los usuarios más importantes empezaran a publicar vídeos en Instagram, centrándose en eventos con mucha acción, como los X Games. No paraba de recibir rechazos. Todo el mundo prefería Snapchat. Pero cuando se lanzó Historias estaba en Río de Janeiro con Justin Timberlake, que iba a actuar en la ceremonia de los Juegos Olímpicos. Timberlake había llegado horas antes de la actuación y estaba aburrido entre bambalinas mientras Owen usaba Historias en la cuenta oficial de Instagram. Le quitó el móvil y empezó a grabar mientras hablaba con Alicia Keys, que también iba a actuar, creando así contenido para los millones de seguidores de @instagram. Al día siguiente Owen hizo lo mismo, pero grabando a las gimnastas del equipo estadounidense.

El equipo responsable de la comunidad era el encargado de publicar contenido en Historias en la cuenta oficial todos los días. De esa manera, todos sus seguidores tendrían siempre algo que ver, y eso los ayudaría a entender el producto. Pamela Chen, que también formaba parte del equipo, viajó a Nueva York para enseñarle a Lady Gaga a usar Historias, ya que la cantante estaba promocionando un nuevo disco. Después de los Juegos Olímpicos de Río, Owen se trasladó a Los Ángeles para ver al equipo de fútbol americano de los Rams y luego a Mónaco para las carreras de Fórmula 1. Al año siguiente visitó a los equipos de fútbol del Real Madrid y del FC Barcelona y también estuvo presente en la final de la NBA.

No resultaba difícil que los famosos usaran Historias de Instagram. Tal como Systrom vio en la ceremonia de los Oscar, muchos se habían acostumbrado a publicar vídeos con contenido entre bambalinas en Snapchat. Los famosos también se preocupaban por el aumento de sus seguidores y por su relevancia, al igual que sucedía con la Iglesia católica. Los dueños de Formula 1 estaban intentando atraer a más gente joven a la competición, y sin Instagram pocos habrían visto qué pinta tenía Lewis Hamilton sin casco. Justin Timberlake, que ya contaba con 50 millones de seguidores, solo podía aumentar esa cifra si se publicaba su contenido también en la cuenta oficial de Instagram, que en aquel entonces contaba con 100 millones de seguidores.

De hecho, cuando las estrellas aparecían en @instagram, otros famosos se prestaban voluntarios a hacer una demostración del producto a cambio del acceso a los seguidores de la cuenta. Cuando el equipo de Taylor Swift vio que otras estrellas aparecían en Historias de @instagram, se puso en contacto con la empresa para recibir el mismo tratamiento. Chen cogió un avión y vistió a Taylor en su apartamento y la grabó con sus gatos, para así trasladar a los usuarios la idea de que Historias se basaba en contenido más espontáneo.

Poco después del lanzamiento de Historias, Instagram dio un paso simbólico para apartarse de la sombra de la empresa matriz. Los trabajadores cambiaron de oficina y abandonaron el campus. Se trasladaron de Hacker Square a un edificio de varias plantas situado a cinco minutos en autobús del cartel de *like* de Facebook.

Cuando Marne Levine, directora de operaciones, vio el lugar por primera vez, no pensó que pudiera encajar en la visión artística de Instagram, menos aún en la de Systrom, a la luz del #trashcangate. Estaba lleno de tristes cubículos. Pero Systrom y Krieger vieron que tenía posibilidades. Todo el interior se desmanteló y se renovó con un estilo minimalista, pintura blanca, madera clara y plantas. En vez de los carteles motivadores de Facebook, adornaron las paredes con fotos enmarcadas de usuarios de Instagram. En la planta baja había café de buena calidad de una cafetería Blue Bottle. Justo enfrente de la sede colocaron un cartel enorme con el logo de Instagram; era la primera vez que la empresa marcaba su territorio de forma tan evidente.

En vez de la Sala de la Gravedad, había toda una hilera de dioramas donde los visitantes podían posar y hacerse fotos. En uno podías flotar con una puesta de sol de fondo, con voluminosas nubes de plástico y tonos rosa, morado y naranja que recordaban al colorido y renovado logo de la aplicación. En otros dioramas podías hacerte fotos flotando en la órbita de un planeta reluciente o en mitad de un cielo estrellado.

Los trabajadores, cuando recibían más, esperaban más. Levine les dijo que podían hacer sugerencias, así que empezaron a enviarle fotos de la comida menos instagrameable de la cafetería: ganó un cuenco enorme de ensalada de patata. Alguien incluso bromeó con el mal aspecto que tenía la mayonesa durante la reunión de la junta directiva.

Systrom se mostró comprensivo.

«Con total seriedad, porque esto es importante», le dijo a Levine. «Si les pedimos a nuestros trabajadores que piensen en la simplicidad, en el arte, en la comunidad y que asimilen lo esencial, es normal que se esperen que la ensalada de la cafetería sea una experiencia artística inspiradora.»

«Entendido», pensó Levine. «Las patatas son lo de menos. Lo que cuenta son nuestros valores.»

Habían pasado cuatro años desde que Facebook compró Instagram. En ese momento estaban negociando con Facebook la posibilidad de tener unas oficinas más grandes en Nueva York y, en el futuro, en San Francisco, de vuelta a donde empezaron.

Systrom se sentía invencible. Dos semanas después del lanzamiento de Historias, superó su ansiedad gracias a unas vacaciones. Todavía seguía obsesionado con el ciclismo y probaba rutas cada vez más difíciles con distintos tipos de bicicletas que le compraba a King. Así que durante las vacaciones se planteó el reto de llegar a la cumbre del Mont Ventoux, la mítica montaña del Tour de Francia. «En la vida había sudado como subiendo esta pendiente, ¡pero he sobrevivido!», publicó en Instagram junto con una foto en la que posaba con gesto triunfal con su bici y una botella de Dom Pérignon. Con esa foto le decía al mundo que su tiempo había sido de 1:59:21, tan solo el doble del tiempo oficial, que era de una hora.[8]

Con eso por fin se ganó el derecho a comprarse la bici de sus sueños: una Baum.

El fabricante australiano tardaría un par de meses en hacerla. Sería de titanio, lo más ligera posible, y estaría diseñada específicamente para la forma de montar de Systrom. Llevaría unas rayas rojas y azules en homenaje a los coches de carrera de Martini; se tardaría treinta horas en pintarlas. Nate King estaba encantado, porque la mayoría de la gente que le compraba una Baum lo hacía por el postureo, pero sabía que Systrom la usaría de verdad.

Instagram tenía sus propios ingresos milmillonarios, una aplicación que había cambiado el mundo, una estrategia y una visión del producto propias, y oficinas solo para ellos. Sus líderes habían aprendido a tomar decisiones difíciles tras detectar sus ángulos muertos y bajar el listón exigido para publicar. Los trabajadores se permitieron soñar, durante unos meses victoriosos, que tal vez algún día llegarían a ser tan importantes como Facebook. Un Facebook 2.0 que tomaría decisiones más concienzudas para hacer más felices a los usuarios, que tomaría prestadas algunas lecciones y rechazaría otras, y que acabaría modelando el futuro de las redes sociales.

Si seguían por ese camino, tal vez podrían llegar a los 1.000 millones de usuarios.

Pero Facebook no tardaría en sufrir una crisis. Y Zuckerberg no estaba dispuesto a permitir que Instagram olvidara para quién trabajaba.

10

Canibalización

«Facebook es como esa hermana mayor
que quiere que vayas guapa a una fiesta
pero que no quiere que estés más guapa que ella.»

Un exdirectivo de Instagram

Un día de octubre de 2016, Kevin Systrom envió una nota a su responsable de políticas de uso, Nicky Jackson Colaço, en la que le decía que necesitaba un informe. Iba a reunirse con Hillary Clinton esa noche con motivo de un evento para recaudar fondos para su campaña presidencial.

A Jackson Colaço le inquietó la petición de Systrom. Ella también apoyaba a Clinton, pero Systrom era el director ejecutivo y representaba a Instagram en público. Le habría gustado tener más tiempo para prepararse, porque era un tema con el que ir con pies de plomo. ¿Iba a reunirse también con el candidato republicano, Donald Trump? El mundo observaba... y estaba pendiente de la imparcialidad de Facebook en las elecciones.

Ese mismo año, mientras Instagram implementaba Historias, el sitio de noticias digital *Gizmodo* había escrito sobre el equipo externalizado de Facebook que seleccionaba las noticias para convertirlas en un módulo de «tendencias» en la parte derecha de la sección Últimas noticias. Era el único componente humano en la red social. El blog citaba a trabajadores externos de Facebook anónimos que afirmaban elegir de forma rutinaria contenido de publicaciones como el *New York Times* y el *Washington Post*, pero que se saltaban medios de derechas como Fox News y *Breitbart*. *Gizmodo* también publicó que los trabajadores preguntaban a sus jefes de Facebook si eran responsables en alguna medida de evitar la presidencia de Trump. El periodista dejó caer que era terrorífico que los trabajadores de Facebook se dieran cuenta de que su empresa tenía el poder necesario para hacerlo si así lo quería.

Facebook, como respuesta a la tormenta que desataron las filtraciones, invitó a dieciséis de los analistas políticos conservadores con más tirón televisivo, entre los que se incluían Tucker Carlson, Dana Perino y Glenn Beck, a su sede central para que vieran cómo se programaba la sección Últimas noticias. Aseguraron a sus invitados que Facebook no tenía una línea editorial. Más adelante eliminaron a las personas que seleccionaban tendencias, de modo que lo que aparecía destacado en Facebook lo determinaba únicamente un algoritmo.

Incluso después de tanto esfuerzo, la empresa temía un resultado que parecía muy probable por aquel entonces: una vez que Clinton fuera elegida presidenta, todo el mundo echaría en cara a Facebook que había inclinado la balanza a su favor. Los directivos de Facebook no querían enemistarse con el porcentaje de usuarios conservadores de Estados Unidos, de modo que su estrategia previa a las elecciones fue mostrarse lo más equidistantes posible, dejando que el algoritmo de Últimas noticias presentara a los usuarios lo que querían ver. Para ser más justos todavía, ofrecieron ayuda en la estrategia publicitaria a ambas campañas presidenciales, pero solo la campaña de Trump la aceptó. El equipo de Clinton ya tenía experiencia en elecciones presidenciales.

En medio de todo esto, Systrom creía que Instagram era lo bastante independiente como para que él no tuviera que fingir imparcialidad en las elecciones. Le dijo a Jackson Colaço que tenía derecho a defender sus propias ideas como ciudadano. Esa noche publicó una foto con Hilary Clinton destacando en el pie que personalmente estaba impresionado por la candidata: «Ojalá que Instagram sea un lugar en el que puedas expresar tu apoyo por el candidato que prefieras. En mi caso, me emociona pensar que la secretaria de Estado Clinton pueda ser la próxima presidenta de ▧▧ #imwithher («estoy con ella»).

El incidente resaltaría el abismo emergente entre la floreciente aplicación y la empresa a la que pertenecía, cada vez más controvertida. Pese a la preocupación de Jackson Colaço, la publicación de Systrom no creó problemas. En el fondo, el público no consideraba que Instagram formara parte de la controversia de Facebook; de hecho, no consideraba que formase parte de Facebook, sin más. Las marcas estaban tan diferenciadas que los usuarios estadounidenses veían a Instagram como una vía de escape de los debates políticos y de las noticias virales de la otra red social. La mayoría de los usuarios de Instagram no tenían ni idea de que Facebook era la dueña de la aplicación. Systrom y Krieger habían puesto mucho cuidado en conservar su reputación.[1]

El debate acerca de las noticias que Facebook resaltaba no era por la subjetividad, sino por el poder. Facebook había amasado un control sin precedentes sobre las conversaciones públicas, de forma muy opaca para sus 1.790 millones de usuarios. La empresa había hecho todo lo que estaba en su mano para desplegar su red y aumentar el tiempo que los usuarios pasaban en ella, con consecuencias imprevistas.

Facebook quería derrotar a Twitter, de modo que había animado a las editoriales de noticias a publicar en la red social. El plan funcionó. Los usuarios discutían sobre las últimas noticias, que en Estados Unidos trataban de las elecciones. Sin embargo, Facebook se encontró en el punto de mira por lo que leían los usuarios y por el hecho de que la ultrapersonalización de la red significaba que cada usuario veía una versión un pelín diferente de la realidad.

Facebook quería aumentar la red social de sus usuarios, con la idea de que una red más grande sería valiosa para la empresa, ya que los usuarios la usarían cada vez más. Esto también funcionó. Pero en aquel momento las redes de todos incluían a personas a las que las unían unos lazos muy finos, como antiguos compañeros de trabajo o amigos de un ex, e incluso conocidos con los que tal vez no se relacionarían de no ser por Facebook. La gente ya no publicaba nada personal, al contrario que en los primeros años. En cambio, participaban en jueguecitos para saber qué personaje de *Harry Potter* serían y les deseaban a sus contactos menos conocidos un feliz cumpleaños porque Facebook se lo había recordado. Al mismo tiempo, mantenían conversaciones a las que se podría sumar cualquiera… sobre política.

Dado que los amigos ya no publicaban tanto acerca de su vida personal, Facebook encontró otra forma de actualizar Últimas noticias: cualquier publicación en la que hubiera comentado un amigo, aunque no estuviera dentro de su red. Eso aumentó la viralidad de Facebook, dado que no hacía falta compartir algo para llegar a más personas. En la empresa lo llamaron «historia periférica», porque tenía lugar en la periferia del círculo de amigos de un usuario. Una vez más, el cambio ayudó a expandir los debates políticos en Facebook.

En Instagram, a diferencia de en Facebook, había personas que tomaban decisiones editoriales con frecuencia. Sin embargo, nadie las acusaba de ser parciales. Si el equipo responsable de la comunidad quería destacar a perros y skaters en @instagram en vez de a personas con unos buenos abdominales, no pasaba nada. Instagram había creado lo que parecía una alternativa agradable a Facebook, que permitía a la gente consumir o crear contenido relacionado con sus intereses, ya fuera cerámica, zapatillas deportivas o manicura…, unos intereses que tal vez no hubieran descubierto hasta que Instagram los ofreció a través de sus diferentes estrategias de selección.

Todo lo que Instagram evitaba —enlaces, noticias, viralidad e historias periféricas— era lo que rebajaba la relación de Facebook con sus usuarios. Facebook era parcial, desde luego, pero no estaba en contra de los conservadores, solo estaba a favor de mostrar a la gente lo que fuera que la animara a pasar más tiempo en la red social. La empresa también estaba a favor de evitar escándalos, de parecer neutral y de dar al público lo que deseaba. Sin embargo, conforme Facebook se convertía en un lugar para las conversaciones políticas, el hecho de que las tendencias las eligieran personas dejó de ser un problema real. Fue el hecho de que el algoritmo de Facebook manipulara la naturaleza humana, y que Facebook lo pasara por alto, lo que creó problemas a la empresa.

Pocos en Facebook imaginaban que Donald Trump ganaría las elecciones presidenciales de 2016. En las oficinas centrales de Menlo Park, al día siguiente de las elecciones, el ambiente estaba enrarecido y los trabajadores cuchicheaban y miraban el móvil. Algunos se quedaron en casa, demasiado abrumados para hacer frente a la realidad del errático nuevo líder de Estados Unidos.

Los medios de comunicación generaron varias teorías sobre cómo era posible que hubiera pasado. Una de las principales era que el algoritmo de Últimas noticias, diseñado por ingenieros para que las personas recibieran lo que querían, había estado recompensando artículos y vídeos que sutilmente animaban a los votantes a creerse teorías conspiranoicas y noticias falsas que, por regla general, dejaban en muy mal lugar a Clinton.

Historias que decían que el Papa apoyaba a Trump o que Clinton había vendido armas al Daesh fueron propagadas por los algoritmos de Facebook, de modo que llegaron a millones de usuarios. En los tres meses previos a las elecciones, las historias más populares con información falsa alcanzaron a más personas en Facebook que las historias más populares de los medios de comunicación legítimos.[2] Algunas de estas historias procedían de sitios web improvisados que aparentaban ser reales, con nombres como *The Political Insider* o *Denver Guardian*. En Facebook el truco funcionó. Todos los enlaces aparecían con el mismo tipo de letra en Últimas noticias, confiriéndole la misma credibilidad a una teoría conspiranoica que a un informe bien contrastado de ABC News. Uno de esos sitios web incluso tenía la dirección ABCnews.com.co, aunque no tenía relación alguna con la cadena.

El contenido más compartido en Facebook era el que más emoción provocaba, sobre todo si despertaba miedo, estupefacción o alegría. La prensa elaboraba titulares mucho más llamativos desde que las redes sociales se habían vuelto claves para su distribución. Sin embargo, los medios de comunicación tradicionales estaban

siendo aplastados por los nuevos actores en escena, que habían idea-
do una forma mucho más fácil y lucrativa de hacerse virales al inventar historias que jugaban con los miedos y las esperanzas de los
estadounidenses, lo que implicaba ganar gracias al algoritmo de
Facebook.

Las noticias falsas de los sitios web podían estar salpicadas de
historias que no eran del todo mentira pero que estaban muy sesgadas o llenas de vocabulario pensado para reafirmar la paranoia o la
lealtad política del lector. La gente compartía estas historias para
demostrarles a sus amigos y a sus familiares que tenían razón en
todo. Mientras tanto, estos sitios web creaban un negocio de publicidad gracias a todo el tráfico que conseguían con Facebook.

Algunos directivos de Facebook, como Adam Mosseri,[3] responsable de Últimas noticias, habían hecho sonar la alarma internamente sobre la desinformación, ya que querían hacer que fuera contraria
a las políticas de uso de la red social. Sin embargo, Joel Kaplan, vicepresidente de políticas de uso, conservador en lo político, creía
que ese movimiento sería peligroso para la relación con el Partido
Republicano, ya de por sí frágil. Muchas de las historias más incen-
diarias beneficiaban a Trump, de modo que, al eliminarlas, la empresa alimentaría el miedo acerca del sesgo de Facebook.

El día posterior a las elecciones, con los trabajadores todavía
descolocados, Elliot Schrage, el responsable de políticas públicas y
comunicaciones, se reunió con Zuckerberg y con Sheryl Sandberg,
y decidieron que la prensa estaba exagerando sin justificación alguna el papel de Facebook en las elecciones. Debían responder a las
críticas. Lo único que hacía Facebook era crear un espacio digital
donde quedar, una zona neutral, como la plaza del pueblo, donde
todo el mundo podía decir lo que quisiera y donde sus amigos podían corregirlo. A los tres se les ocurrió adoptar una postura de
mensajes defensivos con la intención de asegurar que los ciudadanos
estadounidenses eran librepensadores y tomaban sus propias decisiones. Zuckerberg, en una conferencia que tuvo lugar dos días
después de las elecciones, dijo: «Creo que la idea de que las noticias
falsas de Facebook influyeran en las elecciones es ridícula, solo eran
un pequeño porcentaje del contenido».

El comentario provocó una reacción airada, porque el público por fin se dio cuenta de que el algoritmo de Últimas noticias tenía el poder de moldear lo que los ciudadanos sabían de sus candidatos. Si los usuarios de Facebook estaban todos en una plaza digital, cada uno escuchaba al orador que Facebook creía que le resultaría más interesante o importante al tiempo que disfrutaba de las personas o el entretenimiento que Facebook creía que más lo complacía. Después, sin tener ni idea de qué apariencia tenía la plaza de otra persona, los usuarios intentaban decidir de forma colectiva quién debía ser el alcalde.

Sin embargo, en una sesión de preguntas y respuestas con los trabajadores al día siguiente, Zuckerberg dio la misma respuesta desdeñosa. También les dijo que había otra forma más positiva de considerar el asunto. Si la gente culpaba a Facebook por el resultado de las elecciones, eso demostraba lo importante que era la red social en su día a día.

Poco después de la charla de Zuckerberg, un analista de datos publicó un estudio interno sobre las diferencias entre las campañas de Trump y de Clinton. En ese momento fue cuando los trabajadores se dieron cuenta de que la empresa había ayudado de otra manera, tal vez más poderosa, a asegurar el resultado de las elecciones. En su intento por ser imparcial, Facebook había contribuido mucho más a la estrategia publicitaria de Trump.[4]

En el informe interno, el trabajador explicaba que Trump había superado a Clinton entre junio y noviembre, ya que le pagó a Facebook 44 millones de dólares, mientras que ella gastó 28 millones de dólares. Y, con la ayuda de Facebook, su campaña funcionó como una empresa tecnológica, probando los anuncios con rapidez gracias al uso del software de Facebook hasta dar con el mensaje perfecto para sus diferentes públicos.

La campaña de Trump tuvo un total de 5,9 millones de versiones distintas de sus anuncios, comparadas con las 66.000 de Clinton, de una forma que «mejoraba las probabilidades de Facebook de optimizar los resultados», explicó este trabajador. En casi todos los anuncios de Trump se pedía a la gente que llevara a cabo alguna acción, como donar o apuntarse en una lista, lo que hacía más fácil para el ordenador medir el éxito y el fracaso. Esos anuncios también lo ayudaron a recopilar direcciones de correo electrónico. Estas direcciones fueron cruciales, ya que Facebook tenía una herramienta llamada Lookalike Audience que buscaba públicos similares. Cuando Trump o un anunciante presentaba un listado con direcciones de correo electrónico, el software de Facebook podía encontrar más personas que tenían unos ideales parecidos a los de la lista basándose en su comportamiento y sus intereses.

Los anuncios de Clinton, en cambio, no iban destinados a conseguir direcciones de correo electrónico. Su intención era promocionar su marca y su filosofía.[5] Al sistema de Facebook le costaría más medir y mejorar a través del software los beneficios de la inversión de Clinton. Su campaña apenas usó la herramienta Lookalike Audience.

El análisis, que no se filtraría a Bloomberg News hasta 2018, demostró que las herramientas para anunciarse de Facebook, cuando se usaban bien, eran muy eficaces. La victoria de Trump, en parte porque su equipo había aprovechado al máximo el poder de Facebook para personalizar y dirigir la información a un público receptivo, era el resultado ideal para cualquier anunciante. Sin embargo, Trump no había estado vendiendo sartenes ni vuelos a Islandia, había estado vendiendo su presidencia. De modo que el éxito de los clientes no hizo que los trabajadores, en su mayoría liberales, se sintieran mejor. Zuckerberg siempre les había dicho que iban a cambiar el mundo, que lo convertirían en un sitio más abierto y conectado. Pero, cuanto mayor se hacía Facebook, más poder tenía para moldear la política global.

Unos días después, en una reunión de líderes mundiales en Lima, Perú, el presidente Barack Obama intentó decirle eso a Zuckerberg. Advirtió al director ejecutivo de que debía controlar la difusión de falsedades en Facebook,[6] porque, de lo contrario, las campañas de desinformación para las elecciones presidenciales de 2020 serían incluso peores. Aunque no se lo dijo a Zuckerberg en su momento, Obama sabía, gracias a los servicios de inteligencia de Estados Unidos, que algunas de las noticias más controvertidas no procedían de empresarios sin escrúpulos del mundo de la comunicación. Uno de los principales enemigos del país también tenía una campaña de Facebook pro-Trump.

Zuckerberg aseguró al presidente saliente que el problema no era generalizado.[7]

Era un momento incómodo para el crecimiento de Instagram. Mientras los directivos de Facebook seguían devanándose los sesos para evitar que los culparan por el resultado de las elecciones, Systrom presentó un plan para aumentar el equipo que se encargaba de Historias de Instagram. Seguía siendo una función simple, pero muy popular. Systrom veía oportunidades si se le añadían características, como máscaras o emoticonos parecidos a los que ofrecía Snapchat.

Michael Schroepfer, su gerente y el responsable de tecnología de Facebook, rechazó la petición. «Deberías reasignar el equipo que ya tienes para que trabaje en Historias», le dijo Schroepfer. «Queremos asegurarnos de que tienes buenos beneficios antes de destinar más trabajadores.» Facebook estaba trabajando en su propia versión de publicaciones que desaparecerían a las veinticuatro horas, no solo para Facebook, sino también para WhatsApp y Messenger, aunque todo sería un poco distinto de la versión de Instagram.

A otros jefes de diferentes secciones de la empresa les resultó curiosa la resistencia de Schroepfer. ¿Por qué no recompensar el éxito de Instagram? ¿Por qué estaba Facebook desarrollando otras versiones de Historias de Instagram en vez de dar su apoyo a la de Instagram? Otros equipos, en realidad virtual, en vídeo y en inteligencia artificial, no tenían problemas para conseguir personal. El grupo de empleados que trabajaba en Historias de Facebook ya era cuatro veces mayor que el de Instagram.

Sin embargo, Krieger y Systrom lo atribuyeron a su historial. Instagram siempre se las había tenido que apañar con mucho menos personal que la competencia. Tal vez Facebook creyera que así funcionaban mejor. A lo largo de las siguientes semanas, Systrom peleó por obtener más personal y, al final, consiguió algo de ayuda. Aunque la experiencia fue un preaviso de los problemas que estaban por llegar.

Zuckerberg estaba inmerso en algunos temas que no tenían nada que ver con las elecciones presidenciales estadounidenses y que, de hecho, lo preocupaban mucho más. A pesar de que Facebook seguía creciendo, la gente lo usaba de una forma que no auguraba una buena tendencia para el futuro. E Historias de Instagram no iba a resolver eso.

El primer problema era si Facebook encajaba bien en el día a día de los usuarios. Aunque la gente pasaba una media de unos cuarenta y cinco minutos al día en Facebook,[8] conocida internamente como la «gran aplicación azul», lo hacía en sesiones cortas: una media de menos de noventa segundos por sesión, según un análisis de datos interno. No se apoltronaban en el sofá mirando Facebook, sino que más bien lo ojeaban en la parada del autobús, en la cola de la cafetería o sentados en el baño. Eso suponía un problema si Facebook quería aspirar a un pedazo más grande del mercado publicitario más valioso: la televisión.

Facebook había estado priorizando los vídeos en Últimas noticias, incluso promoviendo vídeos directos, pero el contenido predominante eran vídeos cortos virales que llamaban la atención de los usuarios mientras repasaban la sección Últimas noticias. La gente se paraba a ver el vídeo de un perrito muy mono o de alguna payasada, pero, como no elegía expresamente el contenido, no se paraba a verlo el tiempo suficiente para que saltara el anuncio. Los vídeos que tenían más tirón solían ser de baja calidad, producidos o reutilizados por granjas de contenido, con contactos de páginas de Facebook que promocionaban cualquier cosa que publicaran para que se hiciera viral. Había pocos «creadores» en Facebook como los que se hicieron famosos creando audiencias en YouTube e Instagram.

De modo que la solución temporal de Facebook para conseguir que los usuarios vieran vídeos largos y, por tanto, anuncios fue crear una sección nueva, Premium, para ese tipo de contenido. Facebook pagaría a los estudios de televisión para crear el contenido de alta calidad que los usuarios no creaban. El sitio de vídeo, que acabaría llamándose Facebook Watch, era un plan sólido para hacerse con la televisión y enfrentarse a YouTube, y solucionaba el primer problema de Zuckerberg.

Pero todavía quedaba otro problema. La gente no publicaba actualizaciones de estado en Facebook como antes. Compartía enlaces y creaba eventos, pero ya no publicaba tan a menudo lo que sentía y pensaba. A primeros de ese mismo año, Facebook intentó que fuera más divertido hacer publicaciones dando a los usuarios la opción de escoger fondos coloridos y tipos de letra, de modo que sus publicaciones llamaran más la atención. Incluso les mostraba fotos antiguas con el fin de alentarlos a republicar sus recuerdos. Y los alertaba asimismo de festividades raras o eventos, como el día Nacional de los Hermanos, con la esperanza de que publicaran sobre ellos.

Añadir una función para hacer desaparecer las publicaciones en todas las aplicaciones de Facebook era una forma de solucionar el problema, ya que rebajaba la ansiedad que provocaba publicar algo de forma permanente, tal como Instagram había hecho. Pero Zuckerberg, siempre paranoico, se preguntó si era suficiente.

Analizó el crecimiento de Instagram: se estaba acelerando, y en cambio la velocidad a la que se añadían usuarios a Facebook, Twitter y Snapchat disminuía. Ese descubrimiento no presagiaba nada bueno para su apreciada adquisición.

Zuckerberg pensó que los usuarios de Facebook solo tenían una cantidad limitada de minutos al día, y era su trabajo conseguir que pasaran la mayor parte de dicho tiempo libre en Facebook. A lo mejor el problema no era únicamente que Snapchat o YouTube les atraía más. A lo mejor el problema era que todos sus usuarios tenían una red social alternativa... que Facebook promocionaba en su propio sitio desde hacía años.

Cuando se lanzaron los otros clones de Facebook que copiaban Historias de Snapchat, ninguno causó tanta sensación como la función de Instagram. La aplicación de chat Messenger empezó a probar la función en septiembre, a la que llamó Messenger Day. Luego Facebook probó Historias en la aplicación principal, a la que también llamó Historias. Incluso WhatsApp añadió una función parecida en febrero, a la que llamaron Estado, después de que Zuckerberg insistiera en hacerlo durante una acalorada discusión con los fundadores de la aplicación. En ese momento, el público tenía cuatro marcas de Facebook, bien diferenciadas, para publicar vídeos efímeros y compartirlos con sus amigos, de la misma manera que en Snapchat.

Zuckerberg estaba dispuesto a intentar multitud de cosas con tal de aplastar a la competencia. Sin embargo, para la gente, disponer de tantas opciones no era emocionante sino desconcertante. No comprendían por qué necesitaban esa nueva función ni tampoco sabían qué amigos tenían acceso a ella. Además, no había contenido sobre famosos que les enseñara qué hacer, como los trabajadores de Instagram habían hecho con la cuenta oficial de la empresa, @instagram.

Tal como *The Verge* escribió en su momento, «tomar prestadas las ideas de Snapchat le funciona a Instagram, pero, por algún motivo, los intentos de Facebook dan la sensación de estar un poco fuera de lugar... y de ser desesperados».[9]

Zuckerberg no lo consideraba una sensación. Creía que Instagram estaba quitándole una oportunidad a Facebook.

A lo largo de varias reuniones le dijo a Systrom que creía que Instagram tenía éxito con Historias no por su diseño sino porque lo habían implementado antes. Si Facebook se hubiera adelantado, tal vez se habría convertido en el destino de todo el que quisiera esa experiencia efímera. Y tal vez eso habría supuesto un beneficio mayor para la empresa en su conjunto. Al fin y al cabo, Facebook tenía más usuarios y contaba con un negocio publicitario mucho más robusto.

Systrom no se esperaba esa crítica. Ser los primeros tal vez hubiera ayudado a Instagram por el factor novedad, pero si haber sido los primeros en dar el paso fuera lo único importante, no tendría sentido copiar a Snapchat. Quizá Facebook comprase Instagram como estrategia defensiva, pero si su equipo estaba tirando a canasta y encestando, ¿por qué se consideraba algo malo? Estaba ganando, pero se sintió como si perdiera. Parecía que, en el orden de prioridades, una victoria para Facebook como red social era más importante que una victoria para Facebook como empresa.

Sin embargo, Systrom no se enfrentó. Había visto a Zuckerberg discutir con otros líderes tercos de Facebook, sobre todo pertenecientes a empresas compradas, como WhatsApp y Oculus, la rama de realidad virtual, y sabía cómo terminaría. Por ejemplo, después de que Zuckerberg comprara Oculus en 2014, quiso cambiar el nombre de sus gafas de realidad virtual, las Oculus Rift, para que se llamaran Facebook Rift. Brendan Iribe, cofundador de Oculus y por entonces director ejecutivo, argumentó que era mala idea porque Facebook había perdido la confianza de los desarrolladores de videojuegos. A lo largo de una serie de reuniones incómodas, acordaron que el nuevo nombre sería Oculus Rift from Facebook. En diciembre de 2016, después de una serie de discusiones parecidas, Zuckerberg consiguió que Iribe dejara de ser director ejecutivo.

«Cuando alguien tiene una reacción emocional, es mejor dejarlo tranquilo», pensó Systrom. De todas formas, con la ayuda de Taylor Swift, Systrom ya estaba trabajando en el que se suponía que sería el siguiente bombazo de Instagram.

Systrom quería explotar la idea de que Instagram era una vía de escape del resto de internet, un lugar en el que todo era más bonito y las personas tenían una visión más optimista de su vida. La mayor amenaza para esa visión, algo que Ariana Grande y Miley Cyrus ya habían advertido en años anteriores, era el hecho de que en una red anónima era más fácil que las personas dijeran cosas horribles sobre los demás. Había llegado el momento, decidió Systrom, de atajar los problemas de acoso.

Pero, al más puro estilo Instagram, el plan se puso en marcha como reacción a la crisis de un famoso en la aplicación, en este caso Taylor Swift. (Instagram quizá hubiera preferido priorizar a sus usuarios normales en el desarrollo de productos, con cambios en el algoritmo que decidía lo que se mostraba en primer lugar, pero seguía prestando mucha atención a las necesidades de los famosos; creía que era bueno para la marca, ya que los problemas de los famosos afectaban también a sus millones de seguidores.) La estrella del pop, que conocía a Systrom gracias a unos buenos amigos, el inversor Joshua Kushner y su novia supermodelo, Karlie Kloss, empezó a tener un problema muy grave el verano anterior a las elecciones: estaban bombardeando los comentarios de sus fotos con el emoticono de una serpiente y el hashtag #taylorswiftisasnake («Taylor Swift es una víbora»).

Taylor Swift estaba involucrada en dos peleas públicas con otros famosos. Después de que cortara con su novio, el productor y DJ Calvin Harris, Swift reveló que había ayudado a Harris a escribir su éxito con Rihanna, «This Is What You Came For». La revelación se impuso a la promoción del tema. A su ex no le hizo gracia que lo dejara en mal lugar después de la ruptura y dijo que había sido decisión de la cantante usar un pseudónimo en los créditos de la canción. Los seguidores de Rihanna y Harris empezaron a llamarla «víbora» porque tenía una lengua viperina.

En otro incidente, Taylor Swift criticó a Kanye West por la letra de su canción «Famous», que hablaba de ella y que se lanzó en febrero de 2016: «Creo que Taylor y yo podríamos acostarnos. / Esa zorra es famosa gracias a mí». Kim Kardashian West respondió en un episodio de julio de *Las Kardashian*, en el que compartió un vídeo de una conversación entre Taylor Swift y su marido a través de Snapchat. En el vídeo, ella aprobaba la parte de la letra que hablaba de «acostarnos» (aunque lo de «Esa zorra es famosa gracias a mí» no quedaba claro).

El Día Nacional de la Serpiente, que al parecer existe, Kim Kardashian West tuiteó: «Ahora hay festivos para todo el mundo, o sea, para todo», seguido de 37 emoticonos de serpiente, en una referencia velada a Swift. La invasión ofídica del perfil de Instagram de Taylor Swift se aceleró.

El equipo de Taylor Swift mantenía una relación muy estrecha con el de Instagram. En una ocasión, Charles Porch, el responsable de desarrollo de alianzas, los avisó de que le habían pirateado la cuenta antes de que ellos se percataran. De modo que le preguntaron a Instagram si podían hacer algo con las serpientes. Systrom quería eliminar de golpe el vandalismo ofídico. Pero la gente se daría cuenta. Jackson Colaço señaló que no podían crear una herramienta exclusiva para un famoso sin ponerla a disposición de todos los usuarios.

Taylor Swift no era la única que tenía la sensación de que los comentarios de Instagram estaban repletos de personas anónimas soltando veneno. Más o menos por la misma época, Systrom y Krieger fueron por primera vez a la VidCon, una convención en la que los famosos de internet hacen contactos con socios y estudios, y hordas de adolescentes arrastran a sus padres al evento con la esperanza de atisbar a sus estrellas digitales preferidas. La convención se celebra en Anaheim, California, junto a Disneylandia. Systrom y Krieger organizaron una fiesta en Disneyland Dream Suite, un apartamento exclusivo dentro del parque temático donde había vivido el mismísimo Walt Disney.

Muchas de las estrellas, conocidas como «creadores», explicaron que su perfil de Instagram era víctima habitual de los troles de internet. Todas sus publicaciones de Instagram estaban meticulosamente seleccionadas. Además de alertar a sus seguidores de nuevos vídeos en YouTube, tenían que mostrarles a las marcas lo positivo que sería trabajar en un proyecto juntos. Y en ese momento las marcas leían los comentarios para saber qué beneficios tendría su inversión.

Después de convencer a Systrom de la oportunidad que suponía el producto, el equipo desarrolló una herramienta para ocultar los comentarios filtrando un emoticono específico o una palabra clave para eliminarlos, que podría usar todo el mundo, no solo Taylor Swift. Sería un alivio enorme, sobre todo para personas con miles o millones de seguidores, para quienes era imposible eliminar los comentarios uno a uno. Cuando Instagram por fin contó la historia del origen de la herramienta varios meses después,[10] dijeron que Taylor Swift fue una «probadora beta» que ayudó a la empresa. Ocultaron el detalle de que había sido víctima de acoso.

Systrom decidió que Instagram debería fomentar su imagen de que hacía que sus usuarios se sintieran bien dándoles más herramientas para bloquear lo que no querían ver. En diciembre de 2016,

Instagram ya permitía a sus usuarios desactivar, si querían, los comentarios para sus publicaciones.[11] La disposición de Systrom contrastaba de plano con los esfuerzos de Facebook y de Twitter para que el contenido fuera totalmente libre, en un intento por promover entornos que afirmaban ser neutrales y abiertos, pero que en la práctica rara vez se controlaban.

Esas mismas ideas, dejar que los usuarios desactivaran los comentarios o los bloquearan en función de palabras claves, se las habían sugerido a Facebook varias veces a lo largo de los años. Pero nunca se implementaron. Si había menos comentarios, habría menos notificaciones y, por tanto, menos motivos para que los usuarios entraran en el sitio. Incluso en el equipo de Instagram, los antiguos trabajadores de Facebook prometieron a Systrom que implementarían la herramienta de manera que fuera difícil de encontrar y que solo se pudiera usar de publicación en publicación. De esa forma, no se usaría tan a menudo.

«Muchas gracias, pero no», fue la respuesta de Systrom. Les explicó que no le preocupaba perder interactividad, que el equipo estaba pensando demasiado a corto plazo. A largo plazo, si la herramienta era fácil de encontrar y se publicitaba como era debido, la gente sentiría más afinidad con Instagram y el producto capearía mejor la mala publicidad, como la que Facebook empezaba a recibir.

Systrom quería ir más allá de los comentarios. Habló con Jackson Colaço sobre una iniciativa «amable». ¿Cómo podía Instagram, con su enfoque editorial agresivo, dar más poder a sus usuarios y convertirse en la utopía de internet?

Mientras tanto, Zuckerberg tenía muchas esperanzas sobre la percepción que la gente tendría de Facebook. Sí, Facebook tenía poder, pero las elecciones habían demostrado que también era objeto de calumnias. Ojalá el público viera Facebook de la misma manera que él, como una herramienta para fomentar la empatía en el mundo, no para crear división. Estaba decidido a reformular su enorme red social y a convertirla en un proyecto humanitario.

Los críticos seguían diciendo que la elección de Trump y el voto de Gran Bretaña para dejar la Unión Europea eran el resultado de la polarización de la sociedad, alimentada por Facebook. Una de las críticas que Zuckerberg más detestaba era que creaba cajas de resonancia ideológicas, en las que la gente solo interactuaba con las ideas que quería oír.

Facebook ya había financiado estudios,[12] en 2015, para demostrar que las cajas de resonancia no eran matemáticamente culpa suya. Con la red social, todo el mundo tenía el potencial de interactuar con la clase de ideas que quisiera, y lo habitual era que tuviera algunos contactos que no compartían sus mismas opciones políticas. Pero si la gente elegía no interactuar con aquellos con quienes no estaban de acuerdo, ¿de verdad eso era achacable a Facebook? Su algoritmo solo les mostraba lo que querían ver como resultado de su propio comportamiento, y eso aumentaba sus preferencias ya existentes.

Zuckerberg se creyó en la necesidad de explicarle al público que Facebook se podía usar para el bien, de modo que escribió un manifiesto de 6.000 palabras y lo publicó en su cuenta de Facebook en febrero de 2017: «En los tiempos que corren, lo más importante que podemos hacer en Facebook es desarrollar una infraestructura social que dé a las personas el poder de construir una comunidad global útil para todos nosotros», escribió.[13] Usó el término preferido de Instagram, «comunidad», 130 veces, pero apenas dijo nada relevante acerca de lo que iba a construir Facebook. Fuera como fuese, parecía decir que, sin importar cuáles fueran los problemas que, supuestamente, había creado Facebook, la solución llegaría de la mano de la empresa.

Zuckerberg acompañó la promesa con el compromiso de entender mejor a sus usuarios. Llevaba más de una década como director ejecutivo de Facebook, trabajando para mantener el producto vivo y en crecimiento, reuniéndose con los trabajadores, otros directores ejecutivos y líderes mundiales. No acostumbraba a reunirse con personas normales y corrientes.

De modo que decidió convertirlo en un propósito de año nuevo. Era una tradición anual para él: en 2011, el año anterior a la adquisición de Instagram, anunció que solo comería carne que él mismo cazara. En 2016 decidió que crearía su propio asistente de inteligencia artificial para su casa. Y en 2017 se propuso visitar los cincuenta estados del país en un intento por comprender mejor a un sector más amplio de su base de usuarios.

Así que, acompañado a menudo por su esposa, Priscilla Chan, que codirigía las inversiones benéficas de la familia, Zuckerberg completó su propósito visitando granjas, fábricas y restaurantes para conocer a gente normal. Sin embargo, sus esfuerzos por relacionarse con personas corrientes a menudo se veían frustrados por lo organizadas que estaban las visitas. Mucho más planeadas que los encuentros de Systrom con los usuarios de Instagram, a veces las paradas de Zuckerberg se parecían a las de un candidato presidencial en campaña.

Un miembro del personal le decía al anfitrión del estado seleccionado que alguien importante, un filántropo de Silicon Valley, iba a hacer una visita. Luego el equipo de seguridad de Zuckerberg, compuesto por antiguos miembros del Servicio Secreto de Estados Unidos, inspeccionaba el lugar. Y después aparecía Zuckerberg con un séquito, que incluía un fotógrafo profesional, para después publicar las fotos en su página de Facebook. Un equipo de comunicación le ayudaba a redactar y editar sus discursos y las publicaciones de Facebook, que siempre eran una mezcla de anécdotas sosas, reflexiones sobre la humanidad y jueguecitos de palabras.

La gira no estaba teniendo un impacto positivo en la reputación del líder ni en la plataforma de la red social. Al menos desde 2015, el equipo responsable de las comunicaciones de Facebook había encuestado de forma regular a sus usuarios sobre si consideraban que era una empresa innovadora y buena para el mundo. Teniendo en cuenta que la reputación de Zuckerberg y la de la empresa estaban unidas de un modo inexorable, también hacían la misma pregunta sobre Zuckerberg. Puesto que su gira no mejoraba los datos, el equipo responsable de las comunicaciones de Facebook se reunió fuera de la sede central esa primavera de 2017. Caryn Marooney, la responsable de relaciones públicas, presentó un informe que mostraba que la marca Facebook tenía una calificación más desfavorable que Uber, una startup de transporte compartido que estaba capeando un escándalo por aquel entonces.

Emily Eckert, la responsable comercial de Systrom, miró con gesto elocuente a Kristina Schake, la responsable de las comunicaciones de Instagram, y le dijo:

—¿Les pregunto si han hecho una encuesta sobre la marca Instagram? —le susurró a su colega, ya que creía que sería gracioso ver la incomodidad de los demás ante las discrepancias.

Kristina meneó la cabeza sonriendo y contestó:

—¡Ni se te ocurra!

Mientras Zuckerberg ejecutaba su plan para llegar a más gente, el equipo de liderazgo de Facebook llevaba a cabo una revisión rutinaria de los productos con los directivos sénior de Instagram. Los objetivos de los fundadores de Instagram para estas reuniones solían ser llegar, contarles a los mandamases de Facebook Inc. sus planes y recibir un mínimo de apoyo e impresiones para continuar. Zuckerberg solía decir un par de frases, a veces un comentario sobre lo que Instagram podría intentar hacer para aumentar el crecimiento. Sin embargo, obtener su aprobación era como marcar una casilla, tras lo cual Systrom y Krieger continuarían dirigiendo Instagram como quisieran.

Los fundadores seguían considerando que Instagram era su empresa, pese a la integración y a todos los recursos de Facebook. Estas críticas distendidas eran parte del motivo. Era a lo que se refería Systrom en las entrevistas que concedía cuando decía que Zuckerberg se parecía más a un miembro de la junta directiva que a un jefe.

En esa ocasión, Krieger y Systrom creían haber hecho justo lo que Facebook quería. Cuando llegó el momento de la reunión, tenían 600 millones de usuarios: estaban en la senda hacia los ansiados 1.000 millones, si la tendencia seguía como estaba previsto. Contribuían con miles de millones en beneficios, con la ayuda de la tecnología de anuncios de Facebook.

Sin embargo, Instagram recibió una crítica mucho más intensa de la que esperaban. Zuckerberg expuso que tenía preocupaciones graves, y llegó a emplear una palabra que evocaba una imagen cruenta y que provocaba alarma: «canibalización». El director ejecutivo quería saber si, en el caso de que Instagram siguiera creciendo, empezaría a comerse el éxito de Facebook. ¿No sería útil saber si Instagram llegaría a robarle a Facebook la atención que merecía?

Estas cuestiones dejaban bien claro cómo Zuckerberg consideraba las elecciones de sus usuarios. La discusión no era si la gente prefería Instagram a Facebook. Su comportamiento era maleable. Facebook sabía perfectamente qué cantidad de tráfico mandaban a Instagram a través de su aplicación. Sabían muy bien hasta qué punto la empresa estaba apoyando el crecimiento de la que habían comprado, a través de enlaces y de promoción en Facebook. Y si descubrían que el crecimiento de Instagram podía suponer un inconveniente para la aplicación principal, encontrarían la forma de arreglarlo.

Primero tenían que analizar el problema. Encargaron a Alex Schultz, del equipo de crecimiento de Facebook, comprobar lo de la canibalización, con la ayuda de quince analistas de datos tanto de Facebook como de Instagram.

En abril de 2017, las declaraciones de Zuckerberg sobre la creación de una comunidad global empezaban a sonar más como ataques preventivos en una guerra de relaciones públicas.

Ese mes, Facebook publicó un informe muy críptico en el que explicaba que había descubierto «operaciones de información» llevadas a cabo por «actores maliciosos» en su red social. Básicamente, algunas entidades (no dijeron quién) estaban creando perfiles falsos en Facebook, haciéndose amigos de personas reales y distribuyendo información falsa en un intento por distorsionar la opinión pública. Tal como Obama había avisado, el problema de las noticias falsas no procedía solo de personas sin escrúpulos que habían visto una oportunidad de negocio, sino también de entes extranjeros que habían convertido el algoritmo de la aplicación en un arma.

Este descubrimiento se sumó a las sospechas políticas de que Rusia había ayudado a Trump a conseguir la victoria y de que todas esas historias falsas —sobre los apoyos de Trump o la ayuda de Clinton al Daesh— se habían hecho tan populares en las redes sociales como parte de una campaña de propaganda muy bien orquestada. ¿Formaba parte Facebook del plan ruso? ¿Estaba Rusia ayudando a Trump?

Facebook no confirmó nada, argumentó que sería irresponsable hacerlo. Lo de Rusia era la hipótesis de la empresa, pero acusar al líder de un país con millones de usuarios de Facebook era muy gordo. Además, ¿y si se equivocaban? Durante meses, Facebook afirmó con seguridad que no había dinero ruso involucrado. «No hemos encontrado pruebas de que los actores rusos hayan comprado anuncios en Facebook en relación con las elecciones», declaró la empresa a CNN a finales de julio.[14]

Por supuesto, eso fue muy frustrante para los demócratas, que intentaban crear conciencia de la implicación rusa en la victoria de Trump. Presionaron a Facebook, primero en privado y después en público, hasta que en septiembre la empresa se contradijo; reveló por primera vez que no solo Rusia se encontraba detrás de la campaña de propaganda de la que hablaron en abril, sino que además habían comprado espacio publicitario para promocionar sus publicaciones. Facebook había aceptado al menos 100.000 dólares en anuncios de usuarios falsos, que actuaban en nombre de una potencia extranjera, porque su sencillo sistema de publicidad permitía que cualquiera con una tarjeta de crédito pudiera comprar espacio publicitario.

Así comenzó un período de juicios públicos, de audiencias en el Congreso, de promesas y de disculpas, así como de más revelaciones y bombas mediáticas. Twitter y YouTube revelaron propaganda parecida desde Rusia. Mientras tanto, Instagram se benefició de una ventaja inesperada por el hecho de haber sido adquirida por Facebook. Disfrutaba del apoyo masivo y de la escala de la red social, pero apenas se acordaban de ella cuando tocaba destilar el odio que solía rodear a la empresa matriz.

Cuando Colin Stretch, consejero jefe de Facebook, testificó ante la Comisión de Inteligencia del Senado el 1 de noviembre de 2017, junto con los abogados de Google y Twitter, reveló las que fueron las estadísticas más perturbadoras de la influencia rusa en las elecciones. Aparecieron más de 80.000 publicaciones de cuentas rusas en Facebook, algunas promocionadas por anuncios, que alimentaron la controversia sobre la inmigración en Estados Unidos, el control de armas, los derechos de los homosexuales y las relaciones entre minorías étnicas. El objetivo de Rusia era infiltrarse en grupos de interés en Estados Unidos y, después, enfurecerlos. Durante el proceso, dijo Stretch, las publicaciones se hicieron virales y llegaron a 126 millones de estadounidenses.

Más adelante, en la misma comparecencia, un senador hizo una pregunta específica sobre Instagram. «No tenemos los datos completos de Instagram», contestó Stretch.[15] Sin embargo, estimó que las publicaciones rusas en Instagram habían llegado a unos 16 millones de personas; más tarde, Facebook elevó la cantidad a 20 millones. De modo que el verdadero alcance de la campaña rusa en aplicaciones que eran propiedad de Facebook fue de unos 150 millones de personas. Instagram acabó siendo una coletilla en la conversación.

Al final, Zuckerberg, Sandberg y otros directivos de Facebook —entre los que se incluían Chris Cox, director de la aplicación de Facebook; Schroepfer, responsable técnico de desarrollo, y Monika Bickert, directora de políticas públicas— representaron a la empresa en comparecencias públicas ante varios Gobiernos de distintas partes del mundo a medida que salían a la luz más escándalos. También lo hicieron Jack Dorsey, director ejecutivo de Twitter, y Sundar Pichai, director ejecutivo de Google.

Sin embargo, a Systrom nunca le pidieron testificar. Y los periodistas siguieron escribiendo sobre la idea de crear una utopía en internet y lo presentaban como el directivo más considerado de una red social.

Dado que los principales problemas de Instagram estaban en manos de Facebook, pudo permitirse el lujo de evitar la culpa. La publicidad de Instagram, incluidos todos los anuncios de Rusia, funcionaba a través del sistema de Facebook. El equipo responsable de las operaciones de Facebook era quien tenía que buscar todo el contenido que se saltara las reglas, incluido el de Instagram. Jackson

Colaço y un par de personas más echaron una mano a Facebook con la investigación cada vez que la empresa se lo pidió. Sin embargo, en la mayoría de los casos, la ignorancia era una virtud para los trabajadores de Instagram.

Mientras a Facebook le preocupaba el desastre de las elecciones, a Systrom le preocupaba el análisis de datos. En Facebook los datos eran una religión, pero nunca ofrecían una imagen perfecta en lo que se refería al comportamiento de los usuarios. Podían decir qué hacía la gente, pero no por qué.

Por ejemplo, el producto Historias de Instagram fue excesivamente popular en España cuando se lanzó. Los analistas de datos descubrieron el motivo solo después de preguntárselo a sus colegas del equipo responsable de la comunidad en Europa. Resultó que los jóvenes usaban la herramienta para participar en un juego que empezaba con alguien mandando un número a un amigo a través de un mensaje directo. Dicho amigo usaba el número para confesar algo sobre la persona que le había enviado el número en público («¡12 es muy guapo!») en Historias, y luego desaparecía.

En Indonesia, el análisis de los datos sacó a la luz algo que parecía una campaña de spam masiva: la gente publicaba fotos y las borraba al poco tiempo. Sin embargo, cuando Instagram investigó más a fondo, descubrió que no se trataba de una práctica engañosa; resultó que los habitantes del país empezaban a usar Instagram para vender por internet. Publicaban fotos de productos en venta y, una vez que se vendían, las borraban.[16]

Otro filtro de spam, que bloqueaba automáticamente a los usuarios que publicaban un número determinado de comentarios por minuto, acabó bloqueando a adolescentes que hablaban con sus amigos, una población cuya actividad en la aplicación era mucho más alta que la que Instagram previó cuando diseñó el bloqueo automático para reducir el spam.

De modo que Systrom comprendía las limitaciones de las cifras, una de las razones por las que invertía tanto en la investigación y el trato directo. Pero como Facebook estaba estudiando la probabilidad estadística de que Instagram fagocitara el éxito de Facebook, quería mejorar su capacidad previsora.

Leyó un montón de libros y habló con Mike Develin, responsable del equipo de análisis de datos en Instagram, en un intento por comprender los factores involucrados al hacer predicciones razonables de los productos. Una noche, a la hora de la cena, le envió un mensaje a Develin en el que le decía que había llegado a una estimación del tiempo que pasarían de media los usuarios en Instagram para el segundo semestre de 2017. Esperaba que cada usuario pasara unos veintiocho minutos al día en la aplicación.

La metodología de Systrom para llegar a esa cifra no era descabellada, se dijo Develin. «Si yo estuviera dando un curso de cálculo de estimaciones, este sería un ejercicio más que razonable y la respuesta habría conseguido una buena nota.» Su equipo ofreció una estimación bastante más científica, aunque no se alejaba mucho de la cifra de Systrom.

Systrom no intentaba hacer el trabajo de Develin. Solo se estaba introduciendo en el análisis de datos, como había hecho cuando se inició en el mundillo del ciclismo. Quería comprender mejor el proceso; de ese modo estaría preparado para analizar lo que sucediera a continuación.

Al final del año más difícil para Facebook, la red social y su subsidiaria para compartir fotos eran como dos trenes a punto de colisionar. ¿Qué le debía Instagram a la todopoderosa empresa matriz, que la había ayudado a llegar a las masas, pero que ahora se preocupaba por seguir en lo más alto?

Systrom creía que Instagram le debía a Facebook su triunfo continuado como empresa dentro de la matriz. De esa forma, aunque los problemas de Facebook persistieran, habría una red social alternativa de rápido crecimiento para cualquiera que quisiese ponerse al día con sus amigos y su familia. Instagram podría llegar a ser clave para la longevidad de Facebook; tal vez algún día incluso podría ser la plataforma dominante. Ese año habían ayudado a desarmar a un enorme competidor, Snapchat, que había salido a bolsa en marzo como Snap Inc. Sus acciones habían bajado y perdido casi la mitad de su valor, en parte por la preocupación de que la empresa no podría competir con Instagram después de que esta sacara Historias.

Aun así, en opinión de Zuckerberg, Facebook Inc. estaría bajo amenaza si Facebook no crecía. La empresa se encontraba en una situación complicada por sus propias decisiones; más que nunca, tenía que lidiar con el escrutinio y el escepticismo de la opinión pública. Zuckerberg había dado muchísima libertad y mucho apoyo a Instagram. Había llegado el momento de que Instagram empezara a dar algo a cambio.

Cuando Schultz completó su investigación sobre si Instagram fagocitaría a Facebook, los líderes interpretaron los datos de forma muy distinta.

Zuckerberg creía que la investigación demostraba que era muy posible que Instagram amenazara el dominio constante de Facebook y que la canibalización comenzaría en seis meses. La gráfica mostraba que, a largo plazo, si Instagram seguía creciendo y robando tiempo de uso a Facebook, el crecimiento de Facebook podría llegar a cero o, peor incluso, involucionar. Dado que la media de beneficios por usuario era mucho mayor en Facebook, cualquier minuto que pasaran en Instagram en vez de en Facebook sería malo para los ingresos de la empresa, expuso.

Systrom no estaba de acuerdo: «No se trata de que Instagram se lleve parte de la tarta de Facebook para añadirla a su propia tarta», dijo en su reunión de líderes que celebraban los lunes. «Se trata de que la tarta es cada vez más grande.» No era Instagram contra Facebook. Eran todas las propiedades de Facebook contra el resto de las posibilidades que había, como ver la televisión, usar Snapchat o dormir.

Algunos de los presentes no daban crédito. «¿Se le ha olvidado a Mark que es el dueño de Instagram?» Zuckerberg siempre había predicado que Facebook debía reinventarse antes de que un competidor tuviera la oportunidad de superarlos y que la empresa debía tomar decisiones sobre cómo hacerlo basándose en los datos. «Mejor crear nosotros aquello que podría acabar con Facebook a que lo hagan otros», reza el manual que dan en las charlas de orientación a los nuevos trabajadores.

Sin embargo, Facebook era una creación de Zuckerberg. Y en este caso el director ejecutivo estaba interpretando los datos a través de un sesgo emocional.

Su primera orden, a finales de 2017, fue insignificante, apenas apreciable para los usuarios.

Le dijo a Systrom que creara un link bien visible en la aplicación de Instagram para enviar a sus usuarios a Facebook. Y junto a Últimas noticias en Facebook, en la barra lateral en la que se mostraban las secciones de la red social, como los grupos y los eventos, Zuckerberg eliminó el link de Instagram.

11

Las otras noticias falsas

«Antes internet era un reflejo de la humanidad,
pero ahora la humanidad es un reflejo de internet.»[1]

Ashton Kutcher, actor

Después de que en junio de 2016 Instagram cambiara el orden de las publicaciones que mostraba usando un algoritmo, todo el que utilizaba la aplicación con un propósito promocional se dio cuenta de que tenía que cambiar por completo su estrategia. El nuevo orden, que daba prioridad a los contactos más cercanos de los usuarios en vez de a las publicaciones más recientes, significaba que los influencers y las empresas ya no podían aumentar su número de seguidores publicando a menudo.

Era como si cada negocio floreciente basado en Instagram tuviera el mismo trabajo pero con otro jefe, nuevo y misterioso, sin señales que indicaran por qué su productividad se resentía. Algunos fracasaron al aplicar la misma estrategia que en 2015. Otros, a través de memes y peticiones a sus seguidores, acusaron a Instagram de robarles el crecimiento que les pertenecía por derecho. Estaban desesperados porque, aunque las cuentas eran digitales, respaldaban negocios y trabajos del mundo real. Una de las primeras empresas prominentes nacidas de Instagram, Poler, que diseñaba equipamiento para actividades al aire libre y que era conocida por hacer sacos de dormir con los que era posible andar (#campvibes, #vanlife,

#blessed, que viene a ser «huele a acampada», «vida en la furgo» y «lo mejor»), acabó declarándose en bancarrota después de no alcanzar sus objetivos de crecimiento.

Como ocurría con sus rivales digitales, Instagram no contaba con un número de atención al cliente al que las empresas pudieran llamar para hablar de sus inseguridades y trasladar sus quejas. Las personas que llevaban las cuentas solo intentaban aprender y comprender las normas nuevas y revisar los datos de sus usuarios en busca de pistas. Descubrieron que el algoritmo nuevo colocaba en primer lugar las publicaciones de las que la gente empezaba a hablar enseguida, con un comentario de varias palabras, que era mejor que un corazón o una carita sonriente.

En esa confusión, los usuarios más populares de Instagram tenían una clara ventaja sobre el resto, ya que muchos famosos e influencers importantes, sobre todo en Estados Unidos, ya estaban en contacto con el equipo de alianzas de Charles Porch. Dicho equipo prestaba especial atención a la familia Kardashian-Jenner, dado que eran los dueños de 5 de las 25 cuentas más importantes de Instagram. Casi un año después del cambio en el algoritmo de Instagram, en mayo de 2017, Kim Kardashian West se convertiría en la quinta persona del mundo en superar los 100 millones de seguidores en Instagram, después de Ariana Grande, Selena Gomez, Beyoncé Knowles-Carter y la estrella del fútbol Cristiano Ronaldo. Los Kardashian no eran lo bastante influyentes como para deshacer el cambio del algoritmo, pero sí consiguieron lo que querían con otra petición.

Tenían un plan específico para cada día y publicaban el producto que iban a lanzar o el evento que querían que fuera noticia. Cuando comentaban en las fotos de los demás miembros de la familia, brindando su apoyo en público, ofrecían el beneficio añadido de mandar una señal contundente al algoritmo: «Esta publicación es importante y tendría que aparecer más arriba». Era un problema porque, tal como dijeron al equipo de Porch, el público no veía el esfuerzo extra que realizaban. La sección de comentarios de los instacelebrities era un hervidero de actividad, por lo que las cosas importantes quedaban enterradas. Y si eras Kylie Jenner, que recibía cientos de comentarios por minuto en una publicación de un pintalabios, era imposible ver y reaccionar a un mensaje de apoyo de tu hermanastra Kim de la forma que esperaban los seguidores.

El equipo de Porch implicó a los ingenieros de Instagram e idearon una solución: un algoritmo que también ordenaría los comentarios. Desde la primavera de 2017, los comentarios en las fotos de cualquier persona por parte de alguien que fuera importante para ella —quizá buenos amigos, o personas con una marca azul para indicar su estado de «verificado» como personaje público— aparecían en primer lugar y en una posición mucho más prominente.

De modo que, una vez más, tal como sucedió con la queja sobre el acoso a Taylor Swift, Instagram había cambiado el producto para todos los usuarios en función de la opinión de unos pocos, siguiendo en su línea de que el algoritmo ayudaba a los usuarios normales a ver lo que querían ver. Habían parcheado el problema, pero, como en ese momento cientos de millones de usuarios y de negocios dependían de la aplicación, el cambio tuvo un efecto en cascada que Instagram no había previsto.

Todos los que tenían una marca azul, al darse cuenta de que sus comentarios tendrían prioridad, vieron un incentivo para comentar más. El ranking de comentarios ayudaba a las marcas, a los influencers y a la gente de Hollywood a combatir la forma en la que el algoritmo principal les restaba protagonismo. Los comentarios de Instagram se convirtieron en publicidad o, en el habla vernácula de los ingenieros de Silicon Valley, «crecimiento hackeado».

El «hackeo» no acabó ahí. Los instacelebrities más estrategas no solo comentaban en las publicaciones de sus amigos, sino en cuentas que podían hacer que parecieran mejor conectados y más relevantes de lo que eran en realidad. Un influencer con una cuenta verificada, Sia Cooper, @diaryofafitmommyofficial, le contó a la revista *Vogue* que en unas pocas semanas consiguió 80.000 seguidores solo comentando en las publicaciones de los miembros de la familia Kardashian-Jenner, aunque no los conocía en persona: «Decidí comentar en las cuentas más seguidas porque eso quiere decir que mis comentarios tienen más probabilidad de que los vean muchos más seguidores»,[2] colocados en lo más alto del montón. Hoy en día tiene más de un millón de seguidores y ha inspirado a otras personas a usar la misma estrategia.

En cuanto el algoritmo empezó a priorizar los comentarios verificados, los medios de comunicación también lo hicieron. Disputas que parecían espontáneas y reales entre famosos —estrellas que se defendían de críticas, que promocionaban productos o que interactuaban sin más— se convirtieron en carne de cañón para los programas de entretenimiento. Un par de meses después de que el algoritmo de los comentarios cambiara, la cantante Rihanna comentó la publicación de una empresa de maquillaje criticando la falta de bases de maquillaje para mujeres negras. Salió en las noticias por denunciar el racismo, y su propia marca de maquillaje, Fenty Beauty, se benefició. Los zascas de los famosos en los comentarios de Instagram se convirtieron en una táctica tan habitual que en los sitios web de entretenimiento aparecían listados con los más memorables. Emma Diamond y Julie Kramer, dos miembros del círculo estudiantil de la Universidad de Siracusa que se hicieron amigas en un chat sobre las Kardashian, crearon una cuenta después de graduarse llamada @commentsbycelebs («comentarios de famosos») donde destacaban antes que nadie los comentarios más reseñables en capturas de pantallas. En la actualidad tienen 3 millones de seguidores, además de suficientes ingresos, gracias al contenido patrocinado por clientes como Budweiser, como para no necesitar trabajar en otra cosa. Cuando cambiaron los algoritmos, también lo hicieron los negocios que se podían crear gracias a ellos.

Y no solo negocios legítimos. Cuentas con una marca azul verificada, difícil de obtener en países donde había pocos trabajadores de Instagram coordinando, se hicieron más vulnerables al ataque de los hackers. Estos averiguaban la contraseña para iniciar sesión y luego vendían las cuentas en el mercado negro, donde se cotizaban al alza, en parte porque las marcas azules las hacían más visibles en los comentarios de Instagram.

Las elecciones de 2016 fueron un punto de inflexión en la opinión que el público tenía de las redes sociales y en la forma en que la gente y los Gobiernos podían usarlas para hacer daño. Una pregunta destacaba sobre todas las demás: ¿hasta qué punto las empresas tecnológicas trabajaban en contra de la naturaleza humana? Cuando sus usuarios decidían leer noticias muy sesgadas, cuando decidían compartir teorías conspiranoicas sobre que las vacunas provocan autismo, cuando decidían compartir discursos y manifiestos racistas de asesinos en masa, ¿la empresa tenía alguna responsabilidad por no haberlo impedido? Los organismos reguladores cuestionaron a Facebook, YouTube y Twitter por sus políticas de uso y por la clase de contenido que deberían restringir o controlar muy de cerca. Los representantes de cada una de las empresas explicaron que preferían promover la libre expresión y limitar la censura, es decir, emplear la solución que acabó siendo la más barata: el menor control humano posible.

El cambio del algoritmo para los comentarios de Instagram fue insignificante, pero trajo efectos principalmente beneficiosos. La autopromoción no es una amenaza para la democracia ni una verdad científica, y tal vez hiciera de Instagram un lugar más ameno, sobre todo con cuentas como @commentsbycelebs. Pero el cambio, y su correspondiente efecto en el comportamiento de los usuarios, ilustraba algo fundamental, algo que se pasaba por alto en las discusiones sobre las políticas de contenido. Las redes sociales no solo son un reflejo de la naturaleza humana. Son una fuerza que define la naturaleza humana a través de incentivos integrados en el diseño de los productos.

Instagram cuenta los seguidores, los *like* y los comentarios. Dado que los usuarios saben que los juzgarán en cada categoría con cada publicación, modifican su comportamiento para encajar en los estándares de sus iguales, de la misma manera que un gimnasta sabe que lo evaluarán en función de la dificultad y la ejecución de su rutina. Cuanto más crecía Instagram, más intentaban sus usuarios conseguir seguidores, *like* y comentarios, porque las recompensas de obtenerlos —aceptación personal, relevancia social e incluso recompensas económicas— eran increíbles.

El camino hacia el éxito de un usuario de Instagram era evidente, bastaba compararlo con los logros de otros. Solo tenías que crear el contenido adecuado: estimulante visualmente, con un pie de foto optimista y a la vez reflexivo y digno de admiración. Esas actividades se trasladaron en bloque a las decisiones que se tomaban en la vida real y en los negocios. La versión de Instagram que los fundadores se propusieron crear, fomentando el arte y la creatividad, así como proporcionando una ventana visual a la vida de otras personas, se estaba deformando poco a poco por las estadísticas que Instagram priorizaba, lo que hacía que la aplicación se convirtiera en un juego en el que se podía ganar.

El efecto ya se había visto en otras partes de internet, donde reina el contenido generado por los usuarios. En YouTube, el algoritmo del sitio empezó a recompensar a los creadores según el tiempo de visionado, creyendo que el tiempo que se pasaba viendo un vídeo implicaba una interacción mayor, y por tanto merecía aparecer en los primeros puestos de las búsquedas y de las recomendaciones. En respuesta, aquellos que buscaban fama[3] en el sitio dejaron de hacer vídeos cortos y empezaron a hacer tutoriales de quince minutos y debates de una hora sobre personajes de videojuegos; el objetivo era aparecer en los primeros puestos del ranking y conseguir más anuncios. YouTube también tenía en cuenta el porcentaje medio de lo que se veía un vídeo, así como la duración media del visionado, como indicativos para el ranking. De modo que los creadores de YouTube modificaban su comportamiento a fin de encajar en esas estadísticas, enfadándose y enervándose en sus vídeos para conservar la atención del público. Algunos se inventaron teorías conspiranoicas y soltaron datos tan sensacionalistas que la gente acababa enganchándose. Todo el que creía en los disparates de las estelas químicas de los aviones o que la Tierra es plana encontró en el sitio nuevos apoyos y una comunidad.

Las empresas intentaban intuir cuál sería una buena medida de la felicidad de sus usuarios y así manipularlos con el tiempo, creando sus sitios web con vistas a priorizar esos datos. En Facebook, una vez que la empresa empezó a recompensar a sus empleados si conseguían aumentar el tiempo que los usuarios pasaban en la aplicación, estos comenzaron a ver más vídeos y más noticias. Tal como quedó demostrado con las elecciones, recompensar el contenido que alimentaba las emociones de los usuarios ayudó a crear toda una industria alrededor de las noticias falsas.

Las aplicaciones empezaron con motivaciones en apariencia sencillas, como un entretenimiento que podría derivar en un negocio: Facebook está para conectar a la familia y a los amigos; YouTube, para ver vídeos; Twitter, para compartir lo que está sucediendo; e Instagram, para compartir momentos visuales. Y luego, a medida que se integraban en el día a día, el sistema de recompensas de sus productos, alimentado por los intentos de las empresas para medir su éxito, tuvo un impacto mucho mayor en el comportamiento de la gente que cualquier marca o anuncio. Ahora que una masa crítica de la población mundial conectada a internet ha adoptado los productos, es más fácil describirlos no por lo que dicen que son, sino por lo que miden: Facebook sirve para conseguir *like*; YouTube, para conseguir visualizaciones; Twitter, para conseguir retuits; e Instagram, para conseguir seguidores.

Cuando alguien entra en Google, en su buzón de correo o en sus mensajes de texto, normalmente sabe qué quiere hacer. Pero en las redes sociales el usuario medio navega de forma pasiva, en busca de entretenimiento o para ponerse al día de las últimas novedades. Por tanto, son más susceptibles a la sugestión por parte de las empresas, y también a la de los usuarios profesionales de una plataforma que modifican su comportamiento y lo adaptan a lo que funciona mejor en esa red.

Llegados a este punto, alrededor de 2017, el público empezó a comprender que las características de las redes sociales que les encantaban no estaban creadas solo para ellos, sino que también las usaban para manipular su comportamiento. Espoleados por el clamor social y mediático, estos productos tenían que pagar por lo que habían provocado en la sociedad. Salvo Instagram, que se libró de las críticas en su mayor parte. Era la más nueva, fundada entre cuatro y seis años después que las demás, de modo que los usuarios todavía no habían captado todos los efectos adversos, que además no eran tan ofensivos y visibles durante la experiencia de uso como en las otras plataformas. Instagram, a través de los equipos responsables de la comunidad y de las alianzas, que seleccionaban y promovían el trabajo de los usuarios más interesantes, había hecho un buen trabajo a la hora de granjearse la simpatía hacia su producto. Ese trabajo era «como ir metiendo dinero en el banco para cuando llegaran las vacas flacas», dijo un directivo.

Sin embargo, Instagram no estaba exenta de problemas. Sus usuarios más prolíficos estaban haciendo todo lo que podían para crearse una marca y un negocio en el sitio, distorsionando la realidad en el proceso.

Incluso antes del escándalo de la injerencia rusa en las elecciones presidenciales estadounidenses, la Comisión Federal de Comercio había investigado diferentes formas de manipulación encubierta, con fines no ya políticos, sino económicos: los anuncios de los influencers en Instagram.

Todo empezó con un vestido con estampado de cachemira. Lord & Taylor, una tienda al por menor, pagó a 50 influencers de moda en Instagram entre 1.000 y 5.000 dólares para aparecer con el mismo vestido azul y naranja un fin de semana de 2015. Usando pies de fotos aprobados por la empresa, las influencers tenían que incluir el hashtag #designlab y mencionar a @lordandtaylor. Pero, lo más importante, no podían decir que habían recibido dinero a cambio.

Ese era el problema, dijo la Comisión Federal de Comercio. El organismo regulador dio ejemplo con Lord & Taylor en 2016, con un acuerdo según el cual debía abandonar esas prácticas publicitarias injustas y engañosas. «Los consumidores tienen derecho a saber cuándo están viendo un anuncio pagado», explicó Jessica Rich, la directora del departamento de protección al consumidor de la Comisión Federal de Comercio.[4]

Esta primera advertencia tuvo poco impacto en la economía incipiente de los influencers. A medida que crecía Instagram, también lo hacía la cantidad de personas dispuestas a recibir dinero a cambio de publicar sus conjuntos de ropa, sus vacaciones o sus rutinas de belleza, y escogían sus marcas «preferidas» con un incentivo económico para tal fin.

En marzo de 2017, los organismos reguladores enviaron una solicitud a noventa marcas, famosos e influencers. La carta era una advertencia. Los influencers debían decirle a su público que les pagaban por publicar algo e incluir una nota bien visible sobre el conflicto de intereses, no detrás de un montón de hashtags o de una larga descripción; de lo contrario, se enfrentarían a multas. El patrocinio tenía que ser claro e inconfundible, no algo como #graciasadidas o el hashtag #sp, que algunos influencers usaban como abreviatura de *sponsored* («patrocinado»).

Una vez que la Comisión Federal de Comercio dejó claras las normas, Instagram desarrolló una herramienta que permitiría a las marcas convertir las publicaciones de los influencers en anuncios de verdad, con un hashtag bien claro al inicio, en un intento por no ocultar el conflicto de intereses. La empresa incluyó como violación de las normas las publicaciones de contenido promocionado sin usar ese formato; al parecer, se tomó en serio el dictado de la Comisión Federal de Comercio.

Pero después Instagram no se aseguró de que se cumpliera la política de uso; tras haber creado la herramienta que permitía a los usuarios cumplir con la normativa, traspasó toda la responsabilidad a los influencers y a los anunciantes. Una de las primeras agencias de publicidad de influencers, MediaKix,[5] descubrió que, en el caso de los 50 influencers más importantes de Instagram, el 93 por ciento de las publicaciones que hablaban de marcas no cumplía los requisitos.

Un par de meses después, la Comisión Federal de Comercio elevó la advertencia, notificó directamente a veinte estrellas e influencers —entre las que se encontraban la actriz y cantante Vanessa Hudgens, la supermodelo Naomi Campbell y la actriz Sofía Vergara— que podían estar infringiendo las normas. Naomi Campbell había publicado una foto de varias maletas de la marca Globe-Trotter sin motivo aparente. La cantante Ciara publicó unos zapatitos de bebé con el texto «thank you @JonBuscemi», que mencionaba al diseñador de moda pero no decía si los había recibido gratis.

Las advertencias de la Comisión Federal de Comercio importaban poco, y las normas de la empresa, todavía menos. Los incentivos incluidos en el producto —los *like*, los comentarios y los seguidores— eran los amos. Con acuerdos de patrocinio o sin ellos, todo el mundo en Instagram estaba vendiendo algo de alguna manera. Vendían una versión de sí mismos a la que aspiraban, se convertían en marcas y comparaban sus estadísticas con las de sus iguales.

Gracias a Instagram, la vida se había convertido en algo que merecía la pena promocionar, no para cada usuario de Instagram, sino para millones. Los profesionales, en un intento por mantener su estatus, querían parecer lo más #authentic posible, como si fueran creadores de tendencias que contaban un secreto a sus seguidores y no anuncios andantes. Si funcionaba, el dinero recibido a cambio de ofrecer productos no era la única recompensa. Cabía la posibilidad de ser tu propio jefe, de convertirte en emprendedor o de que descubrieran algún talento tuyo, no solo para vender productos, sino para ser el estandarte de un estilo de vida concreto. Los influencers no veían Instagram como una red social sin más, sino como publicidad.

«El contenido es un trabajo a jornada completa, constante», dijo Lauryn Evarts Bosstick, que gestiona @theskinnyconfidential, una cuenta de Instagram vinculada a un blog, un pódcast y un libro para compartir mensajes motivadores y consejos para vivir bien. Su cuenta tiene una estética cohesiva: selfies con mucho canalillo a la vista, ropa ceñidísima y pinceladas rosa fucsia. Las marcas que promociona, normalmente de productos capilares y cremas faciales, encajan en el tema. Percibe la mitad de sus ingresos a través de Instagram, donde su vida parece la de una Barbie de carne y hueso. «Me he perdido cumpleaños y eventos familiares, pero la gente mira mi cuenta y cree que siempre estoy de vacaciones», me dijo.

Empezó a publicar en Instagram mientras servía copas en San Diego. Cada día, durante tres años, aprovechaba los descansos en el trabajo para llevar su cuenta desde el baño del bar, hasta que llegó a tener suficientes seguidores como para permitirse vivir de la marca Skinny Confidential. Ahora cuenta con casi un millón de seguidores. «Todo se reduce a tus deseos de lograrlo. Dirijo una revista entera en línea yo sola, soy la directora creativa, la editora, la redactora y la maquetista, y la publico con la esperanza de que les guste a los demás, y luego vuelta a empezar.»

Los influencers explican que Instagram les proporciona datos inmediatos sobre lo que siente la gente a través de todas las reacciones cuantificables…, y los resultados no son demasiado sorprendentes. Las fotos personales funcionan mejor que las de paisajes. Mostrar más carne funciona mejor que cubrirla. Un tema aglutinador para una cuenta funciona mejor que la aleatoriedad. Los toques de color funcionan mejor que usar un solo color. Los usuarios modifican su estrategia en función de los números, hasta que llegan a unos resultados buenos recurrentes. Y dichos resultados fomentan montones de selfies con el pelo al viento, escenas de acción imposibles e influencers ligeritas de ropa.

Para averiguar a qué influencers contratar, las marcas se fijan en sus porcentajes de interacción —que se calculan sumando los *like* y los comentarios de una publicación y dividiendo la cantidad resultante entre el número de seguidores, a través de un tercero como Captiv8 o Dovetale— en un intento por decidir quién tiene un alcance real y quién tiene un porcentaje demasiado bajo para ser rentable. Como cualquier sistema, se puede trucar. E Instagram acabó alimentando el problema, no solo el de la veracidad en los anuncios, sino el de la veracidad en la vida real.

El ejemplo más famoso de engaño en Instagram empezó con una campaña influencer muy atrevida y acabó con un estafador de Nueva York sentenciado a seis años de cárcel.

Se trata del Fyre Festival. El público se enteró del —ahora infame— lujoso festival de música previsto para la primavera de 2017 exclusivamente a través de Instagram, por una serie de publicaciones de algunas de las supermodelos más importantes del mundo, como Bella Hadid, Kendall Jenner y Emily Ratajkowski, entre otras. Promocionaron un vídeo de una experiencia de ensueño muy instagrameable: todas juntas, en las Bahamas, disfrutando de la playa en biquini, bailando en yates y haciendo esquí acuático en aguas cristalinas. Promocionado como la mejor fiesta de todos los tiempos, se suponía que el festival de música tendría lugar en una isla privada del Caribe, propiedad del antiguo capo de la droga colombiano Pablo Escobar, a lo largo de «dos semanas transformadoras», prometía el vídeo. Un chef famoso prepararía la comida. El precio de partida de las entradas era de 12.000 dólares…, o más si querías vivir en la «villa de artistas», valorada en 400.000 dólares, y pasar el rato con uno de los artistas. Se suponía que habría 33 actuaciones, con, por ejemplo, Blink-182, Major Lazer, Tyga y Pusha T.

Tras el festival estaba el publicista/estafador Billy McFarland, un genio del bombo publicitario que consiguió que el rapero Ja Rule se uniera al proyecto y que FuckJerry, un grupo de profesionales del marketing digital, lo promocionara. McFarland comprendía el poder publicitario de los influencers y pagó a Kendall Jenner 250.000 dólares por una sola publicación en Instagram para promover la venta de entradas. Se aprovechó sin complejos del estilo de vida que valoraban los influencers de Instagram. Habría exclusividad; la gente volaría en un Boeing 737 personalizado. Los invitados se hospedarían en cabañas ecosostenibles de lujo. Les pedirían que cargasen dinero en unas pulseras para así disfrutar de la experiencia sin tener que llevar efectivo encima. El problema era que McFarland era más hábil dando bombo a un evento que planificándolo, y al final no tuvo nada con lo que respaldar sus promesas.

Cuando los invitados llegaron, no había isla privada, solo un trozo de playa cerca de un resort de Sandals. No había casoplones, solo tiendas de campaña con el interior y las camas empapados por la lluvia tropical. Las pulseras para sustituir el dinero resultaron ser un método para que McFarland consiguiera liquidez en caso de apuros, cuando se le estuviera acabando el dinero para el proyecto.

La imagen más icónica que se publicó del evento no fue de modelos bronceadas ni de playas de arena blanca, sino de un triste sándwich en una caja con forma de ostra. Dos rebanadas de pan, dos lonchas de queso y una ensalada aliñada al lado. Se hizo viral de inmediato... en Twitter.

Después de una investigación del FBI y de una demanda colectiva,[6] arrestaron a McFarland y lo condenaron a seis años de cárcel y a pagar 26 millones de dólares de indemnización.

La mayoría de los engaños en Instagram no son objeto de investigaciones criminales como la de McFarland. En general, suelen pasar desapercibidos; se trata simplemente de personas que se comportan como quieren que se comporten otras personas, porque es una buena decisión empresarial. Los que llevan una vida que merece contarse en Instagram se convierten en una fuente de entretenimiento y en una vía de escape para los que no.

Todos los días Camille Demyttenaere y su marido, Jean Hocke, coreografían sus experiencias con el único objetivo de publicarlas en Instagram. En una ocasión se dieron un beso apasionado asomándose por una puerta abierta de un vagón de tren de color azul mientras atravesaban una selva en Sri Lanka. Él se echó hacia atrás, rozando casi las copas de los árboles, sujeto con una mano al tren y con la otra colgando, y ella se agarró a las barras laterales de la puerta con las dos manos y se inclinó hacia delante, sobre su marido, al tiempo que levantaba una rodilla hasta el bíceps de Jean.

«UNO DE NUESTROS BESOS MÁS SALVAJES», dijeron los influencers de viajes, cuya cuenta es @backpackdiariez, en el pie de la foto de mayo de 2019. Los comentaristas reaccionaron de inmediato. «De verdad queréis morir por una foto????????», dijo uno. Los medios de comunicación se hicieron eco de la noticia en todo el mundo y hablaron de la cultura de los viajes y de hasta qué punto estaba dispuesta a llegar la gente con tal de destacar en Instagram. Varios citaron un estudio[7] que registraba 259 muertes por intentar hacerse una foto entre 2011 y 2017, en su mayor parte personas de veintipocos años que se habían arriesgado innecesariamente.

Por irónico que parezca, la indignación fue lo mejor que pudo pasarle a la pareja belga. Con la publicación de su perfil en más sitios de noticias, aumentaron su exposición, ganaron unos 100.000 seguidores y triplicaron la visualización de sus Historias en Instagram. Su buzón de correo electrónico se saturó con ofertas de oficinas de turismo y de hoteles que habían descubierto sus perfiles gracias a la cobertura mediática internacional del incidente.

Sin embargo, todo estaba cuidadosamente planificado, explicaron. Antes de ir a un país, buscan las mejores localizaciones para las fotos, investigan en las cuentas de Instagram de fotógrafos locales y buscan poses que no se hayan fotografiado antes. (Otras parejas de influencers ya habían intentado lo del tren pero no se habían hecho virales.) Escogen ropa que encaje en el paisaje. Hacen las fotos por la mañana y al atardecer, cuando la luz es más suave. Suelen usar un trípode; en el caso del tren, el hermano de Hocke los ayudó con una cámara configurada para hacer 50 fotos por segundo. Editan las fotos con Adobe Lightroom y escogen la mejor de entre 500 y 1.000 tomas, eliminando todo lo que no quede bien, como basura, arrugas en la ropa y otras personas, algo que aprendieron a hacer gracias a tutoriales que habían visto en YouTube. Como último paso, aplican uno de los filtros predeterminados de Adobe Lightroom, que automáticamente modifica las fotos para encajar con cierto ambiente, haciendo que los colores se vean más saturados. También venden los filtros al público en Instagram en paquetes por 25 dólares, de modo que sus seguidores pueden imitar su contenido si así lo desean.

Miles de personas viajan por el mundo para adoptar poses bonitas por encargo de las marcas. Demyttenaere y Hocke antes eran consultores de estrategia empresarial en Londres, ella para Arthur D. Little y él para McKinsey. Mientras documentaban su prolongada luna de miel, consiguieron miles de seguidores y después se dieron cuenta de que tal vez podrían alargar su viaje de forma indefinida gracias a su instinto empresarial para hacerlo crecer.

Y han tenido su recompensa. La ropa y el protector solar que usan son gratis mientras sigan mencionando en las publicaciones las marcas que se lo proporcionan todo. También son gratis los hoteles, el transporte y las comidas, a menudo financiadas por la junta de turismo de algún lugar o por una agencia de viajes. Las marcas pagan a los influencers de viajes unos 1.000 dólares por cada 100.000 seguidores en cada publicación, dijeron. Sin embargo, ganan más con sus filtros de Adobe Lightroom. Antes del incidente del tren, ganaban unos 300.000 dólares al mes vendiendo dichos filtros a través de un enlace en su biografía de Instagram, dijo Hocke. Espera que dichas ganancias aumenten con el número de seguidores.

El mercado de los viajes alcanzó los 8,27 billones de dólares en 2017,[8] en comparación con los 6 billones de 2006, y ello se debió en parte a «un mejor conocimiento entre los jóvenes de los destinos turísticos en auge en las redes sociales», según el Consejo Mundial del Viaje y el Turismo. Ese mejor conocimiento tiene que ver con gente como Demyttenaere y Hocke, que no son famosos, pero que en realidad son modelos pagados para posar con productos y animar a los demás a vivir las mismas aventuras. Hacen lo que sus seguidores les demandan: se fotografían juntos, no desde demasiado lejos, se muestran enamorados hasta las cejas, exhiben una piel bronceada y reluciente. Y sienten la presión. Así lo explicó Hocke: «No puedes dejar de alimentar la máquina. Tienes que producir más contenido. La gente cree que vivimos una vida de ensueño, que es verdad, pero siempre estamos pensando: "¿Dónde puedo encontrar buen contenido, más buen contenido, mejor contenido?"».

Crean entretenimiento y una vía de escape, como un programa de telerrealidad con un mensaje de perfección y no de drama, que sus seguidores siguen favoreciendo y recompensando.

Instagram fusionó la vida privada con la publicidad de marcas a una escala sin precedentes. Mientras la cuenta oficial de la empresa, @instagram, moldeaba el comportamiento que quería ver en la aplicación, la economía de los anuncios y de los influencers sobrealimentó los efectos.

Los usuarios de la aplicación, inspirados al ver que la gente a la que seguía hacía cosas interesantes, aspiraban a hacer lo mismo y se gastaban el dinero en experiencias y no en productos. «La búsqueda de *like* requiere un flujo constante de contenido que se pueda compartir en forma de historias e imágenes», escribió la empresa de consultoría McKinsey en un informe. «Las experiencias desempeñan un papel en esta necesidad de contenido, porque tienen más posibilidades de convertirse en estas historias e imágenes que la compra de un producto nuevo. Incluso las experiencias que no acaban como se esperaba —por ejemplo, un vuelo largo que se retrasa o un partido de fútbol con lluvia— acaban convirtiéndose en historias que se pueden compartir.»[9]

El efecto de Instagram ha dificultado la tarea de vender productos caros y tangibles, como coches o ropa. Nueve cadenas importantes de venta al público de Estados Unidos se declararon en quiebra en 2017 y muchas más han cerrado sus tiendas. Además del auge de Amazon, los analistas citaron la tendencia a ansiar experiencias y no cosas como causa de la pérdida de ventas de las tiendas al por menor.

Las fotos de los ratos de ocio se han convertido en nuevos símbolos de estatus social. La gente hace cola durante horas para comprar un enorme algodón de azúcar de colores en la Totti Candy Factory de Tokio o van al Purl de Londres para probar un cóctel que sirven con un globo de helio o que desprende vapor de miel, o se van de vacaciones a lugares pintorescos como Islandia o Bali. En 2018 la cantidad de pasajeros de avión alcanzó la cifra récord de 4.500 millones, en unos 45 millones de vuelos en todo el mundo.[10]

Aparecieron empresas nuevas para que fuera más fácil hacer una foto rompedora sin la necesidad de viajar. En el Museo del Helado, que abrió en Nueva York en 2016 y después en San Francisco, Miami y Los Ángeles, los visitantes guardan cola para hacerse una fotografía sumergidos en una urna de virutas de colores que no son comestibles, sino que están hechas con plástico antimicrobiano. En una fábrica de selfies llamada Eye Candy,[11] en Toronto, tras pagar una entrada, la gente se hace una serie de fotos en un montón de habitaciones, como una en la que puedes fingir que estás de relax en la cabina de un avión privado de lujo, con su champán de atrezo, u otra ambientada en el Japón de los cerezos en flor. En

Meow Wolf, en Santa Fe, Nuevo México, los decorados son más surrealistas. Publicitada como una colección de arte experimental, Meow Wolf invita a sus visitantes a atravesar un bosque de árboles de neón o a meterse en secadoras de ropa que parecen ser un portal a otro universo. Y el negocio les va bien: consiguieron 158 millones de dólares de varios inversores en 2019 para expandirse por Estados Unidos.[12]

A medida que la gente depuraba su vida para publicarla en Instagram, también invertía en mejorar las imágenes y se descargaba aplicaciones como Facetune o Adobe Lightroom para retocar la blancura de los dientes, la forma del mentón y la estrechez de la cintura. Facetune fue la aplicación de pago más popular de Apple en 2017,[13] de la que se vendieron más de 10 millones de copias a un precio de 4,99 dólares.

«Ya no sé qué aspecto tiene la piel de verdad», tuiteó la modelo y comentarista internauta Chrissy Teigen en febrero de 2018.[14] «La gente en las redes sociales lo sabe: ES COSA DE FACETUNE; eres preciosa, no te compares con los demás, ¿ok?»

Estas herramientas de edición facilitaban que cualquiera con complejos, como los adolescentes con acné, siguiera participando de la diversión de Instagram. Pero también elevaban el listón de lo que era el ideal de Instagram. Dustin Hensley, bibliotecario en un instituto de los Apalaches de Tennessee, dijo que sus estudiantes solo se sienten cómodos mostrándose al natural y sin editar en sus finstas, no en sus cuentas públicas de Instagram. «Cualquier cosa que publiquen en su cuenta principal va editada», explicó. «Como norma, no publicarán nada sin editar.»

Pero una vez que la gente pasó de los filtros a los retoques virtuales y se dio cuenta de cuánto mejoraba digitalmente, hubo quien empezó a interesarse por esos beneficios en la vida real. Se espera que el mercado mundial de las inyecciones de bótox para reducir las arrugas duplique su tamaño en poco más de cinco años,[15] alcanzando los 7.800 millones en 2023, en comparación con los 3.800 millones de 2017. El mercado de los rellenos dérmicos sintéticos, que rellenan las zonas arrugadas, ajustan la línea de la barbilla o hacen que los labios se vean también más gruesos, está experimentando una expansión parecida, incluso entre los adolescentes.

El doctor Kevin Brenner, cirujano plástico de clientes famosos en Beverly Hills, lleva quince años con su clínica privada, especializada en cirugías y correcciones mamarias y nasales. El doctor Brenner comenta que su negocio ha cambiado muchísimo desde la aparición de Instagram. Los posibles pacientes quieren ver fotos y vídeos del antes y el después de procedimientos específicos, que Brenner proporciona en su cuenta @kevinbrennermd a 14.000 seguidores. Así sus clientes llegan sabiendo perfectamente qué quieren que les hagan. A menudo están dispuestos a que se grabe la operación, de modo que el médico puede seguir ilustrando a su público.

El problema: lo que se enseña en Instagram no siempre puede conseguirse. Dice que sus competidores, los más prominentes, con cientos de miles o millones de seguidores, podrían ocultar con Photoshop la cicatriz de un implante de mama, aunque es imposible realizar el procedimiento sin una incisión. Sus pacientes pueden publicar fotos del antes y el después, donde la segunda tiene un filtro y está editada, de modo que la piel del paciente parece más bronceada y tersa que antes.

«Muchas veces tengo que lidiar con las expectativas», dijo Brenner. «Me enseñan una foto de alguien que se ha hecho algo y no se dan cuenta de que lo han modificado con un filtro de Instagram.» De hecho, la revista médica *JAMA Facial Plastic Surgery*, editada por la Asociación Médica de Estados Unidos, publicó un artículo en 2017, «Selfies: Living in the Era of Filtered Photographs» («Selfies: vivir en la era de las fotografías con filtros»), que decía: «Los filtros y los retoques se han convertido en la norma, lo que altera la percepción que la gente tiene de la belleza en todo el mundo».[16]

No ayuda que en el estado de California lo único necesario para que alguien haga operaciones de cirugía estética sea una licencia médica. La Asociación Estadounidense de Cirujanos Plásticos, cuyos miembros deben ser médicos que hayan hecho una residencia en cirugía estética, tiene un código ético que sanciona a todo aquel que haga publicidad engañosa. Pero aunque un médico no sea cirujano plástico, en Instagram puede autodenominarse así.

El caso más peligroso de falsas expectativas se centra en el aumento de glúteos brasileño. Este procedimiento se realizó en más de 20.000 personas en Estados Unidos en 2017,[17] por cirujanos colegiados, un incremento significativo en comparación con las 8.500 de 2012, y, según la Asociación Estadounidense de Cirujanos Plásticos, fue el procedimiento quirúrgico con más crecimiento en 2018. Inspirada en Kim Kardashian, esta intervención requiere que el cirujano extraiga grasa del abdomen o de los muslos y la inyecte en los glúteos, para tener así un cuerpo que llame la atención en Instagram. Pero los resultados pueden ser mortales si las células de grasa se inyectan en los músculos de los glúteos. En 2017 un grupo de trabajo, en representación de los médicos colegiados,[18] descubrió que al 3 por ciento de los cirujanos que realizaban la operación se les había muerto un paciente.

Brenner dice que no trabaja los aumentos de glúteos. Además del tema de la seguridad, le parece caricaturesco. «Es una moda que acabará siendo pasajera», dijo. Se rumorea que Kim Kardashian, que vende perfume en frascos con la forma de sus curvas, se ha sometido a esta cirugía, pero una vez se hizo una radiografía para demostrar que su trasero es real.

El producto de Instagram siempre ha parecido apoyar una realidad aumentada. Los primeros filtros, diseñados por Kevin Systrom en primer lugar y luego por Cole Rise, convirtieron la fotografía en un arte. Y luego, a medida que mejoraba la tecnología para la edición de fotografías, las modelos y los famosos, en sus reuniones con Systrom y Charles Porch, solían pedirles filtros para embellecer su cara. Con Historias, Instagram les dio el gusto, pues crearon opciones para poder ensayar poses antes de publicar. Incluso dejaron que Kylie Jenner creara su propio filtro para que el público pudiera probar sus pintalabios de forma virtual.

Cuantas más personas tenían éxito en Instagram, sobre todo

creando marcas que hacían que la experiencia humana fuera más interesante desde un punto de vista visual, más éxito y relevancia conseguía Instagram. En general, a Kevin Systrom no le inquietaban estas triquiñuelas, hasta que llegó un momento en que sí. Era peliagudo decidir dónde dibujar la línea divisoria entre la simple triquiñuela y el fraude, y la implementación de las normas era inconsistente y desconcertante para los usuarios que intentaban montar su negocio.

Instagram luchaba al menos contra una falsedad, ya que actualizó sus políticas de uso para prohibir servicios de terceros que facilitaban que las cuentas se convirtieran de forma automática en bots para dar *like* y hacer comentarios, a fin de que dichas cuentas se hicieran visibles para los demás y las siguieran. En abril de 2017, Instagram vetó a su mayor proveedor, Instagress, que cerró. «Noticias tristes para todos los que os habéis enamorado de Instagress: a petición de Instagram, hemos cerrado nuestros servicios web, que tanto os han ayudado», tuiteó la empresa.[19]

Sin embargo, eso no modificó la práctica, sino que solo consiguió que los blogs de marketing publicaran montones de entradas con enlaces a alternativas a Instagress que permitían a los usuarios de Instagram comprar seguidores y aumentar su alcance, como Kicksta, Instazood y AirGrow. Muchas siguen activas todavía.

Si los usuarios no podían comprar bots para aumentar su número de seguidores, no pensaban permitir que esas nuevas reglas contra los bots los detuvieran. Los usuarios de Instagram se unían a un «pod», o grupo de usuarios de Instagram con cosas en común donde la gente enseguida se daba *like* y comentaba el contenido de los demás integrantes.

«¡Únete a este pod de Instagram y vence al algoritmo! ¡Comparte tu mejor publicación aquí!», anunciaba un grupo de Reddit en 2019.

«Si lo tuyo es la vida orgánica/natural, el té, las hierbas y el mindfulness, deja tu usuario de IG aquí. Solo imágenes de calidad, más de 500 seguidores, por favor», anunciaba otra entrada.

«Se buscan miembros para un pod pequeño pero muy activo que publica principalmente fotos de motos o cosas relacionadas con ellas», rezaba un tercero.

Los pods, que suelen gestionarse a través de aplicaciones de mensajería, como Telegram, Reddit o Facebook, expulsan a sus miembros si no se ciñen a las normas de apoyarse los unos a los otros. Algunos influencers incluso recurren a servicios automatizados para que participen en los pods en su lugar.

Aquellos que se publicitan en Instagram sin formar parte de un pod tienen muy difícil que se los vea. Edward Barnieh, el organizador de los InstaMeets de Hong Kong, cuya foto del sofá de Londres promocionada por el equipo responsable de la comunidad de Instagram lo ayudó a destacar, ha visto una interacción mucho menor en los últimos años. «Mi alcance es pésimo y va a peor. Hay muchas personas que no saben que estos pods existen, que creen que su arte es malo o que sus fotografías son peores de lo que son en realidad porque no están en la misma liga.» La solución de Instagram, para todo aquel que pregunta, es publicar mejor contenido..., una respuesta que pasa por alto que se ha trucado el sistema de la aplicación.

Los negocios creados en Instagram que mejor suerte han tenido son aquellos que han sabido aprovechar a su favor la psicología de los usuarios, la necesidad de seguidores y de reconocimiento, al tiempo que creaban contenido interesante. Usaban a personas normales y corrientes para contar sus historias, las promocionaban a la par que promocionaban su marca, imitando la forma en que la cuenta oficial de la empresa, @instagram, promocionaba a usuarios prometedores.

Las marcas de maquillaje se han vuelto unas expertas en el asunto. @hudabeauty, de la marca Huda Kattan, con sede en Dubái y 39 millones de seguidores, que vende líneas de maquillaje de cobertura total, ideal para crear los retoques perfectos para Instagram, promociona vídeos de usuarias aplicándose la base de maquillaje con pericia. De inmediato, las personas cuyo vídeo ha sido elegido se exponen a un público que se cuenta por millones. Eso brinda a cualquiera en Instagram la esperanza de que los elijan para ser promocionados si su vídeo usando los productos de Huda Beauty es lo bastante bueno. De modo que lo intentan, y compran más, y les dicen a sus seguidores que compren más. A finales de 2017, tras una inversión de capital, la empresa se valoró en 1.200 millones de dólares.[20]

Glossier, con 2 millones de seguidores en Instagram, sigue la misma estrategia. Emily Weiss lanzó su primera línea de belleza después de llevar años detrás del blog Into the Gloss, donde analizaba productos y destacaba las novedades del mundo de la belleza. Cuando lanzó su propia marca, Glossier, solo en Instagram, dijo al respecto: «¿Quiénes somos? Somos tú, escuchamos a todo el mundo, absorbemos información a lo largo de los años e intentamos llegar al quid de la belleza... y sus necesidades».[21]

Glossier subió al escenario a sus propios usuarios, tal como prometió. En 2016, Cecilia Gorgon, una estudiante de la Universidad de Míchigan, usó uno de los productos más populares de Glossier, Boy Brow, para hacerse una foto. La empresa creyó que salía tan bien con el producto que desarrolló una campaña de publicidad en torno a su historia. «Cuidado. Si mencionáis a Glossier en una selfie, podéis acabar así», dijo la empresa a sus seguidores.

En 2018 esta empresa nacida de Instagram superó los 100 millones de beneficios anuales y consiguió un millón de usuarios nuevos, todo a través de ventas directas. Ese año Glossier vendía un Boy Brow cada dos segundos. Las pocas tiendas al por menor que tienen están diseñadas para ofrecer experiencias y funcionar como puntos publicitarios más que como puntos de venta. En la de Los Ángeles hay un espejo con la frase «You Look Good!» («¡Estás genial!») para que se vea en las fotos; todo está decorado en un tono rosa palo; el maquillaje se puede probar, y las luces están diseñadas específicamente para hacer fotografías con el móvil.

En la parte posterior de la tienda han transformado una zona en una réplica inmersiva de las pintorescas formaciones rocosas de Antelope Canyon, de modo que los visitantes pueden fingir que se encuentran en ese enclave natural tan fotogénico. Glossier reproduce sonidos grabados en el cañón de verdad, de modo que también vale para vídeos.

Toda esta perfección y todo este trabajo comercial disfrazado de contenido normal tiene un precio: la sensación de fracaso de los usuarios que no comprenden qué se cuece entre bambalinas.

En mayo de 2017, en un estudio muy difundido,[22] la Real Sociedad para la Salud Pública del Reino Unido (RSPH, por sus siglas en inglés) calificó a Instagram como la peor aplicación para la salud mental de los jóvenes, específicamente porque lleva a la gente a compararse con los demás y genera ansiedad. «Ver a amigos que se van cada dos por tres de vacaciones o que salen de noche puede hacer que los jóvenes tengan la sensación de que se están perdiendo algo mientras los demás disfrutan de la vida», decía el informe. «Este sentimiento puede promover una actitud de "comparación y desesperación" en la juventud. Los individuos pueden ver fotografías muy retocadas, editadas o compuestas, así como vídeos, y compararlas con su vida aparentemente mundana.»

La RSPH analizó todas las plataformas de redes sociales relevantes, incluidas Snapchat, YouTube, Facebook y Twitter, e hizo recomendaciones. Lo ideal sería, dijeron, que las aplicaciones indicaran a los usuarios si están pasando una cantidad de tiempo malsana pegados a la pantalla o si están viendo información médica de una fuente fiable. Sugirieron que los colegios dieran clases para fomentar un uso saludable de las redes sociales, ya que siete de cada diez jóvenes han sufrido alguna forma de ciberacoso. Algunas recomendaciones señalaban directamente a Instagram; por ejemplo, la sugerencia de que las aplicaciones indicaran si una foto o un vídeo estaban editados, tal vez «utilizando un pequeño icono o una marca de agua en el fondo de la foto que significase que se ha retocado o que se han usado filtros que han podido alterar de forma significativa el aspecto». En Instagram, los usuarios están tan acostumbrados a mejorar las imágenes que la cultura de la transparencia funciona al revés: hay personas que etiquetan las fotos con #nofilter cuando es real.

El trabajo de Instagram para presentar Historias y reducir la presión en la aplicación hizo que aumentara la cantidad de gente dispuesta a usarla, lo que solucionaba sus problemas de crecimiento. Pero no cambió la cultura subyacente de la aplicación.

Eso era lo que se suponía que iba a conseguir la iniciativa por el bienestar que quería llevar a cabo Systrom. Se suponía que elevaría a Instagram a un nivel de innovación positiva nunca visto, creando un efecto mariposa de cambios saludables en toda la red que es internet. Pero durante meses Instagram fue incapaz de encontrar otra cosa que fuera más allá de un filtro para los comentarios.

Incluso definir «bienestar» supuso una tarea hercúlea para el equipo. Nicky Jackson Colaço, responsable de políticas de uso, creía que no podía ser tan sencillo como prohibir más cosas. Facebook había sido la encargada de hacer cumplir las normas de contenido en Instagram —relacionadas con desnudos, terrorismo y violencia— desde la adquisición, y no estaba haciendo un buen trabajo. Jackson Colaço decidió que la iniciativa por el bienestar debería ir más allá, mejorar la experiencia de los usuarios en Instagram de forma más completa para que la gente se sintiera más feliz y más sana.

Pero cada vez que su equipo presentaba a Systrom detalles concretos del plan, este decía que no lo veía del todo claro y que deberían seguir dándole vueltas al asunto. A Jackson Colaço le preocupaba que, si el equipo no especificaba pronto los detalles del plan, acabaría siendo una mera campaña publicitaria, no la idea visionaria que ella creía que podría proporcionarle a Systrom premios y un lugar de honor en la historia de internet. En realidad, Systrom se encontraba en una posición con Facebook en la que se analizaba cada uno de sus movimientos. Necesitaba escoger las batallas para conseguir recursos.

Instagram solo iba un paso por delante del público. Mientras el equipo responsable del bienestar en la aplicación se presentaba ante el resto de los trabajadores de Instagram, en una de sus reuniones de los viernes, promocionando y celebrando ideas de productos que ni siquiera estaban en producción, y mientras el líder de Instagram pensaba qué crear y cómo llamarlo, el mundo exterior empezaba a ver el lado negativo de la aplicación.

En vez de zanjar los numerosos debates acerca de la iniciativa por el bienestar y de acordar una estrategia más amplia, Systrom insistió en profundizar en el trabajo que ya había cosechado aplausos para Instagram y que podía beneficiarse de los recursos de Facebook: el filtrado de comentarios.

Decidió desarrollar una tecnología a partir de una herramienta de inteligencia artificial de Facebook. El software de aprendizaje automático podía, con el tiempo, aprender qué contenía una publicación y a partir de ahí clasificarla y proporcionar mejor información a Facebook sobre lo que compartía la gente. Systrom creyó que sería interesante aplicar la misma tecnología a los comentarios de los usuarios, en un intento por identificar y bloquear los desagradables. Un grupo de empleados analizaba ejemplos de comentarios y los puntuaba del 0 al 1, el trabajo del que se encargaría el software.

En cuanto a la comunidad, Instagram lanzó la campaña #kindcomments («comentarios amables») con famosos como la actriz Jessica Alba y la modelo de tallas grandes Candice Huffine, que leían las respuestas más inspiradoras en Instagram. Hicieron que los artistas crearan murales por todo el mundo, desde Yakarta hasta Bombay, pasando por Ciudad de México, para celebrar la amabilidad y animar a los demás.

El nuevo filtro de comentarios de Instagram identificaría los peores comentarios y los eliminaría. Pocos usuarios se darían cuenta de la nueva configuración predeterminada de la aplicación, que lograría que Instagram pareciera más agradable de lo que era en realidad.

Sin embargo, profundizar más, es decir, ponerse manos a la obra con los principales problemas de Instagram, era cuestión de prioridades. Instagram no quería pasarse el tiempo depurando comentarios. La capacidad de atraer a más personas con Historias fue una inspiración para el equipo, que quería seguir demostrando que podía hacer cosas nuevas de cuyo uso disfrutaría la gente. Pasarían algunos años más hasta que Instagram diera su siguiente gran paso para tratar de acabar con la sensación de inferioridad en el sitio: una prueba para eliminar el contador de *like* en 2019.

La cultura de Facebook para responder a una crisis era reactiva: la empresa solo abordaba los problemas cuando estallaban de tal forma que se colocaban en el punto de mira de los políticos y los medios de comunicación. Con la crisis por la injerencia de Rusia en las elecciones, Facebook estaba revolucionada, mientras que Instagram estaba aislada. En aquella época, Instagram solo enviaba a un par de trabajadores a media jornada a la sala de guerra de Facebook, para que pudieran ayudar a solucionar lo que hubiera pasado y a contestar las preguntas del Gobierno. Pero el resto del equipo seguía actualizando la aplicación, como siempre, mejorando Historias y el nuevo algoritmo.

Más adelante, en diciembre de 2018, tras un par de años sintiéndose superiores, a muchos les inquietó leer que Instagram no era tan inocente. Ese mes, una serie de grupos de investigación, formados a petición de la Comisión de Inteligencia del Senado, declaró[23] que la Agencia de Investigación de Internet rusa, la fábrica de troles que había dirigido la campaña para dividir Estados Unidos con memes y cuentas falsas, recibió más *like* y comentarios en su contenido de Instagram que en cualquier otra red social…, incluida Facebook. Si bien esta ofrecía un entorno mejor para hacerse viral, Instagram era mejor para esparcir mentiras.

En Instagram cualquiera podía hacerse famoso entre desconocidos. Y la Agencia de Investigación de Internet, que dependía del Kremlin, así lo hizo. Casi la mitad de sus cuentas consiguieron más de 10.000 seguidores, y doce de ellas superaron los 100.000. Las usaron para vender cosas. Una vendió la idea de que Hillary Clinton era una mala feminista. Otra, @blackstagram_, con 303.663 seguidores antes de que Facebook la cerrara en la purga de cuentas rusas, promocionaba productos que, según afirmaba, procedían de negocios regentados por personas negras, al tiempo que le decía a la comunidad negra de Estados Unidos que no perdiera el tiempo votando.

Cuando el comité del Senado publicó el informe que concluía que Instagram había sido un nido de desinformación rusa igual de malo que el resto de internet, los medios de comunicación dedicaron un día a escribir sobre el tema y luego se olvidaron. El Senado no pidió más testimonios. A la gente le gustaba usar Instagram. Volvieron a hablar de Facebook y a hacerla responsable de sus errores, sin reconocer que las dos eran la misma cosa.

Tal vez echarle la culpa a Facebook fue lo correcto. Al fin y al cabo, quería atribuirse todo el éxito de Instagram. Sin embargo, durante la lucha de poder en 2018, ninguno de los dos líderes de ambas redes sociales se marcó como prioridad solucionar el lado negativo de Instagram.

12

El director ejecutivo

«Todo se rompe a los mil millones.»

Un exdirectivo de Instagram

El debate sobre si Instagram amenazaba el dominio de Facebook empezaba a teñir las relaciones entre los dos equipos, sobre todo en lo referente a las contrataciones. Instagram no podía elegir por su cuenta a la gente que necesitaba para hacer algo concreto. Kevin Systrom y Mike Krieger tenían que redactar un informe detallado a Zuckerberg, y solo él decidía si merecía la pena contratar más personal. Todas las divisiones de Facebook lo hacían así, pero no todas las divisiones dirigían una miniempresa dentro de la empresa matriz, con sus propios beneficios y un producto que no dependía de Últimas noticias de Facebook.

Zuckerberg comunicó a Instagram que podían contratar a 68 personas en 2018, lo que aumentaría en un 8 por ciento su plantilla. Para los fundadores era un número muy bajo. Habían planeado invertir en solucionar los problemas de Instagram y en desarrollar una sección de vídeo en la aplicación, IGTV, que esperaban que tuviera tan buena acogida como Historias. Entretanto, los trabajadores no alcanzaban a darle el apoyo necesario a una red en constante crecimiento.

Necesitaban reforzar su petición con datos. Krieger hizo una gráfica para Zuckerberg que comparaba Facebook e Instagram basándose en el número de trabajadores por usuario. En 2009, cuando Facebook tenía 300 millones de usuarios, contaba con 1.200 trabajadores. En 2012, cuando llegó a los 1.000 millones de usuarios,[1] contaba con 4.600 trabajadores. Instagram seguramente alcanzaría los 1.000 millones de usuarios en 2018, pero tenía poco más de 800 trabajadores. La plantilla no aumentaba al mismo ritmo que crecía la aplicación.

Sin embargo, en esta ocasión Zuckerberg no se dejó afectar tanto como de costumbre por los datos, porque no pensaba que Instagram pudiera ser del todo independiente en el futuro. En ese momento era consciente de que cualquier éxito de Instagram podía suponer el golpe de gracia para la longevidad de la red social principal, por lo que la coordinación entre los equipos era más importante que nunca. Facebook y sus empleados, incluso el mismo Zuckerberg, tendrían que estar más involucrados en cualquier plan futuro de Instagram, lo que minimizaría la necesidad de aumentar la plantilla mediante contrataciones.

Zuckerberg dijo a Systrom y a Krieger que podían contratar a 93 personas. Eso era mejor que las 68 del principio, así que los fundadores lo tomaron como una pequeña victoria; hasta que descubrieron cuántos de los nuevos empleados irían a trabajar a otras divisiones menos lucrativas de Facebook. Facebook Inc., con más de 2.000 millones de usuarios en su red social principal, acabaría contratando 8.000 trabajadores distribuidos por todo el mundo en 2018, hasta alcanzar un total de 35.000 trabajadores.

—¿Cuántas contrataciones ha conseguido Oculus? —le preguntó Systrom a Brendan Iribe, el cofundador que ya no era director ejecutivo de la división de realidad virtual que Facebook compró en 2014 por 2.200 millones de dólares, pero que seguía trabajando en la empresa.

—Más de seiscientas —contestó Iribe.

Instagram iba en camino de obtener unos ingresos de 10.000 millones de dólares en 2018, mientras que Oculus parecía que iba a sufrir pérdidas millonarias. Eran distintos tipos de negocio, pero Iribe estuvo de acuerdo en que era injusto. En aquel momento, Systrom comprendió que todo el trabajo que había hecho Instagram —construir la segunda mayor red social, desarrollar la primera línea de negocio importante desde que se añadieron los anuncios a Últimas noticias, ayudar a captar la atención de los jóvenes y los famosos, y contribuir a la evolución de la cultura mundial— no se vería recompensado con el apoyo necesario para mantenerse a la vanguardia de los avances importantes.

No solo se trataba de Oculus. Otras divisiones comparables de Facebook, como el proyecto de vídeo para competir con YouTube, también habían logrado el visto bueno para contratar a cientos de personas. Así que en Instagram, una de las partes de la empresa que más rápido crecía y que iba en camino de conseguir casi el 30 por ciento de los ingresos totales de Facebook en 2019, empezaron a extenderse el resentimiento y la frustración.

Desde fuera, la marca comercial de Instagram parecía disfrutar de una gran independencia. Nadie hablaba de injerencias electorales ni de la existencia de noticias falsas en Instagram. Además de su superinstagrameable sede central de Menlo Park, Facebook estaba a punto de buscar terreno para Instagram en San Francisco y en Nueva York, donde construirían oficinas más interactivas y visualmente más interesantes, perfectas para recibir a los famosos. Pero internamente la relación entre Instagram y Facebook se había vuelto más política que nunca.

Krieger y Systrom siempre bromeaban diciendo que su relación era tan buena porque ninguno de los dos codiciaba el trabajo del otro. Krieger no necesitaba ser la cara que promocionase el producto, y Systrom no quería ser el artífice que se quedaba detrás de las cámaras. En diciembre de 2017 pusieron a prueba su teoría. Systrom y su mujer, Nicole Schuetz, tuvieron su primer hijo. Así que durante un mes Krieger asumió las tareas del director ejecutivo de Instagram y la experiencia le confirmó que lo que habían proclamado hasta la fecha era cierto: no envidiaba el trabajo de Systrom o, al menos, no en lo que se había convertido.

Gran parte de dicho trabajo consistía en negociar con Facebook. Durante el invierno de 2018 el debate relacionado con el plan de

Instagram de lanzar su aplicación para televisión, IGTV, se centró en la posibilidad de que los vídeos fueran de mayor duración y en formato vertical y así evitar que los usuarios tuvieran que girar el móvil para verlos. Pero Instagram no se puso manos a la obra después de tener la cortesía de informar a Facebook de antemano porque Krieger, que normalmente estaba muy ocupado planeando el desarrollo y la infraestructura de las herramientas o ayudando a los trabajadores a comprender la filosofía del producto de Instagram, se pasaba el tiempo lidiando con la burocracia, asistiendo a una reunión tras otra en el edificio 20 con Zuckerberg, Chris Cox, director de producto de Facebook, y Fidji Simo, responsable de vídeo, a cargo de Facebook Watch.

Zuckerberg pensaba que había llegado el momento de que Instagram ayudara a Facebook a crecer con IGTV. Facebook Watch no había conseguido implantarse entre los usuarios, aunque la empresa había respaldado el proyecto con considerables recursos, llegando incluso al extremo de pagar a estudios y a nuevas organizaciones para que crearan contenido. Quería que IGTV se construyera de tal manera que pudiera integrarse en Facebook Watch y dotarla de contenido, así que Simo organizó una presentación sobre formas de hacer que funcionara.

Krieger siempre decía a los trabajadores de Instagram: «Haced primero lo más simple». En su opinión, esos debates solo tenían sentido si el producto conseguía éxito. Si IGTV alcanzaba la popularidad, ya hablarían entonces de ayudar a Facebook. «Tendremos suerte si se nos presenta ese problema», decía.

Cuando por fin logró permiso para desarrollar una aplicación separada, con un mes y medio de retraso, Zuckerberg soltó otra bomba: todos iban a tener un jefe nuevo.

La nueva jerarquía, la mayor reorganización de los puestos directivos de Facebook en su historia empresarial,[2] formalizaría la nueva visión de Zuckerberg sobre las propiedades adquiridas Instagram y WhatsApp. Esas dos aplicaciones quedarían ligadas a Facebook Messenger y al mismo Facebook, como parte de una «familia de aplicaciones», todas ellas bajo las órdenes de Chris Cox, que era el directivo de confianza de Zuckerberg.

Zuckerberg quería que la navegación entre las aplicaciones fuera más fluida, para que sus usuarios pudieran cambiar más fácilmente de una a otra. Puso un nombre afable a la integración: «puentes familiares».

Muchos trabajadores no veían claro que los usuarios quisieran «puentes» entre las aplicaciones, ya que la gente las usaba por motivos distintos. Después de las elecciones presidenciales estadounidenses y de todos los desastres relacionados con la privacidad, el público recelaba de Facebook, pero de Instagram o de WhatsApp no, de momento. Sin embargo, Zuckerberg ya había dicho la última palabra. Contaba con datos que demostraban que más conexiones entre las aplicaciones proporcionarían una red exponencialmente más útil. Eligió dar prioridad a dichos datos y rechazar otros que demostraban que la gente que participaba en las redes sociales más grandes compartía menos. Si todo salía bien, Zuckerberg habría creado la red social por antonomasia. Facebook sería tan grande y poderoso como la «familia».

Y, al igual que sucede en la mayoría de las familias, los dramas estaban a la orden del día. La empresa matriz seguía teniendo problemas, según los organismos reguladores, por no ser transparente respecto a la injerencia rusa en las elecciones presidenciales estadounidenses. Durante el primer cuatrimestre de 2017, justo después de las elecciones, Facebook activó el «protocolo de emergencia» para que un grupo de trabajadores pudiera desarrollar herramientas con el fin de evitar que gente con identidades falsas pudiera manipular las elecciones en el futuro en todo el mundo. Las herramientas permitieron bloquear algunos casos posteriores, pero se comprobó que estaban lejos de ser infalibles.

Instagram no aparecía en ese tipo de conversaciones. WhatsApp también se quedó relativamente al margen de los debates sobre las injerencias electorales. Zuckerberg consideraba que ambas aplicaciones podían ser un cerco que protegiera a Facebook de sus problemas, pues ofrecían más espacio para la publicidad y más oportunidades de atraer a más gente a la red. Por ese motivo, la relación con Systrom y Krieger parecía serena y pacífica, en contraste con la que Zuckerberg tenía con los fundadores de WhatsApp. Instagram contribuía a los ingresos de Facebook, pero a principios de 2018 la aplicación de mensajería instantánea, adquirida por 22.000 millones de dólares, tenía 1.500 millones de usuarios y carecía de un plan de negocio.

Facebook presionó para que hubiera publicidad en Estados de WhatsApp, su versión de Historias. Sin embargo, para que la publicidad llegara a las personas adecuadas, WhatsApp debería tener más datos de los usuarios de la aplicación, lo que implicaba debilitar la encriptación. Los fundadores, Brian Acton y Jan Koum, se resistieron a la idea con firmeza, porque violaba su lema («Sin anuncios, sin juegos y sin trucos») y creían que perderían la confianza de los usuarios.

Acton decidió dejar Facebook, una decisión que le costó 850 millones de dólares en participación accionarial. (De todas formas, siguió siendo multimillonario gracias al dinero que consiguió con la venta.) Koum, director ejecutivo de WhatsApp, decidió abandonar la empresa ese verano. Más tarde, Acton le contaría al periodista de *Forbes* Parmy Olson que Facebook «no es el malo de la película. Creo que son empresarios muy buenos en lo suyo». Añadió que estaban en su derecho de hacer lo que quisieran.[3] Él había elegido no formar parte de esos planes, pero no podía impedir que los llevaran a cabo. «A fin de cuentas, les vendí mi empresa», concluyó. «Vendí la privacidad de mis usuarios para ganar dinero. Tomé una decisión y acepté las consecuencias. Y tengo que vivir con ello.»

Los directivos de Facebook comentaban entre ellos lo desagradecidos que eran los fundadores de WhatsApp. La opinión generalizada era que el equipo les había costado un dineral,[4] siempre pidiendo mesas más grandes, puertas que llegaran hasta el suelo en los cuartos de baño y salas de reuniones en las que no pudieran entrar otros trabajadores de Facebook. Si querían largarse ofendidos por la simple sugerencia de hacer que la inversión reportara beneficios, después de haberse hecho multimillonarios gracias a Zuckerberg, que se fueran a tomar viento fresco. «Creo que hay que tener muy poca clase para atacar a la gente y a la empresa que los han convertido en multimillonarios y que se han desvivido durante años por protegerlos y complacerlos», declaró algo después David Marcus, directivo de Facebook a cargo de un nuevo proyecto de criptomoneda. «La verdad es que han establecido un nuevo récord de falta de clase.»[5]

La experiencia demostró lo que podía suceder si eras una empresa adquirida y no aceptabas que estabas sujeto a las necesidades de Facebook. Pero Systrom y Krieger tenían la impresión de que ellos habían sido mucho más razonables. Además del asunto de la publicidad, habían soportado todas las reuniones relacionadas con la aplicación IGTV y las charlas sobre la «canibalización». Habían creado a regañadientes formas de navegar más fluidamente entre Facebook e Instagram. Y, sin embargo, si las cosas seguían el rumbo que habían tomado, Instagram acabaría teniendo cada vez menos independencia. Dolía contemplar esa idea, porque tal vez fueran los siguientes en salir por la puerta.

Contar con un jefe nuevo al menos significaba tener la oportunidad de ventilar sus frustraciones con alguien. Aunque Cox fue uno de los ejecutivos interesados en entender la canibalización, su tono cambió cuando pasó a ser el jefe de Instagram.

«Vamos a ser sinceros», le dijo Systrom a Cox, con Krieger presente, una vez que volvió de la baja por paternidad. «Necesito independencia. Necesito recursos. Y cuando algo suceda sé que no siempre voy a estar de acuerdo, pero necesito sinceridad. Eso es lo que hará que no me vaya.»

Cox dijo que estaba decidido a apoyar que todos aquellos que estaban bajo su mando, incluidos Systrom y el nuevo líder de WhatsApp, Messenger y Facebook, tuvieran la libertad creativa necesaria para realizar un buen trabajo. Ese año llegó a la conclusión de que evitar que Systrom y Krieger se marcharan sería su máxima prioridad.

Sin embargo, como sucede a menudo con Facebook, una revelación en la prensa hizo que las prioridades de todo el mundo cambiaran.

El viernes 17 de marzo de 2018, el *New York Times* y el *Observer* publicaron a la vez que, años antes, Facebook había permitido que el desarrollador de una aplicación de test de personalidad recabara datos de decenas de millones de usuarios, que después compartió con una empresa llamada Cambridge Analytica.[6]

Dicha empresa guardó los datos y los usó para crear una asesoría política. Después añadieron más datos procedentes de otras fuentes para crear perfiles de personalidad de gente que podía ser receptiva a los anuncios que ayudaran a ganar las elecciones a los conservadores. El equipo de campaña de Donald Trump estaba entre sus clientes.

La historia golpeaba a Facebook en todos sus puntos débiles: política de datos chapucera, negligencia, falta de transparencia con los usuarios y un papel en la victoria de Trump. Despertó la desconfianza de los políticos en todo el mundo.

Lo peor era que Facebook había sido consciente de la filtración de esos datos durante años y no reforzó sus políticas de privacidad ni informó a los usuarios de que sus datos se habían visto comprometidos. La empresa incluso amenazó a la prensa para que no publicara la historia. Después, durante varios días, mientras la ira del público se avivaba y los usuarios de Facebook exigían saber si sus datos se habían filtrado, Zuckerberg y Sandberg guardaron silencio, preocupados por la situación.

Una vez que los organismos reguladores estadounidenses y europeos aseguraron que investigarían el asunto, las acciones de Facebook cayeron un 9 por ciento y perdieron 50.000 millones de dólares en solo tres días desde que saltó la noticia. El hashtag #deletefacebook («borra Facebook») empezó a ser tendencia mundial. Hasta el cofundador de WhatsApp, Acton, tuiteó al respecto antes de borrar su cuenta de Facebook.

Una semana después, Zuckerberg accedió a comparecer en el Congreso de Estados Unidos por primera vez, los días 10 y 11 de abril de 2018, para someterse a un interrogatorio que llevarían a cabo en el Senado y después en la Cámara de Representantes. Las preguntas no estaban relacionadas tanto con Cambridge Analytica como con el poder de Facebook. Los legisladores empezaban a percatarse de que una empresa que velaba por el entretenimiento y la información de más de 2.000 millones de personas tenía más influencia en muchos ámbitos que el mismísimo Gobierno. Las cosas que Facebook llevaba años haciendo empezaron a parecer escandalosas a la luz de los acontecimientos más recientes.

Su modelo de negocio, que requería la recolección de todo tipo de datos de los usuarios tanto en sitios webs como en aplicaciones, aunque no pertenecieran al entramado empresarial de Facebook, parecía más arriesgado una vez que los legisladores supieron que existía la posibilidad de que los datos se filtraran.

El producto base de Facebook, Últimas noticias, donde las noticias y la información podían manipularse para llegar a usuarios específicos, también parecía presentar grandes inconvenientes. Era imposible saber qué veía otra persona cuando se conectaba a Facebook, qué era lo que conformaba su realidad. Había gente vendiendo medicamentos de forma ilegal; a otros los radicalizaba el Daesh; algunos ni siquiera eran personas, sino bots intentando manipular los temas de actualidad… Solo Facebook tenía el poder para entenderlo y controlarlo todo. Y no lo estaban haciendo.

Sin embargo, poco podían hacer los legisladores.

En primer lugar, no se ponían de acuerdo en cuál era la peor característica de Facebook. Todos tenían un orden del día distinto en lo referente a Zuckerberg. Y, en segundo lugar, algunas críticas cayeron en saco roto porque no tenían ni idea de cómo funcionaba Facebook.

Por ejemplo, el senador Orrin Hatch preguntó:

—¿Cómo se sostiene un modelo de negocio en el que los usuarios no pagan por el servicio?

—Usamos anuncios, senador —contestó Zuckerberg con cierto retintín; la frase acabó estampada en camisetas.

Esa fue la tónica durante todo el proceso. Zuckerberg iba aleccionado por sus abogados para que su testimonio fuera lo más seco posible. Y funcionó. Regresó a la sede central victorioso. Al menos no había creado nuevos problemas para la empresa. Algunos trabajadores incluso brindaron con champán.

El Congreso no perturbó en absoluto a los líderes de Facebook, pero la caída del valor de las acciones por el tema de Cambridge Analytica sí lo hizo. Empezaron a reconocer que la estrategia mercantilista y el rápido desarrollo del producto tal vez habían provocado unos enormes ángulos muertos en la empresa. Así que se embarcaron en una auditoría de todo aquello que estaba en producción, en un intento por descubrir si había fallos inesperados que pudieran acabar provocando un escándalo si no se controlaban.

Como parte de su respuesta, Facebook se comprometió a hacer crecer su «equipo de integridad» hasta que fuera casi tan grande como el de Instagram, al que le encargó el control de los problemas de contenido y de privacidad de la «familia» Facebook.

Ese equipo, liderado por Guy Rosen, estaba, por extraño que parezca, bajo las órdenes de Javier Oliván, vicepresidente de crecimiento, que a su vez estaba bajo las órdenes de Zuckerberg. La gente que tenía que dar con la solución del problema era precisamente aquella a la que no le interesaba mucho arreglarlo, al menos hasta el punto de acabar poniendo en peligro el negocio de Facebook.

Sin embargo, era un paso en la dirección correcta. Systrom le preguntó a Rosen si era posible que una parte del nuevo equipo de integridad se concentrara en problemas específicos de Instagram, sobre todo porque la plantilla no iba a recibir suficientes integrantes nuevos. Le preocupaba que Instagram se encontrara de repente en la posición poco envidiable que tenía Facebook en aquel momento si no prestaban atención lo antes posible a sus propios problemas, algunos similares a los que Facebook estaba sufriendo, y otros específicos de la aplicación. Mientras que en Facebook la gente usaba su identidad verdadera, los usuarios de Instagram podían ser anónimos. Y mientras que en Facebook el contenido se viralizaba, las comunidades más peligrosas de Instagram eran difíciles de detectar y solo se descubrían si se usaba el hashtag adecuado. Instagram sería incapaz de dar con las peores publicaciones existentes en la plataforma si adoptaba simplemente la misma política de vigilancia que Facebook.

Como Instagram había trasladado la moderación de su contenido a Facebook después de la adquisición, Systrom no estaba al tanto de cómo se trataban los problemas específicos, salvo en lo referente a los usuarios más importantes de la aplicación. Ya no era como en la primera época, cuando tenían empleados que se dedicaban a revisar todo el contenido desagradable de la aplicación. Durante los últimos años, los trabajadores en plantilla de la empresa se habían dedicado a moldear la comunidad a través de la promoción del buen comportamiento pero no se habían preocupado mucho por evitar el mal comportamiento.

Instagram tenía unas directrices distintas con respecto a su comunidad, más en sintonía con una red visual donde la gente creaba su propio negocio. Advertía a sus usuarios de que no se molestaran los unos a los otros con spam por motivos comerciales, de que no se robaran contenido y de que no publicaran desnudos de sus hijos. Todo aquello que los usuarios reportaban a Instagram iba a parar a la misma cola que lo que denunciaban los usuarios de Facebook. Acto seguido, un ejército de trabajadores externos de empresas como Cognizant y Accenture lo analizaban rápidamente y decidían si eliminar o no imágenes que a veces eran traumáticas y desagradables. El sistema era necesario porque Facebook era un negocio e intentaba gastarse lo menos posible en moderadores humanos. El sueldo de un trabajador promedio de Facebook era de más de seis cifras,[7] mientras que un proveedor de Phoenix ganaba 28.800 dólares, y en Hyderabad, India, tan solo 1.401 dólares anuales. Algunos solo duraban días o meses, por el desgaste mental que suponía ver lo peor de la humanidad día tras día.

Los empleados del equipo de Rosen lidiaban con la tarea de solucionar problemas a un nivel más sistemático, priorizando aquello que había causado a Facebook contratiempos con diferentes Gobiernos del mundo, como la desinformación durante las campañas electorales y el reclutamiento de terroristas. Instagram parecía ser la menor de sus preocupaciones por su relativa ausencia de escándalos.

Pero a Systrom le inquietaban cosas como los vídeos en directo. Facebook invertía mucho dinero en identificar lo antes posible el contenido violento que se emitía en directo. *BuzzFeed News* informó de que[8] entre diciembre de 2015 y junio de 2017 se retransmitieron en directo a través de Facebook al menos 45 actos violentos, entre los que se incluían asesinatos, maltrato infantil y disparos. Instagram introdujo el vídeo en directo un año después de que lo hiciera Facebook, en 2016. Systrom argumentaba que lo lógico era aumentar las defensas de Instagram contra la violencia en directo. La prensa no había publicado nada del estilo relacionado con Instagram, pero su producto en directo era mucho más popular que el de Facebook, de manera que solo era cuestión de tiempo que tuvieran que lidiar con el mismo problema.

Como Instagram consistía en publicar fotos y no necesitaba que la gente diera sus datos reales, era fácil vender drogas, hacer apología del suicidio o publicar contenido racista y ofensivo. Los terroristas reclutaban en Instagram igual que en Facebook, pero disimulaban su contenido con hashtags difíciles de identificar y usaban memes para atraer a los más jóvenes. Para vigilar estos temas, Instagram necesitaba más personas que supieran cómo moverse por la aplicación, insistió Systrom.

Rosen se mostró receptivo. Más o menos por aquel entonces, descubrió la profundidad de algunos de los problemas específicos de Instagram, gracias en parte a un mensaje que había recibido de una mujer llamada Eileen Carey.

Carey había intentado alertar a Instagram sobre el tema de la venta de opiáceos a través de la aplicación desde 2013, cuando trabajaba como asesora para Purdue Pharma, un laboratorio farmacéutico que fabricaba oxicodona. En Instagram se publicaban fotos de medicamentos reales y falsificados, así como otro tipo de drogas, para venderlos; era fácil encontrarlos porque usaban hashtags como #opioids o #cocaine . Las publicaciones normalmente contenían un número de teléfono para acordar la entrega y el pago por WhatsApp o alguna otra aplicación de mensajería instantánea encriptada.

Cada vez que Carey abría Instagram, pasaba unos minutos buscando contenido relacionado con drogas para comunicárselo a la empresa. Normalmente le contestaban que dichas publicaciones no violaban la normativa comunitaria de Facebook. Tras cientos de denuncias a la empresa durante varios años, el problema acabó enfureciéndola, aunque ya no era su trabajo. Las muertes por sobredosis de opiáceos[9] en Estados Unidos habían aumentado hasta llegar a 47.000 en 2017, y pensaba que Instagram era una herramienta clave para que las drogas llegaran a los más jóvenes. Empezó a guardar en una carpeta copias de las publicaciones que había denunciado junto con las respuestas pasivas de Facebook, con la intención de entregárselo todo a la prensa y a los directivos de la empresa.

Por fin se puso en contacto con Rosen a través de un mensaje directo de Twitter en 2018 y le dijo que hiciera una búsqueda de #oxy en Instagram. En aquel momento había más de 43.000 resultados. «¡Uf! GRACIAS por la ayuda», respondió Rosen.[10] Instagram había pasado del tema de los vendedores de droga durante años y tampoco había prestado atención a la tendencia que demostraban las denuncias de Carey. Con el respaldo de Rosen, la empresa borró todos los hashtags relacionados con el asunto un día antes de que Zuckerberg testificara ante el Congreso.

Sin embargo, quitar un par de hashtags ofensivos no acabó con la venta de drogas en Instagram. El problema persistió. Así que Rosen le dijo a Systrom que su petición para contar con un equipo de integridad propio era lógica.

Pero Zuckerberg se lo negó. Instagram debía solucionar sus problemas con sus propios recursos. Facebook estaba pasando un mal momento, así que Facebook era prioritario. Tendría que ser Systrom quien negociara con Rosen qué parte de su equipo, especializado en Facebook, se concentraría en ciertos problemas específicos de Instagram, cuando tuvieran tiempo.

Zuckerberg priorizaba de nuevo las necesidades de Facebook por encima de las de Instagram. La lógica consistía en centralizar todo el trabajo para mejorar la eficiencia. Pero, en la práctica, Systrom veía que la jerarquía corporativa era un impedimento para garantizar la seguridad de los usuarios en la aplicación.

Systrom y Krieger llegaron a la conclusión de que tal vez necesitaran una nueva estrategia a la hora de solicitar recursos e independencia, sobre todo dado el escrutinio público al que estaba sometido Facebook. Tal vez un nativo de Facebook los ayudara desde el punto de vista estratégico. Habían puesto sus miras en uno de los directivos más importantes de la empresa, Adam Mosseri, que hacía casi diez años que había entrado en Facebook. Había estudiado diseño y era el responsable de Últimas noticias de Facebook. Llevaba un tiempo batallando para mejorar la apariencia y la sensación que provocaba el producto. Y daba la casualidad de que era bueno en Instagram y tenía una cuenta llena de paisajes urbanos y naturales preciosos.

Necesitaban a alguien nuevo en producto. Kevin Weil, a quien Systrom se trajo de Twitter en 2016, se había marchado a Facebook para unirse al grupo que trabajaba en la criptomoneda, Libra, cuyo objetivo era crear un tipo de moneda global que pudiera rivalizar con el dólar estadounidense. Así que Systrom y Krieger lo sustituyeron por Mosseri.

Los trabajadores de Instagram recibieron al nuevo miembro del equipo con escepticismo pero se preguntaron si acaso los cofundadores habían tenido alternativa. Dada la tensión que existía con Facebook, nadie estaba seguro de que la elección hubiera sido suya: creían que había sido un nombramiento impuesto con el fin de controlar más a Instagram.

Hasta Mosseri se sorprendió cuando lo eligieron. Siempre había respetado a los fundadores de Instagram, que le caían muy bien, pero pensaba que durante el último año les había dado demasiado la tabarra. Habían mantenido un par de discusiones incómodas sobre detalles sin importancia. En un momento dado, incluso quitó una promoción de Instagram del sitio web de Facebook y les dijo que si querían volver a incluirla debían rediseñarla. Todo estaba relacionado con el peliagudo debate de si Facebook estaba ayudando a Instagram o si, por el contrario, Instagram debía ayudar a Facebook.

Mosseri, que tenía treinta y cinco años, uno más que Systrom, era un hombre alto, de hombros anchos, con el mentón cuadrado, las cejas oscuras, una sonrisa agradable y el nacimiento del pelo en la frente en forma de pico. A veces llevaba gafas de hípster que le agrandaban los ojos y le otorgaban un aspecto más sincero. Era apreciado dentro y fuera de la empresa, algo que en Facebook valoraban mucho, ya que la red social estaba perdiendo la confianza del público.

En los últimos tiempos, además de hacer su trabajo habitual, Mosseri se había convertido en algo parecido a un portavoz. Respondía a las críticas de los periodistas ofreciendo la perspectiva de Facebook, que después la empresa publicaba en Twitter como parte del programa para mejorar las relaciones con los medios de comunicación en la plataforma que más usaban. Se reunió con un grupo de congresistas para explicarles en qué consistía Últimas noticias. Cuatro días después de empezar con el proceso de entrevistas para el puesto de Instagram, se embarcó en un recorrido por Europa para hablar con los políticos de los problemas con la protección de datos.

Mosseri, que había tenido un papel muy activo en un Facebook asediado, y con 800 trabajadores a su cargo, estaba un poco quemado.

Estaba casado y tenía dos niños pequeños, uno recién nacido y otro que ya andaba. La familia vivía en San Francisco, y a Mosseri le preocupaba el hecho de no pasar suficiente tiempo con ellos. Tal vez, pensó, el trabajo de Instagram fuera menos intenso. Los usuarios parecían encantados con la aplicación, de la misma manera que lo estaban el público general y la prensa, o al menos las opiniones parecían más favorables que con Facebook. Aunque sin duda la aplicación tenía sus problemas, Instagram llevaba años insistiendo en su propia historia a través de la promoción de sus usuarios y de las colaboraciones con famosos. Había logrado convencer al mundo, y a sus colegas de Facebook, de que era un lugar especial con cosas bonitas.

Estar en lo más alto de Instagram hasta parecía divertido. Durante el mismo mes de la caída de Facebook, mientras Zuckerberg testificaba en el Congreso y una multitud de cámaras lo seguía, Systrom aprobó el examen para ser sumiller. Se puso un esmoquin para asistir a la gala anual del Museo Metropolitano, organizada por Anna

Wintour, la fiesta más exclusiva de Nueva York, y se sentó a la misma mesa que las Kardashian. Mientras Mosseri pensaba en las leyes europeas de protección de datos, Systrom pensaba en su aplicación de televisión, IGTV.

Mosseri desconocía el otro motivo por el que los fundadores de Instagram lo habían elegido. Systrom y Krieger creían que, si las tensiones con Zuckerberg aumentaban, o si se cansaban de luchar contra las políticas de Facebook, necesitarían adiestrar a alguien en quien pudieran confiar y que se erigiera en defensor de Instagram frente a Facebook. Algún día, Mosseri podría verse en la tesitura de tener que liderar la empresa que ellos habían creado.

Un martes de junio, Instagram por fin alcanzó el hito por el que tanto habían trabajado: los 1.000 millones de usuarios. Esa era la cima que creyeron posible alcanzar después de lanzar Historias. También era la misma cifra que Facebook alcanzó cuando Instagram se unió a la empresa en 2012. A partir de ese momento, Facebook e Instagram estarían unidas en su labor de moldear el mundo a través de su producto, a gran escala.

Llegaron a los 1.000 millones de usuarios a tiempo para el lanzamiento de su producto más vistoso. Después de luchar tanto para poder lanzar IGTV como una aplicación separada, sin lazos directos con Facebook Watch, Instagram había sacado toda la artillería para publicitar las diferencias entre su concepto y el de Facebook.

El equipo responsable de los eventos se puso manos a la obra en la antigua sala de conciertos Fillmore West de San Francisco y en la entrada colocó un arco gigantesco hecho con globos para alegrar una calle plagada de tiendas de campaña de sintechos. Se suponía que el lanzamiento homenajearía los momentos y los productos más instagrameables que se habían hecho populares en la aplicación. Los miembros del equipo distribuyeron *cruffins* (cruasanes con forma de *muffin*) rellenos de crema de frambuesa a la prensa y a los influencers que hacían cola para entrar. Una vez que los invitados subieron por los escalones pintados de colores, descubrieron una oferta colorida y variopinta de comida esperándolos, desde tostadas con aguacate hasta cuencos de huasaí que los invitados podían completar con bayas frescas y coco. Cerca del bufet, un camarero preparaba matcha latte (té verde con leche). Alrededor se habían dispuesto diversas áreas diseñadas expresamente para hacerse selfies.

Instagram había preparado todo un espectáculo para aumentar la expectación por el producto y que el lanzamiento en sí fuera instagrameable. Allí estaba Lele Pons, la antigua estrella de Vine que ya contaba con 25 millones de seguidores en Instagram. También estaban Ninja, el famoso jugador profesional de videojuegos, y Manny Gutierrez, un artista del maquillaje famoso por su videoblog.

Pero faltaba algo: la copia final de la presentación de Systrom. Inexplicablemente, nadie encontraba el depuradísimo vídeo, con efectos de fuegos artificiales y el formato exacto para la pantalla de la sala de conciertos, que habían usado en los ensayos. El personal retrasó el momento de la presentación mientras un directivo del equipo de diseño trabajaba a marchas forzadas para preparar un vídeo nuevo usando un borrador y los cientos de invitados, sentados frente al escenario e iluminados por las luces de ambiente rojas, esperaban a que sucediera algo.

Y algo sucedió. Todos los detalles del producto aparecieron en el blog de la web de Instagram. Estaba previsto hacer la publicación al mismo tiempo que Systrom hacía la presentación, pero él todavía no estaba hablando y a nadie se le había ocurrido retrasar la publicación. La prensa escribió y lanzó sus primeros artículos basándose en el contenido del blog, mientras esperaban sentados a que Systrom empezara a hablar. Por fin subió al escenario, y disimuló su frustración con un despliegue de buen humor. Ofreció una versión reducida de la presentación que había planeado y a continuación hubo una rueda de prensa.

No fue bonito, no quedó instagrameable, pero así fue como salió. IGTV, lo más ambicioso que Instagram había intentado hacer desde Historias, había nacido.

Después de la mañana tan instagrameable que pudo haber sido

y no fue, tanto los invitados como los trabajadores recordaron de repente quién era el dueño de la aplicación en cuanto entraron en la estación de tren de San Francisco situada al lado del lugar donde se había celebrado el evento. Había un pasillo entero empapelado con carteles de la campaña de mea culpa de Facebook. «No hagas caso a los bulos», decía un anuncio. «No hagas caso a los ciberanzuelos.» «No hagas caso a las cuentas falsas.»

Systrom también se acordó de Facebook una hora después de la presentación. En la pantalla de su iPhone apareció el nombre de su nuevo jefe, de manera que se refugió en un lugar tranquilo para aceptar la llamada. «Bien», pensó. Aunque Cox y Zuckerberg no habían asistido al lanzamiento, al menos se disponían a felicitarlo. Aceptó la llamada.

—Tenemos un problema —dijo Cox—. Mark está muy enfadado por el icono.

—¿Lo dices en serio? ¿Qué tiene de malo? —preguntó Systrom.

—Se parece mucho al icono de Facebook Messenger.

El logo de IGTV consistía en un televisor con un rayo horizontal en su interior. El logo de Messenger contaba con un rayo similar pero dentro de un bocadillo de cómic.

Pese a haber salido airosos de aquel día dramático, los jefazos no los felicitaron. Al contrario, Zuckerberg estaba preocupado por la posibilidad de que Instagram pisoteara la marca Facebook.

Un mes más tarde, durante la llamada para comunicar los resultados trimestrales a los inversores de Wall Street, Zuckerberg elogió tanto el nuevo producto, IGTV, como el hecho de que Instagram hubiera alcanzado los 1.000 millones de usuarios.

Porque, mientras Instagram siguiera formando parte de Facebook, lo justo era que ellos también se quedaran con parte del mérito de sus hitos. Zuckerberg dejó clara su opinión con respecto a lo que creía que merecían.

«Creemos que Instagram ha usado la infraestructura de Facebook para crecer el doble de rápido que lo habría hecho por sí sola», dijo. Los 1.000 millones de usuarios eran «un momento para reflexionar sobre el increíble éxito de la adquisición». Y no solo para Instagram, sino para «todos los equipos de la empresa que han colaborado».

Systrom llevaba años intentando en vano que los éxitos de Instagram formaran parte de los temas de conversación durante esas llamadas telefónicas con los inversores. En ese momento Instagram se había convertido en la estrella del modelo de negocio de Facebook, pero de tal manera que era la empresa matriz la que se llevaba todo el mérito. El equipo de Instagram se quedó sobre todo con el detalle de «el doble de rápido». Era imposible hacer un cálculo objetivo de ese dato.

El lanzamiento de IGTV fue la manera de Systrom de afianzar el lugar de Instagram frente al público. La conversación con los inversores era cosa de Zuckerberg, que necesitaba demostrar a Wall Street y al público que Facebook seguía siendo una empresa creativa e innovadora que contaba con muchas formas para crecer, pese a los escandalosos contratiempos que había sufrido. Para Zuckerberg era tan importante parecer innovador que los trabajadores encuestaban de forma regular al público para conocer sus impresiones sobre su líder.

En todo caso, después de la conversación con los inversores, Systrom manifestó por primera vez su frustración delante de sus trabajadores. Tanto él como Krieger les dijeron que pensaban que la aplicación habría alcanzado los 1.000 millones de usuarios por sí sola. Que a lo mejor habrían tardado más, pero seguramente no el doble de tiempo.

Cada vez que Instagram conseguía un éxito, Zuckerberg parecía enviarlos de vuelta a su sitio de una patada. Y la situación estaba a punto de empeorar.

Todos los directivos importantes de Facebook fueron convocados a una reunión rutinaria, que tendría lugar en una sala de conferencias a lo largo de tres días, con el fin de fijar objetivos para la segunda mitad del año. Aunque la primera mitad de 2018 había estado marcada por las críticas del público, el tema que provocaba el debate más acalorado entre los directivos era otro: el plan de Zuckerberg para la «familia de aplicaciones».

Cox le dijo a Zuckerberg que tenía que dejar que los productos se desarrollaran de forma independiente para que no acabaran existiendo demasiadas similitudes entre ellos. «Competirán un poco entre sí, pero cuantas más marcas únicas tengamos, a más públicos distintos llegaremos.»

Systrom y él habían hablado largo y tendido de la posibilidad de usar la teoría de la innovación disruptiva de Clayton Christensen, profesor de Harvard que afirma que los consumidores «contratan» un producto para que realice cierta tarea, y que sus creadores deberían centrarse en esa tarea concreta a la hora de desarrollarlo. Facebook era para texto, noticias y enlaces, por ejemplo, e Instagram era para publicar contenido visual y para seguir intereses.

Pero Zuckerberg no lo veía así.

—Deberíamos pensar de forma global —dijo—. Estamos intentando construir una comunidad global, no un grupo de comunidades pequeñas.

Si se sumaban todas las personas que usaban al menos una de las aplicaciones de la familia, la cifra era de 2.500 millones de usuarios, una comunidad mayor que la de Facebook.

—Creo que va a ser difícil —protestó Cox—. Son equipos muy distintos, y sus usuarios también.

—¿No estamos asumiendo un riesgo operacional? —añadió Systrom—. Si tengo que preocuparme por Instagram y por Messenger y por Facebook, todo a la vez, no quiero saber cómo se reflejará eso en la práctica.

—Creo que es un riesgo que debemos asumir —sentenció Zuckerberg.

Existían otros motivos, además de lograr que la red social fuera inmensa. La empresa podía presentar a los reguladores un frente único sobre las leyes de protección de datos. Podían tener las mismas normas de contenido en todas las aplicaciones de Facebook. En teoría, eso haría que la empresa fuera más difícil de fragmentar para el Gobierno, si llegaba a promulgarse una ley antimonopolio, aunque esa no era la estrategia que seguía Zuckerberg.

En todo caso, el debate no tenía sentido. Zuckerberg ya había tomado una decisión.

En su plan de crear una megarred social mundial, Instagram debía concentrarse en la búsqueda de usuarios que no encajaran en Facebook. Cuando Instagram empezó a conseguir beneficios y usuarios a un ritmo mayor que Facebook, decidió que había llegado el momento de dejar de ayudarlos. Así que ese verano Zuckerberg ordenó a Javier Oliván, el responsable del equipo de crecimiento de Facebook, que hiciera una lista con todas las formas en las que la aplicación Facebook estaba ayudando a Instagram. Y después le ordenó que las inhabilitara.

Systrom volvió a sentirse castigado por el éxito de Instagram.

Instagram tampoco podía ya llevar a cabo promociones a placer en la aplicación de Facebook; promociones que le decían a la gente que se descargara la aplicación porque sus amigos de Facebook ya la estaban usando. Esa había sido una herramienta clave a la hora de captar usuarios.

Otro de los nuevos cambios supondría una especie de engaño para los usuarios de Facebook, en un intento por evitar que se marcharan para unirse a Instagram. En el pasado, cada vez que un usuario de Instagram publicaba contenido con la opción de compartirlo en Facebook, la foto dejaba claro que procedía de Instagram, ya que contaba con un enlace que llevaba a la aplicación. Un análisis de Instagram demostró que entre el 6 y el 8 por ciento del contenido original de Facebook eran publicaciones hechas en Instagram. Lo normal era que la gente comentara en la plataforma donde se había hecho la publicación original. Pero con el cambio implementado por el equipo de crecimiento, el enlace ya no se veía y la publicación aparecería como si fuera contenido original de Facebook. De manera que ya no había un enlace a Instagram en los miles de millones de fotos que se publicaban en Facebook todos los días.

Sin la ayuda de Facebook, el crecimiento de Instagram se detuvo por completo. Eso reforzó la teoría de Zuckerberg de que Facebook los había ayudado a crecer más rápido.

Systrom nunca había sido dado a criticar a Zuckerberg delante de sus trabajadores, pero en esa ocasión escribió un mensaje interno muy largo en el que exponía que no estaba de acuerdo en absoluto con la nueva estrategia. Sin embargo, añadió, Instagram tendría que acatar la orden, aunque fuera una equivocación.

Después de todas las horas que Systrom se había pasado con su mentor de gestión empresarial a lo largo de los años, de todos los libros que había leído para ser mejor director ejecutivo y de todas las pruebas personales que se había impuesto para mejorar, se enfrentó a un descubrimiento personal inesperado: él no era el jefe. Empezó a comentar a sus confidentes más cercanos que si Zuckerberg quería dirigir Instagram como si fuera un departamento de Facebook, a lo mejor había llegado la hora de permitírselo. A lo mejor no había sitio para otro director ejecutivo.

Systrom necesitaba tiempo para reflexionar, así que se tomó la segunda mitad de su baja por paternidad ese mes de julio. El equipo de crecimiento de Instagram adoptó el protocolo de emergencia de Facebook.

Dicho protocolo se usaba en los problemas más urgentes, como el desarrollo de un producto para ganar a un competidor o las injerencias electorales. Las jornadas laborales se alargaban, los autobuses para los empleados salían más tarde y cualquier otra cosa que hubiera en la hoja de ruta quedaba relegada.

Sin embargo, en esa ocasión el protocolo de emergencia fue distinto. El equipo de Instagram estaba tratando de descubrir cómo crecer sin la ayuda de Facebook. Consideraron la posibilidad de que Zuckerberg interviniera de forma más agresiva en el futuro, por ejemplo, cortándole a Instagram el acceso a la información de quién era amigo de quién en Facebook, unos datos que habían ayudado a Instagram a enseñarles a sus usuarios el contenido de sus amigos más íntimos.

A finales de mes, el equipo de crecimiento de Instagram había implementado cambios suficientes como para revertir la tendencia a la baja, y se superó en todos sus objetivos. En cierto modo, la recuperación fue más sencilla de lo que esperaban. Solo tuvieron que seguir el manual de instrucciones de Facebook y adoptar algunas estrategias que hasta la fecha tanto habían evitado, como enviar notificaciones más frecuentes y sugerencias a los usuarios para indicarles a quién más deberían seguir.

Esos movimientos, algunos considerados vulgares en el pasado, ahora, en un momento en que la trayectoria de Instagram se veía amenazada, les parecían mucho más razonables. Habían podido desdeñar la estrategia de crecimiento de Facebook hasta la fecha porque Facebook les había facilitado el crecimiento. Por irónico que pueda parecer, en un acto de rebeldía contra la empresa matriz, acabaron haciendo lo que Facebook siempre les había aconsejado.

En el caos que suponía intentar revertir el estancamiento, hacer que IGTV funcionase y discutir con Facebook sobre los recursos, hubo un grupo concreto que acabó perdiendo más que los demás: el que intentaba resolver los principales problemas de Instagram antes de que acabaran convirtiéndose en escándalos en toda regla, como los de Facebook.

Todos los desarrolladores querían priorizar la creación de algo nuevo en una empresa que tenía como prioridades el crecimiento y la fijación de objetivos basados en datos. Los que trabajaban intentando evitar la venta de opiáceos o borrando contenido que hacía apología del suicidio tenían problemas a la hora de cuantificar su éxito y de que los recompensaran por su progreso. Después de prohibir un hashtag o de borrar cierto tipo de publicaciones, los usuarios podían organizar su contenido con una nueva descripción o empezar a hablar de ello en los comentarios. ¿Cómo podían medir de forma definitiva la ausencia de algo dañino si no sabían cuántas veces aparecía en miles de millones de publicaciones al día?

El equipo responsable del bienestar, liderado por Ameet Ranadive, llevaba un tiempo intentando enseñar a un algoritmo de aprendizaje automático a identificar comentarios abusivos, de manera que pudieran borrarse de forma automática. Pero Ranadive quería ir más allá del contenido abusivo y enfrentarse a los trece problemas específicos de Instagram, entre los que estaban la venta de drogas y las injerencias electorales.

Ranadive no estaba al tanto de las discusiones previas de Systrom con el equipo de integración de Facebook. Solo sabía que Mosseri no le permitiría invertir recursos en estos problemas. Mosseri se había mostrado firme: para hacer bien su trabajo, tendría que dar con áreas en las que usar los recursos de Facebook en vez de intentar aumentar los recursos de Instagram, allí donde mejor funcionaran.

—Tienes que dejar de trabajar así y dar con la manera de trabajar con Facebook —dijo Mosseri.

—Trabajar con Facebook tiene sentido en teoría, pero no podemos parar y punto —replicó Ranadive.

La prensa también empezaba a hacerse eco de los problemas de Instagram. El *Washington Post* planeaba sacar un artículo sobre la venta de opiáceos a través de Instagram, y el equipo responsable de las comunicaciones no paraba de preguntarle a Ranadive sobre el plan de acción. Cuando el *Washington Post* publicó el artículo en septiembre, explicó que Instagram no solo permitía la publicación de contenido relacionado con drogas, sino que también facilitaba a los usuarios encontrar a los vendedores gracias a la personalización.

—Simplemente careces de los recursos que tiene Facebook para afrontar esto —le explicó Mosseri.

Ranadive habló con Krieger, que intentó mediar entre ellos para solucionar el desacuerdo. Krieger, al igual que Systrom, defendía que había que prestar más atención al bienestar de los usuarios, pero al final admitió que Mosseri tenía razón. Los recursos de ingeniería eran valiosos, pero Instagram andaba escaso de personal. Y si Instagram intentaba que los ingenieros de Facebook trabajaran en los problemas de la aplicación, los mejores trabajadores de Instagram podrían desarrollar productos nuevos que los ayudaran a crecer.

Facebook siempre vería esos problemas como proyectos secundarios. Y así fue como en Instagram, que siempre había dicho que la comunidad estaba por encima de todo, la comunidad perdió.

Systrom debía volver de su baja por paternidad a finales de julio, pero la amplió hasta finales de agosto. Y después hasta finales de septiembre. Durante todo ese tiempo, siguió viéndose con sus mentores y con Krieger. Ambos fundadores estaban cada vez más frustrados y preocupados por los acontecimientos de los últimos meses.

Cuando Systrom volvió, un lunes de finales de septiembre, Krieger y él convocaron una reunión con los responsables de sus equipos en la sala de reuniones South Park. Cuando llegaron Mosseri y los demás, hubo abrazos y sonrisas para celebrar el regreso de Systrom en un momento tan estresante.

Y después Systrom les comunicó que se marchaba. Y que Krieger también.

Al principio todos pensaron que era una broma. Era imposible imaginarse Instagram sin la pareja de fundadores. Pero era cierto. Ya se lo habían comunicado a Cox, a Zuckerberg y a Sandberg.

«Creemos que ha llegado el momento», dijo Systrom. «Lo hemos pensado a fondo y hemos hablado del tema largo y tendido.» Habían pasado seis años, más de lo que nadie pensó que aguantarían en un primer momento. Afirmaron que querían tomarse un descanso y volver a sus raíces creativas.

Con su equipo de directivos, Systrom y Krieger se mostraron diplomáticos porque no querían montar un número. Pero con Cox habían sido muy claros cuando se lo dijeron esa mañana.

«¿Recuerdas la conversación que mantuvimos a principios de año?», le preguntó Systrom. Había pedido recursos, independencia y sinceridad. «No he conseguido nada de lo que pedí.»

No había ningún plan para ese panorama imprevisto. Instagram y Facebook carecían de estrategias de comunicación interna y externa, de un plan de sucesión y de un programa para entrevistar candidatos. Eso fue lo que pensó Mosseri cuando comprendió que todo el mundo se enteraría en breve y que todos se preocuparían tanto como él.

Pero el tiempo apremiaba. Tenía todo el día ocupado con reuniones, en las que se vio obligado a fingir que no pasaba nada. Entrevistó a un candidato para el puesto de responsable de producto y después tuvo un encuentro con el equipo europeo para conocerse mejor, y así siguió, hasta que por fin se sentó en el autobús de la empresa de vuelta a San Francisco, donde echó un vistazo a sus mensajes de correo electrónico antes de llegar a su casa.

Una vez que entró, se quitó los zapatos y empezó a hablar con su mujer, Monica.

—Kevin y Mike se van de la empresa.

—¿En serio? ¿Y qué supone eso para ti? —quiso saber ella.

—No lo sé —dijo él.

En ese momento el móvil sonó con una alerta que había programado anteriormente. Era una noticia del *New York Times*: «Los cofundadores de Instagram dejan la empresa».[11] La noticia corrió como la pólvora en pocos minutos.

Esa misma noche, Systrom y Krieger escribieron una nota de despedida para los trabajadores, que también decidieron publicar en el blog de Instagram:

> Mike y yo estamos muy agradecidos por los últimos ocho años en Instagram y por los seis que hemos compartido con el equipo de Facebook. Hemos pasado de ser trece personas a más de mil, y a tener oficinas en todo el mundo, siempre desarrollando productos que utiliza y aprecia una comunidad de más de mil millones de personas. Pero estamos preparados para el siguiente capítulo.
>
> Dejamos Instagram para explorar de nuevo nuestra curiosidad y nuestra creatividad. Desarrollar ideas nuevas implica dar un paso atrás para reflexionar sobre aquello que nos inspira y conseguir que encaje con las necesidades del mundo. Eso es lo que tenemos en mente.
>
> En esta transición de directivos de la empresa a dos simples usuarios entre esos mil millones nos sigue emocionando el futuro de Instagram y de Facebook. Estamos deseando ver qué van a hacer estas dos empresas tan innovadoras y extraordinarias.[12]

Ocultos en esta sencilla declaración había dos gestos simbólicos: no había mención alguna a Zuckerberg y se referían a Instagram como una empresa independiente, algo que no era desde hacía seis años.

Mosseri pasó la entrevista para el puesto. Pero, para evitar las filtraciones a la prensa,[13] no pudo contarle nada a nadie, ni siquiera a su familia, que no paraba de llamarlo para preguntarle si los rumores eran ciertos. Tuvo que mentirle incluso a su madre y decirle que todavía no sabía nada.

Antes de que la empresa anunciara el ascenso de Mosseri, fue a casa de Systrom, situada en una colina de San Francisco, y posó con él y con Krieger en un sofá. La prensa no paraba de escribir sobre la tensión creciente entre Instagram y Facebook,[14] así que los fundadores necesitaban arropar a Mosseri y, a través de esa imagen, enviar a los usuarios el mensaje de que la aplicación que tan bien conocían y tanto querían no iba a morir. El responsable de las comunicaciones hizo la foto con la cámara de Mosseri; no podían arriesgarse a usar un fotógrafo externo a causa de la presión de la prensa. En la foto, los tres posan muy sonrientes. En la reunión que mantuvieron ese día con los trabajadores en el piso 30 de la nueva oficina de Instagram en San Francisco, que todavía estaba en pleno proceso de renovación, se enfrentaron a un grupo de gente con los ojos rojos y llenos de lágrimas.

«Desde que anunciamos nuestra marcha, mucha gente nos ha preguntado qué deseamos para el futuro de Instagram», dijo Systrom en el artículo donde anunciaba que Mosseri sería su sucesor. «Para nosotros, lo más importante es que la comunidad, todos vosotros, sea siempre lo primero para Instagram.»

El título de Mosseri sería «responsable de Instagram». En Facebook Inc. solo había sitio para un director ejecutivo.

Epílogo
El precio de la adquisición

A finales de 2019 Instagram anunció que dejaría de mostrar el contador de *like* en las fotos de otros usuarios. Los resultados tras muchos meses de prueba demostraron efectos positivos en el comportamiento, aunque Instagram no dijo exactamente de qué efectos se trataba. Ocultar los *like*, explicó Adam Mosseri, tenía la intención de reducir la sensación de inferioridad que sentían los usuarios al comparar sus éxitos con los de los demás, «es un intento por hacer que Instagram sea un lugar con menos presión, para que no sea tan competitivo». La aplicación también pasó a decir a los usuarios cuándo habían visto todas las publicaciones nuevas de las personas a las que seguían, para que dejaran de recorrer la pantalla. Los dos cambios fueron muy bien recibidos por los medios de comunicación y los famosos. Parecía que Instagram estaba pensando en el bienestar de su comunidad.

Pero estaba llevándose a cabo otro cambio sin comunicado de prensa que transmitía un mensaje totalmente opuesto. Se preguntaba a los usuarios, con un mensaje emergente en su aplicación de Instagram, si les gustaría tener más estadísticas sobre su cuenta. Esos gráficos y diagramas extra —ver a qué segmento de edad llegaba más, el número de personas que habían dejado de seguir su cuenta esa semana o qué publicaciones habían sido las más populares— llevaban mucho tiempo disponibles para los influencers y las marcas en Instagram. En ese momento estaban invitando a las personas normales y corrientes a usar las herramientas gratuitas de estadísticas de Instagram.

Al principio, en algunos círculos de adolescentes se convirtió en una broma decirle a Instagram que eran DJ, modelos o actores a cambio de obtener esos datos y un cargo profesional falso pero creíble en su perfil. Y luego, a medida que más personas aceptaban las herramientas, se normalizó. Por supuesto que todo el mundo quería saber más sobre sus estadísticas. ¿No iba Instagram de crear publicaciones que otras personas quisieran seguir?

La obsesión de la industria tecnológica por el análisis de datos y tendencias, refinada por Facebook para dar a los usuarios lo que querían ver, al principio parecía incompatible con una aplicación basada en el arte y la creatividad. Pero a lo largo de los años Facebook traspasó sus valores a Instagram. A medida que Instagram se convertía en parte de nuestra cultura, también lo hizo la cultura de Facebook de analizar datos. La línea entre una persona y su marca se difumina. El afán por el crecimiento y la relevancia, respaldados ambos por los datos, se ha convertido en el corazón de la vida moderna virtual. Da igual lo que Instagram haga con nuestro contador de *like*: nuestra comunicación se ha vuelto más estratégica. Instagram nos ha hecho no solo más expresivos, sino también más conscientes de lo que hacemos y más dados al postureo.

Los datos nos ayudan a convertir las complejas relaciones y emociones humanas en algo mucho más fácil de procesar. Podemos suponer, en líneas generales, que los seguidores equivalen a cierto interés por nuestra vida o nuestra marca. Los *like* equivalen a buen contenido. Los comentarios equivalen a que a alguien le preocupa dicho contenido. Pero convertir estos números en objetivos es cometer el mismo error, de forma individual, que Facebook cometió en su organización cuando Mark Zuckerberg decidió que el objetivo prioritario era aumentar el número de usuarios de la red social y también el tiempo que pasaban en la aplicación. Su misión de crecer dio un objetivo a los trabajadores, pero también provocó ángulos muertos e incentivó que se tomaran atajos.

De la misma manera que a los usuarios de Instagram les costará olvidarse de los *like*, Facebook tendrá problemas para cambiar la motivación de sus trabajadores. Zuckerberg dice que ahora quiere evaluar el progreso de la red social en función de las conversaciones de peso y del tiempo bien empleado. El problema es que el crecimiento tiene que proceder de alguna parte. Al fin y al cabo, hablamos de una empresa.

En los meses posteriores a la marcha de los fundadores de Instagram, la aplicación fue rebautizada como Instagram from Facebook. El grupo responsable de los mensajes directos de Instagram pasó a depender del equipo de Messenger de Facebook. A finales de 2019, Zuckerberg apareció por sorpresa en una conferencia de Instagram y se hizo una foto con la multitud. En Facebook hablaba de usar Instagram para enfrentarse a TikTok, la aplicación china que había reemplazado a Snapchat, como la principal amenaza para el dominio de Facebook. La frecuencia de los anuncios en Instagram había aumentado. También había más notificaciones y más recomendaciones personalizadas sobre a quién seguir. Ser parte de la «familia» de Facebook implicaba llegar a un compromiso para contribuir a la cuenta de resultados… y para justificar la ralentización de la tasa de crecimiento de la red social principal.

En octubre de ese año los trabajadores de Instagram se congregaron alrededor de una tarta.

«¡Cumpleaños feliz, cumpleaños feliz, te deseamos, Instagram…!», corearon decenas de personas en una fiesta en las oficinas de San Francisco. Habían pasado nueve años desde que los fundadores lanzaran la aplicación al mundo. La tarta tenía cinco capas de colores distintos y, sorpresa, estaba rellena de virutas de colorines que se derramaban al cortarla. Si ese tipo de tartas existían era gracias a Instagram.

Systrom y Krieger no estaban presentes. Systrom ni siquiera publicaba en su cuenta de Instagram. De hecho, había estado borrando publicaciones. La foto hecha en el sofá de su casa con Krieger y Adam Mosseri, como muestra de un traspaso de poder amistoso, ya no aparecía en su perfil. Los dos fundadores intentaban tomarse su tiempo para reflexionar y averiguar quiénes eran más allá de aquel trabajo. Systrom aprendió a pilotar aviones y Krieger fue padre.

Los directivos que estaban junto a la tarta, incluido Mosseri, habían trabajado todos para Facebook anteriormente y comprendían que alcanzar la armonía en la empresa implicaba dejar el ego en la puerta y ceder el control poco a poco. Pese a los cambios, Mosseri estaba decidido a demostrar a los trabajadores que mantendría el mismo pulso con Facebook que había ayudado a Systrom y a Krieger a llegar a las mejores conclusiones sobre qué crear, que no se limitaría a hacer solo lo que a Zuckerberg le pareciera más evidente. Mosseri había estado ofreciendo sesiones de preguntas y respuestas en Historias de Instagram los viernes en un intento por mejorar la comprensión del público sobre el funcionamiento de Instagram. La semana del aniversario, volvió a publicar.

«La pregunta más importante a la que nos enfrentamos es si somos buenas personas», escribió Mosseri.

Esa pregunta es más relevante que nunca en el discurso público. En el Reino Unido, Instagram ha tenido que defenderse tras el suicidio de Molly Russell, una chica de catorce años. Su padre culpó a la aplicación después de encontrar material relacionado con autolesiones y depresión al revisar la cuenta de su hija tras su muerte. En Estados Unidos, Facebook ha tenido que responder a preguntas en el Congreso acerca de la venta de drogas en Instagram. Después de que una directiva de Facebook testificara que Instagram se había esforzado todavía más por eliminar las imágenes y los hashtags, la activista Eileen Carey se enfrentó a ella en privado por las transacciones que seguían realizándose en los comentarios de las fotos.

A lo largo y ancho del mundo, los principales seguidores de Instagram, esa gente que ahora es rica y famosa gracias a la aplicación, han manifestado lo mucho que cuesta mantener las apariencias. Instagram ha aconsejado en privado a sus estrellas que dejen de esforzarse por ser perfectas y empiecen a publicar contenido más real y vulnerable. Les explican que la perfección ya no es la novedad. Ahora la vulnerabilidad tiene mejor acogida porque es más fácil ponerse en el lugar de la otra persona.

También hay temas legislativos. Los Gobiernos empiezan a darse cuenta de que la mayor alternativa a Facebook es una aplicación propiedad también de Facebook. La Comisión Federal de Comercio de Estados Unidos y el Departamento de Justicia intentan demostrar si Facebook es un monopolio y están investigando la compra de Instagram.

El debate de si Facebook ostenta demasiado poder, tanto que el Gobierno debería obligar a Instagram a escindirse de la empresa, está en el candelero al hilo de la campaña para las elecciones presidenciales estadounidenses de 2020. Tanto políticos como intelectuales aseguran que Facebook perjudicó a la sociedad al no controlar a sus usuarios, que influyeron en las elecciones, reclutaron a terroristas, transmitieron tiroteos masivos en directo, esparcieron información médica falsa y timaron a gente. Zuckerberg dice que Facebook ahora gasta más en temas «de integridad» de lo que Twitter gana en beneficios anualmente. Se pasó todo el año reformulando los principales problemas de su empresa como problemas con la «tecnología» o con las «redes sociales» en general.

La respuesta de Mosseri a la pregunta principal era perfecta según los estándares de Facebook: «La tecnología no es buena ni mala…, simplemente es», escribió. «Las redes sociales son un altavoz enorme. Tenemos que hacer todo lo que podamos para, con responsabilidad, amplificar lo bueno y corregir lo malo.»

Pero nada «simplemente es», menos aún Instagram. No está diseñada para ser una tecnología neutral, como la electricidad o los lenguajes de programación. Es una experiencia elaborada con mucho esmero, con un impacto en sus usuarios que no es inevitable, sino el producto de una serie de elecciones por parte de sus creadores sobre cómo moldear el comportamiento. Instagram adiestró a sus usuarios con *like* y seguidores, pero eso no bastó para crear el vínculo emocional que los usuarios tienen con el producto en la actualidad. También pensaron en sus usuarios como seres individuales, a través de una estrategia editorial cuidadosamente seleccionada y de una alianza con las cuentas más importantes. El equipo de Instagram es experto a la hora de amplificar «lo bueno».

Sin embargo, en lo referente a corregir «lo malo», a los trabajadores les preocupa que la aplicación piense en términos de números, no de personas. El mayor argumento de Facebook en contra de la escisión es que la evolución de su «familia de aplicaciones» es mejor para la seguridad de los usuarios. «Si quieres evitar injerencias electorales, si quieres reducir el alcance de los discursos de odio en las plataformas, es muy beneficioso que trabajemos en estrecha relación», dijo Mosseri. Pero en la práctica los problemas específicos de Instagram solo reciben atención una vez que se han atendido los problemas principales de Facebook. Los trabajadores explican que en Facebook parece lo lógico. Cada decisión se toma pensando en influir en la mayor cantidad de personas posible, y Facebook tiene más usuarios que Instagram.

Es comprensible que una red de personas tenga problemas humanos. Pero incluso los problemas que afectan a cientos de miles de personas pueden parecer insignificantes en una empresa tan grande. En muchos casos, Instagram no conoce el verdadero alcance del problema porque no ha invertido en su detección proactivamente. Instagram puede eliminar un montón de fotos de actividades delictivas o acabar con una red de personas que compran y venden perfiles verificados, pero luego los problemas aparecerán de otra manera. Puede prohibir a los jóvenes ver filtros de cirugías plásticas, pero no tiene un sistema de verificación de edad adecuado. Es como un edificio de apartamentos con una decoración espléndida pero lleno de plagas y goteras. Requiere un parche aquí, una trampa allá y alguna que otra limpieza en profundidad para que sea habitable para sus inquilinos. Sin embargo, los administradores del edificio no cuentan con los recursos necesarios para averiguar de dónde vienen las goteras o si hay un problema estructural porque los trabajadores antes tienen que remodelar el edificio de Facebook, mucho más grande.

En 2019, Instagram ingresó alrededor de 20.000 millones de dólares, más de la cuarta parte de las ventas totales de Facebook.[1] La oferta de dinero y acciones que hizo Facebook en 2012 es una ganga histórica en el ámbito de las adquisiciones empresariales. Después del estudio de canibalización, Instagram está creciendo y se parece más que nunca a Facebook. Se suponía que el estudio era para decidir qué hacer con Instagram de forma racional y lógica; a los trabajadores de Instagram les preocupa que se usara para justificar que Zuckerberg tuviera más control sobre el producto.

Systrom y Krieger vendieron Instagram a Facebook porque querían ser más grandes, más relevantes y más longevos. «Deberíamos contar con la posibilidad de arriesgarnos y crear algo valioso para el mundo que, a su vez, pueda crecer y aumentar su valor, y usarlo para hacer algo por la sociedad», explicó Systrom en la revista *New York*. «Intentamos por todos los medios convertirnos en una fuerza para hacer el bien.» Pero, tras alcanzar los 1.000 millones de usuarios, la aplicación que desarrollaron para ser una gran influencia cultural se vio inmersa en una lucha empresarial de personalidades, orgullos y prioridades. Si sigue el mismo camino que Facebook, el verdadero coste de la adquisición recaerá sobre los usuarios de Instagram.

Agradecimientos

Este libro ha sido posible gracias a los pensamientos y recuerdos de mucha gente. Agradezco todos los almuerzos, los cafés, las llamadas telefónicas y las reuniones a puerta cerrada. Algunas fuentes marcaron en su agenda una cita de media hora que acabó siendo un encuentro de dos o tres horas, me permitieron pasear en su compañía por las calles de San Francisco anotando detalles en mi cuaderno o aguantaron con paciencia mis preguntas posteriores. Ayudar a una periodista es como lanzarse al vacío sin saber si hay red debajo. Gracias a todos los que lo habéis hecho.

También quiero darle las gracias de corazón a mi editora, Stephanie Frerich, a la que le entusiasmaba tanto este proyecto que se lo llevó consigo cuando cambió de empresa y se marchó a Simon & Schuster. Decidió que este libro sería parte de su carrera profesional y se propuso ser una fuente de inspiración para mí. Pilar Queen, mi agente, ha sido una firme defensora no solo de este proyecto, sino también de mi persona, como escritora novel, y me ha ayudado a comprender dónde reside la clave del éxito.

No habría conocido a Pilar ni a Stephanie —la verdad, ni siquiera habría descubierto que soy capaz de escribir un libro— de no ser por Brad Stone. Este escritor y editor del equipo de tecnología de Bloomberg News sabía que yo iba a escribir un libro sobre Instagram mucho antes que yo. Me propuso la idea en diciembre de 2017, mientras trabajaba en un reportaje sobre la aplicación para *Bloomberg Businessweek*, que al final se convirtió en la base de mi propuesta. Durante todo el proyecto, Brad siempre ha estado disponible para aconsejarme, aunque es el encargado del equipo global y estaba trabajando en su segundo libro sobre Amazon. No sería la periodista que soy hoy en día sin sus consejos y su apoyo constante.

Gracias al editor Jonathan Karp y al resto del equipo de Simon & Schuster por hacer realidad este proyecto. Emily Simonson, asistente editorial, se ha entregado en cuerpo y alma al proyecto y me ha aconsejado en cada paso del proceso. En la edición norteamericana, Pete Garceau es el responsable de la asombrosa portada; Jackie Seow, de la dirección artística; y Lewelin Polanco, del diseño interior. Marie Florio es la culpable de que este libro vaya a estar disponible en muchos idiomas en todo el mundo. Si ya habías oído algo sobre el libro es gracias a Larry Hughes, del departamento de publicidad, y a Stephen Bedford, de marketing. Gracias también a Sherry Wasserman y a Alicia Brancato, de producción; a la editora jefa, Kimberly Goldstein, y a su asistente, Annie Craig. También quiero darles las gracias a Felice Javit, de S&S, y a Jamie Wolf, de Pelosi Wolf Effron & Spates, por sus consejos.

Los directivos de Bloomberg News me han brindado un apoyo increíble durante este proyecto, sobre todo teniendo en cuenta que su especialista en Facebook iba a estar abstraída o no disponible durante las comparecencias ante el Congreso, las investigaciones federales y los escándalos sobre la privacidad. Gracias a todos los compañeros que intervinieron en distintos momentos escribiendo noticias sobre Facebook, entre ellos Selina Wang y Gerrit DeVynck. En la primavera de 2019, Kurt Wagner se unió a Bloomberg como segundo periodista especializado en Facebook y tuvo que ponerse las pilas rápido para cubrir el trabajo mientras yo me dedicaba en cuerpo y alma al libro. Hizo una gran tarea y me permitió concentrarme a fondo, algo que para mí fue un regalo maravilloso. Tengo suerte de trabajar con personas en las que confío.

Gracias a Tom Giles y a Jillian Ward por su forma de trabajar con Brad y de liderar nuestro equipo de tecnología en Bloomberg, siempre apoyando las ideas y las carreras profesionales de sus periodistas. El equipo está repleto de periodistas y editores excelentes de los que todos los días aprendo algo. Jillian, Emily Biuso y Alistair Barr leyeron los borradores de algunos capítulos y me ofrecieron sus críticas cuando me sentía perdida con las revisiones, y Anne VanderMey, Ellen Huet, Dina Bass, Shira Ovide, Mark Bergen, Austin Carr y Kurt fueron mis lectores beta al final. Nico Grant, a quien tengo al lado en la oficina, ha sido mi confidente y mi amigo durante todo este proceso. Emily Chang y Ashlee Vance, compañeras que han escrito libros fantásticos, me sirvieron de modelo y me ofrecieron consejo y apoyo. Max Chafkin ha sido el redactor jefe de todos mis artículos publicados en *Bloomberg Businessweek*, entre los que se incluye uno sobre Instagram. Trabajar con él durante todos estos años me preparó para esto.

Genevieve Grdina y Elisabeth Diana, del equipo responsable de las comunicaciones de Instagram, han sido grandes defensoras de este proyecto dentro de Facebook. Gracias a todos los trabajadores de Instagram y de Facebook que habéis hecho un hueco en vuestra apretada agenda para sentaros conmigo y hablar de este libro, o para contestar mis preguntas. Los datos que ofrezco aquí son más precisos gracias a vuestra aportación. Gracias a los influencers y a los pequeños empresarios que han compartido conmigo sus historias, sobre todo los de São Paulo, que me permitieron ver cómo era su trabajo entre bambalinas. He aprendido muchísimo de todas esas personas que han convertido Instagram en su carrera profesional. Gracias sobre todo a sus fundadores, sin los cuales nada de esto habría sido posible. Habéis creado algo que ha cambiado de verdad el mundo.

Le estoy muy agradecida a Sean Lavery, que comprobó todos los datos de este manuscrito y me dio su apoyo durante una época muy estresante. Jessica J. Lee se encargó del borrador de las notas finales, y Blake Montgomery recopiló datos sobre el impacto cultural de Instagram cuando estaba en las primeras fases del proyecto. Shruti Shah, Alexia Bonastos y Sarah Segal se convirtieron en amigas en The Wing cuando estaba en la etapa más desesperada del proceso de escritura.

Soy periodista especialista en economía gracias a Chris Roush y a Penelope Abernathy, que en la Universidad de Carolina del Norte me enseñaron a usar el pensamiento crítico para entender cómo funcionaban las empresas. Penny me dijo que escribiría un libro a los cinco años de graduarme. ¡Siento no haber cumplido el plazo previsto!

Si el periodismo es el primer borrador de una historia, los libros se apoyan en ese importante trabajo para ofrecer un segundo borrador. Mi agradecimiento a todos los periodistas que han respondido preguntas sobre Instagram a lo largo de los años y a la gente que sigue cubriendo su impacto en nuestra sociedad y nuestra cultura, y su lugar dentro de Facebook. He citado en las notas finales a aquellos periodistas cuyo trabajo ha encontrado una segunda vida en estas páginas.

La comunidad periodística también me ha apoyado de diversas formas. Otros autores, como Nick Bilton, Blake Harris y Roger McNamee, me ofrecieron su ayuda en momentos críticos. Tim Higgins y Alex Davies, dos amigos que estaban escribiendo sus libros al mismo tiempo que yo, se convirtieron en mis paños de lágrimas y en compañeros de cenas terapéuticas. Kara Swisher, mentora de muchos periodistas jóvenes en Silicon Valley, respaldó este proyecto y me presentó a personas fascinantes que han enriquecido estos capítulos.

Este proceso ha hecho que me sienta muy agradecida por estar rodeada de amigos y familiares inteligentes, amables y generosos. Claire Korzen, mi maravillosa prima, que ha escrito cuentos y obras de teatro absurdas desde que éramos pequeñas, fue la primera persona que leyó este libro, y sus consejos y palabras de aliento supusieron una gran ayuda para mí cuando más vulnerable me sentía, después del primer borrador. Mi amiga Keicy Tolbert lo leyó después de Claire y sus reflexiones transformaron por completo mis revisiones. Mi prima Michelle Kolodin me presentó a sus amigos, todos usuarios de Instagram y con planteamientos muy interesantes. Walter Hickey revisó un capítulo durante un vuelo, y Owen Thomas me ilustró en la historia de la tecnología. Ashley Lutz y Katie Ho me ofrecieron distracción junto a la playa, y Will Bondurant se aseguró de que no me perdiera ningún partido de baloncesto de la UNC. Miranda Heneley me envió un paquete muy completo para celebrar el proyecto y ayudarme a que me relajara. Alex Barinka no paró de buscar ideas que me fueran útiles. Christina Farr me obligó con cariño a leerle partes de este libro en voz alta, sentadas en su sofá mientras bebíamos vino. Después me interrogaba sobre las cosas que no tenían sentido, como hacen los buenos periodistas, y se aseguraba de que yo estuviera bien.

Mi hermano pequeño, Michael Frier, tuvo el detalle de enviarme páginas de estudios sobre el impacto de Instagram en la salud mental y demostró desde el principio un gran entusiasmo por el proyecto. Mi hermano mayor, James Frier, y su mujer, Maddie Tuller Frier, también fueron maravillosos y me dejaron dormir en su sofá cada vez que viajaba a Los Ángeles para hacer mi trabajo. Toda la familia se volcó en mí durante la Navidad, sobre todo Maddie, que pilló un montón de erratas en el texto.

No habría acabado este libro tan rápido ni sería tan completo sin la ayuda de mi padre, Ken Frier, y de su mujer, Gretchen Tai, que me abrieron las puertas de su casa. Me prepararon comidas deliciosas y dejaron que me concentrara en el trabajo cuando estaba en la recta final de la fecha de entrega y era incapaz de trabajar en mi apartamento. Mi padre también me ayudó con algunas frases cuando me quedaba atascada. Y por eso debo darles las gracias a sus padres, John y Mary Ellen Frier, que inspiraron a un par de generaciones a ser lectores voraces y personas resolutivas.

Mi madre, Laura Casas, además de demostrarme su apoyo incondicional, nos ayudó a mi marido y a mí a mudarnos de casa en mitad de todo esto. También me ayudó a comunicarme con mi abuelita, Gudelia Casas, que estaba enferma. Mi abuelita, que no hablaba inglés cuando llegó a este país en 1956 con varios niños pequeños, llegó a ver la primera copia impresa de este libro. Su valentía y su amabilidad siguen siendo una fuente de inspiración para mí.

Y, sobre todo, gracias al amor de mi vida, Matt, por estar a mi lado todos los días y ofrecerme fuerza, inspiración e incluso algún que otro dulce delicioso. Haces que todo sea posible, y este libro te lo dedico a ti.

Notas

1. Proyecto Codename

1. Charlie Parrish, «Instagram's Kevin Systrom: "I'm Dangerous Enough to Code and Sociable Enough to Sell Our Company"», *The Telegraph*, 1 de mayo de 2015, <https://www.telegraph.co.uk/technology/11568119/Instagrams-Kevin-Systrom-Im-dangerous-enough-to-code-and-sociable-enough-to-sell-our-company.html>.

2. Kevin Systrom, «How to Keep It Simple While Scaling Big», entrevistado por Reid Hoffman, *Masters of Scale*, pódcast de audio, consultado el 7 de septiembre de 2018.

3. Parrish, «Instagram's Kevin Systrom».

4. D. C. Denison, «Instagram Cofounder's Success Story Has Holliston Roots», *Boston Globe*, 11 de abril de 2012, <https://www.bostonglobe.com/business/2012/04/11/instagram-cofounder-success-story-has-holliston-roots/PzCxOXWFtfoyWYfLKRM9bL/story.html>.

5. Systrom, «How to Keep It Simple While Scaling Big».

6. Kevin Systrom, «Tactics, Books, and the Path to a Billion Users», entrevistado por Tim Ferriss, *The Tim Ferriss Show*, pódcast de audio, consultado el 7 de septiembre de 2018, <https://tim.blog/2019/04/30/the-tim-ferriss-show-transcripts-kevin-systrom-369/>.

7. Michael V. Copeland y Om Malik, «Tech's Big Comeback», *Business 2.0 Magazine*, 27 de enero de 2006, <https://archive.fortune.com/magazines/business2/business2_archive/2005/11/01/8362807/index.htm>.

8. Nick Bilton, *La verdadera historia de Twitter*, Barcelona, Gestión 2000, 2014.

9. Murad Ahmed, «Meet Kevin Systrom: The Brain Behind Instagram», *The Times*, 5 de octubre de 2013, <https://www.thetimes.co.uk/article/meet-kevin-systrom-the-brain-behind-instagram-p5kvqmnhkcl>.

10. Steven Bertoni, «Instagram's Kevin Systrom: The Stanford Billionaire Machine Strikes Again», *Forbes*, 1 de agosto de 2012, <https://www.forbes.com/sites/stevenbertoni/2012/08/01/instagrams-kevin-systrom-the-stanford-millionaire-machine-strikes-again/#36b4306d45b9>.

11. Kevin Systrom, «Billion Dollar Baby», entrevistado por Sarah Lacy, Startups.com, 24 de julio de 2017, <https://www.startups.com/library/founder-stories/kevin-systrom>.

12. Bertoni, «Instagram's Kevin Systrom: The Stanford Billionaire Machine Strikes Again».

13. Alex Hern, «Why Google Has 200M Reasons to Put Engineers over Designers», *The Guardian*, 5 de febrero de 2014, <https://www.theguardian.com/technology/2014/feb/05/why-google-engineers-designers>.

14. Jared Newman, «Whatever Happened to the Hottest iPhone Apps of 2009?», *Fast Company*, 31 de mayo de 2019, <https://www.fastcompany.com/90356079/whatever-happened-to-the-hottest-iphone-apps-of-2009>.

15. Stewart Butterfield y Caterina Fake, «How We Did It: Stewart Butterfield and Caterina Fake, Cofounders, Flickr», *Inc.*, 1 de diciembre de 2006, <https://www.inc.com/magazine/20061201/hidi-butterfield-fake.html>.

16. Chris Dixon, biografía, Andreesen Horowitz, consultado el 18 de septiembre de 2019, <https://a16z.com/author/chris-dixon/>.

17. Bilton, *La verdadera historia de Twitter.*

18. Nicholas Carlson, «Here's the Email Zuckerberg Sent to Cut His Cofounder Out of Facebook», *Business Insider*, 15 de mayo de 2012, <https://www.businessinsider.com/exclusive-heres-the-email-zuckerberg-sent-to-cut-his-cofounder-out-of-facebook-2012-5?IR=T>.

19. Systrom, «Tactics, Books, and the Path to a Billion Users».

20. «Full Transcript: Instagram CEO Kevin Systrom on Recode Decode», *Vox*, 22 de junio de 2017, <https://www.vox.com/2017/6/22/15849966/transcript-instagram-ceo-kevin-systrom-facebook-photo-video-recode-decode>.

21. Kara Swisher, «The Money Shot», *Vanity Fair*, 6 de mayo de 2013, <https://www.vanityfair.com/news/business/2013/06/kara-swisher-instagram>.

22. M. G. Siegler, «Apple's Apps of the Year: Hipstamatic, Plants vs. Zombies, Flipboard, and Osmos», *TechCrunch*, 9 de diciembre de 2010, <https://techcrunch.com/2010/12/09/apple-top-apps-2010/>.

23. Steve Dorsey (@dorsey), «@HartleyAJ Saw that and thought it was remarkable (but wasn't sure what to call it). Thanks, WX-man! :)», Twitter, 9 de noviembre de 2010, <https://web.archive.org/web/20101109211738/http://twitter.com/dorsey>.

2. EL CAOS DEL ÉXITO

1. Dan Rubin, entrevista telefónica con la autora, 8 de febrero de 2019.

2. M. G. Siegler, «Beyond the Filters: Brands Begin to Pour into Instagram», *TechCrunch*, 13 de enero de 2011, <https://techcrunch.com/2011/01/13/instagram-brands/?_ga=2.108294978.135876931.1559887390-830531025.1555608191>.

3. *Ibidem*.

4. M. G. Siegler, «Snoopin' on Instagram: The Early-Adopting Celeb Joins the Photo-Sharing Service», *TechCrunch*, 19 de enero de 2011, <https://techcrunch.com/2011/01/19/snoop-dogg-instagram/>.

5. Chris Gayomali, «Justin Bieber Joins Instagram, World Explodes», *Time*, 22 de julio de 2011, <http://techland.time.com/2011/07/22/justin-bieber-joins-instagram-world-explodes/>.

6. Nicholas Thompson, «Mr. Nice Guy: Instagram's Kevin Systrom Wants to Clean Up the &#%$@! Internet», *Wired*, 14 de agosto de 2017, <https://www.wired.com/2017/08/instagram-kevin-systrom-wants-to-clean-up-the-internet/>.

7. M. G. Siegler, «The Latest Crazy Instagram Stats: 150 Million Photos, 15 per Second, 80% Filtered», *TechCrunch*, 3 de agosto de 2011, <https://techcrunch.com/2011/08/03/instagram-150-million/>.

8. «Protection for private blocking and screening of offensive material» («Protección para bloquear y detectar material ofensivo»), 47 U.S. Code § 230 (1996).

3. La sorpresa

1. Dan Rose, entrevista con la autora, sede central de Facebook, 18 de diciembre de 2018.

2. Associated Press, «Google Buys YouTube for $1.65 Billion», *NBC News*, 10 de octubre de 2006, <http://www.nbcnews.com/id/15196982/ns/business-us_business/t/google-buys-youtube-billion/#.XX9Q96d7Hox>.

3. Alexei Oreskovic y Gerry Shih, «Facebook to Buy Instagram for $1 Billion», Reuters, 9 de abril de 2012, <https://www.reuters.com/article/us-facebook/facebook-to-buy-instagram-for-1-billion-idUSBRE8380M820120409>.

4. Laurie Segall, «Facebook Acquires Instagram for $1 billion», *CNN Money*, 9 de abril de 2012, <https://money.cnn.com/2012/04/09/technology/facebook_acquires_instagram/index.htm>.

5. Shayndi Raice, Spencer E. Ante y Emily Glazer, «In Facebook Deal, Board Was All but Out of Picture», *Wall Street Journal*, 18 de abril de 2012, <https://www.wsj.com/articles/SB10001424052702304818404577350191931921290>.

6. *Ibidem.*

7. Mike Swift y Pete Carey, «Facebook's Mark Zuckerberg Buys House in Palo Alto», *Mercury News*, 4 de mayo de 2011, <https://www.mercurynews.com/2011/05/04/facebooks-mark-zuckerberg-buys-house-in-palo-alto/>.

8. Aileen Lee, «Welcome to the Unicorn Club, 2015: Learning from Billion-Dollar Companies», *TechCrunch*, 18 de julio de 2015, <https://techcrunch.com/2015/07/18/welcome-to-the-unicorn-club-2015-learning-from-billion-dollar-companies/>.

9. Julian Gavaghan y Lydia Warren, «Instagram's 13 Employees Share $100M as CEO Set to Make $400M Reveals He Once Turned Down a Job at Facebook», *Daily Mail*, 9 de abril de 2012, <https://www.dailymail.co.uk/news/article-2127343/Facebook-buys-Instagram-13-employees-share-100m-CEO-Kevin-Systrom-set-make-400m.html>.

10. Derek Thompson, «Instagram Is Now Worth $77 Million per Employee», *The Atlantic*, 9 de abril de 2012, <https://www.theatlantic.com/business/archive/2012/04/instagram-is-now-worth-77-million-per-employee/255640/>.

11. Alyson Shontell, «Meet the 13 Lucky Employees and 9 Investors Behind $1 Billion Instagram», *Business Insider*, 9 de abril de 2012, <https://www.businessinsider.com/instagram-employees-and-investors-2012-4?IR=T>.

4. Verano en el limbo

1. David Cicilline, «Cicilline to FTC - Time to Investigate Facebook», 19 de marzo de 2019, <https://cicilline.house.gov/press-release/cicilline-ftc-%E2%80%93-time-investigate-facebook>.

2. Jonathan Stempel, «Facebook Settles Lawsuit Over 2012 IPO for $35 Million», Reuters, 26 de febrero de 2018, <https://www.reuters.com/article/us-facebook-settlement/facebook-settles-lawsuit-over-2012-ipo-for-35-million-idUSKCN1GA2JR>.

3. Danielle Kucera y Douglas MacMillan, «Facebook Investor Spending Month's Salary Exposes Hype», Bloomberg.com, 24 de mayo de 2012, <https://www.bloomberg.com/news/articles/2012-05-24/facebook-investor-spending-month-s-salary-exposes-hype>.

4. Josh Constine, «FB Launches Facebook Camera: An Instagram-Style Photo Filtering, Sharing, Viewing iOS App», *TechCrunch*, 24 de mayo de 2012, <https://techcrunch.com/2012/05/24/facebook-camera/>.

5. Comisión para la Libre Competencia del Reino Unido, «Anticipated Acquisition by Facebook Inc of Instagram Inc», 22 de agosto de 2012, <https://webarchive.nationalarchives.gov.uk/20140402232639/http://www.oft.gov.uk/shared_oft/mergers_ea02/2012/facebook.pdf>.

6. Matthew Panzarino, «Dave Morin: Path to Hit 3M Users This Week, Will Release iPad App This Year, But Not For Windows Phone», *The Next Web*, 1 de junio de 2012, <https://thenextweb.com/apps/2012/06/01/dave-morin-path-to-hit-3m-users-this-week-will-release-ipad-app-this-year/>.

7. Harrison Weber, «Path, the Doomed Social Network with One Great Idea, Is Finally Shutting Down», *Gizmodo*, 17 de septiembre de 2018, <https://gizmodo.com/path-the-doomed-social-network-with-one-great-idea-is-1829106338>.

8. Edwin Chan y Sarah Frier, «Morin Sells Chat App Path to South Korea's Daum Kakao», Bloomberg.com, 29 de mayo de 2015, <https://

www.bloomberg.com/news/articles/2015-05-29/path-s-david-morin-sells-chat-app-to-south-korea-s-daum-kakao>.

9. Evan Osnos, «Can Mark Zuckerberg Fix Facebook Before It Breaks Democracy?», *New Yorker*, 10 de septiembre de 2018, <https://www.newyorker.com/magazine/2018/09/17/can-mark-zuckerberg-fix-facebook-before-it-breaks-democracy>.

10. Kurt Wagner, «Facebook's Acquisition of Instagram Was the Greatest Regulatory Failure of the Past Decade, Says Stratechery's Ben Thompson», *Vox*, 2 de junio de 2018, <https://www.vox.com/2018/6/2/17413786/ben-thompson-facebook-google-aggregator-platform-code-conference-2018>.

11. Chris Hughes, «It's Time to Break Up Facebook», *New York Times*, 9 de mayo de 2019, <https://www.nytimes.com/2019/05/09/opinion/sunday/chris-hughes-facebook-zuckerberg.html#>.

12. April J. Tabor (Comisión Federal de Comercio de Estados Unidos), «Letter to Thomas O. Barnett», 22 de agosto de 2012, <https://www.ftc.gov/sites/default/files/documents/closing_letters/facebook-inc./instagram-inc./120822barnettfacebookcltr.pdf>.

13. Robert McMillan, «(Real) Storm Crushes Amazon Cloud, Knocks Out Netflix, Pinterest, Instagram», *Wired*, 30 de junio de 2012, <https://www.wired.com/2012/06/real-clouds-crush-amazon/>.

14. Jamie Oliver y Kevin Systrom, «Jamie Oliver & Kevin Systrom, with Loic Le Meur – LeWeb London 2012 – Plenary 1», 20 de junio de 2012, vídeo de YouTube, 32:33, <https://www.youtube.com/watch?v=Pdbzmk0xBW8>.

15. Kris Holt, «Instagram Shakes Up Its Suggested Users List», *Daily Dot*, 13 de agosto de 2012, <https://www.dailydot.com/news/instagram-suggested-users-shakeup/>.

16. Oliver y Systrom, «Jamie Oliver & Kevin Systrom, with Loic Le Meur».

17. Brian Anthony Hernandez, «Twitter Confirms Removing Follow Graph from Instagram's "Find Friends"», *Mashable*, 27 de julio de 2012, <https://mashable.com/2012/07/27/twitter-instagram-find-friends/?europe=true>.

5. Sé rápido y rompe cosas

1. Kevin Systrom, «Tactics, Books, and the Path to a Billion Users», entrevistado por Tim Ferriss, *The Tim Ferriss Show*, pódcast de audio, consultado el 7 de septiembre de 2018, <https://tim.blog/2019/04/30/the-tim-ferriss-show-transcripts-kevin-systrom-369/>.

2. Declan McCullagh, «Instagram Says It Now Has the Right to Sell Your Photos», *CNET*, 17 de diciembre de 2012, <https://www.cnet.com/news/instagram-says-it-now-has-the-right-to-sell-your-photos/>.

3. Charles Arthur, «Facebook Forces Instagram Users to Allow It to Sell Their Uploaded Photos», *The Guardian,* 18 de diciembre de 2012, <https://www.theguardian.com/technology/2012/dec/18/facebook-instagram-sell-uploaded-photos>.

4. Instagram, «Thank You, and We're Listening», 18 de diciembre de 2012, publicación en Tumblr, <https://instagram.tumblr.com/post/38252135408/thank-you-and-were-listening>.

6. Dominación

1. Dan Rookwood, «The Many Stories of Instagram's Billionaire Founder», MR PORTER, consultado en mayo de 2019, <https://www.mr-porter.com/en-us/journal/the-interview/the-many-stories-of-instagrams-billionaire-founder/2695>.

2. Evan Osnos, «Can Mark Zuckerberg Fix Facebook Before It Breaks Democracy?», *New Yorker*, 10 septiembre de 2018, < https://www.newyorker.com/magazine/2018/09/17/can-mark-zuckerberg-fix-facebook-before-it-breaks-democracy>.

3. Antonio García Martínez, «How Mark Zuckerberg Led Facebook's War to Crush Google Plus», *Vanity Fair*, 3 de junio de 2016, <https://www.vanityfair.com/news/2016/06/how-mark-zuckerberg-led-facebooks-war-to-crush-google-plus>.

4. Colleen Taylor, «Instagram Launches 15-Second Video Sharing Feature, with 13 Filters and Editing», *TechCrunch*, 20 de junio de 2013, <https://techcrunch.com/2013/06/20/facebook-instagram-video/>.

5. Rob Price y Alyson Shontell, «This Fratty Email Reveals How CEO Evan Spiegel First Pitched Snapchat as an App for "Certified Bros"»,

Insider, 3 de febrero de 2017, <https://www.insider.com/snap-ceo-evan-spiegel-pitched-snapchat-fratty-email-2011-certified-bro-2017-2>.

6. John W. Spiegel, biografía profesional, Munger, Tolles & Olson, consultado el 12 de febrero de 2018, <https://www.mto.com/lawyers/john-w-spiegel>.

7. Sam Biddle, «"Fuck Bitches Get Leid": The Sleazy Frat Emails of Snapchat's CEO», *Valleywag*, 28 de mayo de 2014, <http://valleywag.gawker.com/fuck-bitches-get-leid-the-sleazy-frat-emails-of-snap-1582604137>.

8. J. J. Colao, «Snapchat: The Biggest No-Revenue Mobile App Since Instagram», *Forbes*, 27 de noviembre de 2012, <https://www.forbes.com/sites/jjcolao/2012/11/27/snapchat-the-biggest-no-revenue-mobile-app-since-instagram/#6ef95f0a7200>.

9. *Ibidem.*

10. Alyson Shontell, «How Snapchat's CEO Got Mark Zuckerberg to Fly to LA for Private Meeting», *Business Insider*, 6 de enero de 2014, <https://www.businessinsider.com/evan-spiegel-and-mark-zuckerbergs-emails-2014-1?IR=T>.

11. J.J. Colao, «The Inside Story of Snapchat: The World's Hottest App or a \$3 Billion Disappearing Act?», *Forbes*, 1 de enero de 2014, <https://www.forbes.com/sites/jjcolao/2014/01/06/the-inside-story-of-snapchat-the-worlds-hottest-app-or-a-3-billion-disappearing-act/>.

12. Seth Fiegerman, «Facebook Poke Falls Out of Top 25 Apps as Snapchat Hits Top 5», *Mashable*, 26 de diciembre de 2012, <https://mashable.com/2012/12/26/facebook-poke-app-ranking/>.

13. *Ibidem.*

14. Mike Isaac, «Snapchat Closes \$60 Million Round Led by IVP, Now at 200 Million Daily Snaps», *All Things D*, 24 de junio de 2013, <http://allthingsd.com/20130624/snapchat-closes-60-million-round-led-by-ivp-now-at-200-million-daily-snaps/>.

15. Evelyn M. Rusli, «Instagram Pictures It-self Making Money», *Wall Street Journal*, 8 de septiembre de 2013, <https://www.wsj.com/articles/instagram-pictures-itself-making-money-1378675706>.

16. Kurt Wagner, «Instagram's First Ad Hits Feeds Amid Mixed Reviews», *Mashable*, 1 de noviembre de 2013, <https://mashable.com/2013/11/01/instagram-ads-first/>.

17. Michael Kors (@michaelkors), «5:15 PM: Pampered in Paris #MK-

Timeless», Instagram, 1 de noviembre de 2013, <https://www.instagram.com/p/gLYVDzHLvn/?hl=en>.

18. Dom Hofmann (@dhof), «ig blocked the #vine hashtag during our first few months», Twitter, 23 de septiembre de 2019, 16.14 h, <https://twitter.com/dhof/status/1176137843720314880>.

19. Georgia Wells y Deepa Seetharaman, «Snap Detailed Facebook's Aggressive Tactics in "Project Voldemort" Dossier», *Wall Street Journal*, modificado por última vez el 30 de septiembre de 2019, <https://www.wsj.com/articles/snap-detailed-facebooks-aggressive-tactics-in-project-voldemort-dossier-11569236404>.

20. Brad Stone y Sarah Frier, «Facebook Turns 10: The Mark Zuckerberg Interview», Bloomberg.com, 31 de enero de 2014, <https://www.bloomberg.com/news/articles/2014-01-30/facebook-turns-10-the-mark-zuckerberg-interview#p2>.

7. Nuevos famosos

1. Guy Oseary, entrevista telefónica con la autora, 20 de marzo de 2019.

2. Madeline Stone, «Randi Zuckerberg Has Sold Her Boldly Decorated Los Altos Home for $6.55 Million», *Business Insider*, 15 de junio de 2015, <https://www.businessinsider.com/randi-zuckerberg-sells-house-for-655-million-2015-6?IR=T>.

3. Kara Swisher, «Exclusive: Randi Zuckerberg Leaves Facebook to Start New Social Media Firm (Resignation Letter)», *All Things D*, 3 de agosto de 2011, <http://allthingsd.com/20110803/exclusive-randi-zuckerberg-leaves-facebook-to-start-new-social-media-firm-resignation-letter/>.

4. Erin Foster, entrevista telefónica con la autora, 16 de julio de 2019.

5. Kris Jenner, entrevista telefónica con la autora, 21 de mayo de 2019.

6. *Access Hollywood*, «Paris Hilton on the Public's Misconception of Her & More (Exclusive)», vídeo de YouTube, 3:07, 30 de noviembre de 2016, <https://www.youtube.com/watch?v=ZqqAkp8zKp8&feature=youtu.be>.

7. Jason Moore, entrevista telefónica con la autora, 21 de abril de 2019.

8. *Ibidem*.

9. *Ibidem.*

10. Kris Jenner, entrevista telefónica con la autora.

11. «Recommendations from Friends Remain Most Credible Form of Advertising Among Consumers; Branded Websites Are the Second-Highest-Rated Form», Nielsen N.V., 28 de septiembre de 2015, <https://www.nielsen.com/eu/en/press-releases/2015/recommendations-from-friends-remain-most-credible-form-of-advertising/>.

12. Darren Heitner, «Instagram Marketing Helped Make This Multi-Million Dollar Nutritional Supplement Company», *Forbes*, 19 de marzo de 2014, <https://www.forbes.com/sites/darrenheitner/2014/03/19/instagram-marketing-helped-make-this-multi-million-dollar-nutritional-supplement-company/#4b317f2f1f2c>.

13. Christopher Bailey, entrevista telefónica con la autora, 15 de mayo de 2019.

14. *Ibidem.*

15. Fred Graver, «The True Story of the "Ellen Selfie"», *Medium*, 23 de febrero de 2017, <https://medium.com/@fredgraver/the-true-story-of-the-ellen-selfie-eb8035c9b34d>.

16. *Ibidem.*

17. *Ibidem.*

18. «The Instagirls: Joan Smalls, Cara Delevingne, Karlie Kloss, and More on the September Cover of *Vogue*», *Vogue*, 18 de agosto de 2014, <https://www.vogue.com/article/supermodel-cover-september-2014>.

19. Anna Wintour, entrevista telefónica con la autora, 20 de marzo de 2019.

20. Josh Halliday, «Twitter's Tony Wang: "We Are the Free Speech Wing of the Free Speech Party"», *The Guardian*, 22 de marzo de 2012, <https://www.theguardian.com/media/2012/mar/22/twitter-tony-wang-free-speech>.

21. Erin Griffith, «Twitter Co-Founder Evan Williams: "I Don't Give a Shit" if Instagram Has More Users», *Fortune*, 11 de diciembre de 2014, <https://fortune.com/2014/12/11/twitter-evan-williams-instagram/>.

22. «See Mark Seliger's Instagram Portraits from the 2015 Oscar Party», *Vanity Fair*, 23 de febrero de 2015, <https://www.vanityfair.com/hollywood/2015/02/mark-seliger-oscar-party-portraits-2015>.

8. En busca del ideal de Instagram

1. Casey Lewis, «Kylie Jenner Just Launched an Anti-Bullying Campaign, and We Talked to Her First Star», *Teen Vogue*, 1 de septiembre de 2015, <https://www.teenvogue.com/story/kylie-jenner-anti-bullying-instagram-campaign>.

2. Peter Kafka, «Twitter Buys Niche, a Social Media Talent Agency, for at Least $30 Million», *Vox*, 11 de febrero de 2015, <https://www.vox.com/2015/2/11/11558936/twitter-buys-niche-a-social-media-talent-agency>.

3. Edward Barnieh, entrevista telefónica con la autora, 7 de junio de 2019.

4. *Ibidem.*

5. Carrie Miller, «How Instagram Is Changing Travel», *National Geographic*, 26 de enero de 2017, <https://www.nationalgeographic.com/travel/travel-interests/arts-and-culture/how-instagram-is-changing-travel/>.

6. Lucian Yock Lam (@yock7), «#Followmebro», Instagram, 16 de diciembre de 2015, <https://www.instagram.com/p/_WhCG7ISWd/?hl=en>.

7. Taylor Lorenz, «"Instagram Rapture" Claims Millions of Celebrity Instagram Followers», *Business Insider*, 18 de diciembre de 2014, <https://www.businessinsider.com/instagram-rapture-claims-millions-of-celebrity-instagram-followers-2014-12>.

8. Max Chafkin, «Confessions of an Instagram Influencer», *Bloomberg Businessweek*, 30 de noviembre de 2016, <https://www.bloomberg.com/news/features/2016-11-30/confessions-of-an-instagram-influencer>.

9. El problema de Snapchat

1. Sean Burch, «Snapchat's Evan Spiegel Says Instagram "Feels Terrible" to Users», *The Wrap*, 1 de noviembre de 2018, <https://www.thewrap.com/evan-spiegel-snap-instagram-terrible/>.

2. Ira Glass, «Status Update», *This American Life*, 27 de noviembre de 2015, <https://www.thisamericanlife.org/573/status-update>. Usado con permiso.

3. *Ibidem.*

4. Kendall Fisher, «What You Didn't See at the 2016 Oscars: Kate Hudson, Nick Jonas, Lady Gaga and More Take Us Behind the Scenes on Snapchat», *E! News*, 29 de febrero de 2016, <https://www.eonline.com/fr/news/744642/what-you-didn-t-see-at-the-2016-oscars-kate-hudson-nick-jonas-lady-gaga-and-more-take-us-behind-the-scenes-on-snapchat>.

5. Papa Francisco (@franciscus), «Pray for me», Instagram, 19 de marzo de 2016, <https://www.instagram.com/p/BDIgGXqAQsq/?hl=en>.

6. Mike Isaac, «Instagram May Change Your Feed, Personalizing It with an Algorithm», *New York Times*, 15 de marzo de 2016, <https://www.nytimes.com/2016/03/16/technology/instagram-feed.html>.

7. Brad Stone y Sarah Frier, «Evan Spiegel Reveals Plan to Turn Snapchat into a Real Business», *Bloomberg Businessweek*, 26 de mayo de 2015, <https://www.bloomberg.com/news/features/2015-05-26/evan-spiegel-reveals-plan-to-turn-snapchat-into-a-real-business>.

8. Kevin Systrom (@kevin), «The last cycling climb of our vacation was the infamous Mont Ventoux» («La última subida de las vacaciones ha sido el Mont Ventoux, famoso por su dificultad», Instagram, 17 de agosto de 2016, <https://www.instagram.com/p/BJN3MKIhAjz/?hl=en>.

10. Canibalización

1. Casey Newton, «America Doesn't Trust Facebook», *The Verge*, 27 de octubre de 2017, <https://www.theverge.com/2017/10/27/16552620/facebook-trust-survey-usage-popularity-fake-news>.

2. Craig Silverman, «This Analysis Shows How Viral Fake Election News Stories Outperformed Real News on Facebook», *BuzzFeed News,* 16 de noviembre de 2016, <https://www.buzzfeednews.com/article/craig silverman/viral-fake-election-news-outperformed-real-news-on-face book>.

3. Salvador Rodriguez, «Facebook's Adam Mosseri Fought Hard Against Fake News – Now He's Leading Instagram», *CNBC*, 31 de mayo de 2019, <https://www.cnbc.com/2019/05/31/instagram-adam-mosseri-must-please-facebook-investors-and-zuckerberg.html>.

4. Sarah Frier, «Trump's Campaign Says It Was Better at Facebook. Facebook Agrees», Bloomberg.com, 3 de abril de 2018, <https://www.

bloomberg.com/news/articles/2018-04-03/trump-s-campaign-said-it-was-better-at-facebook-facebook-agrees>.

5. *Ibidem.*

6. Adam Entous, Elizabeth Dwoskin y Craig Timberg, «Obama Tried to Give Zuckerberg a Wake-Up Call over Fake News on Facebook», *Washington Post*, 24 de septiembre de 2017, <https://www.washingtonpost.com/business/economy/obama-tried-to-give-zuckerberg-a-wake-up-call-over-fake-news-on-facebook/2017/09/24/15d19b12-ddac-4ad5-ac6e-ef909e1c1284_story.html>.

7. *Ibidem.*

8. Sarah Frier, «Facebook Watch Isn't Living Up to Its Name», *Bloomberg Businessweek*, 28 de enero de 2019, <https://www.bloomberg.com/news/articles/2019-01-28/facebook-watch-struggles-to-deliver-hits-or-advertisers>.

9. Chris Welch, «Facebook Is Testing a Clone of Snapchat Stories Inside Messenger», *The Verge*, 30 de septiembre de 2016, <https://www.theverge.com/2016/9/30/13123390/facebook-messenger-copying-snapchat>.

10. Nicholas Thompson, «Mr. Nice Guy: Instagram's Kevin Systrom Wants to Clean Up the &#%$@! Internet», *Wired*, 14 de agosto de 2017, <https://www.wired.com/2017/08/instagram-kevin-systrom-wants-to-clean-up-the-internet/>.

11. Sara Ashley O'Brien, «Instagram Finally Lets Users Disable Comments», *CNN Business*, 6 de diciembre de 2016, <https://money.cnn.com/2016/12/06/technology/instagram-turn-off-comments/index.html>.

12. Eytan Bakshy, Solomon Messing y Lada A. Adamic, «Exposure to Ideologically Diverse News and Opinion on Facebook», *Science*, 348, n.º 6239 (5 de junio de 2015), pp. 1130-1132, <https://science.sciencemag.org/content/348/6239/1130.abstract>.

13. Mark Zuckerberg, «I know a lot of us are thinking...», Facebook, 16 de febrero de 2017, <https://www.facebook.com/zuck/posts/10154544292806634>.

14. Tom LoBianco, «Hill Investigators, Trump Staff Look to Facebook for Critical Answers in Russia Probe», CNN.com, 20 de julio de 2017, <https://edition.cnn.com/2017/07/20/politics/facebook-russia-investigation-senate-intelligence-committee/index.html>.

15. Sarah Frier, «Instagram Looks Like Facebook's Best Hope», *Bloomberg Businessweek*, 10 de abril de 2018, <https://www.bloomberg.

com/news/features/2018-04-10/instagram-looks-like-facebook-s-best-hope>.

16. *Ibidem.*

11. LAS OTRAS NOTICIAS FALSAS

1. Ashton Kutcher, entrevista telefónica con la autora, 9 de julio de 2019.

2. Bridget Read, «Here's Why You Keep Seeing Certain Instagram Commenters Over Others», *Vogue*, 4 de mayo de 2018, <https://www.vogue.com/article/how-instagram-comments-work>.

3. Emma Grey Ellis, «Welcome to the Age of the Hour-Long You-Tube Video», *Wired,* 12 de noviembre de 2018, <https://www.wired.com/story/youtube-video-extra-long/>.

4. Comisión Federal de Comercio, «Lord & Taylor Settles FTC Charges It Deceived Consumers Through Paid Article in an Online Fashion Magazine and Paid Instagram Posts by 50 "Fashion Influencers"», comunicado de prensa, 15 de marzo de 2016, <https://www.ftc.gov/news-events/press-releases/2016/03/lord-taylor-settles-ftc-charges-it-deceived-consumers-through>.

5. «93% of Top Celebrity Social Media Endorsements Violate FTC Guidelines», MediaKix, consultado el 20 de septiembre de 2019, <https://mediakix.com/blog/celebrity-social-media-endorsements-violate-ftc-instagram/>.

6. Lulu Garcia-Navarro y Monika Evstatieva, «Fyre Festival Documentary Shows "Perception and Reality" of Infamous Concert Flop», NPR.org, 13 de enero de 2019, <https://www.npr.org/2019/01/13/684887614/fyre-festival-documentary-shows-perception-and-reality-of-infamous-concert-flop>.

7. Agam Bansal, Chandan Garg, Abhijith Pakhare y Samiksha Gupta, «Selfies: A Boon or Bane?», *Journal of Family Medicine and Primary Care*, 7, n.º 4 (julio-agosto de 2018), pp. 828-831, <https://www.ncbi.nlm.nih.gov/pmc/articles/PMC6131996/>.

8. Consejo Mundial del Viaje y el Turismo, «Travel & Tourism Continues Strong Growth Above Global GDP», comunicado de prensa, 27 de febrero de 2019, <https://www.wttc.org/about/media-centre/press-releases/>

press-releases/2019/travel-tourism-continues-strong-growth-above-global-gdp/>.

9. Dan Goldman, Sophie Marchessou y Warren Teichner, «Cashing In on the US Experience Economy», McKinsey & Co., diciembre de 2017, <https://www.mckinsey.com/industries/private-equity-and-principal-investors/our-insights/cashing-in-on-the-us-experience-economy>.

10. «Air Travel by the Numbers», Administración Federal de Aviación, 6 de junio de 2019, <https://www.faa.gov/air_traffic/by_the_numbers/>.

11. Lauren O'Neill, «You Can Now Take Fake Private Jet Photos for Instagram in Toronto», *blogTO*, mayo de 2019, <https://www.blogto.com/arts/2019/05/photos-fake-private-jet-instagram-toronto/>.

12. Megan Bennett, «No Eternal Return for Small Investors», *Albuquerque Journal*, 6 de agosto de 2019, <https://www.abqjournal.com/1350602/no-eternal-return-for-small-investors.html>.

13. Kaya Yurieff, «The Most Downloaded iOS Apps of 2017», CNN.com, 7 de diciembre de 2017, <https://money.cnn.com/2017/12/07/technology/ios-most-popular-apps-2017/index.html>.

14. Chrissy Teigen (@chrissyteigen), «I don't know what real skin looks like anymore. Makeup ppl on Instagram, please stop with the smoothing (unless it's me) just kidding (I'm torn) ok maybe just chill out a bit. People of social media just know: IT'S FACETUNE, you're beautiful, don't compare yourself to people ok» («Ya no sé qué aspecto tiene la piel de verdad. Gente del mundo del maquillaje en Instagram, por favor parad ya con la piel tersa (a menos que sea yo) es broma (no me decido) ok quizá simplemente relajaos un poquito. La gente en las redes sociales lo sabe: ES COSA DE FACETUNE; eres preciosa, no te compares con los demás, ¿ok?»), Twitter, 12 de febrero de 2018, 7.16 h, <https://twitter.com/chrissyteigen/status/962933447902842880>.

15. Market Watch, «Botox: World Market Sales, Consumption, Demand and Forecast 2018-2023», comunicado de prensa, 10 de diciembre de 2018, <https://www.marketwatch.com/press-release/botox-world-market-sales-consumption-demand-and-forecast-2018-2023-2018-12-10> (enlace eliminado desde noviembre de 2019).

16. Susruthi Rajanala, Mayra B. C. Maymone y Neelam A. Vashi, «Selfies: Living in the Era of Filtered Photographs», *JAMA Facial Plastic Surgery*, 20, n.º 6 (noviembre/diciembre de 2018), pp. 443-444, <https://jamanetwork.com/journals/jamafacialplasticsurgery/article-abstract/2688763>.

17. Jessica Bursztyntsky, «Instagram Vanity Drives Record Numbers of Brazilian Butt Lifts as Millennials Fuel Plastic Surgery Boom», CNBC.com, 19 de marzo de 2019, <https://www.cnbc.com/2019/03/19/millennials-fuel-plastic-surgery-boom-record-butt-procedures.html>.

18. Asociación Estadounidense de Cirujanos Plásticos, «Plastic Surgery Societies Issue Urgent Warning About the Risks Associated with Brazilian Butt Lifts», comunicado de prensa, 6 de agosto de 2018, <https://www.plasticsurgery.org/news/press-releases/plastic-surgery-societies-issue-urgent-warning-about-the-risks-associated-with-brazilian-butt-lifts>.

19. Instagress (@instagress), «Sad news to all of you who fell in love with Instagress: by request of Instagram we've closed our web-service that helped you so much» («Noticias tristes para todos los enamorados de Instagress: a petición de Instagram hemos cerrado nuestro servicio web, que tanto os ha ayudado»), Twitter, 20 de abril de 2017, 12.34 h, <https://twitter.com/instagress/status/855006699568148480>.

20. Malak Harb, «For Huda Kattan, Beauty Has Become a Billion-Dollar Business», *Washington Post*, 14 de octubre de 2019, <https://www.washingtonpost.com/entertainment/celebrities/for-huda-kattan-beauty-has-become-a-billion-dollar-business/2019/10/14/4e620a98-ee46-11e9-bb7e-d2026ee0c199_story.html>.

21. Emily Weiss, «Introducing Glossier», *Into the Gloss* (blog), Glossier, octubre de 2014, <https://intothegloss.com/2014/10/emily-weiss-glossier/>.

22. Real Sociedad para la Salud Pública del Reino Unido, «Instagram Ranked Worst for Young People's Mental Health», comunicado de prensa, 19 de mayo de 2017, <https://www.rsph.org.uk/about-us/news/instagram-ranked-worst-for-young-people-s-mental-health.html>.

23. «The Disinformation Report», New Knowledge, 17 de diciembre de 2018, <https://www.newknowledge.com/articles/the-disinformation-report/>.

12. EL DIRECTOR EJECUTIVO

1. Leena Rao, «Facebook Will Grow Head Count Quickly in 2013 to Develop Money-Making Products, Total Expenses Will Jump by 50 Percent», *TechCrunch*, 30 de enero de 2013, <https://techcrunch.

com/2013/01/30/zuck-facebook-will-grow-headcount-quickly-in-2013-to-develop-future-money-making-products/>.

2. Kurt Wagner, «Facebook Is Making Its Biggest Executive Reshuffle in Company History», *Vox*, 8 de mayo de 2018, <https://www.vox.com/2018/5/8/17330226/facebook-reorg-mark-zuckerberg-whatsapp-messenger-ceo-blockchain>.

3. Parmy Olson, «Exclusive: WhatsApp Cofounder Brian Acton Gives the Inside Story on #DeleteFacebook and Why He Left $850 Million Behind», *Forbes*, 26 de septiembre de 2018, <https://www.forbes.com/sites/parmyolson/2018/09/26/exclusive-whatsapp-cofounder-brian-acton-gives-the-inside-story-on-deletefacebook-and-why-he-left-850-million-behind/>.

4. Kirsten Grind y Deepa Seetharaman, «Behind the Messy, Expensive Split Between Facebook and WhatsApp's Founders», *Wall Street Journal*, 5 de junio de 2018, <https://www.wsj.com/articles/behind-the-messy-expensive-split-between-facebook-and-whatsapps-founders-1528208641>.

5. David Marcus, «The Other Side of the Story», Facebook, 26 de septiembre de 2018, <https://www.facebook.com/notes/david-marcus/the-other-side-of-the-story/10157815319244148/>.

6. Matthew Rosenberg, Nicholas Confessore y Carole Cadwalladr, «How Trump Consultants Exploited the Facebook Data of Millions», *New York Times*, 17 de marzo de 2018, <https://www.nytimes.com/2018/03/17/us/politics/cambridge-analytica-trump-campaign.html>; y Carole Cadwalladr y Emma Graham-Harrison, «Revealed: 50 Million Facebook Profiles Harvested for Cambridge Analytica in Major Data Breach», *The Observer*, 17 de marzo de 2018, <https://www.theguardian.com/news/2018/mar/17/cambridge-analytica-facebook-influence-us-election>.

7. Casey Newton, «The Trauma Floor», *The Verge*, 25 de febrero de 2019, <https://www.theverge.com/2019/2/25/18229714/cognizant-facebook-content-moderator-interviews-trauma-working-conditions-arizona>; y Munsif Vengatil y Paresh Dave, «Facebook Contractor Hikes Pay for Indian Content Reviewers», Reuters, 19 de agosto de 2019, <https://www.reuters.com/article/us-facebook-reviewers-wages/facebook-contractor-hikes-pay-for-indian-content-reviewers-idUSKCN1V91FK>.

8. Alex Kantrowitz, «Violence on Facebook Live Is Worse Than You Thought», *BuzzFeed News*, 16 de junio de 2017, <https://www.buzzfeed-

news.com/article/alexkantrowitz/heres-how-bad-facebook-lives-violence-problem-is>.

9. «Overdose Death Rates», Instituto Nacional sobre el Abuso de Drogas, enero de 2019, <https://www.drugabuse.gov/related-topics/trends-statistics/overdose-death-rates>.

10. Sarah Frier, «Facebook's Crisis Management Algorithms Run on Outrage», *Bloomberg Businessweek*, 14 de marzo de 2019, <https://www.bloomberg.com/features/2019-facebook-neverending-crisis/>.

11. Mike Isaac, «Instagram Co-Founders to Step Down from Company», *New York Times*, 24 de septiembre de 2018, <https://www.nytimes.com/2018/09/24/technology/instagram-cofounders-resign.html>.

12. Kevin Systrom, «Mensaje de Kevin Systrom, cofundador de Instagram y CEO», Instagram-press.com, 24 de septiembre de 2018, <https://instagram-press.com/blog/2018/09/24/statement-from-kevin-systrom-instagram-co-founder-and-ceo/>.

13. Sarah Frier, «Instagram Founders Depart Facebook After Clashes with Zuckerberg», Bloomberg.com, modificado por última vez el 25 de septiembre de 2018, <https://www.bloomberg.com/news/articles/2018-09-25/instagram-founders-depart-facebook-after-clashes-with-zuckerberg>.

14. *Ibidem*.

Epílogo

1. Sarah Frier y Nico Grant, «Instagram Brings In More Than a Quarter of Facebook Sales», Bloomberg.com, 4 de febrero de 2020, <https://www.bloomberg.com/news/articles/2020-02-04/instagram-generates-more-than-a-quarter-of-facebook-s-sales>.

Descubre tu próxima lectura

Si quieres formar parte de nuestra comunidad,
regístrate en **www.megustaleer.club**
y recibirás recomendaciones personalizadas

Penguin
Random House
Grupo Editorial

 megustaleer